Über dieses Buch

Chesterton, dessen beste Detektivgeschichten in diesem Band zusammengestellt sind, hat die Kriminalliteratur um eine unvergeßliche Figur bereichert: den wunderlich scheinenden, liebenswürdigen Pater Brown, der zum Tatmotiv und zum Täter selbst nicht durch raffiniertes Kombinieren oder durch kriminologische Methodik gelangt, sondern indem er sich ganz in die Seele des Verbrechers hineinzuleben versucht.
Es ist eine buntbewegte Welt, in die uns der Dichter führt: überschattet von menschlicher Schwäche, Rachsucht, Habgier und blinder Verzweiflung, wird sie doch im letzten versöhnt durch warmes, mitfühlendes Verstehen, das auf tiefgläubigem Christentum beruht.

Vollständige Taschenbuchausgabe
Aus dem Englischen übertragen von Alfred P. Zeller

Umschlaggestaltung von Fritz Fischer
Gesamtherstellung Richterdruck Würzburg
Printed in Germany
ISBN 3 426 00130 6

1.–15. Tausend November 1966
16.–22. Tausend April 1967
23.–30. Tausend Oktober 1967
31.–38. Tausend November 1968
39.–46. Tausend November 1969
47.–53. Tausend September 1970
54.–61. Tausend August 1971
62.–71. Tausend Februar 1972

Gilbert Keith Chesterton:

Das Geheimnis des Pater Brown

Detektivgeschichten

Droemer Knaur

INHALT

Flambeau, einst der berüchtigtste Verbrecher Frankreichs, später Privatdetektiv in England, hatte beide Beschäftigungen schon seit langem aufgegeben und sich zur Ruhe gesetzt. Das Umsatteln vom Verbrecher zum Detektiv dürfte ihm freilich nicht gerade leichtgefallen sein, und es hieß, er habe aus seinem ersten Beruf so viele Skrupel mitgebracht, daß er in seinem zweiten lange nicht so erfolgreich arbeiten konnte. Jedenfalls war Flambeau nach einem sehr bewegten Leben an einem Plätzchen gelandet, das man wohl als den geeigneten Ort zum Abschluß einer solchen Karriere bezeichnen kann: auf einem Schloß in Spanien. Es war kein großes Schloß, aber doch ein solider Bau; einen beträchtlichen Teil des sonst braunen Berghangs bedeckten die schwarze Erde eines Weinbergs und das leuchtende Grün eines Gemüsegartens. Flambeau hatte es nach all seinen stürmischen Abenteuern fertiggebracht, sich wirklich zur Ruhe zu setzen – so, wie es viele Romanen können, während diese Fähigkeit den Amerikanern beispielsweise fast völlig abgeht. So gibt es bei den romanischen Völkern manch großen Hotelbesitzer, dessen einziger Ehrgeiz es ist, irgendwo in Ruhe als bescheidener, kleiner Landmann zu leben, und viele französische Kaufleute aus der Provinz ziehen sich vom Geschäft zurück, um sich in Frieden ihrer Häuslichkeit und dem Dominospiel zu widmen, und zwar just in dem Augenblick, da sie sich in einen widerlichen Millionär verwandeln und eine ganze Geschäftsstraße aufkaufen könnten. Rein durch Zufall und fast Hals über Kopf hatte sich Flambeau in eine Spanierin verliebt, sie geheiratet und mit ihr eine zahlreiche Familie gegründet, ohne je noch einmal das Verlangen zu zeigen, die Grenzen seines Besitztums zu überschreiten. Eines schönen Morgens jedoch merkte seine Familie, daß er außergewöhnlich unruhig und aufgeregt war. Er erwartete nämlich einen Gast, und als dieser schließlich als kleines, schwarzes Pünktchen in der Ferne auftauchte, stürmte Flambeau bereits, gefolgt von seinen jüngsten Sprößlingen, den Berghang hinunter, um den das Tal heraufwandernden Ankömmling zu begrüßen.

Langsam vergrößerte sich der schwarze Punkt, ohne allerdings sein Aussehen merklich zu verändern; er blieb weiterhin rund und schwarz. Das schwarze Habit der Geistlichen war in dieser

Gegend durchaus nichts Ungewöhnliches; die lange, schwarze Soutane des Besuchers hatte jedoch eine gewisse bürgerliche Unauffälligkeit und zugleich doch etwas Flottes an sich, so daß ihr Träger auf den ersten Blick als ein Bewohner der Britischen Inseln zu erkennen war, so deutlich, als trüge er ein Plakat mit dem Namen seiner Heimat mit sich herum. In der Hand hatte er einen unförmigen Regenschirm mit keulenartigem Griff. Beim Anblick dieses Schirmes wäre Flambeau fast in Tränen der Rührung ausgebrochen, denn dieses Monstrum hatte ehemals in vielen gemeinsamen Abenteuern der beiden Freunde eine Rolle gespielt. Der Ankömmling war Pater Brown, ein englischer Freund des Franzosen, der endlich seinen langersehnten, aber immer wieder aufgeschobenen Besuch abstattete. Zwar waren die beiden in ständigem Briefwechsel miteinander gestanden, hatten sich aber schon seit Jahren nicht mehr gesehen.

Pater Brown wurde herzlich im Kreise der Familie aufgenommen, die so groß war, daß man immer den Eindruck hatte, sich in einer kleineren Versammlung zu befinden. Er machte Bekanntschaft mit den großen, vergoldeten Holzfiguren der Heiligen Drei Könige, die den Kindern zu Weihnachten Geschenke bringen, denn in Spanien spielen die Kinder im häuslichen Leben eine große Rolle. Dann wurde er dem Hund, der Katze und dem gesamten lebenden Inventar des Hauses vorgestellt. Und schließlich machte er durch Zufall auch noch die Bekanntschaft eines Nachbarn, der gleich ihm in dieses abgelegene Tal die Sitten und Gebräuche ferner Länder getragen hatte.

Drei Tage waren seit seiner Ankunft vergangen, als Pater Brown einen stattlichen Fremden erblickte, der mit Verbeugungen, wie sie kein spanischer Grande zuwege gebracht hätte, der Familie seine Aufwartung machte. Er war groß, hager, grauhaarig und sehr elegant, mit gepflegten Händen, leuchtend weißen Manschetten und blitzenden Manschettenknöpfen. Aber entgegen der Vorstellung, die man sich von einem Herrn mit makellosen Manschetten und manikürten Händen zu machen pflegt, trug sein schmales Gesicht keine Spur von Hochnäsigkeit und schläfriger Langeweile. Im Gegenteil, es war auffallend frisch und beweglich, und in seinen Augen zeigte sich eine so kindliche Neugier, wie man sie bei einem Graukopf nur selten sieht. Dies allein schon hätte einem sagen können, welcher Nation dieser Mann angehörte; hinzu kamen noch der nasale Ton seiner sonst so gepflegten Stimme und seine Gewohnheit, allem Europäischen, das ihm begegnete, auf der Stelle ein gewaltiges Alter zuzuschreiben. Der Besucher war in der Tat kein Geringerer als Mister Grandison Chace aus Boston, der seine Weltreise, auf der er begriffen war, für kürzere Zeit unterbrochen hatte. Aus diesem Grunde hatte er sich das an Flambeaus Besitztum angrenzende Gut gepachtet, das übrigens dem Flambeaus zum Verwechseln ähnlich sah. Mr. Chace hatte eine Riesenfreude an seinem alten Schloß und betrachtete auch seinen Nachbarn als eine Art von örtlicher Sehenswürdigkeit. Flambeau hatte es nämlich, wie wir schon berichtet haben, tatsächlich fertiggebracht, sich richtig zur Ruhe zu setzen; es war, als habe er auf dem Berg bereits Wurzeln geschlagen, als wüchse er schon seit vielen Jahren zusammen mit seinen Rebstöcken und Feigenbäumen aus dieser Erde. Er hatte auch seinen wirklichen Namen Duroc wieder angenommen, denn der Name «Flambeau», «Fackel», war nur ein Deckname gewesen, unter dem er seinen Krieg gegen die Gesellschaft geführt hatte. Nun aber war er ein guter Gatte und Familienvater und entfernte sich niemals weiter vom Haus, als ein kleiner Pirschgang es erforderte. In den Augen des Amerikaners war er die Verkörperung jener heiteren bürgerlichen Behaglichkeit, jenes maßvollen Wohllebens, wie sie der Weltenbummler unter den Völkern des Mittelmeers angetroffen hatte, eine Lebenshaltung, die er als kluger Mann sehr bewunderte. Der Mann aus dem Westen, ständig unterwegs, war also recht froh, in dieser altehrwürdigen, von der modernen Hetze noch nicht berührten Gegend für kurze Zeit Ruhe gefunden zu haben.

Mr. Chace hatte auch von Pater Brown schon gehört, und als er sich nun an ihn wandte, trat im Ton seiner Stimme eine leichte Veränderung ein – er sprach, wie man eben mit berühmten Leuten spricht. Taktvoll, aber einfach nicht zurückzuhalten, erwachte in ihm der Fragetrieb. Und ganz vorsichtig begann er, Pater Brown auszuhorchen, nach der unauffälligsten, geschicktesten amerikanischen Methode.

Sie saßen in einer Art halboffenem Vorhof, wie er oft den Eingang zu spanischen Häusern bildet. Die Dämmerung sank schnell herab, und da es in den Bergen nach Sonnenuntergang rasch kühl wird, hatte man einen kleinen Ofen auf die Steinfliesen gestellt, dessen Glut rote Kringel auf den Boden malte und dessen Öffnungen in der Dunkelheit funkelten wie die rotglühenden Augen eines Kobolds. Hin und wieder züngelte der Feuerschein bis an die untersten Steine einer unverputzten braunen Backsteinmauer, die steil in die tiefblaue Nacht emporstieg. Undeutlich sah man im Zwielicht Flambeaus breitschultrige Gestalt und seine langen, wie Kavalleriesäbel gebogenen Schnurrbarthälften. Er zapfte dunklen Wein aus einem großen Faß und reichte ihn herum. Neben ihm wirkte der Priester klein und wie zusammengeschnurrt; er hatte sich ganz an den Ofen hingekauert. Der Amerikaner jedoch hatte sich elegant vorgelehnt und den Ellenbogen aufs Knie gestützt; sein feines, scharfgeschnittenes Gesicht war hell beleuchtet, seine Augen waren forschend auf den Priester gerichtet.

«Sie dürfen mir glauben», begann er, «wir betrachten Ihre Aufklärung des Mondschein-Mordes als den größten Triumph, den die Detektivwissenschaft bis zum heutigen Tag zu verzeichnen hat.»

Pater Brown murmelte etwas vor sich hin, ein Gemurmel, das fast wie ein Stöhnen klang.

Aber der Amerikaner ließ sich dadurch nicht aus der Fassung bringen. «Wir alle kennen», so fuhr er fort, «die angeblichen Leistungen Dupins und anderer Phantasiegestalten der edlen Detektivkunst, wie Lecocq, Sherlock Holmes und Nic Carter. Auffallend ist aber doch, daß Ihre Art, eine Sache aufzugreifen, sehr verschieden ist von den Methoden dieser anderen scharfsinnigen Denker, seien sie nun wirkliche Detektive oder nur Ausgeburten der Phantasie eines Kriminalschriftstellers. Manche Leute gehen sogar so weit, zu behaupten, dieser Unterschied bestehe darin, daß Sie selbst überhaupt keine Methode haben.»

Pater Brown schwieg. Dann fuhr er plötzlich auf, fast als wäre er über dem Ofen eingenickt, und sagte: «Entschuldigen Sie, bitte. Jawohl... Keine Methode..., aber leider fehlt es im Augenblick auch ganz an meiner Aufmerksamkeit.»

«Ich meine das Fehlen einer genau festgelegten wissenschaftlichen Methode», fuhr der wissensdurstige Amerikaner fort. «Edgar Allan Poe hat beispielsweise in einigen kleinen Essays Dupins Methode mit ihren scharf logischen Gedankenverbindungen darzulegen versucht. Doktor Watson wiederum muß den recht exakten Darlegungen der Methode von Sherlock Holmes lauschen, die sich durch subtile Beobachtung kleinster Einzelheiten auszeichnet. Aber niemand scheint es bis heute fertiggebracht zu haben,

Ihre Methode, Herr Pater, richtig zu deuten, und ich habe erfahren, daß Sie das Anerbieten, darüber in den Staaten eine Reihe von Vorträgen zu halten, abgelehnt haben.»

«Das stimmt», antwortete der Priester mit einem unwilligen Blick auf den Ofen, «das habe ich abgelehnt.»

«Nun, Ihre Ablehnung hat eine beträchtliche Anzahl höchst interessanter Diskussionen entfesselt», bemerkte Chace. «Ich darf Sie vielleicht darauf aufmerksam machen, daß man bei uns verschiedentlich der Auffassung ist, Ihre Methode könne wissenschaftlich gar nicht erklärt werden, weil sie mehr sei als eine auf Naturgesetzen gegründete Wissenschaft. Man glaubt sogar, daß Ihr Geheimnis deshalb nicht erklärt werden könne, weil es im Grunde genommen okkulter Natur sei.»

«Wie, bitte?» fragte Pater Brown scharf.

«Nun, irgendwie esoterischer Natur», entgegnete der andere. «Sie können mir glauben, Mordfälle wie die an Gallup, Stein, Merton, Gwynne oder der Doppelmord, den der auch in den Staaten nicht unbekannte Dalmon ausgeführt hat, haben die Gemüter reichlich in Wallung gebracht. Man zerbrach sich vergeblich den Kopf, aber plötzlich tauchten Sie auf und erzählten jedem, der es hören wollte, wie der Mord ausgeführt wurde, aber keinem, woher Sie Ihre Kenntnisse hatten. So kam man natürlich auf den Gedanken, daß Sie alles sozusagen mit geschlossenen Augen entdecken. Charlotte Brownson beispielsweise hat einen Vortrag über Hellsehen gehalten, bei dem sie als Beweis für ihre Ausführungen gerade Ihre Fälle angeführt hat. Und die Frauenliga vom Zweiten Gesicht in Indianapolis ...»

Pater Brown starrte immer noch in die Ofenglut; dann sagte er, wie zu sich selbst, aber laut und deutlich:

«Guter Gott, so kann das ja nicht weitergehen.»

«Nun, ich wüßte wirklich nicht, wie Sie das verhindern wollen», meinte Mr. Chace belustigt. «Gegen die Frauenliga vom Zweiten Gesicht werden Sie einen schweren Stand haben. Ich sehe nur einen Weg, diesen ganzen Unfug zu unterbinden: Sie müssen endlich den Schleier Ihres Geheimnisses lüften.»

Pater Brown stöhnte. Er kroch noch mehr in sich zusammen und verbarg sein Gesicht in den Händen. So verharrte er eine ganze Weile, als dächte er angestrengt nach. Schließlich sah er auf und sagte leise: «Es bleibt mir wohl nichts anderes übrig. Ich muß das Geheimnis preisgeben.»

Finster glitt sein Blick über den Hof, über den die Nacht hereinsank, von den rotglühenden Augen des kleinen Ofens zu den dräuenden Schatten der alten Mauer und hinauf zu den leuchtenden Sternen des südlichen Himmels, die immer klarer und heller aus der Nacht hervortraten.
«Das Geheimnis besteht darin ...» Er hielt inne, als sei es ihm unmöglich, fortzufahren. Doch schließlich gab er sich einen Ruck und begann von neuem:
«Nun, sehen Sie, ich selbst habe all diese Leute umgebracht.»
«Wie?» Die Stimme des Amerikaners klang ganz leise, wie aus unendlichen Fernen.
«Ja, ich selbst habe sie alle ermordet», erklärte Pater Brown geduldig, «und so wußte ich natürlich, wie der Mord vor sich gegangen war.»
Langsam wuchs Grandison Chace aus seinem Sessel empor, als würde er durch eine Explosion im Zeitlupentempo zur Decke emporgetrieben. Mit aufgerissenen Augen starrte er auf den Priester herab und wiederholte fassungslos seine Frage.
«Nun ja, ich habe jedes Verbrechen genau überlegt und geplant», fuhr Pater Brown fort. «Ich habe mir genau ausgedacht, wie so etwas wohl angepackt werden müßte, in welcher Verfassung ein Mensch sein müßte, der wirklich zu solch einer Tat fähig ist. Und wenn ich ganz sicher war, daß ich mich völlig in den Mörder hineingefühlt hatte, dann wußte ich natürlich auch, wer der Mörder gewesen war.»
Chace, der wie erstarrt dagestanden hatte, atmete erleichtert auf. Es klang wie ein Seufzer.
«Sie haben mir da keinen schlechten Schrecken eingejagt», gestand er. «Im ersten Augenblick war ich wirklich der Meinung, Sie selbst seien der Mörder gewesen. Schon glaubte ich die Überschriften in allen Zeitungen zu sehen: ‚*Frommer Heuchler als Mörder entlarvt: Die hundert Verbrechen des Pater Brown.*‘ Natürlich, natürlich: Sie haben das lediglich bildlich gemeint und wollten damit nur sagen, daß Sie die psychologischen Hintergründe der Verbrechen rekonstruieren wollten ...»
Pater Brown klopfte mit seiner kurzen Pfeife, die er gerade stopfen wollte, heftig an den Ofen. Er regte sich nur selten auf, aber jetzt sah man ihm deutlich an, daß er sich ärgerte.
«Nein und abermals nein!» rief er fast wütend. «Was ich gesagt habe, ist nicht nur eine bildliche Redewendung. Aber das kommt

dabei heraus, wenn man versucht, über Dinge zu sprechen, die tiefer liegen ... Wird man nicht immer mißverstanden, wenn man auch nur den Mund aufmacht? ... Wenn man einmal über eine rein geistige Wahrheit sprechen will, so glauben die Leute immer, es sei alles nur bildhaft gemeint. Ein leibhaftiger Mann auf zwei Beinen hat einmal zu mir gesagt: ‚Ich glaube an den Heiligen Geist nur in geistigem Sinn.' Darauf konnte ich ihm selbstverständlich nur erwidern: ‚In welch anderem Sinn könnten Sie denn überhaupt an ihn glauben?' Und schon meinte er, ich hätte sagen wollen, er brauche nur an die Entwicklungslehre, an die allgemeine Verbrüderung oder an ähnlichen Unsinn zu glauben ... Nein, ich wollte vorhin ausdrücken, daß ich mich höchstpersönlich und mit meinem wirklichen Ich diese Morde begehen sah. Ich habe natürlich diese Menschen nicht in Wirklichkeit ermordet, aber darauf kommt es ja eigentlich auch gar nicht an. Letztlich war es ein Backstein oder irgendein Werkzeug, das ihnen den Tod gebracht hat. Nein, was ich sagen wollte, ist: Ich dachte unablässig nach, wodurch wohl ein Mensch zum Mörder werden könne, bis ich schließlich selbst in einer solchen Verfassung war, daß nur noch der letzte Schritt fehlte. Diese Methode ist mir einst von einem Freund als eine Art religiöse Übung anempfohlen worden. Meines Wissens hat sie dieser Freund von Papst Leo XIII., der schon immer mein Vorbild gewesen ist.»

«Ich fürchte», sagte der Amerikaner, immer noch etwas zweifelnd und indem er den Priester anstarrte, als habe er ein fremdartiges Tier vor sich, «ich fürchte, Sie werden mir noch vieles erklären müssen, ehe ich verstehe, worauf Sie eigentlich hinaus wollen. Die Wissenschaft der Aufklärung von Verbrechen ...»

Pater Brown knipste voll lebhaften Unwillens mit den Fingern. «Das ist es ja», rief er beinahe ungehalten, «das ist ja der Punkt, an dem sich unsere Wege trennen. Wissenschaft ist etwas Großes, wenn sie richtig angewandt wird, ja, einer der größten Begriffe der Welt. Aber was verstehen denn die Menschen heute in neun von zehn Fällen unter diesem Wort? Was meint man denn heute, wenn man die Aufklärung von Verbrechen als eine Wissenschaft bezeichnet, wenn man die Kriminologie eine Wissenschaft nennt? Man versteht darunter, einen Menschen von außen her zu studieren, als wäre er ein riesiges Insekt, und das nennt man dann objektive und unparteiische Betrachtung. Ich möchte das lieber eine mitleidlose Leichensektion nennen! Man versteht darunter, sich möglichst weit von einem Menschen zu entfernen und ihn zu betrachten, als wäre er ein prähistorisches Ungeheuer; seinen ‚Verbrecherschädel' zu beglotzen, als sei dieser Schädel ein so seltsamer Auswuchs wie das Horn eines Rhinozerosses. Wenn der ‚wissenschaftliche' Kriminologe von ‚Typen' spricht, dann meint er natürlich niemals sich selbst, sondern immer seinen Mitmenschen, und meist seinen ärmeren Mitmenschen. Ich leugne nicht, daß eine objektive, unparteiische Betrachtungsweise manchmal ihr Gutes haben mag, obschon sie in einem gewissen Sinn gerade das Gegenteil von Wissenschaft ist. Nicht nur, daß uns diese Betrachtungsweise keine neuen Erkenntnisse zu vermitteln vermag – nein, oft löscht sie sogar das, was wir bereits wissen, in uns aus. Das bedeutet, daß wir einen Freund wie einen Fremden behandeln, daß wir so tun, als ob etwas uns nahe Vertrautes in Wirklichkeit fern und geheimnisvoll sei. Es ist gerade so, als wolle man bei einem Menschen nicht mehr von einer Nase, sondern von einem Rüssel sprechen, nicht mehr von Schlaf, sondern von einem alle vierundzwanzig Stunden einmal auftretenden ‚Anfall von Empfindungslosigkeit'. Nun, was Sie als mein ‚Geheimnis' bezeichnen, ist das genaue Gegenteil einer solchen Betrachtungsweise. Ich versuche nicht, von einem Menschen Abstand zu gewinnen. Ich versuche vielmehr, in die Haut des Mörders hineinzuschlüpfen ... Aber das drückt die Sache noch nicht richtig aus. Ich weiß nicht, ob Sie mich verstehen können, aber ich krieche wirklich in einen Menschen hinein, ja, ich stecke tatsächlich in seiner Haut, bewege seine Arme und Beine. Und dann warte ich, bis ich weiß, daß ich in einem Mörder stecke. Ich denke seine Gedanken, kämpfe mit seinen Leidenschaften, bis ich mich ganz in seinen geduckt nach dem Opfer ausspähenden Haß hineinversetzt habe, bis ich die Welt mit seinen blutunterlaufenen, schielenden Augen sehe, dieselben Scheuklappen eines verwirrten Geistes trage und nichts mehr zu sehen vermag als den in meinen Augen brennenden kurzen Weg, der in einer Blutlache endet – bis ich wirklich ein Mörder bin.»

«Oh!» rief Mr. Chace aus, und auf seinem Gesicht malte sich das Entsetzen, «und das nennen Sie eine religiöse Übung?»

«Allerdings», erwiderte Pater Brown, «das nenne ich eine religiöse Übung.»

Nach kurzem Schweigen fuhr er fort: «Es ist tatsächlich eine so tiefreligiöse Übung, daß ich besser gar nicht darüber gesprochen hätte. Aber andererseits konnte ich doch auch nicht zulassen, daß Sie heimfahren und Ihren Landsleuten womöglich erzählen, mein ‚Geheimnis' hätte irgend etwas mit Hellseherei zu tun. Vielleicht habe ich mich nicht recht glücklich ausgedrückt, aber was ich gesagt habe, ist wahr. Kein Mensch taugt in Wirklichkeit etwas, ehe er nicht weiß, wie schlecht er ist oder doch sein könnte, ehe er nicht einzusehen vermag, daß es vermessen ist, in dieser hochmütigen und verächtlichen Weise über ‚Verbrecher' zu sprechen, als wären dies Affen in einem zehntausend Meilen entfernten Urwald. Erst muß er sich von dieser elenden Selbsttäuschung, von ‚Verbrechertypen' und ‚anomalen Schädeln' zu sprechen, freimachen, sich freimachen von dem ganzen salbungsvollen Pharisäertum, bis er schließlich erkennt, daß jeder Mensch zum Verbrecher werden kann und daß es seine Aufgabe ist, den in ihm schlummernden Verbrecher niederzuhalten und nicht zum Durchbruch kommen zu lassen.»

Flambeau trat aus dem Schatten hervor und füllte seinem Gast einen großen Becher mit spanischem Wein, wie er vorher seinen nachbarlichen Besucher versorgt hatte. Dann griff er zum erstenmal in die Unterhaltung ein.

«Ich glaube, Pater Brown hat seit unserer letzten Begegnung wieder einige recht merkwürdige Geschichten erlebt. Wir haben uns ja erst kürzlich darüber unterhalten, nicht wahr, Mr. Chace?»

«Ja, diese Geschichten kenne ich mehr oder weniger, zumindest den äußeren Hergang, nicht aber den inneren», meinte Chace, indem er nachdenklich sein Glas hob. «Könnten Sie nicht Ihre Methode vielleicht an ein paar Beispielen erläutern? ... Ich meine, haben Sie die letzten Mordfälle auch mit Ihrer introspektiven Methode gelöst?»

Auch Pater Brown hob sein Glas. Im Widerschein des Feuers erglühte der rote Wein wie das prächtig blutrote Glas eines buntfarbigen Kirchenfensters. Das tiefrote Glühen schien seinen Blick zu bannen und tiefer und tiefer in sich hineinzuziehen, als umfasse der Becher ein mit dem Blut aller Menschen angefülltes tiefrotes Meer, als tauche seine Seele hinab in den Bodensatz aller Niedrigkeit und aller bösen Gedanken, tiefer noch als die Ungeheuer der Tiefsee und als die ältesten Schlammablagerungen des Meeresgrundes. Wie in einem roten Spiegel sah Pater Brown in dem Glas das Treiben der Welt. Die Ereignisse, die er jüngst erlebt hatte, bewegten sich vor ihm in karmesinroten

Schatten. All die Geschehnisse, von denen er den beiden hier berichten sollte, tauchten vor ihm auf, und all die Geschichten, die dieses Buch erzählt, zogen vor seinem Blick vorüber. Bald sah er im Leuchten des Weines einen Strand, auf dem sich schwarz die Gestalten von Menschen gegen einen in Abendglut getauchten Himmel abhoben; eine dieser Gestalten war zusammengesunken, eine zweite lief auf sie zu. Dann wieder war es, als löse sich das Glühen in einzelne Flecken auf: Rote Lampions erschienen, die, von Baum zu Baum gespannt, sich in einem Teich widerspiegelten. Und dann ballte sich die ganze Farbenpracht zusammen wie zu einem einzigen Kristall, einem Edelstein, der, einer roten Sonne gleich, die ganze Welt erleuchtete, und dunkel hob sich aus diesem Licht die Gestalt eines hochgewachsenen Mannes ab, der einen seltsamen Kopfputz trug, wie er in fernen Zeiten vielleicht von den Priestern längst vergangener Kulturen getragen wurde. Schließlich schmolz der Glanz zusammen, bis nur das Flammen eines wilden, roten Bartes übrigblieb, der im Wind über ein gespenstisch graues Moor wehte. All die Geschehnisse, geweckt von der Frage des Amerikaners, standen in Pater Browns Erinnerung auf und begannen, sich zu einem Bericht zu formen.
«Ja», sagte er, als er den Becher langsam zu seinen Lippen führte, «ich kann mich noch gut erinnern ...»

James Bagshaw und Wilfred Underhill waren alte Freunde. Sie hatten die Gewohnheit, gemeinsam zu nächtlicher Stunde umherzustreifen; in endlosen Gesprächen durchwandelten sie die stillen und wie ausgestorben daliegenden Straßen und Gäßchen des Vorstadtviertels, in dem sie wohnten. James Bagshaw, ein großer, brünetter, gutmütiger Mann mit einem Schnurrbärtchen, war von Beruf Kriminalbeamter; Wilfred Underhill, blond, mit scharfgeschnittenen Gesichtszügen und lebhaftem Blick, spielte gern den Amateurdetektiv. Und ganz im Gegensatz zu dem, was man sonst in Kriminalromanen liest – eifrige Leser von Detektivgeschichten werden es mit Entrüstung vernehmen –, führte der Polizist das Wort, während ihm der Amateur aufmerksam zuhörte.

«Unser Beruf ist der einzige», meinte Bagshaw gerade, «von dem die öffentliche Meinung behauptet, der Fachmann verstehe sich nicht auf sein Geschäft. Aber zum Kuckuck nochmal, kein Mensch kommt auf den Gedanken, Geschichten zu schreiben, in denen Friseure vorkommen, die keine Haare schneiden können und es erst von ihren Kunden lernen müssen, oder in denen sich ein Taxifahrer erst von seinem Fahrgast in die Geheimnisse des Autofahrens einweihen lassen muß. Zugegeben, wir neigen oft dazu, uns in ausgefahrenen Geleisen zu bewegen, denn unser Beruf hat all die Nachteile, die das Vorgehen nach einem Schema nun einmal mit sich bringt. Aber darin tun uns die Romanschreiber unrecht: Sie übersehen ganz, daß methodisches Vorgehen unzweifelhaft auch sein Gutes hat.»

«Nun», unterbrach ihn Underhill, «aber auch Sherlock Holmes behauptet doch, daß er nach einer logischen Methode vorgehe.»

«Ganz gewiß», antwortete Bagshaw, «aber ich verstehe unter Methodik eine kollektive Methodik. Unsere Arbeit gleicht der eines militärischen Stabes: Viele scheinbar unbedeutende Mitteilungen laufen zusammen und werden dann zu einem Gesamtbild vereinigt.»

«Und du glaubst, daß diese Tatsache in den Detektivgeschichten einfach übersehen wird?» fragte sein Freund.

«Nun, denken wir uns nur einmal einen beliebigen Fall, in dem Sherlock Holmes und Lestrade, der Polizeidetektiv, eine Rolle spielen. Nehmen wir an, Sherlock Holmes könne auf den ersten Blick erkennen, daß ein ihm gänzlich fremder Mensch, der die Straße überquert, ein Ausländer ist, nur weil er sich verkehrt umschaut, weil er gewöhnt ist, daß rechts statt links gefahren wird. Ich will gern zugeben, daß Holmes eine solche Beobachtung durchaus machen kann. Ich bin auch überzeugt, daß Lestrade nichts dergleichen bemerken würde. Aber der Kriminalschriftsteller übersieht ganz dies: Der Polizist vermag wohl den Fremden nicht an seinem Benehmen zu erkennen, aber er kennt ihn vielleicht doch bereits, denn seine Dienststelle hat ja nicht nur auf die Hiesigen aufzupassen, sondern auch die Ausländer zu überwachen. Als Polizist freue ich mich jedenfalls, daß die Polizei so viel weiß, denn schließlich will jeder aus seinem Beruf das Beste machen. Als Bürger allerdings frage ich mich zuweilen, ob die Polizei nicht etwas zuviel weiß.»

«Du willst doch nicht etwa im Ernst behaupten», meinte Underhill ungläubig, «daß du über einen fremden Menschen in einer fremden Straße Bescheid weißt? Wenn zum Beispiel da drüben jemand aus dem Haus käme, würdest du ihn tatsächlich kennen?»

«Wenn es der Hausherr wäre, gewiß», entgegnete Bagshaw. «Das Haus ist von einem Dichter gemietet, einem Anglo-Rumänen, der gewöhnlich in Paris lebt, sich zur Zeit aber in England aufhält, um wegen der Aufführung eines Theaterstückes zu verhandeln. Er heißt Osric Orm, ist ein moderner Dichter und meines Wissens ziemlich schwer zu lesen.»

«Nun ja, diesen einen kennst du vielleicht. Aber alle Leute, die hier in der Straße wohnen, kennst du bestimmt nicht. Ich dachte gerade, wie fremd, neu und namenlos hier alles aussieht – die hohen, kahlen Mauern, die einsamen Häuser in den großen Gärten. Alle kannst du doch unmöglich kennen.»

«Alle nicht, aber einige kenne ich», sagte Bagshaw. «Die Gartenmauer, an der wir jetzt entlanggehen, schließt das Besitztum von Sir Humphrey Gwynne ab, besser bekannt unter dem Namen Richter Gwynne; der alte Richter, weißt du, der während des Krieges solch ein Spionenriecher gewesen ist. Das nächste Haus gehört einem reichen Zigarrengroßhändler. Er kommt aus Südamerika und sieht recht braungebrannt und spanisch aus, obwohl er den gut englischen Namen Buller führt. Das übernächste Haus ... Hast du das gehört?»

Er stand lauschend still. Auch Underhill stutzte.

«Ja, ich habe etwas gehört, habe aber keine Ahnung, was das gewesen sein könnte.»
«Aber ich weiß es», sagte der Detektiv rasch; «zwei Schüsse aus einem ziemlich großkalibrigen Revolver und gleich darauf ein Hilferuf. Und der Knall kam aus dem Garten des Richters Gwynne, diesem Paradies des Friedens und der Rechtmäßigkeit.»
Gespannt spähte er nach beiden Seiten der Straße, dann fuhr er fort: «Und der einzige Zugang zum Garten ist ein paar hundert Meter entfernt auf der anderen Seite. Wenn bloß die Mauer etwas niedriger oder ich ein bißchen leichter wäre ... Na, wir müssen es halt versuchen.»
«Weiter vorn ist sie niedriger», sagte Underhill, «und da steht auch ein Baum, an dem wir vielleicht hochklettern können.»
Sie liefen rasch an der Mauer entlang und kamen bald an eine Stelle, wo die Mauer plötzlich beträchtlich niedriger war, als sei sie halb in der Erde versunken. Ein Baum, dessen farbige Blüten im Licht einer einsamen Straßenlaterne leuchteten, ragte mit einem niederhängenden Ast aus dem Garten in die Straße hinaus. Bagshaw ergriff den Ast und schwang sich über die Mauer, und im nächsten Augenblick standen sie knietief im dichten Gewächs eines Gartenbeetes.
Der Garten des Richters Gwynne bot zur Nachtzeit einen recht merkwürdigen Anblick. Er war sehr ausgedehnt und lag hier, am Ende der Vorstadt, im Schatten eines großen, dunklen Hauses. Das Haus war in der Tat stockdunkel, alle Fensterläden waren geschlossen, kein Lichtschimmer war zu sehen, wenigstens auf der dem Garten zugekehrten Seite nicht. Die beiden Freunde hatten erwartet, auch den Garten in völliger Dunkelheit vorzufinden. Doch überall verstreut sahen sie Lichter, die aussahen wie die Funken eines niedergehenden Feuerwerks: es war, als sei eine erlöschende Riesenrakete in die Bäume gefallen. Als sie nun tiefer in den Garten vordrangen, erkannten sie, daß dieses Licht von buntfarbigen Lampen herrührte, die wie Aladins Edelsteinfrüchte in den Bäumen hingen. Mittelpunkt des Lichterkreises war ein kleiner, runder Teich, dessen Wasser in gedämpften Farben funkelte, als werde es von unten her beleuchtet.
«Vielleicht gibt er ein Gartenfest», meinte Underhill, «und hat deshalb den Garten illuminiert.»
«O nein», entgegnete Bagshaw, «diese Illuminierung betreibt er als Liebhaberei, und meines Wissens meist nur dann, wenn er

allein ist. In dem kleinen Häuschen da drüben, wo er arbeitet und auch seine ganzen Papiere aufbewahrt, hat er sich eine elektrische Schaltstation eingerichtet. Buller, der gut mit ihm bekannt ist, sagte mir, die farbigen Lampen seien meist ein Zeichen dafür, daß er nicht gestört sein wolle.»

«Sehen eher aus wie Notsignale», warf Underhill ein.

«Mein Gott! Ich fürchte, es sind wirklich Notsignale!» Und Bagshaw begann zu laufen.

Einen Augenblick später erkannte auch Underhill, was sein Freund gesehen hatte. Der bleiche Lichtring, der wie der Hof des Mondes um die schräg zum Wasser abfallenden Ränder des Teiches lag, wurde von zwei schwarzen Streifen unterbrochen, die sich beim Näherkommen als die langen, schwarzgekleideten Beine eines Mannes erwiesen, der mit dem Kopf im Wasser lag.

«Los, komm her!» rief der Detektiv scharf. «Das sieht doch aus, als ob...»

Seine Stimme verlor sich. In großen Sätzen überquerte er den von den Lampen schwach erleuchteten Rasen und eilte auf den Teich und die liegende Gestalt zu. Underhill trabte in derselben Richtung hinter seinem Freund drein, als sich etwas ereignete, das ihn einen Augenblick stutzen ließ. Bagshaw, der wie eine Kugel auf den Teich zugeschossen war, schlug plötzlich einen scharfen Haken und lief mit noch größerer Schnelligkeit auf den dichten Schatten hinter dem Haus zu. Underhill konnte nicht erkennen, was dies bedeuten sollte. Im nächsten Augenblick aber, als der Detektiv im Schatten verschwunden war, hörte er aus der Dunkelheit ein Aufeinanderprallen und einen Fluch, und Bagshaw kehrte in den Garten zurück, einen kleinen, sich heftig sträubenden rothaarigen Mann hinter sich herschleifend. Der Gefangene hatte offenbar versucht, im Schutz der Dunkelheit zu entfliehen, als die scharfen Ohren des Detektivs ihn rascheln hörten wie einen Vogel im Gezweig.

«He, Underhill!» rief Bagshaw, «lauf doch mal zu und schau schon nach, was unten am Teich los ist. So, und wer sind Sie?» fragte er stehenbleibend. «Wie heißen Sie?»

«Michael Flood», sagte der Unbekannte kurz angebunden. Er war ein unnatürlich magerer, kleiner Mann mit einer Adlernase, die für sein Gesicht viel zu groß war. Im Verhältnis zu seinem rötlichen Haar wirkte seine Gesichtshaut farblos wie Pergament. «Ich habe mit dieser ganzen Sache nichts zu tun. Ich wollte ihn eigentlich nur für eine Zeitung interviewen, aber als ich hierher kam, fand ich ihn tot daliegen, und darüber bin ich so erschrokken, daß ich weglief.»

«Steigen Sie eigentlich, wenn Sie berühmte Leute interviewen wollen, immer über die Gartenmauer?» fragte Bagshaw ironisch. Und mit grimmiger Miene wies er auf eine Reihe von Fußstapfen hin, die von einem Blumenbeet an der Mauer ausgingen und wieder in dieselbe Richtung zurückführten.

Der Mann, der sich Flood nannte, machte ein ebenso grimmiges Gesicht: «Warum sollte ein Interviewer nicht auch mal über eine Mauer steigen? Ich habe an der Haustür geläutet, aber es hat mir niemand geöffnet. Der Diener war ausgegangen.»

«Woher wissen Sie denn das?» fragte der Detektiv argwöhnisch.

«Weil ich», entgegnete Flood spöttisch und mit aufreizender Langsamkeit, «nicht der einzige bin, der über Gartenmauern steigt. Wahrscheinlich sind Sie auf dieselbe Weise hier hereingekommen; und den Diener habe ich gerade eben gesehen, wie er auf der anderen Seite des Gartens direkt beim Tor über die Mauer geklettert ist.»

«Warum ging er denn nicht durch das Tor?» fragte der Detektiv.

«Das weiß doch ich nicht», entgegnete Flood. «Wahrscheinlich ist das Tor geschlossen. Aber fragen Sie ihn doch am besten selbst. Er muß jetzt dicht beim Haus sein.»

Wirklich hob sich im schwachen Licht der bunten Lampen eine schattenhafte Gestalt ab, ein gedrungener Kerl mit einem eckigen Schädel und einer ziemlich schäbigen Livree, deren Hauptbestandteil eine rote Weste bildete. Eilends, doch fast geräuschlos strebte er einem Seiteneingang des Hauses zu, als ihm Bagshaw zurief, stehenzubleiben. Sehr zögernd kam er näher, und aus dem Dunkel tauchte sein volles, gelbliches Gesicht auf; es hatte etwas Asiatisches an sich, genauso wie sein glattes, blauschwarzes Haar.

Bagshaw wandte sich wieder dem Mann namens Flood zu. «Ist hier jemand in der Nähe», fragte er, «der Ihre Identität bezeugen kann?»

«Meine Bekannten sind spärlich gesät», brummte Flood. «Ich bin erst vor kurzem aus Irland gekommen. Der einzige, den ich kenne, ist der Priester der St.-Dominikus-Kirche, Pater Brown.»

«Das werden wir gleich haben. Sie bleiben mal vorläufig hier», meinte der Detektiv, und zum Diener gewandt: «Und Sie gehen jetzt ins Haus und rufen die St.-Dominikus-Pfarrei an. Fragen Sie Pater Brown, ob er so gut wäre, sofort hierher zu kommen. Aber machen Sie mir bloß keine Dummheiten!»

Während sich der energische Kriminalbeamte mit seinen beiden Gefangenen abgab und mit ihrer Bewachung beschäftigt war, war sein Freund zu der Stelle geeilt, wo sich die Tragödie abgespielt hatte. Ein höchst seltsamer Anblick bot sich ihm dort; wäre das, was passiert war, nicht so tragisch gewesen, hätte die ganze Szene höchst phantastisch gewirkt. Der Tote – denn es erwies sich nach ganz kurzer Untersuchung, daß der Mann wirklich tot war – lag mit dem Kopf im Teich, und das im Wasser sich spiegelnde Licht umgab den Kopf mit einem Strahlenkranz, der wie ein – wenngleich sehr unheiliger – Heiligenschein aussah. Das Gesicht war hager und trug einen ziemlich finsteren Ausdruck, um den kahlen Schädel lagen ein paar spärliche stahlgraue Locken. Trotz der entstellenden Wunde, die die Kugel in die Schläfe geschlagen hatte, erkannte Underhill die ihm von vielen Abbildungen her bekannten Züge von Sir Gwynne. Der Tote war im Abendanzug, seine langen, schwarzen, fast spinnenartig dürren Beine lagen gespreizt am steilen Rand des Teiches, den er herabgefallen war. Mit gespenstischer Langsamkeit sikkerte aus der Schläfenwunde das Blut und zog durch das Wasser wie Wolkenstreifen im Rot des Sonnenuntergangs.

Underhill wußte nicht, wie lang er auf den Toten niedergestarrt hatte. Als er aufblickte, sah er eine Gruppe von vier Männern am Teichrand stehen. Bagshaw und den von ihm festgenommenen Iren erkannte er sogleich, ebenso den Diener mit seiner roten Weste. Die vierte Gestalt paßte in ihrer grotesken Feierlichkeit merkwürdig gut zu dieser unheimlichen Szene. Der Neuankömmling war klein und gedrungen; ein Hut umgab sein rundes Gesicht wie ein schwarzer Heiligenschein. Underhill war sich bald darüber klar, daß er einen Geistlichen vor sich hatte; die Gestalt hatte etwas an sich, das an einen jener seltsamen alten Totentanz-Holzschnitte erinnerte.

Dann hörte er, wie Bagshaw zu dem Geistlichen sagte:

«Es freut mich, daß Sie diesen Mann kennen und Auskunft über ihn geben können; ich muß Ihnen allerdings sagen, daß er nicht ganz unverdächtig ist. Natürlich kann er auch unschuldig sein, aber mir fiel auf, daß er den Garten auf etwas ungewöhnlichem Weg betreten hat.»

«Ich bin fast überzeugt, daß er unschuldig ist», sagte der kleine Priester mit klangloser Stimme. «Aber natürlich kann ich mich auch irren.»
«Warum sind Sie von seiner Unschuld überzeugt?»
«Gerade deshalb, weil er den Garten nicht auf dem gewöhnlichen Weg betreten hat», entgegnete der Geistliche. «Schauen Sie, ich zum Beispiel habe den Garten auf gewöhnlichem Wege betreten, aber es sieht fast so aus, als ob ich der einzige wäre, der auf diese Weise hierher gekommen ist. Alle feinen Leute scheinen heute über Gartenmauern zu steigen.»
«Was verstehen Sie denn überhaupt unter dem gewöhnlichen Weg?» fragte der Detektiv.
Erstaunt blickte Pater Brown ihn an. Dann meinte er mit ernsthafter Miene: «Nun, ich bin durch die Haustür gekommen. Ich pflege Häuser meistens durch die Haustür zu betreten.»
«Entschuldigen Sie», fragte Bagshaw irritiert, «aber ist es überhaupt von Bedeutung, wie Sie hier hereingekommen sind, wenn Sie nicht geradezu sich selbst als den Mörder bezeichnen wollen?»
«Ja, ich denke schon», sagte der Priester nachsichtig. «Als ich nämlich das Haus betrat, habe ich etwas bemerkt, das wohl niemand von Ihnen gesehen hat, was aber meines Erachtens wohl etwas mit der Sache zu tun hat.»
«Was haben Sie denn gesehen?»
«Auf dem Flur war ein heilloses Durcheinander. Ein großer Spiegel war zerbrochen, ein kleiner Palmbaum umgestoßen, und die Scherben des Blumenkübels waren über den ganzen Boden verstreut. Da hatte ich gleich so ein Gefühl, daß hier etwas passiert sein müsse.»
«Da haben Sie recht», sagte Bagshaw nach einer Pause. «Wenn Sie wirklich so etwas gesehen haben, dann hat dies sicherlich mit unserem Fall zu tun.»
«Und wenn dem so ist», bemerkte der Priester liebenswürdig, «dann ist es auch fast sicher, daß einer unter uns nichts mit der Sache zu tun hat. Ich meine Herrn Michael Flood, der den Garten auf dem ungewöhnlichen Weg über die Mauer betreten und dann versucht hat, ihn auf dieselbe Weise wieder zu verlassen. Eben dies läßt mich an seine Unschuld glauben.»
Bagshaw unterbrach ihn. «Jetzt wollen wir uns doch mal das Haus näher ansehen!»

Der Diener ging voran und führte sie zu einer Seitentür, die auf den Garten ging. Bagshaw blieb einige Schritte zurück, um mit seinem Freund ein paar Worte zu wechseln.

«Mit diesem Diener stimmt etwas nicht», sagte er. «Er nennt sich Green, obschon er gar nicht so grün aussieht. Allerdings scheint er wirklich Gwynnes Diener zu sein, wohl sein einziger ständiger Diener. Aber er streitet glatt ab, daß sein Herr überhaupt tot oder lebend im Garten gewesen sei. Nach seiner Behauptung ist der alte Richter zu einem großen Juristenbankett eingeladen gewesen und hat erst spät heimkommen wollen. Damit entschuldigt er auch sein Weggehen.»

«Hat er eigentlich auch eine ausreichende Erklärung, warum er bei seiner Rückkehr über die Mauer gestiegen ist?» fragte Underhill.

«Nein, wenigstens kann ich mit dem, was er sagt, nichts anfangen», entgegnete der Detektiv. «Ich weiß wirklich nicht, was ich von ihm halten soll. Irgend etwas scheint ihm einen mächtigen Schreck eingejagt zu haben.»

Vom Seiteneingang aus kamen sie in den Flur, der sich durch das ganze Haus bis zur Vordertür hinzog. Durch ein halbkreisförmiges, altmodisches Fächerfenster über dieser Tür, das einen recht trostlosen Eindruck machte, sickerte mattes, farbloses Licht; ein trüber Morgen kündigte sich an. Beleuchtet war der Flur von einer gleichfalls altmodischen Schirmlampe, die in einer Ecke auf einer Konsole stand. Im schwachen Schein dieser Lampe konnte Bagshaw die Trümmer erkennen, von denen Pater Brown gesprochen hatte. Eine schlanke Palme mit langen, niederhängenden Blättern lag der ganzen Länge nach auf dem Boden, und der dunkelrote Topf, in den sie eingepflanzt gewesen war, war zerschlagen. Die Scherben und die bleiern schimmernden Bruchstücke eines zertrümmerten Spiegels lagen auf dem Teppich herum; der fast leere Rahmen des Spiegels hing hinter ihnen an der Wand am Ende des Vestibüls. Der Seitentür, durch die sie gekommen waren, direkt gegenüberliegend führte ein ähnlicher Gang im rechten Winkel zu den übrigen Gemächern des Hauses. Ganz am Ende dieses Ganges war das Telefon zu erkennen, das der Diener benützt hatte, um den Priester herbeizurufen. Eine halboffene Tür, durch deren Spalt man die dichtgedrängten Reihen großer, in Leder gebundener Bücher sehen konnte, bildete den Eingang zum Arbeitszimmer des Richters.

Bagshaw betrachtete den zerbrochenen Palmenkübel und die Spiegelscherben. «Sie haben ganz recht», sagte er dann zu dem Priester, «hier hat ein Kampf stattgefunden, und zwar ein Kampf zwischen Gwynne und seinem Mörder.»
«Ja, ich hatte gleich so den Eindruck», meinte Pater Brown zurückhaltend, «wie wenn hier etwas passiert wäre.»
«Und mir ist auch völlig klar, wie das Ganze vor sich gegangen ist», bemerkte der Detektiv. «Der Mörder ist durch die Haustür gekommen und hat Gwynne überrascht. Es ist aber auch durchaus möglich, daß ihn Gwynne selbst hereingelassen hat. Dann begann ein Kampf auf Leben und Tod. Ein vorbeigegangener Schuß hat wahrscheinlich den Spiegel getroffen, aber vielleicht ist dieser auch durch einen Stoß oder sonstwie in Trümmer gegangen. Gwynne ist es dann gelungen, sich loszureißen und in den Garten zu fliehen, doch der Mörder verfolgte ihn und schoß ihn schließlich am Teich nieder. So, glaube ich, hat sich das Verbrechen abgespielt; aber ich muß natürlich erst noch die übrigen Räume besichtigen, ehe ich etwas Endgültiges sagen kann.»
In den anderen Räumen war jedoch nur wenig zu sehen; der einzige Gegenstand von Interesse war ein geladener Revolver, den Bagshaw in einer Schreibtischschublade entdeckte.
«Aha», sagte er, «das sieht ja ganz so aus, als habe er schon so etwas erwartet. Aber warum hat er dann eigentlich den Revolver nicht mitgenommen, als er auf den Flur ging?»
Schließlich kehrten sie wieder zurück und gingen auf die Haustür zu. Gedankenverloren ließ Pater Brown seinen Blick über den Flur schweifen; die grauen, verblichenen Tapeten, die grüne Patina an der bronzenen Lampe, der mattschimmernde goldene Rahmen des zerbrochenen Spiegels – das war die verstaubte, überladene Pracht der frühviktorianischen Zeit.
«Es soll Unglück bedeuten, wenn ein Spiegel zerbrochen wird», meinte er. «Hier sieht es wirklich aus wie in einem Unglückshaus. Schon allein die Einrichtung hat etwas an sich ...»
Scharf unterbrach ihn die Stimme Bagshaws. «Das ist doch höchst merkwürdig. Ich dachte, die Vordertür sei verschlossen, sie ist aber nur eingeklinkt.»
Niemand erwiderte etwas. Nacheinander traten sie in den Vorgarten, der nicht sehr groß und in Blumenbeete aufgeteilt war. Auf der einen Seite zog sich eine merkwürdig gestutzte Hecke hin mit einer Öffnung, die aussah wie der Eingang zu einer

Höhle. Undeutlich konnte man einige morsche Stufen erkennen. Pater Brown ging auf die Öffnung zu, bückte sich und schlüpfte hinein. Er war noch nicht lange verschwunden, als die Zurückgebliebenen zu ihrem Erstaunen seine Stimme über ihren Köpfen vernahmen. Es hörte sich so an, als unterhalte er sich mit jemandem, der im Gipfel des Baumes steckte. Nun kroch auch der Kriminalbeamte in die Öffnung, und plötzlich sah er sich einer versteckten Treppe gegenüber, die zu einer erhöhten Plattform führte. Diese zog sich durch den verlassenen dunklen Teil des Gartens hin bis um die Ecke des Hauses, und von dort aus konnte man die bunt illuminierten Bäume vor und unter sich sehen. Wahrscheinlich hatte Gwynne einmal vorgehabt, eine Terrasse auf Bogenpfeilern durch den Garten zu führen, später aber diese bauliche Spielerei wieder aufgegeben und die angefangenen Teile einfach stehen gelassen. ‚Wirklich ein recht merkwürdiger Aufenthaltsort für jemanden, und besonders zu nachtschlafender Zeit', dachte Bagshaw. Aber er sah sich den Bau nicht näher an, sondern faßte den Mann ins Auge, den Pater Brown hier oben aufgestöbert hatte.

Der Unbekannte stand mit dem Rücken zu ihm. Man konnte nur erkennen, daß er klein war und einen hellgrauen Anzug trug. Ein prächtiger Haarschopf bedeckte sein Haupt, so gelb und leuchtend wie die Blüte eines riesigen Löwenzahns. Die Haare bildeten einen regelrechten Strahlenkranz um sein Haupt, und unwillkürlich dachte man sich ein entsprechendes Gesicht dazu. Aber das Gesicht, das er ihnen jetzt langsam und widerwillig zuwandte, entsprach nicht im mindesten der Vorstellung, die man sich von ihm gemacht hatte. Bagshaw hatte erwartet, ein ovales, mildes Engelsgesicht zu sehen; aber was er erblickte, war ein unregelmäßiges, mürrisches, ältliches Gesicht mit mächtigen Kinnbacken und einer kurzen Nase, die an die eingeschlagene Nase eines Boxers erinnerte.

«Herr Orm, der berühmte Dichter, wenn ich mich nicht irre», sagte Pater Brown mit einer so selbstverständlichen Ruhe, als stelle er zwei Leute einander im Salon vor.

«Wer dieser Herr auch ist», meinte Bagshaw, «ich möchte ihn dringend bitten, mit mir zu kommen und mir ein paar Fragen zu beantworten.»

Herr Osric Orm, der Dichter, war durchaus kein Meister des Ausdrucks, wenn es galt, Fragen zu beantworten. Im Winkel des alten Gartens, als das graue Zwielicht der Morgendämmerung sich über die dichten Hecken und die seltsame Aussichtsbrücke zu verbreiten begann, ebenso wie später in den langwierigen Verhören, die eine für ihn immer unheilvollere Wendung nahmen, verweigerte er hartnäckig jede Aussage. Er gab lediglich die Erklärung ab, daß er Sir Humphrey Gwynne einen Besuch habe abstatten wollen, dazu aber nicht gekommen sei, weil sich niemand auf sein Läuten gemeldet habe. Hielt man ihm darauf entgegen, daß die Tür ja praktisch offenstand, dann schnaubte er wütend. Machte man eine Andeutung, daß er die Stunde für seinen Besuch reichlich spät gewählt habe, dann knurrte er. Das wenige, was aus ihm herauszubekommen war, gab keinen rechten Sinn, entweder weil er wirklich kaum Englisch konnte, oder weil er es für besser hielt, keins zu können. Er war offenbar Nihilist, denn er äußerte ziemlich destruktive Ansichten – eine Tendenz, die man ja auch in seinen Gedichten feststellen konnte, sofern man diese überhaupt verstand. Es schien durchaus nicht unmöglich, daß sein Besuch beim Richter und der Streit mit ihm, dessen er verdächtigt wurde, auf anarchistische Motive zurückgingen. Von Richter Gwynne wußte man, daß er überall kommunistische Agenten zu sehen glaubte, wie er zur Zeit des Ersten Weltkrieges in jedem Unbekannten einen deutschen Spion erkennen wollte. Ein merkwürdiges Zusammentreffen, das sich ereignete, kurz nachdem sie den Garten verlassen hatten, verstärkte Bagshaws Eindruck, daß auf Orm der Hauptverdacht falle. Als sie nämlich durch die Gartentür auf die Straße traten, begegnete ihnen zufällig ein weiterer Nachbar des Richters, der Zigarrenhändler Buller. Er war an seinem braungebrannten, schlauen Gesicht und der kostbaren Orchidee im Knopfloch leicht zu erkennen, denn in der Orchideenzucht hatte er sich einen Namen gemacht. Die anderen waren einigermaßen überrascht, als Buller seinen Nachbarn, den Dichter, mit einer Selbstverständlichkeit begrüßte, als habe er erwartet, ihn hier zu sehen. «Na, da sind wir ja wieder», meinte er. «Ziemlich lange mit dem alten Gwynne geschwatzt, wie?»

«Sir Humphrey Gwynne ist ermordet worden», mischte sich Bagshaw ein. «Ich habe den Fall übernommen und muß Sie bitten, mir zu erklären, was Sie mit dieser Bemerkung meinen.»

Völlig überrumpelt, erstarrte Buller zur Salzsäule. Sein braunes Gesicht lag im Schatten; man konnte nicht erkennen, was darauf vorging. Lediglich das glimmende Ende seiner Zigarre glühte wie im Takt mehrmals auf. Seine Stimme hatte einen völlig veränderten Klang, als er schließlich wieder sprach.

«Ich wollte Herrn Orm nur daran erinnern», sagte er, «daß er, als ich vor zwei Stunden hier vorbeikam, gerade durch das Tor ging, um Sir Humphrey zu besuchen.»

«Herr Orm behauptet aber, daß er ihn nicht gesehen habe und überhaupt nicht im Haus gewesen sei», erwiderte Bagshaw.

«So lange pflegt man doch nicht vor einer verschlossenen Türe stehenzubleiben», bemerkte Buller.

«So lange pflegt man aber auch nicht auf der Straße herumzustehen», warf Pater Brown ein.

«Ich bin inzwischen zu Hause gewesen», entgegnete der Zigarrenhändler. «Ich habe Briefe geschrieben und bin eben unterwegs, sie zum Briefkasten zu bringen.»

«Sie werden später noch Gelegenheit haben, das alles ausführlich zu erzählen», sagte Bagshaw. «Gute Nacht jetzt, oder besser: Guten Morgen.»

Osric Orm wurde also angeklagt, Sir Humphrey Gwynne ermordet zu haben. Wochenlang füllten die Berichte über die Gerichtsverhandlung die Spalten der Zeitungen. Es ging um das gleiche Rätsel wie bei der kurzen Unterredung, die damals in der grauen Dämmerung der morgendlichen Straße unter der Laterne geführt worden war. Alles drehte sich um die zwei Stunden zwischen dem Zeitpunkt, da Buller den Dichter Orm in das Gartentor hatte treten sehen, und der Minute, als Pater Brown ihn im Garten entdeckte – eine Zeitspanne, für die Orm keinerlei glaubwürdige Aussagen machen konnte. Er hatte sicher Zeit gehabt, sechs Morde zu begehen, und es war eigentlich erstaunlich, daß er sie nicht begangen hatte, denn er mußte sich ja in diesen zwei Stunden schrecklich gelangweilt haben. Einen zusammenhängenden Bericht über sein Tun und Treiben in dieser Zeit konnte der Angeklagte jedenfalls nicht geben. Vom Vertreter der Anklage wurde mit Nachdruck darauf hingewiesen, daß für ihn die Möglichkeit, Sir Humphrey Gwynne zu ermorden, durchaus gegeben war, da die Haustür nicht verschlossen war und die in den großen Garten führende Seitentüre sogar offenstand. Mit großem Interesse folgte der Gerichtshof sodann den Ausführungen Bagshaws, der in knappen, klaren

Sätzen den Kampf im Flur an Hand der Spuren rekonstruierte; die Polizei hatte später auch die Kugel entdeckt, die den Spiegel zertrümmert hatte. Und schließlich war es auch höchst verdächtig, daß die Öffnung in der Hecke, durch die Pater Brown dem Angeklagten gefolgt war, durchaus als Versteck angesehen werden konnte. Sir Matthew Blake jedoch, Orms sehr geschickter Verteidiger, verwandte dieses letzte Argument im umgekehrten Sinne und fragte, ob ein Mensch wohl wirklich so dumm sein könne, sich freiwillig selbst an einem Ort einzusperren, der nur einen einzigen Ausgang hatte, wo es doch offensichtlich viel vernünftiger gewesen wäre, sich über die Straße davonzumachen. Vor allem aber war es dem Gerichtshof nicht möglich geworden, den Schleier des Geheimnisses zu lüften, der über dem Motiv des Mordes lag, eine Tatsache, die der Verteidiger klug zugunsten seines Klienten auszunutzen wußte. In der Frage nach dem Motiv nahmen die Rededuelle zwischen Sir Matthew Blake und Sir Arthur Travers, dem ebenso glänzenden Vertreter der Anklage, eine für den Angeklagten günstige Wendung. Die einzigen Argumente, die Sir Arthur vorbringen konnte, waren wenig überzeugende Andeutungen über eine bolschewistische Verschwörung, der Orm angehört haben könnte. Als es aber galt, Orms geheimnisvolles Benehmen in der Mordnacht zu erklären, gewann der Anklagevertreter wieder die Oberhand über den Verteidiger.

Der Angeklagte ließ sich einem Kreuzverhör unterziehen, hauptsächlich deshalb, weil sein kluger Anwalt glaubte, es würde einen schlechten Eindruck machen, wenn er es nicht täte. Aber der Verteidiger brachte fast ebensowenig aus ihm heraus wie der Staatsanwalt. Sir Arthur Travers legte dieses hartnäckige Schweigen sogleich zugunsten der Anklage aus, aber selbst dadurch gelang es nicht, dem Angeklagten den Mund zu öffnen.

Sir Arthur war ein langer, hagerer Mann mit einem länglichen, leichenblassen Gesicht; ein auffallender Gegensatz zu der stämmigen Gestalt und dem vogelhellen Blick von Sir Matthew Blake. Mußte man bei Sir Matthew an einen fröhlich-frechen Spatzen denken, so hätte man Sir Arthur eher mit einem Kranich oder mit einem Storch vergleichen können. Wie er sich nun vorbeugte, um den Dichter mit seinen Fragen auszuquetschen, wirkte seine lange Nase tatsächlich wie ein langer, spitzer Schnabel.

«Sie wollen doch nicht etwa den Herren Geschworenen er-

zählen», fragte er in verletzend ungläubigem Ton, «daß Sie das Haus des Ermordeten überhaupt nicht betreten haben?»
«Habe ich nicht!» antwortete Orm kurz.
«Aber Sie hatten doch die Absicht, Sir Humphrey Gwynne zu besuchen, und der Besuch muß Ihnen sehr wichtig gewesen sein, denn schließlich haben Sie ja zwei Stunden vor der Haustür gewartet – oder nicht?»
«Doch», entgegnete Orm.
«Und dabei wollen Sie nicht einmal bemerkt haben, daß die Tür offenstand?»
«Nein!»
«Aber hören Sie mal, man stellt sich doch nicht einfach zwei geschlagene Stunden vor die Haustür eines anderen Menschen», drängte der Staatsanwalt weiter. «In diesen zwei Stunden haben Sie doch bestimmt etwas getan!»
«Allerdings!»
«Und Sie wollen mir nicht sagen, was Sie getan haben?» fragte Sir Arthur mit beißendem Spott.
«Vor Ihnen ist es ein Geheimnis», antwortete der Dichter.
Auf dieser Andeutung eines Geheimnisses baute Sir Arthur seine Anklage auf. Die Tatsache, daß ein Motiv für den Mord immer noch nicht gefunden worden war – das stärkste Argument der Verteidigung –, beutete er mit einer Kühnheit, die an Gewissenlosigkeit grenzte, zu seinen Gunsten aus. Er stellte die Sache so dar, als werde hier der Schleier über einer höchst gefährlichen und ausgedehnten Verschwörung gelüftet, in deren Polypenarmen ein aufrechter Patriot sein Leben habe lassen müssen.
«Ja», rief er mit stahlharter Stimme, «der Herr Verteidiger hat vollkommen recht! Wir wissen nicht genau, weshalb dieser ehrenwerte Mann ermordet worden ist, der dem Staat so große Dienste geleistet hat. Ebensowenig werden wir den Grund wissen, wenn der nächste Repräsentant der Öffentlichkeit von Mörderhänden gemeuchelt werden wird. Und wenn der Herr Verteidiger selbst schließlich wegen seiner hervorragenden Tüchtigkeit dem Haß, den die höllischen Mächte der Zerstörung gegen die Wächter der Ordnung hegen, zum Opfer fallen wird, dann wird auch er niemals erfahren, weshalb er ermordet wurde. Der halbe Gerichtshof hier wird im Bett ermordet werden, ohne daß wir jemals den Grund dafür wissen. Niemals werden wir es erfahren, und das Gemetzel wird nicht aufhören, bis unser Land entvölkert

ist, solange es der Verteidigung erlaubt ist, mit der alten, abgedroschenen Frage nach dem Motiv des Mordes den Lauf der Gerechtigkeit aufzuhalten, während doch alles, die Ungereimtheit der Aussagen des Angeklagten und vor allem sein hartnäckiges Schweigen, uns sagt, daß hier ein Kain vor uns steht.»

«Ich habe Sir Arthur noch niemals so erregt gesehen», meinte Bagshaw später zu einer Gruppe seiner Kollegen. «Es wurde sogar die Meinung laut, daß er mit seiner Rede zu weit gegangen sei und daß ein Staatsanwalt in einem Mordprozeß nicht derart als Rachegott auftreten dürfe. Gewiß – dieser kleine, merkwürdige Orm mit seinem gelben Haar hat etwas Unheimliches an sich, das Sir Arthur recht zu geben scheint. Wenn ich ihn so sehe, muß ich immer an die Beschreibung denken, die De Quincey von Williams gibt, jenem schrecklichen Verbrecher, der in aller Stille zwei ganze Familien abgeschlachtet hat. Auch Williams' Haar war von einem auffallend unnatürlichen Gelb; De Quincey meint, daß es nach einem indischen Rezept gefärbt gewesen sei, denn in Indien färbt man sogar Pferde grün oder blau. Dazu kam sein sonderbares, steinernes Schweigen, so daß ich schließlich dank dieser Gedankenverbindung beinahe das Gefühl hatte, auf der Anklagebank säße wirklich eine Art Ungeheuer. Wenn allerdings nur Sir Arthurs Beredsamkeit bewirkt hat, daß ich – und mit mir sicherlich auch viele andere – den Angeklagten in diesem Licht sehe, dann hat er mit seiner Leidenschaftlichkeit eine schwere Verantwortung auf sich genommen.»
Underhill sah die Sache von einer anderen Seite. «Schließlich ist der arme Gwynne doch der Freund von Sir Arthur gewesen. Ein Bekannter von mir hat sie noch kürzlich nach einem großen Juristenbankett vergnügt zusammen zechen gesehen. Deshalb geht ihm der Fall wahrscheinlich so nahe. Eine andere Frage ist es allerdings, ob sich ein Angehöriger des Gerichts so sehr von seinem persönlichen Gefühl hinreißen lassen darf.»
«Wegen eines rein persönlichen Gefühls würde sich Sir Arthur nicht so sehr ins Zeug legen», meinte Bagshaw. «Wir dürfen nicht vergessen, daß er von seiner beruflichen Stellung sehr eingenommen ist. Er gehört zu den Männern, deren Ehrgeiz auch dann noch nicht befriedigt ist, wenn sie ihre Ziele längst erreicht haben. Ich kenne niemanden, der sich soviel Mühe geben würde wie er, seine Stellung in den Augen der Welt zu befestigen.

Nein, seine donnernde Anklagerede hat sicherlich einen ganz anderen Grund, als du annimmst. Meiner Meinung nach verfolgt er mit seinen leidenschaftlichen Ausbrüchen das Ziel, die Leute vom Bestehen einer politischen Verschwörung zu überzeugen, und dann will er eine Bewegung gegen diese Verschwörung gründen, deren Leitung er zu übernehmen beabsichtigt. Sein Wunsch, Orm zu überführen, und seine Überzeugung, daß ihm dies gelingen wird, müssen ihren tiefen Grund haben. Wahrscheinlich glaubt er, daß die Tatsachen ihm recht geben werden. Seine zuversichtliche Haltung läßt für den Angeklagten nicht viel zu hoffen übrig.»
Er unterbrach seine Rede, denn er hatte in der Gruppe einen unscheinbaren Mann entdeckt. «Nun», meinte er lächelnd, «was halten Sie von dem Gerichtsverfahren, Pater Brown?»
«Na ja», entgegnete der Priester ziemlich zerstreut, «am meisten fiel mir dabei auf, wie sehr eine Perücke den Menschen verändern kann. Sie sprachen gerade davon, wie schneidig der Staatsanwalt ist. Aber ich habe zufällig gesehen, wie er seine Perücke abnahm, und da erkannte ich ihn kaum wieder. Wußten Sie übrigens, daß er ganz kahl ist?»
«Aber hören Sie mal, deshalb kann er doch ein schneidiger Staatsanwalt sein», sagte Bagshaw. «Oder wollen Sie etwa die Verteidigung auf der Tatsache aufbauen, daß der Staatsanwalt eine Glatze hat?»
«Das nun auch nicht gerade», meinte Pater Brown gutgelaunt. «Um die Wahrheit zu sagen, ich dachte gerade darüber nach, wie wenig wir doch über unsere Mitmenschen wissen. Angenommen, ich käme zu einem fernen Volk, das noch niemals etwas über England und seine Sitten gehört hätte. Angenommen, ich würde diesen Leuten erzählen, daß es bei uns einen Mann gibt, der, ehe er Fragen, bei denen es um Leben und Tod geht, behandelt, sich einen aus Pferdehaar verfertigten, hinten mit kleinen Schwänzchen und an der Seite mit Korkenzieherlocken versehenen Aufbau auf den Kopf stülpt, so daß er aussieht wie eine alte Frau aus der Biedermeierzeit. Diese Leute würden bestimmt glauben, daß ein solcher Mann doch ein recht verschrobener Narr sei; aber er ist durchaus nicht verschroben, denn er handelt ja nur getreu einer alten, erstarrten Tradition. Die Fremden würden das glauben, weil sie eben das englische Gerichtswesen nicht kennen, weil sie nicht wissen, was ein Staatsanwalt ist. Aber wie es

diesen Leuten mit dem Staatsanwalt geht, so geht es dem Staatsanwalt mit dem Dichter: Auch er weiß nicht, was ein Dichter ist. Er begreift nicht, daß die Überspanntheiten eines Dichters anderen Dichtern in keiner Weise überspannt vorkämen. Er hält es für sonderbar, daß Orm zwei Stunden lang in einem schönen Garten spazierengeht, ohne etwas Bestimmtes zu tun. Du meine Güte! Ein Dichter könnte auch zehn Stunden in einem solchen Garten auf und ab gehen, wenn er gerade mit einem Gedicht beschäftigt ist. Aber selbst Orms Verteidiger hat in dieser Hinsicht versagt. Es kam ihm gar nicht in den Sinn, an Orm eine sehr naheliegende Frage zu richten.»

«Was für eine Frage meinen Sie?» fragte verständnislos der Detektiv.

«Nun, Sir Matthew hätte ihn fragen sollen, welches Gedicht er gerade gemacht hat», sagte Pater Brown etwas ungeduldig. «Bei welcher Zeile er steckengeblieben ist, welches Beiwort, welche Steigerung er gesucht hat. Wenn nur ein paar einigermaßen gebildete Leute bei Gericht wären, die eine Ahnung von Literatur haben, so hätten sie sofort herausgebracht, ob Orm nicht doch etwas Sinnvolles in jenem Garten zu tun gehabt hat. Wenn er ein Fabrikant wäre, hätten sie ihn gewiß gefragt, wie es mit seiner Produktion steht – aber wie ein Gedicht verfertigt wird, davon hat doch wohl keiner dieser guten Leute auch nur eine Ahnung. Dichten kann man nur in völliger Untätigkeit.»

«Das ist ja alles recht und gut», entgegnete der Kriminalbeamte, «aber warum hat er sich dann versteckt? Warum ist er dann jene kleine, morsche Treppe hinaufgestiegen, die doch nirgendwo hinführte, warum ist er oben geblieben?»

«Eben weil sie nirgends hinführte», sagte Pater Brown scharf, unwillig über die Verständnislosigkeit seines Gegenübers. «Jeder, der diese im leeren Raum endigende Treppe sieht, sollte eigentlich wissen, daß sie für jeden Künstler wie für jedes Kind eine große Anziehung haben muß.»

Pater Brown hatte sich sofort wieder gefaßt und sagte entschuldigend: «Verzeihen Sie, aber es erscheint mir doch merkwürdig, daß kein Mensch dies zu begreifen vermag. Und dann kommt noch etwas anderes dazu. Wissen Sie nicht, daß es für jeden Künstler stets und bei allem nur einen einzigen Gesichtswinkel gibt, den er gelten läßt? Ein Baum, eine Kuh, eine Wolke bedeuten für sich gar nichts, sie haben einen Sinn nur, wenn sie in

Beziehung zu etwas gesetzt werden, so, wie beispielsweise drei Buchstaben nur in einer ganz bestimmten Anordnung ein Wort ergeben. Nun, für den Dichter konnte der illuminierte Garten nur von der halbzerfallenen Brücke aus richtig gesehen werden. Dieser Gesichtswinkel war für ihn so einzigartig wie etwa die vierte Dimension. Es war eine ganz zauberhafte Perspektive, es war, als wenn man von oben auf den Himmel niederblickte, die Sterne schienen auf den Bäumen zu wachsen, und der leuchtende Teich sah aus wie ein Märchenmond, der auf die Felder herabgefallen war. Dieses Bild hätte unser Dichter eine Ewigkeit lang betrachten können. Wenn Sie ihm sagen würden, daß der Weg nirgendhin führte, so würde er gewiß antworten, daß er ihn ans Ende der Welt geführt habe. Aber erwarten Sie etwa von ihm, daß er diese Aussage vor Gericht macht? Sie können sich ja selbst denken, welche Antwort er hierauf zu erwarten hätte. Man behauptet doch immer, ein jeglicher Mensch dürfe nur durch seinesgleichen gerichtet werden. Warum sitzen dann hier nicht lauter Dichter auf der Geschworenenbank?»

«Sie sprechen ja, als wären Sie selbst ein Dichter», sagte Bagshaw.

«Danken Sie Ihrem Stern, daß ich keiner bin», entgegnete Pater Brown. «Danken Sie Ihrem Glücksstern, daß ein Priester barmherziger sein muß als ein Dichter. Großer Gott, wenn Sie wüßten, welch eine zermalmende, grausame Verachtung so ein Dichter für Leute Ihres Schlages hat! Sie würden sich vorkommen, als stünden Sie unter dem Niagarafall.»

«Nun, vielleicht wissen Sie mehr über die Veranlagung eines Künstlers als ich», sagte Bagshaw nach kurzer Pause. «Aber so hieb- und stichfest sind Ihre Argumente nun auch wieder nicht. Sie haben nur erklärt, was er hätte tun können, wenn er das Verbrechen nicht begangen hat. Aber ein Beweis dafür, daß er als Täter nicht in Frage kommt, ist das keineswegs. Und wer sollte es denn schließlich sonst gewesen sein?»

«Haben Sie an den Diener Green gedacht?» fragte Pater Brown nachdenklich. «Er hat doch eine recht sonderbare Geschichte erzählt.»

«Aha!» rief Bagshaw. «Sie halten also Green für den Täter?»

«Ich bin im Gegenteil fest davon überzeugt, daß er nicht der Täter ist», entgegnete der Priester. «Ich habe nur gefragt, ob Ihnen an der sonderbaren Geschichte, die er uns erzählt hat, nichts aufgefallen ist. Green ist einer Kleinigkeit wegen ausgegangen; vielleicht hatte er eine Bestellung auszurichten oder wollte schnell ein Glas Bier trinken. Sagte er nicht, daß er den Garten durch das Tor verließ, aber über die Gartenmauer zurückkam? Das bedeutet, daß er das Tor offengelassen hatte, aber als er zurückkam, war es geschlossen. Und warum war es geschlossen? Weil inzwischen ein anderer den Garten durch das Tor verlassen hatte.»

«Also der Mörder», murmelte der Kriminalbeamte, noch nicht sehr überzeugt. «Wissen Sie vielleicht auch, wer der Mörder war?»

«Ich weiß, wie er aussieht», antwortete Pater Brown ruhig. «Das ist das einzige, was ich mit Sicherheit weiß. Ich sehe ihn fast vor mir, wie er zur Haustür hereinkommt und in den matten Schein der Flurlampe tritt; ich sehe seine Gestalt, seine Kleidung, selbst sein Gesicht!»

«Was soll das heißen?»

«Er sah aus wie Sir Humphrey Gwynne.»

«Zum Teufel nochmal, was wollen Sie damit sagen?» fragte Bagshaw völlig überrascht. «Gwynne lag doch tot im Garten, Sie waren doch dabei, als wir ihn gefunden haben!»

«Ganz richtig», bemerkte Pater Brown.

Nach einer Weile fuhr er fort: «Kehren wir doch einmal zu Ihrer Theorie zurück, die recht brauchbar war, obschon ich ihr nicht ganz beistimme. Sie nehmen an, daß der Mörder durch die Haustür hereinkam, im Flur auf den Richter stieß, mit ihm kämpfte und dabei den Spiegel zertrümmerte; daß der Richter dann in den Garten floh und dort schließlich erschossen wurde. Ehrlich gesagt, das scheint mir nicht recht plausibel. Wenn Gwynne tatsächlich den langen Hausflur entlang flüchtete, dann stieß er doch am Ende des Flurs auf zwei Türen, die eine zum Garten, die andere ins Zimmer. Warum hat er sich dann nicht in das Zimmer zurückgezogen? Dort hatte er ja seinen Revolver, von dort aus hätte er telefonieren können, und auch seinen Diener mußte er dort vermuten. Selbst seine nächsten Nachbarn wohnen alle in dieser Richtung. Warum sollte er also erst die Gartentür öffnen und in den einsamen, verlassenen Garten fliehen?»

«Aber wir wissen doch, daß er das Haus verlassen hat», erwiderte Bagshaw verdutzt. «Er wurde doch draußen im Garten gefunden, also muß er das Haus verlassen haben.»

«Wieso denn? Er brauchte das Haus nicht zu verlassen, denn er war gar nicht darin gewesen», sagte Pater Brown. «Jedenfalls nicht an diesem Abend. Er saß in seinem Gartenhäuschen. Das wußte ich gleich, als ich die bunte Beleuchtung im Garten sah. Die elektrische Schaltanlage befand sich doch in dem Häuschen, und da die Lampen brannten, muß er dort gewesen sein. Er versuchte also vielmehr, ins Haus und zum Telefon zu gelangen, als ihn sein Mörder am Teich niederschoß.»

«Aber was haben dann die umgeworfene Palme und der zertrümmerte Spiegel zu bedeuten?» rief Bagshaw, der sich darüber ärgerte, daß seine schöne Theorie so widerlegt wurde. «Sie haben doch schließlich selbst diese Spuren entdeckt und behauptet, daß in dem Flur ein Kampf stattgefunden haben müsse!»

Der Priester dachte angestrengt nach. «Wirklich? Nein, das habe ich bestimmt nicht behauptet; daran habe ich nicht einmal im Schlaf gedacht. Meines Wissens sagte ich nur, daß auf dem Flur etwas passiert sei. Und es ist dort auch etwas passiert. Allerdings war es kein Kampf.»

«Und wie soll dann der Spiegel zerbrochen sein?» fragte Bagshaw etwas pikiert.

«Durch eine Kugel», antwortete Pater Brown ernst. «Durch eine Kugel, die der Mörder abfeuerte. Und die herabfallenden Scherben haben dann Kübel und Palme umgestürzt.»

«Aber wenn Gwynne nicht im Haus war, auf wen hat dann der Mörder eigentlich geschossen?» fragte der Detektiv.

«Hier ist der Punkt, an dem wir einhaken müssen, um herauszubekommen, wer der Mörder war. Es grenzt beinahe an Metaphysik», sagte der Priester sehr nachdenklich. «Natürlich schoß der Mörder in einem gewissen Sinn auf Gwynne, obschon Gwynne gar nicht da war. Der Mörder war ganz allein auf dem Flur.»

Er schwieg einen Augenblick, dann fuhr er ruhig fort: «Nun, stellen Sie sich einmal vor, wie es im Flur ausgesehen hat, ehe der Spiegel zertrümmert wurde. Der Spiegel hing ganz am Ende des Flurs, und neben ihm stand die Palme. Die eintönig grauen Wände wurden vom Spiegel so zurückgeworfen, daß bei dem herrschenden Zwielicht der Eindruck entstehen mußte, als sei der Spiegel nichts anderes als die Rückwand des Flurs. Wenn nun jemand aus einiger Entfernung den Flur entlang in den Spiegel blickte, so sah es aus, als komme jemand aus dem Inneren des

Hauses. Und dieser Jemand konnte wie der Herr des Hauses aussehen, wenn – nur das Spiegelbild ihm etwas ähnlich war.»
«Moment mal», unterbrach ihn Bagshaw. «Ich glaube, ich sehe jetzt allmählich ...»
«Sie sehen jetzt allmählich», fuhr Pater Brown fort, «warum alle in diesem Fall verdächtigten Personen unschuldig sein müssen. Nicht ein einziger hätte sein eigenes Spiegelbild für den alten Gwynne halten können. Orm hätte gleich erkennen müssen, daß sein gelber Haarschopf kein Kahlkopf ist. Flood hätte sicherlich seine roten Haare erkannt, und Green seine rote Weste. Übrigens sind sie alle von kleiner Statur und reichlich schäbig gekleidet; keiner von ihnen hätte sich einbilden können, er sehe im Spiegel wie ein großer, hagerer, alter Herr im Abendanzug aus. Wir müssen uns schon nach einem anderen Mann umsehen, der ebenso groß und hager ist wie der Richter. Das meinte ich, als ich sagte, ich wüßte, wie der Mörder aussieht.»
«Und was folgern Sie daraus?» fragte Bagshaw, ihn fest ansehend.
Der Priester lachte kurz und schneidend auf, ein Lachen, in dem nichts mehr von seiner gewohnten Milde zu hören war.
«Ich folgere daraus eben das, was Sie noch vor wenigen Minuten für so lächerlich und unmöglich gehalten haben.»
«Wie meinen Sie das?»
«Ich werde die Verteidigung auf der Tatsache aufbauen, daß der Staatsanwalt eine Glatze hat!»
«O Gott!» sagte der Detektiv leise. Seine Gestalt straffte sich; er begann zu verstehen.
Pater Brown ließ sich durch das Staunen seines Gegenübers nicht aus der Fassung bringen, und er fuhr in seinem Monolog fort:
«Ihr von der Polizei habt in dieser Sache allen möglichen Leuten nachgespürt; ihr habt euch sehr dafür interessiert, was der Dichter, der Diener und der Ire in jener Nacht gemacht haben. Aber über einen habt ihr ganz vergessen, Nachforschungen anzustellen, nämlich über den Ermordeten selbst. Es ist euch gar nicht aufgefallen, daß der Diener ehrlich erstaunt war über die frühe Rückkehr seines Herrn. Der alte Gwynne war zu einem großen Juristenbankett gegangen, hatte es aber plötzlich verlassen und sich heimbegeben. Es kann ihn nicht etwa ein Unwohlsein befallen haben, denn er hat niemand um Beistand gebeten; es ist also fast sicher, daß er mit irgendeinem anderen Juristen auf

dem Bankett eine berufliche Auseinandersetzung gehabt hat. Wir müssen den Mörder demnach unter seinen Kollegen suchen. Sir Humphrey Gwynne kehrte also zurück und schloß sich in sein Gartenhäuschen ein, wo er geheime Papiere und Dokumente mit belastendem Material aufbewahrte. Der Kollege wußte, daß diese Dokumente auch gegen ihn etwas enthielten, und nachdem der Streit ausgebrochen war, mußte er befürchten, daß Richter Gwynne es gegen ihn verwenden würde. So folgte er seinem Feind, auch er im Abendanzug, nur dazu mit einem Revolver in der Tasche. Das ist alles. Kein Mensch hätte dies je erraten können, wenn nicht der Spiegel gewesen wäre.»

Er sah einen Augenblick versonnen vor sich hin, dann fügte er hinzu:

«So ein Spiegel ist doch ein merkwürdiges Ding, ein Rahmen, der Hunderte verschiedener Bilder faßt. Sie leuchten auf und verschwinden dann für immer. Aber mit dem Spiegel, der am Ende des grauen Korridors unter der grünen Palme hing, hatte es seine besondere Bewandtnis. Wie bei einem Zauberspiegel ist das Bild, das er aufgenommen hat, nicht verschwunden; selbst nachdem der Spiegel nicht mehr war, hing das Bild noch wie ein Gespenst im Zwielicht des alten Hauses, wie ein geheimes Zeichen. Wir können sogar in dem leeren Rahmen das Bild noch heraufbeschwören, das – Sir Arthur gesehen hat. Übrigens, in einem hatten Sie recht, als Sie vorhin über den Staatsanwalt sprachen.»

«Na also, wenigstens etwas», sagte Bagshaw, indem er gute Miene zum bösen Spiel machte. «Und womit hatte ich recht?»

«Sie sagten, daß Sir Arthur sicherlich gute Gründe für seinen Wunsch haben müßte, Orm gehängt zu sehen.»

Eine Woche später traf der Priester den Detektiv wieder. Von ihm erfuhr er, das Gericht habe auf Grund der von Pater Brown vorgebrachten Argumente bereits neue Erhebungen angestellt, diese seien aber durch ein aufsehenerregendes Ereignis unterbrochen worden.

«Sir Arthur Travers ...» begann Pater Brown.

«Sir Arthur Travers ist tot», sagte Bagshaw kurz.

«So!» Pater Browns Stimme klang etwas heiser. «Hat er ...?»

«Ja», antwortete Bagshaw, «er hat wieder auf denselben Mann geschossen, aber dieses Mal nicht in den Spiegel.»

Diese Geschichte erzählte Pater Brown dem berühmten Kriminologen Professor Crake nach Tisch in einem Klub, wo sie einander vorgestellt worden waren, weil sie ja beide das Steckenpferd der Beschäftigung mit Mord und Totschlag ritten. Angeregt wurde Pater Brown zu seiner Erzählung durch eine kleine Kontroverse, bei der der Professor mit seinem ganzen wissenschaftlichen Geschütz auffuhr, während der Priester sich reichlich skeptisch zeigte.

«Aber mein lieber Herr», sagte der Professor protestierend, «glauben Sie wirklich nicht, daß die Kriminologie eine Wissenschaft ist?»

«Ich möchte es nicht mit Bestimmtheit behaupten», erwiderte Pater Brown. «Eine Gegenfrage: Glauben Sie, daß die Hagiologie eine Wissenschaft ist?»

«Was soll denn das sein?» fragte der Verbrecher-Spezialist in spitzem Ton.

«Nun, nichts für ungut», meinte der Geistliche lächelnd. «Man versteht darunter das Studium heiliger Personen und Dinge. Das ‚finstere Mittelalter' hat nämlich versucht, eine Wissenschaft über gute Menschen zu begründen, während unser ach so humanes und aufgeklärtes Zeitalter sich anscheinend nur für schlechte Menschen interessiert. Wir von der Kirche wollen von einem Menschen beweisen, daß er ein Heiliger gewesen ist. Sie hingegen, fürchte ich, legen es darauf an, zu beweisen, daß ein Mensch ein Mörder ist.»

«Nun, jedenfalls glaube ich, daß sich die Mörder ganz gut klassifizieren lassen», bemerkte Crake. «Das Schema ist zwar etwas umfangreich und trocken, aber es ist, wie ich glaube, durchaus erschöpfend. Zuerst einmal kann man alles Töten in rationales und irrationales einteilen. Nehmen wir das letzte zuerst, weil es bedeutend seltener vorkommt. Es gibt so etwas wie eine abstrakte Mordlust, einen Trieb zum Töten. Es gibt eine Art irrationaler Antipathie, obschon sie selten zu einem Mord führt. Dann kommen wir zu den eigentlichen Motiven, die teilweise wieder weniger rational sein können, weil sie sich entweder auf längst Vergangenes beziehen oder aus einer – sagen wir – überspannten Veranlagung resultieren. Reine Racheakte sind beispielsweise meist völlig sinnlos. So wird ein Liebhaber etwa seinen Nebenbuhler töten, obwohl er genau weiß, daß er nie an dessen Stelle treten wird.

Meist jedoch liegen solchen Morden ganz vernünftige Erwägungen zugrunde, das heißt, die Mörder hoffen, mit ihrer Tat irgendein Ziel zu erreichen. In die zweite Abteilung – Verbrechen aus vernünftiger Überlegung – gehören die meisten Morde. Auch hier gibt es zwei Kategorien: Entweder mordet jemand, um sich den Besitz eines anderen anzueignen, oder er mordet, um den anderen an einem bestimmten Handeln zu hindern, beispielsweise einen Erpresser oder einen politischen Gegner oder auch einen Ehemann oder eine Ehefrau, deren Weiterleben sich mit anderen Interessen nicht mehr vereinbaren läßt. Ich halte diese Klassifizierung für ziemlich lückenlos und glaube, daß sie, richtig angewandt, alle vorkommenden Fälle umfaßt. Aber wenn man das so erzählt, klingt es vielleicht etwas sehr farblos. Ich hoffe, daß ich Sie nicht langweile.»

«Nicht im mindesten», entgegnete Pater Brown. «Entschuldigen Sie bitte, wenn ich nicht ganz bei der Sache zu sein schien. Ich mußte nämlich gerade an einen Mann denken, dem ich vor Jahren einmal begegnet bin. Er war ein Mörder; aber leider ist mir nicht ganz klar, in welcher Abteilung Ihres Mördermuseums er Platz finden könnte. Er war weder verrückt, noch machte ihm das Morden Spaß. Er haßte sein Opfer nicht, er kannte den Mann kaum und hatte sicherlich keinen Anlaß, an ihm Rache zu nehmen. Der Ermordete besaß nichts, was den Mörder irgendwie hätte verlocken können, und er stand ihm auch nicht im geringsten im Wege, er konnte ihm weder schaden noch ihn irgendwie behindern. Es war weder eine Frau im Spiel, noch lag ein politischer Beweggrund vor. Dieser Mann hat einen Mitmenschen getötet, der ihm völlig fremd war, und dazu aus einem sehr sonderbaren Beweggrund, der vielleicht in der menschlichen Geschichte einzigartig ist.»

Und so erzählte er in seinem gemütlichen Plauderton folgende Geschichte, die an einem ziemlich respektablen Ort beginnt, nämlich am Frühstückstisch einer in einem Vorort von London wohnenden achtbaren, obschon reichen Familie namens Bankes. Anstatt wie üblich die neuesten Zeitungsmeldungen zu besprechen, unterhielt man sich dort an diesem Tag über ein Ereignis, das in der unmittelbaren Nachbarschaft vorgefallen war. Man sagt solchen Leuten oft fälschlicherweise nach, sie hätten nichts anderes zu tun, als zu klatschen. Aber in diesem Punkt sind sie erstaunlich unschuldig. Auf dem Dorf erzählen sich die Bauern noch wahre oder falsche Geschichten über ihre Nachbarn, aber die merkwürdigen Kulturmenschen der modernen Großstadt, die zwar alles glauben, was in der Zeitung über die Schlechtigkeit des Papstes oder den Heldentod eines Kannibalenhäuptlings steht, erfahren in der Aufregung über so viele interessante Neuigkeiten gar nicht, was im Nachbarhause vor sich geht. Die Nachricht aber, die an diesem Tag so viel Aufregung brachte, stammte nicht nur aus der Zeitung, sie betraf sogar die Familie unmittelbar, war doch in ihrem Leib- und Magenblatt der Stadtteil erwähnt worden, in dem sie wohnten. Jetzt erst waren auch sie etwas, denn der Name ihres Stadtteils hatte in der Zeitung gestanden! Dadurch waren sie genau so gegenständlich und wirklich geworden wie jener Kannibalenhäuptling.

In der Zeitung wurde berichtet, daß ein ehemals berüchtigter Verbrecher, der unter dem Namen Michael Moonshine und mancherlei anderen Namen, auf die er wahrscheinlich ebensowenig Anspruch hatte, vor einigen Jahren die Welt in Atem gehalten hatte, nach Verbüßung einer langjährigen Strafe aus dem Zuchthaus entlassen worden sei. Seinen derzeitigen Aufenthaltsort wisse man nicht, doch nehme man allgemein an, daß er sich in dem fraglichen Stadtteil – sagen wir Chisham – niedergelassen habe. Im Anschluß an diese Notiz folgte eine Zusammenstellung einiger seiner berühmtesten und tollsten Stückchen und Ausbrüche; denn es ist charakteristisch für die Tageszeitung, daß sie stets annimmt, der Leser habe kein Gedächtnis. Es ist ja in der Tat so. Während die Landbevölkerung das Andenken an einen Strauchdieb wie Robin Hood jahrhundertelang bewahrt, wird der Büromensch der Großstadt sich kaum an den Namen eines Verbrechers erinnern, über den er erst vor zwei Jahren in der Straßenbahn oder Untergrundbahn heftig diskutiert hat. Und doch hatte Michael Moonshine auch etwas von der heroisch-frechen Unbekümmertheit eines Robin Hood an sich, und er hätte es durchaus verdient, in die Legende und nicht nur in die Zeitungsspalten einzugehen. Er war als Einbrecher viel zu geschickt, um je zum Mörder zu werden. Seine Bärenkraft, die ihn einen Polizisten wie einen Kegel umwerfen ließ, mit der er seine Opfer bewußtlos schlug, um sie dann zu fesseln und zu knebeln, und die Tatsache, daß er nie jemanden tötete, legten einen Schleier des Geheimnisses und des Grauens um Michael Moonshine. Man hatte beinahe das Gefühl, er würde menschlicher gehandelt haben, wenn er getötet hätte.

Herr Simon Bankes, das Oberhaupt besagter Familie, war besser belesen und nicht so modern vergeßlich wie die anderen Familienmitglieder. Er war von gedrungener Gestalt, trug einen kurzen, grauen Bart und hatte eine von Falten durchzogene Stirn. Ein Freund von Anekdoten, hing er gern und oft vergangenen Dingen nach; noch ganz deutlich erinnerte er sich der Zeit, da Michael Moonshine ganz London in Atem gehalten hatte. Ihm gegenüber saß seine Frau, hager und schwarz. Sie war von einer Art bissiger Eleganz, denn ihre Familie hatte viel mehr Geld als die ihres Mannes, dafür aber auch bedeutend weniger Bildung. Frau Bankes hatte oben in ihrem Zimmer sogar ein sehr kostbares Smaragdhalsband liegen, weshalb sie bei einer Unterhaltung über Diebe das erste Wort führen zu müssen meinte. Ferner war da Opal, ihre Tochter, ebenfalls schwarz und hager; es hieß von ihr, sie sei hellseherisch veranlagt – zumindest hielt sie sich selbst dafür, schon um ihre geringe Neigung zu haushälterischen Pflichten zu rechtfertigen. (Jungen Mädchen, die gern mit der Geisterwelt verkehren, kann man nur den guten Rat geben, sich nicht als Mitglieder einer großen Familie zu materialisieren.) Neben ihr saß ihr Bruder John, ein dicker, stämmiger Bursche, der seine Gleichgültigkeit gegenüber den spirituellen Fähigkeiten seiner Schwester gerne in lärmenden Ausführungen an den Tag legte und sich außerdem nur durch sein Interesse für Autos auszeichnete. Immer war er offenbar gerade dabei, einen alten Wagen zu verkaufen und dafür einen neuen anzuschaffen; durch ein äußerst merkwürdiges, allen volkswirtschaftlichen Theorien hohnsprechendes Verfahren gelang es ihm auch stets, durch den Verkauf eines beschädigten oder außer Mode gekommenen Wagens ein viel besseres, funkelnagelneues Modell einzuhandeln. Der nächste im trauten Familienkreise war sein Bruder Philipp, ein junger Mann mit schwarzem Lockenhaar, der dadurch hervorstach, daß er großen Wert auf tadellose Kleidung legte, was zweifelsohne zu den Pflichten eines Bankangestellten gehört, aber, wie sein Prinzipal oft und nachdrücklich zu betonen pflegte, sicherlich nicht als einzige Aufgabe eines Bankangestellten angesehen werden kann.

Schließlich war noch Philipps Freund Daniel Devine anwesend, ebenfalls schwarzhaarig, ebenfalls tadellos gekleidet; er trug jedoch einen Bart, der ziemlich ausländisch und deshalb für manche Leute etwas verdächtig aussah.
Dieser Devine hatte die Zeitungsmeldung aufs Tapet gebracht, um damit taktvoll einer Auseinandersetzung ein Ende zu machen, die wie der Anfang einer kleinen Familienzwistigkeit aussah; denn die medial veranlagte Tochter hatte gerade begonnen, eine ihrer Visionen zu beschreiben: wie in stockdunkler Nacht bleiche Gesichter vor ihrem Fenster hin und her schwebten. Daraufhin hatte ihr Bruder John versucht, diese Offenbarung eines höheren seelischen Zustandes mit noch größerer Herzlichkeit, als man sonst bei ihm gewohnt war, niederzubrüllen.
Die Zeitungsnotiz jedoch über den neuen und womöglich gefährlichen Nachbarn bereitete dem Streitfall ein rasches Ende.
«Wie schrecklich!» rief Frau Bankes. «Er ist sicherlich erst vor ganz kurzer Zeit in unserem Viertel zugezogen; aber wer könnte es denn sein?»
«Neu ist hier, soviel ich weiß, nur Sir Leopold Pulman in Beechwood House», bemerkte Herr Bankes.
«Du scherzest wohl, mein Lieber», erwiderte die Dame des Hauses spitz. «Wie kann man nur so etwas sagen! Sir Leopold!» Und nach einer Pause setzte sie hinzu: «Verdächtiger erscheint mir eher sein Sekretär – jener Kerl mit dem Backenbart. Seitdem er die Stelle erhalten hat, die eigentlich unser Philipp hätte bekommen sollen, sage ich immer ...»
«Nichts zu machen», steuerte Philipp lässig seinen einzigen Beitrag zur Unterhaltung bei. «War mir nicht gut genug.»
«Ich kenne nur einen Mann, der neu zugezogen ist», bemerkte Devine, «nämlich jenen Carver, der auf Smiths Hof beschäftigt ist. Er lebt sehr zurückgezogen, aber man kann sich trotzdem recht gut mit ihm unterhalten. Meines Wissens hat John auch schon mit ihm zu tun gehabt.»
«Er kennt sich ein bißchen in Autos aus», gab der autobesessene John zu. «Und er wird noch einiges dazulernen, wenn er erst mal in meinem neuen Wagen gesessen hat.»
Devine verzog sein Gesicht zu einem spöttischen Grinsen. Alle waren sie von John mit einer Einladung zu einer Fahrt in seinem neuen Wagen bedroht worden. Dann meinte er nachdenklich: «Ich bin mir nicht ganz im klaren über diesen Mann. Er weiß

allerhand vom Autofahren, muß viel gereist sein und kennt sich auch im praktischen Leben aus, und doch geht er nie aus und stolpert nur um die Bienenkörbe des alten Smith herum. Er behauptet, er interessiere sich nur für Bienenzucht und bleibe aus diesem Grund bei Smith. Für einen Mann seiner Art scheint mir dies ein reichlich langweiliges Hobby zu sein. Aber ich bin sicher, daß Johns Wagen ihn ein bißchen aufmuntern wird.»
Als Devine am späten Nachmittag das Haus verließ, zeigte sich auf seinem dunklen Gesicht der Ausdruck angestrengten Nachdenkens. Wir wollen an dieser Stelle seinen sicherlich recht interessanten Gedankengang nicht weiter verfolgen; auf jeden Fall faßte er schließlich den Entschluß, sofort das Gut des Mr. Smith aufzusuchen, um Herrn Carver einen Besuch abzustatten. Auf dem Wege dorthin begegnete er Herrn Barnard, dem Sekretär von Sir Leopold Pulman. Er erkannte ihn sofort an seiner schmächtigen Gestalt und seinem Backenbart, den Frau Bankes als eine persönliche Beleidigung empfand. Devine und Barnard waren nur oberflächlich miteinander bekannt, und so beschränkte sich ihre Unterhaltung auf wenige Worte.
«Verzeihen Sie meine Frage», wandte er sich ohne lange Einleitung an Barnard, «stimmt es, daß Lady Pulman sehr wertvolle Juwelen im Haus hat? Nicht, daß ich die Absicht hätte, gelegentlich nachts einzusteigen, aber ich habe gerade erfahren, daß sich in unserer Gegend ein professioneller Dieb herumtreibt.»
«Ich werde Lady Pulman raten, ein wachsames Auge auf ihren Schmuck zu haben», entgegnete der Sekretär. «Um Ihnen die Wahrheit zu sagen, ich habe mir bereits erlaubt, sie zu warnen, und hoffe, daß sie sich das zu Herzen genommen hat.»
In diesem Augenblick ertönte hinter ihnen das häßliche Aufheulen einer Autohupe. Unmittelbar neben ihnen kam der Wagen zum Stehen, und Johns grinsendes Gesicht tauchte hinter dem Steuerrad auf. Als er hörte, wohin Devine wollte, behauptete er, auch er habe dasselbe Ziel, doch konnte man ihm deutlich anmerken, daß dies nur ein Vorwand war, ein Opfer für seinen Wagen zu finden. Also stieg Devine ein und mußte nun die ganze Fahrt über die überschwenglichen Lobsprüche Johns auf seinen Wagen anhören, der dieses Mal besonders wegen seiner Wetterfestigkeit gerühmt wurde.
«Schließt so dicht ab wie ein Geldschrank und läßt sich so leicht öffnen, wie – wie man den Mund auftut.»

Devines Mund schien jedoch zu dieser Stunde nicht gerade leicht zu öffnen, und John fuhr in seinem Monolog fort, bis sie auf Smiths Gut ankamen. Als sie das äußere Tor durchfuhren, wurde Devine sofort des Mannes ansichtig, den er aufsuchen wollte, und so brauchte er nicht erst in das Haus zu gehen. Der Gesuchte ging, die Hände in den Taschen, einen großen, weichen Strohhut auf dem Kopf, im Garten spazieren. Sein Gesicht war schmal, sein Kinn kräftig; die breite Hutkrempe warf auf den oberen Teil seines Gesichtes einen Schatten, der fast wie eine Maske aussah. Im Hintergrund beleuchtete die Sonne eine Reihe von Bienenkörben, an denen ein älterer Mann, vermutlich Herr Smith, in Begleitung eines kleinen, dicken, schwarzgekleideten Geistlichen entlangschritt.

«Hallo!» rief der stürmische John, noch ehe Devine Gelegenheit gehabt hatte, sich mit einer höflichen Begrüßung vorzustellen. «Ich habe jetzt meinen Wagen dabei, da können wir mal ein bißchen durch die Gegend brausen. Sagen Sie selbst, ist das nicht ein tolles Modell?»

Herrn Carvers Mund umspielte ein Lächeln, das wohl liebenswürdig sein sollte, aber ziemlich grimmig aussah: «Ich fürchte, ich werde heute abend zuviel zu tun haben, um eine Spazierfahrt machen zu können.»

«Donnerwetter!» bemerkte Devine. «Ihre Bienen müssen aber gewaltig fleißig sein, wenn Sie sogar des Nachts nicht von den Bienenstöcken wegkommen. Es würde mich doch interessieren...»

«Was?» fragte Carver in kühlem, herausforderndem Ton.

«Nun», sagte Devine, «ein Sprichwort sagt, man soll Heu machen, solange die Sonne scheint. Vielleicht machen Sie Honig, während der Mond scheint.»

Im Schatten des breitkrempigen Hutes blitzte es auf, und man sah das Weiße in den Augen des Geheimnisvollen.

«Vielleicht gehört auch Mondschein zu diesem Geschäft», meinte er. «Aber ich warne Sie: Meine Bienen liefern nicht nur Honig, sie stechen auch!»

«Wollen Sie nun mitfahren oder nicht?» fragte John ungeduldig. Aber Carver, obwohl er jetzt viel freundlicher war und die dunklen Andeutungen, mit denen er Devines Fragen beantwortet hatte, schon wieder vergessen zu haben schien, blieb fest bei seiner Ablehnung.

«Ich kann jetzt unmöglich weggehen», sagte er. «Ich habe noch

eine Menge zu schreiben. Vielleicht sind Sie aber so freundlich und laden einen der Herren hier ein, wenn Sie schon unbedingt Gesellschaft haben wollen. Da sind sie schon: Herr Smith und Pater Brown.»
«Selbstverständlich!» rief John. «Steigen Sie nur ein, meine Herren!»
«Haben Sie vielen Dank für Ihre freundliche Einladung», sagte Pater Brown, «aber leider muß ich ablehnen, denn ich muß jetzt gleich zur Abendandacht.»
«Aber Herr Smith wird sicherlich nicht ablehnen», meinte Carver fast ungeduldig. «Herr Smith wird sich sicher freuen, wenn er mal Auto fahren kann.»
Smith verzog zwar seinen Mund zu einem breiten Lachen, schien aber nicht die geringste Lust zu dieser oder einer ähnlichen Lustbarkeit zu haben. Er war ein rüstiger, kleiner Herr und trug eine jener ehrbaren Perücken, die genausowenig auf dem Kopf gewachsen erscheinen wie ein Hut. Ihre gelbliche Farbe stach stark gegen sein blasses Gesicht ab. Smith schüttelte den Kopf und sagte liebenswürdig, aber entschlossen:
«O danke, nein; ich kann mich noch ganz gut erinnern, wie ich vor zehn Jahren einmal in einem solchen Karren von Holmgate, wo meine Schwester wohnt, hierher gefahren bin. Seither bringen mich keine zehn Pferde mehr in ein solches Vehikel. Mir langt's noch, wie ich damals durcheinandergerüttelt worden bin.»
«Na ja, vor zehn Jahren!» rief John Bankes geringschätzig. «Ebensogut können Sie sagen, daß Sie vor zweitausend Jahren in einem Ochsenkarren gefahren sind. Glauben Sie denn, die Autos hätten sich in den zehn Jahren nicht verändert? In meinem Straßenkreuzer merken Sie gar nicht, daß sich die Räder drehen. Da meinen Sie, Sie fliegen direkt.»
«Ich bin davon überzeugt, daß Herr Smith gerne einmal fliegen würde», sagte Carver drängend. «Es ist der Traum seines Lebens. Los, Smith, fahren Sie doch nach Holmgate hinüber und machen Sie Ihrer Schwester einen Besuch. Sie haben doch schon lange vor, sie einmal zu besuchen. Fahren Sie mit; Sie können ja vielleicht die Nacht über bei Ihrer Schwester bleiben.»
«Ich gehe gewöhnlich zu Fuß nach Holmgate und bleibe auch meist die Nacht über dort», bemerkte der alte Smith. «Es ist also nicht im mindesten nötig, ausgerechnet heute den Herrn mit seinem Auto zu inkommodieren.»

«Aber bedenken Sie doch, wie sehr sich Ihre Schwester freuen wird, wenn sie Sie in einem Auto ankommen sieht!» rief Carver. «Machen Sie ihr doch die Freude und seien Sie kein Egoist!»
«Richtig», stimmte John zu und strahlte den Alten wohlwollend an. «Seien Sie doch kein Egoist, sondern machen Sie Ihrer Schwester die Freude. Es wird Ihnen bestimmt nichts passieren. Oder haben Sie etwa Angst?»
Smith dachte einige Augenblicke lang nach. Dann meinte er: «Na gut, ich will kein Egoist sein, und Angst habe ich auch keine, das können Sie mir glauben. Wenn Sie die Sache so hinstellen, dann komme ich mit.»
Die beiden fuhren ab. Die Zurückbleibenden winkten ihnen nach – anscheinend so fröhlich, als werde ein vergnügliches Ereignis gefeiert. Während aber Devine und der Priester nur aus Höflichkeit mittaten, sah es aus, als ob Carver dem Alten ein endgültiges Lebewohl zuwinkte. Einen Augenblick lang spürten beide die eigentümliche Kraft, die von der Persönlichkeit dieses Mannes ausging.
Sobald der Wagen außer Sicht war, wandte sich Carver ihnen zu und sagte nur kurz und bündig: «So!»
Es war eine herzliche Aufforderung, die aber das genaue Gegenteil einer Einladung darstellte und etwa besagte: Und nun macht, daß ihr wegkommt!
«Ich muß jetzt gehen», sagte Devine. «Wir dürfen den eifrigen Bienenvater nicht stören. Leider verstehe ich von Bienen nur wenig; ich kann eine Biene kaum von einer Wespe unterscheiden.»
«Ich habe auch schon Wespen gehalten», antwortete der geheimnisvolle Herr Carver.
Kaum waren sie auf der Straße, als Devine plötzlich zu seinem Begleiter meinte: «Eine recht merkwürdige Sache, finden Sie nicht auch?»
«Ja», entgegnete Pater Brown. «Was halten Sie eigentlich von der Geschichte?»
Devine sah den kleinen Mann im schwarzen Rock an. Etwas im Blick seiner großen, grauen Augen ließ die Sorge, die er heute schon einmal gehabt hatte, neu aufleben.
«Ich glaube», sagte er, «daß Carver sehr darum zu tun war, das Haus heute nacht für sich allein zu haben. Ist Ihnen das nicht aufgefallen, und haben Sie sich nicht auch schon Gedanken darüber gemacht?»

«Vielleicht habe ich mir meine Gedanken gemacht», erwiderte der Priester, «aber ich weiß nicht, ob sie sich in derselben Richtung bewegen wie die Ihrigen.»

Als an diesem Abend das letzte Grau der Dämmerung im Garten in der schwarzen Dunkelheit der Nacht versank, wanderte Opal Bankes durch die finsteren, leeren Räume ihres Elternhauses. Noch mehr als sonst waren ihre Gedanken der Wirklichkeit abgekehrt, und ein aufmerksamer Beobachter hätte bemerkt, daß ihr bleiches Gesicht noch blasser war als gewöhnlich. Das Haus war zwar mit gutbürgerlichem Luxus eingerichtet, wirkte als Ganzes gesehen aber doch trostlos: Es strömte jene geradezu greifbare Melancholie aus, die nicht so sehr von alten, als von veralteten Sachen ausgeht. Die Räume beherbergten ein Sammelsurium aus der Mode gekommener Dinge in längst überholten Stilen. Hier und da brachten bunte Glasvasen aus der frühviktorianischen Zeit einen Farbschimmer in das trübe Zwielicht. Durch die hohen Decken wirkten die langen Zimmer schmal, und am Ende des Raumes, durch den Opal Bankes jetzt gerade ging, war ein rundes Fenster, wie man es in Häusern jener Zeit nicht selten findet. In der Mitte des Zimmers angelangt, blieb sie plötzlich stehen – sie schwankte, als hätte ihr eine unsichtbare Hand ins Gesicht geschlagen.
Einen Augenblick später hörte sie durch die geschlossenen Zimmertüren ein gedämpftes Klopfen an der Haustür. Obwohl sie wußte, daß die übrigen Familienmitglieder sich in den oberen Räumen des Hauses aufhielten, fühlte sie sich durch eine ihr selbst unerklärliche Macht getrieben, selbst die Haustür zu öffnen. Auf der Schwelle stand im Dämmer verschwommen eine kleine Gestalt in Schwarz. Sofort erkannte Opal den katholischen Priester namens Brown. Sie war mit ihm nur ganz oberflächlich bekannt; immerhin war er ihr nicht unsympathisch. Nicht etwa, daß Pater Brown ihren spiritistischen Neigungen Vorschub geleistet hätte – ganz im Gegenteil. Aber er tat sie nicht lediglich mit einer Handbewegung ab als etwas Uninteressantes, sondern schenkte ihnen ernste Beachtung. Es war also nicht so, daß er für ihre Ansichten kein Verständnis hatte, aber er war mit ihnen nicht einverstanden. All diese Gedanken fuhren ihr nun blitzschnell durch den Kopf, als sie, ohne Pater Brown zu begrüßen oder zu fragen, was ihn herführe, ihn ansprach:

«Ich bin so froh, daß Sie gekommen sind. Ich habe einen Geist gesehen.»
«Darüber brauchen Sie nicht beunruhigt zu sein», entgegnete Pater Brown. «Das passiert oft. Die meisten Geister sind überhaupt keine Geister, und die paar, die vielleicht echt sind, werden Ihnen sicherlich nichts Böses tun. War es ein besonderer Geist?»
«Nein», gestand sie mit einem vagen Gefühl der Erleichterung. «Die Erscheinung wirkte eigentlich gar nicht wie ein Geist, sondern eher wie eine Verkörperung scheußlicher Verwesung, wie das unheimliche Phosphoreszieren morscher Baumstämme. Es war ein Gesicht. Ein Gesicht am Fenster. Es glotzte bleich zum Fenster herein und sah aus wie der leibhaftige Judas.»
«Ja, es gibt Leute, die so aussehen», meinte der Priester nachdenklich, «und sie blicken auch wohl zuweilen ins Fenster. Darf ich hereinkommen und mir das Zimmer einmal ansehen?»
Als sie jedoch mit dem Besucher in das Zimmer zurückkehrte, hatten sich dort schon andere Mitglieder der Familie versammelt, die mit der Geisterwelt nicht auf so vertrautem Fuß standen, und hatten das Licht angedreht. In Gegenwart der Hausfrau befleißigte sich Pater Brown der ausgesuchtesten Höflichkeit und entschuldigte sich wegen seines Eindringens.
«Seien Sie mir bitte nicht böse, gnädige Frau, wenn ich Sie noch zu so später Abendstunde belästige», sagte er. «Aber ich denke, Sie werden sofort verstehen, daß das, was mich hierher führt, auch Sie betrifft. Ich war eben bei Pulmans drüben, als ich angerufen und gebeten wurde, sofort hierher zu gehen, um hier auf einen Mann zu warten, der Ihnen eine für Sie sicherlich wichtige Mitteilung zu machen hat. Ich hätte sonst gewiß nicht mehr gestört, aber anscheinend wünscht man meine Anwesenheit, weil ich zufällig Zeuge der Vorgänge im Hause Pulman gewesen bin. Ich habe nämlich Alarm geschlagen.»
«Was ist denn passiert?» fragte die Dame des Hauses atemlos.
«Es ist drüben ein Einbruch verübt worden», sagte Pater Brown ernst, «bei dem, wie ich fürchte, Lady Pulmans Juwelen gestohlen worden sind. Und ihr unglücklicher Sekretär, Herr Barnard, ist tot im Garten aufgefunden worden. Offensichtlich hat ihn der Einbrecher niedergeschossen, als Barnard ihn auf der Flucht aufhalten wollte.»
«Aber ich dachte doch», rief Frau Bankes erstaunt, «daß gerade der Sekretär ...»

Sie begegnete dem ernsten Blick des Priesters, und plötzlich verstummte sie.
«Ich habe mich mit der Polizei und mit noch jemandem, der an diesem Fall interessiert ist, in Verbindung gesetzt», fuhr Pater Brown in seinem Bericht fort. «Wie man mir mitteilte, hat man schon bei einer oberflächlichen Untersuchung Fußspuren und Fingerabdrücke gefunden, die zusammen mit anderen Kennzeichen auf einen wohlbekannten Verbrecher hinweisen.»
An diesem Punkt wurde sein Bericht durch die Rückkehr John Bankes' unterbrochen. Die Autofahrt schien kein gutes Ende genommen zu haben. Der alte Smith war doch wohl ein recht unerfreulicher Fahrgast gewesen.
«Der feige Kerl hat es mit der Angst bekommen», verkündete John mit lauter Entrüstung. «Ist ausgerissen, während ich einen Reifen untersuchte. So einen dummen Bauern werde ich noch mal mitnehmen...»
Aber niemand schenkte ihm und seinem Lamento Beachtung. Alles stand um den Priester herum und lauschte gespannt seinem Bericht. Pater Brown fuhr mit der gleichen Zurückhaltung fort: «Es wird gleich jemand kommen, der mich hier ablösen wird. Wenn ich Ihnen diesen Mann vorgestellt habe, werde ich meine Pflicht als Zeuge in dieser traurigen Angelegenheit erfüllt haben. Ich möchte nur noch erwähnen, daß mir ein Dienstmädchen im Hause Pulman gesagt hat, sie habe an einem der Fenster ein Gesicht gesehen...»
«Ich habe auch ein Gesicht gesehen, und zwar hier im Haus vor einem unserer Fenster», sagte Opal.
«Du siehst ja überall Gesichter», bemerkte ihr Bruder John grob.
«Es ist immer gut, wenn man Tatsachen zu sehen vermag, auch wenn es sich um Gesichter handelt», sagte Pater Brown ruhig, «und ich glaube, das Gesicht, das Sie gesehen haben...»
Er wurde unterbrochen durch ein Klopfen an der Haustür. Bald darauf wurde die Zimmertür geöffnet, und ein weiterer Besucher trat ein. Devine fuhr erstaunt aus seinem Sessel hoch, als er den Neuankömmling erblickte.
Es war ein großer, straff aufgerichteter Mann mit einem schmalen, leichenblassen Gesicht, das in einem mächtigen Kinn endete. Die hohe Stirn und die strahlend blauen Augen waren früher, als Devine den Mann zuerst gesehen hatte, durch einen breitkrempigen Strohhut verdeckt gewesen.

«Bleiben Sie doch bitte ruhig sitzen», sagte der Mann, der sich Carver nannte, klar und höflich. Aber für den armen, verwirrten Devine hatte diese Höflichkeit eine verdächtige Ähnlichkeit mit der eines Straßenräubers, der eine Menschengruppe mit der Pistole in Schach hält.
«Setzen Sie sich doch bitte, Herr Devine», sagte Carver, «und wenn Frau Bankes erlaubt, werde ich Ihrem Beispiel folgen. Ich möchte Ihnen erklären, warum ich hier bin. Ich glaube, Sie hatten mich im Verdacht, ein berühmter Einbrecher zu sein.»
«Allerdings», meinte Devine grimmig.
«Wie Sie selbst zu sagen beliebten», sagte Carver, «ist es nicht immer leicht, eine Wespe von einer Biene zu unterscheiden.» Nach einer Pause fuhr er fort: «Ich kann wohl von mir sagen, daß ich zu den nützlicheren, wenngleich ebenso lästigen Insekten gehöre. Ich bin Detektiv und habe mich hier aufgehalten, um nach dem Verbrecher zu fahnden, der den Namen Moonshine führt, denn man hatte uns berichtet, er habe seine Tätigkeit wieder aufgenommen. Juwelendiebstähle waren seine Spezialität, und drüben im Hause Pulman ist gerade ein solcher Diebstahl ausgeführt worden. Alle Spuren weisen auf Moonshine als den Täter hin. Nicht nur stimmen die Fingerabdrücke mit den seinen überein; wir haben noch etwas anderes in Erfahrung gebracht, das einwandfrei auf Moonshine hinweist. Vielleicht ist Ihnen bekannt, daß er sich, als er das letzte Mal festgenommen wurde, und wahrscheinlich auch schon bei früheren Anlässen, auf eine ebenso einfache wie wirksame Weise unkenntlich gemacht hat, nämlich durch einen roten Bart und eine große Hornbrille.»
Opal Bankes lehnte sich mit brennenden Augen vor.
«Ja, das stimmt genau!» rief sie aufgeregt. «Dieses Gesicht habe ich gesehen, ein Gesicht mit einer großen Brille und einem roten, zerzausten Judasbart. Ich habe gemeint, es sei ein Geist.»
«Denselben Geist hat auch das Dienstmädchen bei Pulmans gesehen», entgegnete Carver trocken.
Er legte einige Papiere und Päckchen vor sich auf den Tisch und begann, sie sorgfältig auseinanderzufalten. «Wie gesagt», fuhr er fort, «ich wurde hierher geschickt, um diesem Moonshine nachzuspüren. Darum habe ich mich für die Bienenzucht interessiert und bin zu Herrn Smith gezogen.»
Keiner sagte etwas. Schließlich fuhr Devine auf: «Sie wollen doch nicht im Ernst behaupten, daß dieser nette, alte Mann ...»

«Hören Sie mal, Herr Devine», unterbrach ihn Carver lächelnd, «Sie glaubten, der Bienenstand sei nur ein Versteck für mich gewesen. Warum sollte er nicht auch für ihn ein Versteck sein?»
Devine nickte düster vor sich hin, und der Detektiv wandte sich wieder seinen Papieren zu. «Da ich also Smith im Verdacht hatte, wollte ich ihn aus dem Hause haben, um in Ruhe seine Sachen durchsuchen zu können. Dabei kam mir Herrn Bankes' freundliche Einladung sehr zustatten, und deshalb habe ich Herrn Smith auch so ermuntert, doch mitzufahren. Als ich nun das Haus untersuchte, fand ich einige Sachen, die man bei einem alten, scheinbar nur für Bienenzucht interessierten Landmann nicht hätte vermuten sollen. Unter anderem habe ich dies hier gefunden.»
Und er zog aus einem der Päckchen einen langen, fast scharlachroten Gegenstand hervor – einen Bart, wie er auf der Bühne getragen wird. Und daneben lag eine alte, schwere Hornbrille.
«Ich habe aber außerdem etwas gefunden», fuhr Carver fort, «das in engerer Beziehung zu diesem Haus steht und deshalb sicherlich mein Eindringen zu so später Stunde rechtfertigt. Ich fand nämlich eine Aufstellung über die in der Nachbarschaft vorhandenen Schmucksachen und ihren mutmaßlichen Wert. Gleich nach Lady Pulmans Diadem wird ein Smaragdhalsband erwähnt, das sich im Besitz von Frau Bankes befindet.»
Frau Bankes, die bis jetzt die beiden späten Besucher mit hochmütigem Staunen betrachtet hatte, wurde plötzlich aufmerksam. Sie sah sofort erheblich älter und intelligenter aus. Aber noch bevor sie etwas sagen konnte, hatte sich schon der stürmische John wie ein trompetender Elefant zu seiner ganzen Höhe aufgereckt.
«Das ist ja gut!» brüllte er. «Das Diadem ist bereits weg. Da muß ich doch gleich nachsehen, ob das Halsband nicht auch schon verschwunden ist!»
«Kein schlechter Gedanke», sagte Carver, als der junge Mann aus dem Zimmer stürzte. «Natürlich haben wir unsere Augen offengehalten, seit wir hier sind, aber die Entzifferung der chiffrierten Liste hat mich doch etwas aufgehalten. Als Pater Brown mich anrief, war ich gerade damit fertig. Ich bat ihn, sofort hierher zu gehen und Sie auf die Gefahr aufmerksam zu machen; ich wollte ihm möglichst schnell folgen, und so ...»
Ein schriller Schrei unterbrach seine Erklärungen. Opal war aufgesprungen und zeigte starr auf das runde Fenster.
«Das ist es wieder!» rief sie.

Alle Gesichter flogen herum, und für wenige Sekunden sahen sie wirklich etwas – etwas, das die so oft gegen die junge Dame erhobene Beschuldigung, sie sei eine Lügnerin und ein hysterisches Frauenzimmer, zunichte machte. Aus der schieferblauen Dunkelheit draußen hob sich ein Gesicht ab: leichenblaß. Jedenfalls schien es so, weil es gegen die Scheibe gepreßt war. Die weitaufgerissenen, wie mit Ringen umgebenen Augen ließen an einen Fisch denken, der aus dem dunkelblauen Meereswasser durch das Bullauge eines Schiffes glotzt. Kiemen und Flossen dieses seltsamen Fisches waren kupferrot – die entsetzten Betrachter erkannten den brennendroten Bart. Schon im nächsten Augenblick war das Gesicht verschwunden.
Devine war mit einem einzigen Satz auf das Fenster losgestürzt, als plötzlich ein ohrenbetäubendes Geschrei das Haus erschütterte. Man konnte zwar keine einzige Silbe verstehen, aber Devine erriet sofort, was geschehen war.
«Der Halsschmuck ist weg!» brüllte John Bankes. Er erschien einen Augenblick groß und mächtig in der Tür und verschwand wieder wie ein Jagdhund, der die Fährte aufnimmt.
«Den Dieb haben wir eben am Fenster vorbeikommen sehen!» rief der Detektiv, stürzte auf die Tür zu und hinter John her, der bereits im Garten war.
«Vorsicht!» kreischte Frau Bankes. «Diebe haben meistens Waffen bei sich!»
«Ich auch!» kam die Stimme des furchtlosen John aus der Tiefe des Gartens.
Tatsächlich hatte Devine bemerkt, daß der junge Mann drohend einen Revolver in der Hand schwang, als er hinausstürmte, aber er hoffte, er werde es nicht nötig haben, sich zu verteidigen.
Aber kaum war ihm dieser Gedanke durch den Kopf gegangen, als zwei Schüsse aufpeitschten, kurz hintereinander, zuerst der eine, dann der andere. Der stille Vorstadtgarten hallte vom Knall wider, dann wurde es ganz still.
«Ob John ... tot ist?» fragte Opal mit leiser, zitternder Stimme.
Pater Brown war bereits tiefer in den dunklen Garten vorgedrungen. Hier stand er, den Rücken dem Haus zugekehrt, und sah auf den Boden nieder. Er war es, der schließlich antwortete.
«Nein», sagte er, «es ist der andere.»
Carver war zu ihm getreten, und die beiden Männer, von denen der eine den anderen weit überragte, entzogen den übrigen den

Anblick, den ihnen der bleiche, nur ab und zu hinter den jagenden Wolken hervorbrechende Mond ohnehin schwer genug gewährt hätte. Dann traten sie auf die Seite, und die anderen sahen im Mondlicht eine kleine, hagere Gestalt liegen, im Todeskampf verkrümmt und nun starr. Wie eine Anklage flammte der falsche rote Bart zum Himmel empor, und der Mond spiegelte sich in den großen Brillengläsern des Mannes, der zu Lebzeiten den Namen Moonshine geführt hatte – Mondschein.

«Was für ein Ende», murmelte der Detektiv Carver. «Nach so vielen Abenteuern fast zufällig von einem Effektenmakler in einem Vorstadtgarten niedergeschossen zu werden!»

Der glorreiche Schütze John jedoch genoß seinen Triumph, vor Stolz geschwollen, wenngleich er eine gewisse Nervosität nicht verbergen konnte.

«Es blieb mir nichts anderes übrig», stieß er hervor, noch vor Anstrengung keuchend. «Es tut mir leid, daß ich ihn niederschießen mußte, aber er hat zuerst auf mich geschossen.»

«Es wird natürlich eine gerichtliche Untersuchung geben», sagte Carver. «Aber ich denke, Sie brauchen sich deswegen nicht zu beunruhigen. Aus dem Revolver, der seiner Hand entfallen ist, ist ein Schuß abgegeben worden, und er hat sicherlich nicht mehr geschossen, nachdem er Ihre Kugel im Leib hatte.»

Währenddessen hatten sie sich schon wieder zum Zimmer zurückbegeben, und der Detektiv packte seine Sachen zusammen. Pater Brown stand ihm gegenüber und blickte, wie in tiefes Nachdenken versunken, auf den Tisch. Dann sagte er plötzlich:

«Herr Carver, Sie haben diesen Fall in wirklich überragender Weise geklärt. Ich hatte eigentlich kein allzu großes Vertrauen in Ihr routinemäßiges Vorgehen, aber ich bin erstaunt, wie schnell Sie das alles zu einem einheitlichen Bild zusammengefügt haben – die Bienen, den Bart, die Brille, die chiffrierte Liste, den Halsschmuck und all das andere.»

«Es ist immer befriedigend, wenn man einen Fall richtig abzurunden versteht», bemerkte Carver.

«Sicher», meinte Pater Brown, noch immer auf den Tisch sehend. «Ich muß sagen, ich bewundere Sie.» Dann setzte er mit einer Ruhe, die einem auf die Nerven gehen konnte, hinzu: «Aber, ehrlich gesagt, ich glaube kein Wort davon.»

Devine wurde plötzlich aufmerksam. Er lehnte sich vor: «Glauben Sie nicht, daß der Einbrecher Moonshine ist?»

«Ich weiß, daß er der Einbrecher ist, aber ich weiß auch, daß er nicht eingebrochen hat», entgegnete Pater Brown. «Ich weiß, daß er weder zum Haus Pulman noch hierher gekommen ist, um Juwelen zu stehlen oder sich bei ihrem Fortschaffen erschießen zu lassen. Wo sind denn überhaupt die Juwelen?»
«Wahrscheinlich dort, wo sie gewöhnlich in solchen Fällen sind», sagte Carver. «Er hat sie entweder versteckt oder einem Komplicen übergeben. An diesem Einbruch waren sicherlich mehrere beteiligt. Meine Leute sind übrigens eben jetzt damit beschäftigt, den Garten zu durchsuchen und die Nachbarn zu warnen.»
«Vielleicht», äußerte Frau Bankes, «hat der Komplice den Halsschmuck gestohlen, während Moonshine zum Fenster hereinsah.»
«Warum aber hat Moonshine überhaupt zum Fenster hereingesehen?» fragte Pater Brown ruhig. «Welchen Grund könnte er denn gehabt haben, zum Fenster hineinzuschauen?»
«Was glauben Sie denn?» rief John, der seine gute Laune wiedergefunden zu haben schien.
«Ich glaube», sagte Pater Brown langsam, «daß er niemals die Absicht gehabt hat, zu diesem Fenster hereinzusehen.»
«Na, hören Sie mal, aber er hat doch hineingesehen», meinte Carver leicht verärgert. «Was reden Sie denn da zusammen? Wir haben es doch schließlich alle gesehen!»
«Ich habe schon vieles gesehen, an dessen Wirklichkeit ich nicht glaube», entgegnete der Priester. «Und auch Sie werden schon so manches gesehen haben, das nur Theater war – und nicht nur auf der Bühne!»
«Pater Brown», sagte Devine respektvoll, «wollen Sie uns bitte sagen, warum Sie in diesem Fall nicht Ihren Augen glauben können?»
«Schön, ich will es versuchen», antwortete der Priester. Dann fuhr er mit großer Milde fort: «Sie kennen mich und meinesgleichen. Wir mischen uns nicht viel in Ihre Angelegenheiten. Wir versuchen, mit allen unseren Mitmenschen gut auszukommen. Aber Sie dürfen deshalb nicht etwa glauben, daß wir nichts tun und nichts wissen. Wir beschränken uns auf unseren Beruf, auf unsere seelsorgerischen Aufgaben, aber diese kennen wir, und wir kennen auch unsere Leute. Auch den Toten draußen habe ich sehr gut gekannt, denn ich war sein Beichtvater und sein Freund. Soweit es einem Menschen überhaupt möglich ist, kannte ich sein Innerstes, und ich kannte es auch, als er heute seinen Garten verließ.

Ich kann Ihnen sagen, sein Inneres war wie ein gläserner Bienenkorb voller goldener Bienen. Wenn man sagen würde, seine Bekehrung war aufrichtig, so hätte man noch viel zuwenig gesagt. Er war einer jener großen Büßer, denen die aufrichtige Reue mehr Segen bringt als anderen ihre Tugend. Ich habe gesagt, ich war sein Beichtvater; in Wirklichkeit aber war ich es, der zu ihm ging, um mir bei ihm Trost und Mut zu holen. Es tat mir gut, in der Nähe eines so gütigen Menschen zu sein. Und als ich ihn nun vorhin tot im Garten liegen sah, da war es mir, als hörte ich eine geheimnisvolle Stimme jene alten Worte sprechen, die wir in der Bibel finden. Ja, wenn jemals ein Mensch direkt in den Himmel kam, dann wohl er ...»

«Zum Teufel nochmal», fuhr John Bankes nervös auf, «schließlich war er doch ein auf frischer Tat ertappter Dieb.»

«Das leugne ich nicht», entgegnete Pater Brown, «aber denken Sie daran: Nur ein überführter und verurteilter Dieb hat einst als einziger Mensch auf dieser Welt das Versprechen gehört: ‚Noch heute wirst du bei mir im Paradiese sein!'»

Verlegen schwiegen alle, bis schließlich Devine die Frage stellte: «Aber wie erklären Sie sich denn die ganze Geschichte?»

Der Priester schüttelte den Kopf. «Im Augenblick habe ich überhaupt noch keine Erklärung», sagte er zurückhaltend. «Es sind mir zwar einige seltsame Sachen aufgefallen, aber ich kann sie noch nicht in Zusammenhang bringen. Bis jetzt habe ich, um die Unschuld dieses Mannes zu beweisen, nur den Toten selbst. Aber ich bin fest davon überzeugt, daß ich mich nicht irre.»

Er seufzte tief auf und griff nach seinem großen schwarzen Hut. Wie er ihn gerade aufheben wollte, blieb er plötzlich wie erstarrt stehen, seinen kugelrunden Kopf mit den kurzgeschnittenen Haaren spähend vorgestreckt, die Augen verblüfft aufgerissen. Auch die anderen blickten verwundert auf den Tisch, konnten aber dort nichts sehen als das, was der Detektiv hingelegt hatte: den alten Theaterbart und die Brille.

«Merkwürdig», murmelte Pater Brown, «der Tote draußen hat doch Bart und Brille an!» Er ging plötzlich auf Devine zu. «Sie haben mich vorhin nach Anhaltspunkten gefragt. Hier haben Sie etwas, das Sie interessieren dürfte: Warum hatte er wohl zwei Bärte?»

Damit verließ er in seiner unkonventionellen Art das Zimmer. Devine, der vor Neugierde fast platzte, folgte ihm in den Garten.

«Ich kann Ihnen jetzt noch nichts sagen», beruhigte ihn Pater Brown. «Noch bin ich nicht ganz sicher, ob meine Vermutung stimmt, und ich weiß auch nicht, was ich unternehmen soll. Besuchen Sie mich doch morgen, dann kann ich Ihnen wohl die ganze Sache erklären. Für mich ist das Rätsel vielleicht jetzt schon gelöst, und ... Was ist denn das?»
«Ach, da fährt nur ein Auto weg», bemerkte Devine.
«Das Auto des Herrn John Bankes», sagte der Priester. «Soviel ich weiß, ist das ein sehr schneller Wagen.»
«John wenigstens ist dieser Meinung», meinte Devine lächelnd.
«Es wird heute nacht sehr schnell und sehr weit fahren», sagte Pater Brown.
«Was wollen Sie damit sagen?» fragte der andere.
«Ich will damit sagen, daß John Bankes nicht zurückkehren wird», antwortete der Priester. «Er hat aus dem, was ich sagte, Verdacht geschöpft. John Bankes ist fort, und mit ihm auch die Smaragde und all die anderen Schmucksachen.»

Als Devine am folgenden Tag Pater Brown aufsuchte, fand er ihn vor den Bienenkörben auf und ab gehen. Er trauerte um den Verlust seines Freundes, und doch zeigte sich auf seinen Zügen eine gewisse Heiterkeit.
«Ich habe die Bienen gezählt», sagte er. «Sie wissen doch, daß man die Bienen zählen muß?» Träumerisch schaute er auf die summenden Bienenkörbe, dann fuhr er fort: «Er wird sich sicher freuen, wenn man nach seinen Bienen sieht.»
«Aber vergessen Sie bitte dabei nicht die Menschen, die schon vor Neugierde brennen», bemerkte der junge Mann. «Es hat sich herausgestellt, daß Sie ganz recht hatten, als Sie annahmen, John Bankes sei mit den Schmucksachen durchgebrannt. Aber wie haben Sie das herausgebracht, wie sind Sie überhaupt daraufgekommen, daß die Sache nicht stimmte?»
Pater Brown blinzelte wohlgefällig zu den Bienenkörben hin und sagte:
«Man stolpert sozusagen über manche Dinge, und gleich zu Anfang lag so ein Stein des Anstoßes im Wege. Es gab mir zu denken, daß der arme Barnard in Beechwood House getötet worden war. Nun hat aber Michael Moonshine selbst zu einer Zeit, da er der berüchtigte und gefürchtete Meistereinbrecher war, es stets als Ehrensache angesehen, ja, er hat seinen persönlichen Stolz

dareingesetzt, seine Einbrüche zu bewerkstelligen, ohne je ein Menschenleben zu gefährden. Es schien mir ganz undenkbar, daß er jetzt, da er doch wirklich ein Heiliger geworden war, plötzlich seine früheren Grundsätze verleugnen und eine Todsünde begehen sollte, die er schon verabscheut hatte, als er noch selbst ein Sünder war. Über alles andere war ich mir bis zuletzt noch nicht im klaren; das einzige, was ich wußte, war, daß die Sache so, wie sie sich zuerst ausnahm, nicht stimmen konnte. Als ich aber den Bart und die Brille auf dem Tisch sah, ging mir schließlich ein Licht auf, denn mir fiel ein, daß der Einbrecher ja auch Bart und Brille getragen hatte, als er tot im Garten lag. Es hätte zwar sein können, daß er die Sachen doppelt besaß; aber es war doch merkwürdig, daß er dann nicht den alten Bart und die alte Brille benutzt hatte, die doch beide noch in gutem Zustand waren. Natürlich wäre es auch denkbar gewesen, daß er die Sachen zu Hause gelassen hatte und so gezwungen war, sich neue zu verschaffen; aber dies schien mir doch recht unwahrscheinlich. Niemand konnte ihn ja zwingen, zu John Bankes ins Auto zu steigen, und selbst dann hätte er leicht seine Ausrüstung in die Tasche stecken können, wenn er wirklich die Absicht gehabt hätte, irgendwo einzubrechen. Und schließlich mußte er sich doch sagen, daß er sich einen solchen Bart und eine solche Brille in der ihm zur Verfügung stehenden Zeit nicht ohne große Schwierigkeiten hätte beschaffen können. Nein – je mehr ich darüber nachdachte, um so mehr hatte ich das Gefühl, daß hier etwas nicht stimmte. Und dann begann mir die Wahrheit, die ich instinktiv bereits geahnt hatte, auch im Verstand heraufzudämmern. Michael hatte, als er in Bankes' Wagen stieg, nicht im entferntesten die Absicht, seine alte Verkleidung anzulegen. Und er hat sie auch niemals angelegt. Ein anderer, der sie vorher in aller Ruhe nachgeahmt hat, war es, der sie ihm angelegt hat.»
«Ihm angelegt?» wiederholte Devine erstaunt. «Wie hat er denn das tun können?»
«Lassen Sie uns zurückgehen», sagte Pater Brown, «und die Sache einmal durch ein anderes Fenster betrachten – das Fenster, durch das die junge Opal Bankes den Geist gesehen hat.»
«Den Geist?» warf Devine fragend ein.
«Sie hat ihn für einen Geist gehalten», meinte der kleine Mann ruhig, «und vielleicht hatte sie damit gar nicht einmal so unrecht. Daß sie mediale Fähigkeiten hat, stimmt schon. Sie begeht dabei

nur immer den Fehler zu glauben, daß diese Fähigkeit eine besondere Vergeistigung verrate. Es gibt aber sogar Tiere, die medial veranlagt sind. Auf jeden Fall aber ist sie sehr sensibel, und sie hatte durchaus recht, als sie meinte, daß das Gesicht am Fenster von schrecklichem Todesgrauen umwittert war.»

«Wollen Sie sagen ...» begann Devine.

«Ich möchte damit sagen, daß eine Leiche zum Fenster hereingeschaut hat», fuhr Pater Brown fort. «Es war ein Toter, der um die verschiedenen Häuser herumgekrochen und in mehr als ein Fenster hineingesehen hat. Gräßlich, nicht wahr? Aber es war eigentlich genau das Gegenteil eines Geistes, denn es war nicht die von den Fesseln des Leibes befreite Seele, sondern die leere Hülle eines Körpers, den die Seele verlassen hatte.»

Er blinzelte wieder zu den Bienenkörben hin und setzte hinzu: «Aber die kürzeste Erklärung läßt sich geben, wenn man vom Täter ausgeht. Sie kennen ihn. Es ist John Bankes.»

«Dem hätte ich es am allerwenigsten zugetraut», sagte Devine.

«Er war aber der erste, an den ich gedacht habe», entgegnete Pater Brown, «soweit man überhaupt ohne feste Anhaltspunkte das Recht hat, jemanden zu verdächtigen. Mein lieber Freund, es gibt keine ‚guten' oder ‚schlechten' sozialen Typen oder Berufe. Jeder Mensch kann ein Mörder sein wie John Bankes, und jeder Mensch, sogar derselbe Mensch, kann auch ein Heiliger sein wie der arme Michael. Aber wenn es einen Menschentyp gibt, der in Gefahr gerät, nach der schlimmsten Gottlosigkeit hin zu tendieren, so sind es jene Menschen, die einem brutalen und rücksichtslosen Geschäftsgeist verfallen sind. Sie haben keine sozialen Ideale, von Religion ganz zu schweigen, sie haben weder die Kultur eines Gentleman noch das Klassengefühl eines organisierten Arbeiters. Wenn John Bankes sich rühmte, gute Geschäfte gemacht zu haben, so bedeutete dies bei ihm nur, daß er andere übers Ohr gehauen hatte. Sein Spott über die spiritistischen Neigungen seiner Schwester war abscheulich. Natürlich war ihr Mystizismus heller Unsinn; er aber haßte diese ganze Geisterseherei nur deshalb, weil sie etwas mit Geist zu tun hatte. Auf jeden Fall besteht kein Zweifel darüber, daß er der Schurke in dieser Sache ist; interessant ist nur die gemeine Niederträchtigkeit, mit der er zu Werke ging. Er hat Moonshine ermordet aus einem Motiv heraus, das wirklich neu und einzigartig ist. Er mordete, um den Körper des Toten als Staffage, als eine Art schrecklicher Geister-

puppe zu gebrauchen. Zuerst hatte er eigentlich nur den Plan gehabt, Michael im Auto zu töten, um dann den Leichnam mit nach Hause zu nehmen und so zu tun, als habe er ihn als Einbrecher im Garten aufgestöbert und erschossen. Daß dieser anfängliche Plan eine so phantastische Erweiterung fand, folgte fast zwangsläufig aus der Tatsache, daß er nachts in seinem geschlossenen Auto den Leichnam eines bekannten und leicht zu identifizierenden Einbrechers zur Verfügung hatte. Er konnte also überall dessen Fingerabdrücke und Fußspuren hinterlassen und das bekannte Gesicht in den Fenstern auftauchen lassen. Sie werden sich erinnern, daß Moonshine gerade am Fenster erschien und verschwand, kurz nachdem John Bankes das Zimmer verlassen hatte, angeblich um nach dem Halsschmuck zu sehen.
Schließlich brauchte der Mörder nur noch den Leichnam auf den Rasen zu werfen und aus jedem Revolver einen Schuß abfeuern. Die Wahrheit wäre vielleicht nie herausgekommen, wenn mir die zwei Bärte nicht verdächtig vorgekommen wären.»
«Nun würde es mich aber doch noch interessieren», meinte Devine nachdenklich, «warum Ihr Freund Michael den alten Bart bei sich bewahrt hat.»
«Nun, ich kannte ihn, und mir erscheint das ganz natürlich», erwiderte Pater Brown. «Er stand zuletzt seinem ganzen früheren Leben so gegenüber wie dem alten falschen Bart. Nicht daß er etwas Falsches vorspiegeln wollte, nicht daß er die alte Verkleidung noch gebraucht hätte – aber er hatte auch keine Angst vor ihr. Er würde es nicht als recht empfunden haben, wenn er den alten Bart vernichtet hätte. Das wäre ihm sicherlich so vorgekommen, als wolle er sich verstecken; aber er versteckte sich nicht, weder vor Gott noch vor sich selbst. Er scheute das Licht des Tages nicht. Er war von einer inneren Fröhlichkeit, die auch dann nicht hätte zerbrochen werden können, wenn man ihn ins Zuchthaus zurückgebracht hätte. Das Urteil der Menschen konnte ihm nichts mehr anhaben. Es war etwas Seltsames um ihn – fast so seltsam wie der groteske Totentanz, den er noch nach seinem Tod hat aufführen müssen. Schon als er sich noch hier lächelnd unter den Bienenstöcken bewegte, war er in einem gewissen Sinn tot. Er war dem Urteil dieser Welt bereits entzogen.»
Es trat eine kurze Pause ein. Dann zuckte Devine die Schultern und sagte: «Ja, das Schlimme ist eben, daß sich die Wespen und Bienen in dieser Welt so ähnlich sehen.»

Für Herrn Peregrinus Smart gab es nur ein einziges in der Welt, das ihm Lebensinhalt und größte Freude war. An und für sich war es ein harmloses Vergnügen; es bestand darin, alle Leute zu fragen, ob sie schon seine Goldfische gesehen hätten. Freilich waren diese Goldfische auch ein kostspieliges Vergnügen, doch für Herrn Smart bestand das Vergnügen weniger im materiellen Wert seines Schatzes als in der Freude, all seine Bekannten mit der Frage nach seinen Goldfischen zu beglücken. Wenn er nämlich mit seinen Nachbarn ins Gespräch kam, die die neuen, rings um den alten Dorfanger aufgeschossenen Häuser bewohnten, dann versuchte er stets, so schnell wie nur möglich das Gespräch auf seine Liebhaberei zu bringen. Bei Doktor Burdock, einem jungen Biologen mit energisch vorspringendem Kinn und nach deutscher Art zurückgebürstetem Haar, machte er es sich leicht. «Sie interessieren sich doch für Naturgeschichte; haben Sie meine Goldfische schon gesehen?» Einem so orthodoxen Anhänger der Entwicklungstheorie war zwar alle Natur eins; dennoch war die Verbindung zu den Goldfischen leider gar nicht so leicht herzustellen, da er als Spezialist sich gänzlich auf die paläontologische Vorfahrenreihe der Giraffen verlegt hatte. Sprach er mit Pater Brown, dem Pfarrer an einer Kirche der benachbarten Provinzstadt, so machte er in Blitzesschnelle folgenden gewaltigen Gedankensprung: «Rom – St. Peter – Fischer – Fische – Goldfische.» Im Gespräch mit Herrn Imlack Smith, dem Bankdirektor, einem schmächtigen, gut gekleideten, bleichen Mann von sehr ruhigen Umgangsformen, steuerte er die Unterhaltung mit aller Gewalt auf die Goldwährung hin, von der es dann bis zum Goldfisch natürlich nur noch ein kleiner Schritt war. Dem berühmten Orientreisenden und Gelehrten Graf Yvon de Lara – dessen Titel französisch und dessen Gesicht russisch, um nicht zu sagen tatarisch war – zeigte der gewandte Causeur ein lebhaftes Interesse für den Ganges und den Indischen Ozean, worauf dann ganz von selbst die Rede auf das mögliche Vorhandensein von Goldfischen in jenen Gewässern kam. Aus Herrn Harry Hartopp, einem ebenso reichen wie schüchternen und schweigsamen jungen Herrn, hatte er schließlich nach langer Fragerei die Mitteilung herausgepreßt, daß besagter verwirrter Jüngling sich *nicht* fürs Fischen interessierte, und ihn umgehend gefragt: «Da wir gerade vom Fischen sprechen – haben Sie eigentlich meine Goldfische schon gesehen?»

Diese vielzitierten Goldfische hatten die eigentümliche Eigenschaft, daß sie tatsächlich aus Gold bestanden. Sie waren Teil einer exzentrischen, aber kostspieligen Spielerei, die angeblich der Laune eines orientalischen Fürsten entsprungen sein sollte. Herr Smart hatte sie auf einer Auktion oder in einem Antiquitätenladen erstanden, denn er liebte es, sein Haus mit allen möglichen ausgefallenen und nutzlosen Dingen vollzustopfen. Sah man dieses sein Spielzeug aus der Ferne, dann erblickte man ein recht ungewöhnlich großes Gefäß, in dem nicht minder ungewöhnlich große Fische herumschwammen. Bei näherem Zusehen erwies es sich jedoch als ein wunderschön geblasenes venezianisches Glas, das mit einer sehr dünnen und zarten Schicht einer schwach leuchtenden Farbe bedeckt war; im Innern hingen groteske Fische mit großen Rubin-Augen. Allein das Material hatte bereits einen recht beträchtlichen Wert, ganz zu schweigen von dem Liebhaberwert, den diese kunstvolle Kuriosität bei Sammlern haben mußte. Herrn Smarts neuer Sekretär, ein junger Mann namens Francis Boyle, war, obschon Irländer und nicht gerade als besonders vorsichtig verschrien, doch etwas überrascht, daß Herr Smart so offenherzig über dieses Prunkstück seiner Sammlung sprach, und das gar zu Leuten, die ihm verhältnismäßig fremd waren und sich mehr oder weniger zufällig in der Nachbarschaft angesiedelt hatten; denn Sammler sind doch sonst sehr wachsam und oft äußerst zurückhaltend. Wie er sich aber allmählich in seinen neuen Aufgabenkreis einlebte, entdeckte Herr Boyle, daß er nicht der einzige war, der sich darüber wunderte; die anderen Angehörigen des Haushalts tadelten bereits mit ernster Miene das Betragen ihres Herrn.

«Es ist beinahe ein Wunder, daß man ihm noch nicht die Kehle durchgeschnitten hat», meinte Harris, Herr Smarts Diener, und fast klang es, als bedaure er, daß es noch nicht geschehen sei.

«Es ist nicht zu glauben, wie er seine Sachen herumstehen läßt», sagte Jameson, Herr Smarts Buchhalter, der sein Büro für kurze Zeit verlassen hatte, um den neuen Sekretär in sein Amt einzuführen. «Und dabei legt er nicht einmal Wert darauf, daß die alte, baufällige Tür mit den nicht minder baufälligen Eisenstangen verriegelt wird.»

«Bei Pater Brown und dem Doktor geht's ja noch halbwegs», setzte Herrn Smarts Haushälterin mit vielsagender Miene, wie sie meist zu sprechen pflegte, hinzu. «Wenn es sich aber um Ausländer handelt, so nenne ich das die Vorsehung herausfordern. Und übrigens meine ich nicht nur den Grafen; auch der Bankmensch sieht mir für einen Engländer viel zu unenglisch aus.»

«Dafür ist der junge Hartopp ein Engländer bis auf die Knochen», meinte Boyle scherzend. «Er treibt sein Schweigen so weit, daß er gleich gar nichts sagt.»

«Um so mehr denkt er», entgegnete die Haushälterin. «Er ist vielleicht kein Ausländer, aber so dumm, wie er aussieht, ist er nicht. Wer sich ausländisch benimmt, ist nun einmal für mich ein Ausländer», schloß sie etwas sibyllenhaft dunkel.

Vielleicht hätte sie ihrer Mißbilligung in noch schärferen Worten Ausdruck verliehen, wenn sie die Unterhaltung hätte hören können, die noch am selben Nachmittag im Salon ihres Herrn geführt wurde. Wie immer sprach man über die Goldfische, aber allmählich schob sich der abenteuerliche Orientreisende mehr und mehr in den Vordergrund. Nicht, daß er viel gesprochen hätte – aber schon sein Schweigen hatte etwas Beredtes und Bedeutendes an sich. Wie ein dunkel dräuender Berg thronte er auf einem Haufen Kissen und wirkte so noch massiger, als er ohnehin schon war. Aus der aufkommenden Dämmerung trat leuchtend sein mongolisches Gesicht hervor wie ein blasser Vollmond. Vielleicht war es auch der Hintergrund, vor dem er saß, der seinem Gesicht und seiner ganzen Gestalt etwas derartig Asiatisches verlieh: im ganzen Raum häuften sich nämlich mehr oder weniger kostbare Kuriositäten, darunter zahlreiche asiatische Waffen, Pfeifen und Vasen, Musikinstrumente und bunte Handschriften aus dem Fernen Osten. Boyle jedenfalls hatte, je länger die Unterhaltung dauerte, immer mehr das Gefühl, daß die dunkel gegen die Dämmerung sich abhebende Gestalt auf den Kissen allmählich einem riesigen Buddhabild täuschend ähnlich wurde.

Die Unterhaltung war allgemein, denn der ganze kleine Nachbarnkreis hatte sich zusammengefunden. Die Einwohner der vier oder fünf um den Dorfanger stehenden Häuser hatten die Gewohnheit, sich des öfteren gegenseitig zu besuchen, und allmählich hatte sich so eine Art Klub gebildet. Smarts Haus war unter den Gebäuden bei weitem das älteste, größte und malerischste. Es nahm fast eine ganze Seite des Wiesenvierecks ein und ließ nur Platz für eine kleine Villa, die von einem pensionierten Oberst namens Varney bewohnt wurde, der dem Vernehmen nach krank sein sollte. Noch niemand hatte ihn zu Gesicht bekommen. Im rechten Winkel zu diesen beiden Häusern standen zwei oder drei kleine Kaufläden; daran anstoßend erhob sich an der Ecke der Gasthof «Zum blauen Drachen», in dem Hartopp, der Fremde aus London, zur Zeit wohnte. Auf der gegenüberliegenden Seite des Platzes standen drei Häuser, von denen das erste von dem Grafen de Lara, das zweite von Doktor Burdock gemietet war, während das dritte noch leerstand. Auf der vierten Seite schließlich befand sich die Bank und ein Haus, in dem der Bankdirektor wohnte; den Abschluß bildete ein Stück noch unbebautes Land, das durch einen Bretterzaun abgegrenzt war. Der Rand der Dorfwiese war also nicht übermäßig bevölkert, und da sich auf allen Seiten um den Weiler offenes Land erstreckte, waren die Bewohner mehr und mehr auf gegenseitigen gesellschaftlichen Verkehr angewiesen. An diesem Nachmittag jedoch war ein Fremder in ihren Kreis eingebrochen, ein Mann mit scharfgeschnittenen Zügen und buschigen Augenbrauen und einem ebensolchen Schnurrbart. Er war so schäbig gekleidet, daß er entweder ein Millionär oder ein Herzog sein mußte, wenn er wirklich, wie behauptet wurde, hierhergekommen war, um mit dem alten Sammler ein Geschäft zu machen. Aus seinem Namen konnte man allerdings nichts entnehmen, denn er ließ sich im «Blauen Drachen» als «Herr Harmer» ansprechen.

Er hatte soeben das Loblied auf die goldenen Fische über sich ergehen lassen müssen, und man hatte ihm auch die Bedenken mitgeteilt, die hinsichtlich ihrer Bewachung bestanden.

«Man sagt mir immer, ich solle sorgfältiger auf sie aufpassen und sie wegschließen», bemerkte Herr Smart, indem er mit einem verschmitzten Blick über die Schulter auf Jameson deutete, der mit einigen Geschäftspapieren in der Hand hinter ihm stand. Smart war ein kleiner, rundlicher alter Herr mit einem ebenso rundlichen Gesicht und erinnerte in manchem an einen gerupften Papagei. «Jameson und Harris und die anderen liegen mir immer in den Ohren, ich solle die Tür doch ja mit eisernen Stangen verriegeln, als wäre das Haus eine Burg. Ich dagegen bin der Meinung, daß die alten, verrosteten Stangen doch gar zu mittelalterlich sind, um einen Verbrecher abhalten zu können. Ich vertraue lieber auf das Glück und auf die Polizei.»

«Der beste Verschluß muß nicht unbedingt auch der sicherste sein», meinte der Graf. «Es kommt ganz darauf an, wer den Versuch unternimmt, ihn zu durchbrechen. Vielleicht kennen Sie die Geschichte jenes Hindu-Eremiten, der nackt in einer Höhle hauste und dem es gelang, durch die drei Armeen, die den Großmogul bewachten, unbemerkt hindurchzukommen, den großen Rubin aus dem Turban des Herrschers zu nehmen und wie ein Schatten zurückzugleiten, ohne daß ihm etwas geschah. Er hatte dem Mächtigen damit lediglich zeigen wollen, wie klein doch die Gesetze von Raum und Zeit sind.»

«Mag sein. Aber wenn man der Sache auf den Grund geht, entdeckt man, wie derartige Tricks gemacht werden», sagte Doktor Burdock sarkastisch. «Unsere westliche Wissenschaft hat einen großen Teil der östlichen Magie aufgehellt. Zweifellos spielen Hypnose und Suggestion dabei eine wesentliche Rolle, von einfachen Taschenspielertricks ganz zu schweigen.»

«Aber bedenken Sie, daß sich der Rubin nicht im Zelt des Herrschers befand», warf der Graf ein. «Der Hindu hat ihn trotzdem aus Hunderten von Zelten herausgefunden.»

«Kann das alles nicht einfach durch Telepathie erklärt werden?» fragte der Doktor spitz.

Die Frage klang um so schärfer, als niemand eine Antwort gab. Tiefes Schweigen breitete sich aus – es war, als sei der berühmte Orientreisende mit nicht ganz vollendeter Höflichkeit eingeschlafen.

«Verzeihen Sie», sagte er schließlich, indem er mit einem plötzlichen Lächeln auffuhr. «Ich hatte ganz vergessen, daß wir hier uns ja mit Worten zu unterhalten pflegen. Im Osten ist das ganz anders. Da sprechen wir mit Gedanken, und deshalb mißverstehen wir uns auch nie. Es ist doch sonderbar, wie ihr Leute aus dem Westen die Worte hochachtet und an Worten Genüge findet. Kommt man aber einer Sache auch nur um ein Haarbreit näher, wenn man sie, anstatt sie wie früher einfach als Humbug zu bezeichnen, jetzt Telepathie nennt? Wenn ein Mensch auf einem Mangobaum in den Himmel klettert, so nannte man das früher Hokuspokus, jetzt sagt man, es sei eine Überwindung der Schwerkraft; aber was hat sich damit geändert? Wenn mich eine Hexe aus dem Mittelalter mit ihrem Zauberstab in einen Pavian verwandeln würde, so würden Sie sagen, das sei nur ein Atavismus.»

Der Doktor blickte einen Augenblick lang drein, als wollte er sagen, daß eine solche Veränderung bei dem Grafen schließlich kaum auffallen würde. Aber noch ehe er seinem Ärger in solchen oder ähnlichen Bemerkungen Luft machen konnte, schaltete sich plötzlich der Mann namens Harmer in das Wortgefecht ein. Er meinte wegwerfend:

«Ich will nicht bestreiten, daß diese indischen Beschwörer manchmal recht sonderbare Dinge zuwege bringen, aber mir fällt doch auf, daß das fast ausschließlich nur in Indien geschieht. Vielleicht arbeiten sie doch mit Helfershelfern, vielleicht ist es auch bloß Massensuggestion. Ich glaube nicht, daß solche Zauberkunststücke je in einem englischen Dorf funktionieren würden, und so dürften Herrn Smarts Goldfische hier ziemlich sicher sein.»

«Ich will Ihnen eine Geschichte erzählen», sagte de Lara, der noch immer regungslos wie ein Götzenbild dasaß, «eine Geschichte, die sich nicht in Indien zugetragen hat, sondern vor einer englischen Kaserne im modernsten Viertel Kairos. Hinter dem eisernen Gitter, das das Kasernengelände abschloß, stand ein Posten und sah durch die Stäbe auf die Straße. Da erschien vor dem Gitter ein barfüßiger und zerlumpter einheimischer Bettler und verlangte von der Schildwache in auffallend klarem und reinem Englisch ein offizielles Dokument, das aus Sicherheitsgründen in der Kaserne verwahrt wurde. Der Soldat sagte dem Bettler natürlich, daß er nichts in der Kaserne drinnen verloren habe, worauf ihm der Bettler lächelnd antwortete: ‚Was ist drinnen, was ist draußen?' Der Soldat schaute noch immer verächtlich durch die Gitterstäbe, als ihm langsam zum Bewußtsein kam, daß auf einmal er, obwohl weder er selbst noch das Gittertor sich bewegt hatte, draußen auf der Straße stand und in den Kasernenhof hineinblickte, wo jetzt der Bettler regungslos lächelnd verharrte. Als nun der Bettler sich anschickte, in die Kaserne hineinzugehen, raffte der Soldat das bißchen Verstand, das ihm noch geblieben war, zusammen und alarmierte die Soldaten auf dem Kasernenhof, sie sollten den Bettler festnehmen. Diesem selbst rief er hämisch zu: ‚Heraus kommst du jedenfalls nicht mehr!' Der Bettler aber antwortete mit einer silberhellen Stimme: ‚Was ist draußen, was ist drinnen?' Da sah der Soldat, der noch immer durch dieselben Gitterstäbe starrte, daß sich diese wieder zwischen ihm und der Straße befanden, auf der sich der Bettler völlig unbehelligt davonmachte, noch immer lächelnd und das Dokument in den Händen.»

Herr Imlack Smith, der Bankdirektor, starrte gedankenverloren vor sich auf den Teppich. Er hatte seinen schwarzen, glattgekämmten Kopf ein wenig vorgeneigt und mischte sich zum erstenmal an diesem Abend in das Gespräch ein.
«Ist mit dem Dokument irgendwas passiert?»
«Ihr Berufsinstinkt hat Sie auf den rechten Weg gebracht», sagte der Graf mit grimmiger Verbindlichkeit. «Das Dokument repräsentierte einen beträchtlichen finanziellen Wert. Die Auswirkungen dieses Diebstahls waren international.»
«Hoffentlich kommen solche Fälle nicht oft vor», meinte der junge Hartopp melancholisch.
«Ich interessiere mich nicht für die politische Seite dieser Angelegenheit», sagte der Graf mit heiterer Gelassenheit, «sondern für die philosophische. Der Fall in Kairo zeigt, wie ein weiser Mann hinter Raum und Zeit treten und gleichsam ihre Hebel in Bewegung setzen kann, so daß sich die ganze Welt vor unseren Augen dreht. Aber Menschen wie Sie, meine Herren, vermögen wohl nur schwer zu glauben, daß geistige Kräfte in der Tat mächtiger sind als materielle.»
«Ich erhebe durchaus nicht den Anspruch», sagte der alte Smart lächelnd, «daß ich eine Autorität auf dem Gebiet geistiger Kräfte sei. Was meinen Sie zu der ganzen Angelegenheit, Pater Brown?»
«Mir fällt nur auf», antwortete der kleine Priester, «daß all die übernatürlichen Taten, von denen wir gehört haben, Diebstähle zu sein scheinen. Und Diebstahl bleibt Diebstahl, ob er nun mit Hilfe geistiger oder rein materieller Kräfte ausgeführt wird.»
«Pater Brown ist halt doch ein Philister», bemerkte lächelnd Smith.
«Der Stamm der Philister ist mir gar nicht so unsympathisch», entgegnete ihm Pater Brown. «Ein Philister ist nichts weiter als ein Mensch, der recht hat, ohne zu wissen, warum.»
«Diese Gespräche gehen über meinen Horizont», meinte Hartopp aufrichtig.
«Vielleicht», lächelte Pater Brown, «würden Sie ebenfalls lieber ohne Worte reden, wie der Graf es vorgeschlagen hat. Er würde damit beginnen, bedeutend – nichts zu sagen, und Sie würden ihm mit einem Ausbruch von Schweigsamkeit antworten.»
«Die Musik könnte uns gute Dienste leisten», murmelte der Graf verträumt vor sich hin. «Sie wäre bestimmt klarer als die vielen Worte, die wir hier machen.»

«Ja, vielleicht würde ich sie auch besser verstehen», sagte der junge Mann leise.

Boyle hatte die Unterhaltung mit besonderem Interesse verfolgt, denn es war etwas am Benehmen einiger der Anwesenden, das ihm recht eigentümlich erschien. Als jetzt das Gespräch auf Musik kam – eine zarte Aufforderung an den eleganten Bankdirektor, der als Musikdilettant nicht ganz ohne Verdienste war –, erinnerte sich der junge Sekretär plötzlich an seine Pflichten und machte Herrn Smart darauf aufmerksam, daß Jameson noch immer geduldig mit den Papieren in der Hand dastand.

«Ach, das hat Zeit», sagte Smart leichthin. «Es betrifft nur mein persönliches Konto, ich werde nachher mit Herrn Smith darüber sprechen. Sie sagten doch, Herr Smith, daß das Cello ...»

Aber der kalte Hauch geschäftlicher Dinge hatte genügt, den duftigen Schleier transzendentaler Gespräche zu zerreißen, und die Gäste begannen, sich allmählich zu verabschieden. Nur Herr Smith, Bankdirektor und Musikfreund, blieb bis zuletzt; als die übrigen gegangen waren, begaben er und Smart sich in das anstoßende Zimmer, in dem die Goldfische aufbewahrt wurden, und machten die Tür hinter sich zu.

Das Haus war langgestreckt und schmal. Im ersten Stockwerk verlief auf der Straßenseite eine gedeckte Veranda. Diesen ersten Stock bewohnte in erster Linie der Hausherr selbst, dort lagen sein Schlaf- und Ankleidezimmer und daran angrenzend ein kleiner Raum, wohin manchmal die besonders wertvollen Stücke seiner Sammlungen, die sonst meist im Erdgeschoß blieben, des Nachts verbracht wurden. Die Veranda bereitete, ebenso wie die unzureichend verschlossene Haustüre, der Haushälterin, dem Buchhalter und den anderen manche bange Stunde und ließ sie über die Sorglosigkeit ihres Herrn jammern. In Wirklichkeit aber war der schlaue alte Herr gar nicht so unvorsichtig, wie es den Anschein hatte. Zwar hielt er nicht viel von den veralteten Sicherungsvorrichtungen, die vor den Augen der nörgelnden Haushälterin dahinrosteten, dafür hatte er sich einen regelrechten strategischen Plan ausgedacht. Er verbrachte nämlich allabendlich seine geliebten Goldfische in das an sein Schlafzimmer angrenzende Gemach, das nur durch sein Schlafzimmer betreten werden konnte, und bewachte sie so im Schlaf; unter seinem Kopfkissen hatte er außerdem eine Pistole versteckt. Als Boyle und Jameson, die auf das Ende der Besprechung warteten,

schließlich Herrn Smart aus der Tür treten sahen, trug er die große Glasvase so ehrfürchtig, als sei sie eine Reliquie.
Während draußen noch der Rand des grünen Dorfplatzes in den letzten Strahlen der untergehenden Sonne aufleuchtete, hatte man im Haus schon eine Lampe angezündet, und in der eigenartigen Mischung des letzten Tagesscheins mit dem künstlichen Licht erglühte die farbige Glaskugel wie ein gewaltiger Edelstein; die phantastischen Umrisse der feuerroten Fische gaben ihr etwas von der geheimnisvollen Kraft eines Talismans und erinnerten an seltsame Formen, wie sie ein Hellseher vielleicht in seiner Kristallkugel sehen mag. Rätselhaft starr wie das Antlitz einer Sphinx erschien über der Schulter des alten Herrn das Gesicht von Herrn Imlack Smith.
«Ich fahre noch heute abend nach London, Herr Boyle», sagte der alte Smart mit einem bei ihm ungewöhnlichen Ernst. «Herr Smith und ich nehmen den Zug um sechs Uhr fünfundvierzig. Ich möchte Sie, Jameson, bitten, heute nacht in meinem Zimmer zu schlafen. Wenn Sie die Goldfische wie üblich in das hintere Zimmer stellen, dürften sie wohl in Sicherheit sein. Ich glaube allerdings nicht, daß Sie irgend etwas zu befürchten haben.»
«Es kann immer mal etwas passieren», meinte Herr Smith mit seinem starren Lächeln. «Soviel ich weiß, nehmen Sie doch gewöhnlich einen Revolver mit ins Bett. Vielleicht ist es ratsam, ihn im Hause zu lassen.»
Peregrinus Smart gab hierauf keine Antwort, und bald darauf verließen die beiden das Haus und wanderten auf dem Weg rund um den Dorfplatz dem Bahnhof zu.
Der Sekretär und Herr Jameson schliefen in der kommenden Nacht wie ausgemacht in Herrn Smarts Schlafzimmer. Genauer gesagt, Jameson hatte sich ein Bett im Ankleidezimmer aufstellen lassen, aber die Tür stand offen, so daß die beiden nach vorn hinausgehenden Zimmer praktisch einen Raum bildeten. Nur hatte das Schlafzimmer eine große, auf die Veranda führende Flügeltür, und eine weitere Tür führte aus diesem Zimmer in den hinteren Raum, in dem die Goldfische untergebracht waren. Boyle schob sein Bett quer vor diese Tür, um den Eingang zu versperren; dann legte er den Revolver unter sein Kopfkissen, zog sich aus und begab sich ins Bett mit dem Gefühl, daß er alle nur erdenklichen Vorsichtsmaßnahmen gegen ein Ereignis getroffen hatte, an das ja doch keiner glaubte oder das doch zumindest als

höchst unwahrscheinlich gelten durfte. Warum sollte auch ausgerechnet an diesem Tag ein Diebstahl zu befürchten sein? Wenn er jetzt kurz vor dem Einschlafen an die außergewöhnlichen Diebstähle dachte, von denen der Graf de Lara berichtet hatte, so nur, weil diese Erzählungen selbst wie Träume anmuteten und er allmählich in einen tiefen Schlaf versank, der von bunten Träumen erfüllt war. Der alte Buchhalter war ein bißchen unruhiger als gewöhnlich, aber nachdem er ein wenig länger als sonst herumgefuhrwerkt hatte und, wie es seine Art war, über die schlechte Aufbewahrung der Schätze geklagt und zum soundsovielten Male seine schrecklichen Befürchtungen geäußert hatte, legte auch er sich ins Bett und schlief schließlich ein. Der Mond leuchtete strahlend und verblaßte wieder; der grüne Platz und die grauen Häuser lagen still und einsam und scheinbar völlig unbewohnt da. Erst als die Morgendämmerung mit bleichen Fingern am grauen Osthimmel herumgeisterte – da geschah es.
Boyle als der jüngere hatte natürlich einen gesünderen und tieferen Schlaf als der alte Jameson. So lebendig er war, wenn er wach war – es dauerte doch reichlich lange, bis er aufwachte. Überdies hatte er Träume, die das auftauchende Bewußtsein wie mit Polypenarmen umschlungen hielten und ihn gar nicht recht wach werden ließen. Seine Träume waren kunterbunt, gemischt aus vielerlei Eindrücken, deren letzter der Blick war, den er von der Veranda aus auf die grauen Straßen und den grünen Platz geworfen hatte. Aber die Traumbilder wechselten in schwindelerregender Folge, und immer begleitete sie ein leise mahlendes Geräusch, das sich anhörte wie ein unterirdischer Fluß – vielleicht war dies nur das Schnarchen des alten Jameson, der im Nebenraum schlief. Im Traum aber verknüpften sich dieses Geräusch und die schnell wechselnden Bilder mit den Reden des Grafen de Lara von übernatürlichen Fähigkeiten, mit denen es möglich sein sollte, über Raum und Zeit zu herrschen und so die Welt zu verändern. Im Traum war es ihm, als ob tatsächlich eine gewaltige, ächzende Maschinerie im Innern der Erde ganze Landschaften hin und her bewegte, so daß plötzlich der Pol der Erde in irgendeinem Vorgarten auftauchte oder dieser Vorgarten über ferne Meere hinweg fortgeschoben wurde.
Das erste, was er wieder mit Bewußtsein wahrnehmen konnte, waren die Worte eines Liedes, begleitet von einem feinen, metallischen Ton. Die Worte wurden mit ausländischem Akzent ge-

sungen; die Stimme kam ihm zugleich fremd und doch merkwürdig bekannt vor. Doch er war noch so schlaftrunken, daß er erst überlegen mußte, ob er nicht etwa das Ganze träume:

« Über das Land und über das Meer
Ruf' ich meine fliegenden Fische her.
Sie hören das Lied, sie kommen gern
Geschwind geflogen zu ihrem Herrn.
Das Lied, das sie weckt, das sie mir erhält,
Es stammt nicht aus dieser kleinen Welt . . .»

Er sprang auf und sah, daß sein Mitwächter bereits aus dem Bett war. Jameson hatte die Verandatür aufgerissen und fuhr scharf jemanden an, der unten auf der Straße stehen mußte.

«Wer sind Sie?» rief er drohend. «Was wollen Sie?»

Aufgeregt wandte er sich zu Boyle um und sagte: «Da unten treibt sich ein Kerl herum. Ich habe es ja immer gesagt, daß mal etwas passieren wird! Und wenn der alte Smart hundertmal meint, daß es nichts nützt: Ich gehe runter und lege die Eisenstangen vor die Haustüre.»

Er stürzte zur Tür und eilte nach unten, und alsbald konnte Boyle das Klirren und Rasseln der Stangen hören. Nun trat auch der junge Sekretär auf die Veranda und blickte auf die lange, graue Straße, die zum Haus führte. Er glaubte noch immer zu träumen.

Auf der Straße, die durch das Moor und den kleinen Weiler führte, stand eine Gestalt, die wie aus fernen Zeiten und fremden Zonen hierherversetzt zu sein schien – eine Gestalt, die aussah, als sei sie aus einer der phantastischen Geschichten des Grafen oder aus Tausendundeiner Nacht lebendig geworden. Das gespenstisch graue Zwielicht, das vor Tagesanbruch die Umrisse aller Dinge schärfer hervortreten läßt, aber gleichzeitig alles seltsam farblos macht, hob sich langsam wie ein grauer Gazeschleier: Da stand wirklich eine seltsame Gestalt in orientalischen Gewändern. Ein Schal von eigentümlich meerblauer Farbe war wie ein Turban um den Kopf und um das Kinn gewickelt, und das Gesicht verschwand darunter wie unter einer Maske, denn der Schal verhüllte es wie ein Schleier. Der Kopf war über ein merkwürdiges Musikinstrument gebeugt, das aus Silber oder Stahl zu sein schien und die Form einer seltsam gekrümmten Geige hatte. Gespielt wurde es mit einem gezackten Stab, ähnlich einem silbernen Kamm, und die Töne waren sonderbar dünn und hell. Bevor noch

Boyle den Mund öffnen konnte, ertönte unter dem Burnus wieder dieselbe merkwürdige Stimme, und der geheimnisvolle Unbekannte sang weiter:

«Wie die goldenen Vögel zum Zauberbaum,
Fliegen meine Fische durch Zeit und Raum
Zurück zu mir . . .»

«Hören Sie mal, Sie haben hier nichts zu suchen!» rief Boyle wütend, ohne recht zu wissen, was er überhaupt sagte.
«Ich suche hier meine Goldfische!» rief der Fremde zurück mit einer Würde, die eher zu König Salomon gepaßt hätte als zu einem barfüßigen Beduinen in einem schäbigen blauen Mantel. «Und ich werde sie bekommen. Kommt!»
Er entlockte seiner seltsamen Geige einen schrillen Ton, und ebenso schrill erhob er seine Stimme bei dem letzten Wort. Dieser Ton ging Boyle durch Mark und Knochen. Wie ein Echo folgte ein leiserer Ton, ein schwirrendes Flüstern. Es kam aus dem dunklen Zimmer, in dem die Vase mit den Goldfischen stand.
Boyle fuhr herum. Im gleichen Augenblick schrillte es im hinteren Zimmer auf wie eine elektrische Klingel, und gleich darauf hörte man ein leises Klirren, als fiele Glas zu Boden. Erst wenige Minuten waren vergangen, seit Boyle den Mann vom Balkon aus gesehen und angerufen hatte, da kam auch schon der alte Buchhalter wieder die Treppen heraufgestiegen. Er war dabei etwas außer Atem gekommen, denn sein Herz war solchen Strapazen nicht gewachsen.
«Die Tür habe ich jedenfalls verriegelt», stieß er hervor.
«Die Stalltür», erwiderte Boyle finster aus dem Dunkel des kleinen Raumes heraus.
Jameson folgte ihm nun in dieses Zimmer und fand ihn dort, wie er auf den Boden starrte, der mit bunten Glasstückchen bedeckt war, als sei ein Regenbogen in Stücke zerbrochen.
«Die Stalltür? Was wollen Sie damit sagen?» begann Jameson.
«Ich will damit sagen, daß das Roß gestohlen ist», entgegnete Boyle. «Die fliegenden Rosse oder, besser gesagt, die fliegenden Fische, denen unser arabischer Freund da draußen nur zu pfeifen brauchte. Er hat sie herausgezogen wie Marionetten an der Schnur.»
«Aber wie war denn so etwas möglich?» stieß der alte Buchhalter aufgeregt hervor. Allmählich dämmerte ihm die Tragweite des Geschehens.

«Jedenfalls sind sie fort», sagte Boyle kurz angebunden. «Da liegt das zerbrochene Glas. Das Glas sachgemäß zu öffnen, hätte einige Zeit in Anspruch genommen; aber indem das Glas zertrümmert wurde, hat es nur einige Sekunden gedauert. Auf jeden Fall sind die Fische verschwunden, und ich habe keine Ahnung, wie das passiert sein kann. Darüber könnte uns nur unser arabischer Freund etwas sagen.»

«Wir vertrödeln hier unsere Zeit», meinte Jameson unruhig. «Wir müssen ihm sofort nachjagen.»

«Ich glaube, es ist viel zweckmäßiger, wenn wir sofort die Polizei verständigen», antwortete Boyle. «Die wird ihm mit ihren Streifenwagen und Telefonverbindungen schon das Leben sauer machen und ihn eher erwischen, als wenn wir ihm im Nachthemd durch das Dorf nachhopsen. Es kann allerdings auch Dinge geben, gegen die selbst Streifenwagen und Telefon machtlos sind.»

Während Jameson aufgeregt mit der Polizei telefonierte, trat Boyle wieder auf die Veranda und warf einen schnellen Blick über die im ersten Morgengrauen daliegenden Straßen. Der Mann mit dem Turban war nirgends mehr zu sehen, die Straßen und Häuser lagen wie ausgestorben da, und nur aus dem Gasthaus «Zum blauen Drachen» konnte ein scharfes Ohr vielleicht einige leise Geräusche hören. Boyle jedoch sah jetzt zum erstenmal etwas mit vollem Bewußtsein, was er schon unbewußt die ganze Zeit über bemerkt hatte. Er war noch immer etwas schlaftrunken, doch er wurde hellwach, als ihm klar wurde, was seine Beobachtung bedeutete: Der graue Platz vor ihm war eigentlich überhaupt nie ganz grau gewesen, denn inmitten der bleichen Farblosigkeit leuchtete ein goldener Fleck: das Licht einer Lampe aus einem der gegenüberliegenden Häuser. Plötzlich sagte etwas in ihm, das mit dem Verstand nicht zu fassen war, daß die Lampe schon die ganze Nacht hindurch gebrannt hatte und erst jetzt im Morgengrauen langsam erlosch. Wessen Haus war es? Er zählte die Häuser, und was er herausbekam, mochte eine Vermutung bestätigen, über die er sich selbst allerdings noch nicht völlig klar war. Es war ganz offensichtlich das Haus des Grafen de Lara.

Inzwischen war Inspektor Pinner mit mehreren Polizeibeamten angekommen und hatte schnell und entschlossen mit seinen Erhebungen begonnen, denn er war sich wohl bewußt, daß gerade wegen der Absonderlichkeit der gestohlenen Gegenstände der Fall in den Zeitungen großes Aufsehen erregen würde. Er hatte alles untersucht, alles gemessen, jedermanns Aussage zu Protokoll genommen, sich jedermanns Fingerabdrücke gesichert, hatte alles auf den Kopf gestellt. Schließlich ergaben alle Fakten eine ihn selbst höchst unwahrscheinlich anmutende Geschichte: Ein Wüstenaraber war die Dorfstraße heraufgekommen bis vor das Haus des Herrn Peregrinus Smart, in dessen hinterem Zimmer ein Behälter mit künstlichen Goldfischen aufbewahrt wurde. Dann hatte er ein Gedichtchen gesungen oder rezitiert, worauf der Glasbehälter wie eine Bombe geplatzt war und die Fische sich in Nichts aufgelöst hatten. Dem Inspektor war es kein Trost und erst recht keine Beruhigung, daß ein ausländischer Graf ihm mit leiser, schnurrender Stimme erzählte, die Grenzen menschlicher Erfahrung würden eben immer weiter hinausgeschoben.

Es war übrigens interessant zu beobachten, wie sich die zu dem kleinen Kreis gehörigen Personen verhielten. Der Hauptbetroffene, Peregrinus Smart, hatte die Nachricht von dem Verlust erfahren, als er am frühen Morgen aus London zurückkam. Natürlich zeigte er sich zuerst sehr erschrocken, aber es war typisch für die Unternehmungslust und Tatkraft, die in dem kleinen, alten Herrn steckte und seiner gedrungenen Figur etwas von einem kecken Kampfhahn gab, daß sein Interesse am Verlauf der Nachforschungen größer war als der Kummer über den Verlust.

Dem Herrn, der sich Harmer nannte und der eigens gekommen war, um die Goldfische zu kaufen, hätte man es nicht übelnehmen können, wenn er sich über das Verschwinden der begehrten Vase geärgert hätte. Aber davon war ihm nichts anzumerken; von den gesträubten Haaren seines Schnurrbartes und seiner buschigen Augenbrauen ging etwas ganz anderes aus: dieselbe argwöhnische Wachsamkeit, die auch in seinen Augen blitzte, mit denen er die Gesellschaft musterte.

Das olivfarbene Gesicht des Bankdirektors, der inzwischen ebenfalls aus London zurückgekehrt war, wenn auch mit einem späteren Zug als Smart, schien diese hellen, suchenden Augen immer wieder wie ein Magnet anzuziehen.

Was die beiden anderen Gestalten des kleinen Kreises anbelangte, so schwieg Pater Brown meistens, wenn man ihn nicht ansprach und um seine Meinung fragte, und der völlig verdatterte Hartopp sagte fast überhaupt nichts, auch wenn man ihn fragte.

Der Graf jedoch war nicht der Mann, eine Gelegenheit ungenutzt vorübergehen zu lassen, die seinen Ansichten rechtzugeben schien.

Mit dem verbindlichsten Lächeln eines Mannes, der es versteht, die Leute durch seine Liebenswürdigkeit zum Rasen zu bringen, wandte er sich an seinen rationalistischen Widersacher, den Doktor Burdock.

«Sie werden doch zugeben», meinte er, «daß mindestens einige der Geschichten, die Sie gestern noch für so unwahrscheinlich gehalten haben, nach den Ereignissen von heute nacht etwas glaubhafter klingen. Wenn es einem zerlumpten Bettler möglich ist, mit einem Wort ein festes Gefäß zum Zerspringen zu bringen, das innerhalb der vier Wände des Hauses, vor dem er steht, eingeschlossen ist, dann dürfte dies doch ein geradezu prächtiges Beispiel sein für die Macht geistiger Kräfte.»

«Für mich ist es eher ein Beispiel für meine Behauptung», fuhr ihm der Doktor scharf in die Rede, «daß bereits eine Handvoll wissenschaftlicher Erkenntnisse genügt, um aufzuzeigen, wie derartige Tricks gemacht werden.»

«Wollen Sie damit etwa sagen», fragte Smart, der diesen Streit mit lebhaftem Interesse verfolgt hatte, «daß Sie imstande sind, diese geheimnisvolle Geschichte wissenschaftlich zu erklären?»

«Allerdings», entgegnete Doktor Burdock. «Was der Graf eben als Geheimnis bezeichnet hat, läßt sich mühelos erklären, denn es ist durchaus nicht geheimnisvoll. Was die zerbrochene Vase angeht, so ist die Sache ganz einfach die: Ein Ton ist nichts anderes als eine Schwingungswelle, und gewisse Schwingungswellen können Glas zerbrechen, wenn nur Ton und Glas aufeinander abgestimmt sind. Der Mann stand also nicht einfach auf der Straße herum und dachte vor sich hin, was nach Auffassung des Grafen die ideale orientalische Art der Unterhaltung ist. Er sang vielmehr lauthals heraus, was ihn hierhergeführt hatte, und entlockte dabei seinem Instrument einen schrillen Ton. Die Methode, mit bestimmten Tönen Glas von einer besonderen Zusammensetzung zum Zerspringen zu bringen, ist durchaus nichts Neues.»

«Ist das vielleicht auch nichts Neues», meinte der Graf, «wenn dabei mehrere Klumpen massiven Goldes verschwinden?»

«Da kommt ja Inspektor Pinner», sagte Boyle. «Unter uns gesagt, ich glaube, daß er des Doktors natürliche Erklärung ebenso als Märchen betrachten würde wie die übernatürliche Erklärung des Grafen. Dieser Herr Pinner scheint mir ein sehr skeptischer Herr zu sein und besonders, soweit es mich angeht. Ich glaube, er hat mich im Verdacht.»

«Wir werden wohl alle mehr oder weniger verdächtig sein», lächelte der Graf.
Boyle jedoch nahm die Sache nicht ganz so leicht, und deshalb wandte er sich an Pater Brown, um bei ihm Rat und Hilfe zu holen. Längere Zeit wandelten sie um den grasbewachsenen Dorfplatz herum. Der Priester, der bei Boyles Bericht mit gerunzelter Stirn zu Boden geblickt hatte, blieb plötzlich stehen.
«Sehen Sie das da?» fragte er seinen Begleiter. «Hier ist das Pflaster geschrubbt worden – allerdings nur dieser kleine Streifen, gerade vor Oberst Varneys Haus. Es würde mich doch interessieren, ob das schon gestern passiert ist.»
Pater Brown betrachtete nachdenklich das hohe, schmale Haus, dessen buntgestreifte Jalousien stark verschossen waren. Dadurch erschienen die Ritzen, durch die man einen Blick ins Innere der Zimmer werfen konnte, um so dunkler, ja, sie sahen in der von der Morgensonne golden beleuchteten Fassade aus wie schwarze Mauerritzen.
«Das ist doch Oberst Varneys Haus?» fragte Pater Brown. «Soviel ich weiß, kommt auch er aus dem Osten. Was für ein Mensch ist er eigentlich?»
«Ich habe ihn noch nie zu Gesicht bekommen», antwortete Boyle. «Ich glaube nicht, daß außer Doktor Burdock ihn überhaupt jemand schon gesehen hat, und scheinbar sucht ihn auch der Doktor nur dann auf, wenn es unumgänglich ist.»
«Nun, dann will ich ihm einmal einen kurzen Besuch abstatten», sagte Pater Brown.
Die große Haustür öffnete sich und verschlang den kleinen Priester. Das war so schnell geschehen, daß Boyle noch ganz verdutzt dastand, als sich die Tür wenige Minuten später wieder öffnete und Pater Brown lächelnd hervortrat. Als wäre nichts geschehen, setzte er seinen langsamen Marsch um die Dorfwiese fort. Es schien, als habe er überhaupt die ganze Angelegenheit schon wieder vergessen, denn er machte gelegentliche Bemerkungen über historische und soziale Fragen oder über die Entwicklungsaussichten des Landkreises. Über eine neuanzulegende Straße plauderte er, die von der Bank ausgehen sollte und zu der schon der Boden ausgehoben war. Dann blickte er mit einem unbestimmbaren Ausdruck über die alte Dorfwiese hin.
«Gemeindeland. Eigentlich sollten die Leute ihre Schweine und Gänse darauf treiben, wenn sie welche hätten. Aber so wachsen

nur Disteln und Nesseln darauf. Wie schade, eigentlich sollte es eine große, schöne Wiese sein, aber es ist nur ein Unkrautparadies. Übrigens, gehört das Haus dort drüben nicht Doktor Burdock?»
«Ja», stotterte Boyle, der bei dieser unerwarteten direkten Frage erschrocken hochgefahren war.
«Aha», entgegnete Pater Brown. «Gut. Dann wollen wir mal wieder heimgehen.»
Während sie das Smartsche Haus wieder betraten und die Treppen emporstiegen, berichtete Boyle seinem Begleiter nochmals ausführlich über das Drama, das sich zu Tagesanbruch dort abgespielt hatte.
«Sie sind doch nicht etwa wieder eingeschlafen, während Jameson unten die Tür verriegelte, so daß jemand Zeit hatte, auf die Veranda zu klettern?» fragte Pater Brown.
«Nein, ganz sicher nicht. Ich wachte auf, als Jameson den Fremden von der Veranda aus anrief, dann hörte ich, wie er die Treppen hinunterstürzte und die Stangen vorlegte, und mit zwei Sätzen war ich dann selbst auf der Veranda.»
«Wäre es nicht möglich gewesen, daß sich von einer anderen Seite her jemand zwischen Ihnen beiden hätte hindurchschleichen können? Hat das Haus vielleicht noch einen Nebeneingang?»
«Nicht daß ich wüßte», entgegnete Boyle bestimmt.
«Es ist doch besser, wenn ich selbst nochmals nachsehe», meinte Pater Brown, und damit schlurfte er wieder die Treppe hinab. Boyle blieb in dem nach der Straßenseite gelegenen Schlafzimmer und sah ihm kopfschüttelnd nach. Doch schon nach verhältnismäßig kurzer Zeit kam das breite, ein wenig bäuerische Gesicht wieder auf der Treppe zum Vorschein. Der Pater hatte seinen Mund verzogen, so daß er aussah wie ein behaglich lächelnder Rübengeist.
«Nichts. Ich glaube, die Frage wegen der Tür ist gelöst», sagte er wohlgemut. «Und jetzt, da wir all unser Material fein säuberlich zusammenhaben, können wir ans Sichten gehen. Es ist wirklich eine recht merkwürdige Geschichte.»
«Glauben Sie», fragte Boyle, «daß der Graf oder der Oberst oder sonst einer dieser Ostasienreisenden mit der Sache etwas zu tun hat? Halten Sie das, was in diesem Haus vorgegangen ist, für – übernatürlich?»
«Nun, eines kann ich Ihnen sagen», antwortete der Priester nachdenklich, «wenn der Graf oder der Oberst oder ein anderer

der Nachbarn sich als Araber verkleidet hat und in der Dunkelheit zu diesem Haus hergeschlichen ist, dann ... dann handelt es sich tatsächlich um etwas Übernatürliches.»

«Aber wieso denn?»

«Weil der Araber keine Fußspuren hinterlassen hat. Die nächsten Nachbarn sind doch der Oberst und der Bankdirektor. Zwischen diesem Haus und der Bank liegt aber ungepflasterter roter Tonboden, in dem sich bloße Füße wie in Gips abdrücken müßten und hinterher auch überall rote Spuren hinterlassen würden. Ich habe mich aber außerdem selbst auf die Gefahr hin, daß mich der Oberst mit dem Blitz seines Zornes zerschmettert, vergewissert, daß das Pflaster vor seinem Haus gestern und nicht erst heute geschrubbt worden ist. Also war es auch auf dieser Seite so naß, daß auf der ganzen Straße Spuren zu sehen wären, wenn dort heute nacht jemand gegangen wäre. Wäre der nächtliche Besucher allerdings der Graf oder der Doktor gewesen, so hätten die natürlich auch quer über den Platz kommen können. Aber mit bloßen Füßen wäre dies ein reichlich unangenehmes Unternehmen gewesen, denn der Platz ist, wie ich schon gesagt habe, völlig mit Disteln und Brennesseln bedeckt. Da würde sich der rätselhafte angebliche Araber bestimmt die Füße blutig gerissen und so irgendwelche Spuren hinterlassen haben — es sei denn, er ist tatsächlich, wie Sie sagen, ein übernatürliches Wesen.»

Boyle sah dem kleinen Priester unverwandt in das ernste, unergründliche Gesicht.

«Glauben Sie das?» fragte er schließlich.

«Sie dürfen eines nicht vergessen», sagte Pater Brown. «Es ist eine bekannte Tatsache, daß uns etwas so nahe sein kann, daß wir es selbst gar nicht mehr sehen. So kann man beispielsweise sein eigenes Ohr nicht sehen, obwohl es doch kaum zehn Zentimeter vom Auge entfernt ist. Oder denken Sie an die Geschichte von dem Mann, der eine winzige Fliege im Auge hatte und durchs Fernrohr schaute, weshalb er glaubte, er habe im Mond einen unglaublich großen Drachen entdeckt. Und wenn man seine eigene Stimme genau wiedergegeben hört, soll sie wie die Stimme eines Fremden klingen. Steht so etwas direkt vor uns im Leben, dann sehen wir es gewöhnlich nicht, und könnten wir es sehen, wir würden es höchst merkwürdig finden. Ist es dann aber von uns weg in eine mittlere Entfernung gerückt, dann kommt es uns vor, als sei es aus weiter Ferne auf uns zugekommen. Bitte, kom-

men Sie doch noch einen Augenblick mit mir vors Haus. Ich möchte Ihnen zeigen, wie die Sache von unten aussieht.»
Pater Brown erhob sich und ging voran, und während sie die Treppen hinuntergingen, setzte er seine Bemerkungen fort, doch es klang so unzusammenhängend, als dächte er laut.
«Der Graf und die ganze asiatische Atmosphäre passen ganz gut dazu, denn bei einer solchen Sache kommt es hauptsächlich darauf an, daß die Phantasie der Leute erregt wird. Man kann auf diese Weise jemanden so weit bringen, daß er fest davon überzeugt ist, ein ihm auf den Kopf fallender Dachziegel sei ein babylonischer Ziegelstein mit eingeritzter Keilschrift, der aus den Hängenden Gärten der Semiramis herabkommt. In diesem Zustand fällt es dem Betroffenen gar nicht ein, sich den Stein genauer anzusehen, um zu entdecken, daß der Stein nicht anders ist als jeder andere Stein. Ähnlich war es ja in Ihrem Falle –»
«Was ist denn hier los?» unterbrach ihn Boyle und starrte überrascht auf die Haustür. «Die Tür ist ja verriegelt!»
Dieselbe Haustür, durch die sie erst vor kurzem eingetreten waren, war nun durch die großen, rostigen Eisenstangen versperrt – durch die gleichen Stangen, die, wie er sich am Morgen ausgedrückt hatte, die Stalltüre zu spät verriegelt hatten. Es war wie eine Ironie des Schicksals, daß die alten Stangen ihnen nun den Weg nach außen versperrten, als seien sie von selbst vor die Tür geglitten.
«Ach ja», meinte Pater Brown ganz nebenbei, «die Stangen habe ich eben vorgelegt. Haben Sie es denn nicht gehört?»
«Nein», antwortete Boyle verdutzt, «nicht das geringste.»
«Das habe ich mir gleich gedacht», sagte der andere gleichmütig. «Es ist eigentlich auch gar nicht einzusehen, warum man oben im Haus das Vorlegen dieser Stangen hören sollte, denn der Haken paßt ja säuberlich in diese Öffnung hier. Wenn man ganz nahe dabeisteht, hört man ein dumpfes Geräusch, sobald der Haken einschnappt, aber das ist auch alles. Das einzige Geräusch, das laut genug ist, um oben gehört zu werden, ist dieses.»
Mit diesen Worten zog er den Haken aus der Vertiefung und ließ die Stange klirrend an der Türe niederfallen.
«Man hört es nur, wenn man die Vorlegstangen abnimmt», sagte Pater Brown ernst, «selbst wenn dies mit größter Vorsicht geschieht.»
«Wollen Sie behaupten ...»

«Ich behaupte», sagte Pater Brown, «daß Jameson die Tür geöffnet und nicht geschlossen hat. Und jetzt wollen wir selbst einmal die Tür öffnen und nach draußen gehen.»
Als sie dann unter der Veranda standen, fuhr der kleine Priester mit seinen Erklärungen so ungerührt fort, als halte er eine Vorlesung über Chemie.
«Wie ich schon sagte, kann man manchmal in einer Verfassung sein, daß man etwas sehr Entferntes zu sehen glaubt, das in Wirklichkeit doch sehr nahe und uns selbst vielleicht ganz ähnlich ist. Als Sie auf die Straße hinuntersahen, erblickten Sie eine seltsame, ausländisch anmutende Gestalt. Sie haben sich aber wahrscheinlich nicht gefragt, was diese wohl sah, als sie zur Veranda aufsah.»
Boyle starrte zur Veranda hinauf, ohne zu antworten, und der Geistliche fuhr fort:
«Sie hielten es sicherlich für höchst erstaunlich und eigenartig, daß ein Araber mit bloßen Füßen durch unser zivilisiertes England hermarschiert kommt. Dabei haben Sie gar nicht daran gedacht, daß Sie im selben Augenblick ja auch bloße Füße hatten.»
Endlich fand Boyle die Sprache wieder, aber nur, um einen Satz zu wiederholen, den der Priester kurz vorher gesagt hatte: «Jameson hat die Tür geöffnet», kam es mechanisch von seinen Lippen.
«Ganz richtig. Jameson hat die Tür geöffnet und ist im Nachthemd auf die Straße getreten, gerade als Sie auf die Veranda kamen. Er hatte unterwegs zwei Dinge zusammengerafft, die Sie wohl schon hundertmal gesehen haben: den alten blauen Vorhang, den er um den Kopf schlang, und eines der orientalischen Musikinstrumente, das Sie sicherlich auch schon in der Sammlung gesehen haben. Alles übrige war Sinnestäuschung und Schauspielerei, denn dieser Verbrecher ist ein ganz gerissener Schauspieler.»
«Jameson ... ein Verbrecher!» rief Boyle ungläubig aus. «Er war doch ein solch vertrockneter alter Trottel, daß er mir überhaupt nicht aufgefallen ist.»
«Gerade das war auch seine Absicht, nämlich nicht aufzufallen. Er war früher Schauspieler. Und wenn er fünf Minuten lang einen Zauberer oder einen fernöstlichen Troubadour so vollendet und mit so primitiven Mitteln spielen konnte, glauben Sie dann nicht, daß er fünf Wochen lang auch einen Buchhalter darstellen kann?»

«Aber ich verstehe nicht ganz, welches Ziel er mit der ganzen Schauspielerei verfolgte», meinte Boyle hilflos.
«Sein Ziel hat er erreicht oder doch beinahe erreicht», erwiderte Pater Brown. «Er hätte die Goldfische natürlich am liebsten schon längst gestohlen, denn er hatte ja zwanzigmal Gelegenheit dazu. Aber wenn er sie einfach gestohlen hätte, dann würde jeder sofort gemerkt haben, daß gerade er die beste Gelegenheit dazu gehabt hatte. Dadurch jedoch, daß er vom Ende der Welt einen geheimnisvollen Magier herzauberte, hat er die Gedanken aller Beteiligten von sich weg und nach Asien oder Arabien hin gelenkt. Er hat Ihnen ja so den Kopf durcheinandergebracht, daß Sie selbst kaum mehr glauben können, wie sich die Geschichte hier vor dem Haus abgespielt hat. Sie konnten das alles nicht begreifen, weil es Ihnen zu nahe war.»
«Wenn das stimmt», sagte Boyle, «dann war es für ihn aber doch eine sehr gewagte Sache, und er mußte es außerordentlich schlau anpacken. Jetzt allerdings fällt mir auf, daß der angebliche Mann auf der Straße kein Wort sagte, solange ihn Jameson von der Veranda aus ansprach, und Jameson hatte auch Zeit genug, das Haus zu verlassen, bis ich endlich ganz wach geworden war und aus dem Bett gesprungen bin. Ja, der Schwindel ist durchaus möglich, denn ich bin ja nicht gleich aufgewacht.»
«Ein Verbrechen kommt immer nur dann zustande, wenn jemand nicht rechtzeitig aufwacht», entgegnete Pater Brown. «Und leider ist es so, daß die meisten Menschen in jedem Sinn zu spät aufwachen. Auch ich bin beispielsweise viel zu spät wach geworden, und sicherlich ist der Kerl inzwischen längst über alle Berge.»
«Jedenfalls sind Sie eher aufgewacht als alle anderen», sagte Boyle, «und ich, muß ich gestehen, wäre in dieser Sache wohl niemals wach geworden. Jameson war so korrekt und farblos, daß ich mir überhaupt nie Gedanken über ihn machte.»
«Man hüte sich vor dem Mann, an den man nicht denkt», entgegnete der Pater, «er ist der einzige, der uns wirklich schaden kann. Aber auch ich habe keinen Verdacht auf ihn gehabt, bis Sie mir schließlich erzählten, wie er die Tür versperrte.»
«Jedenfalls verdanken wir die Klärung des Falles ganz Ihnen», meinte Boyle warm.
«O nein, Sie verdanken sie Frau Robinson», sagte Pater Brown lächelnd.

«Frau Robinson?» fragte der Sekretär erstaunt. «Sie meinen doch nicht die Haushälterin?»
«Man hüte sich doppelt vor der Frau, an die man nicht denkt», antwortete Pater Brown. «Der Mann war ein sehr geschickter Verbrecher und als ausgezeichneter Schauspieler auch ein guter Psychologe. Ein Mann wie der Graf hört immer nur seine eigene Stimme; Jameson aber konnte zuhören, wo keiner an ihn dachte, wo alle seine Anwesenheit vergessen hatten, und so das geeignete Material für seinen nächtlichen Auftritt sammeln. So wußte er genau, wie er es anfangen mußte, um Sie alle in die Irre zu führen. Aber er machte einen ganz bösen Fehler: Er setzte den Charakter der Frau Robinson nicht in Rechnung.»
«Das verstehe ich nicht», meinte Boyle verwirrt. «Was hat denn die mit der Geschichte zu tun?»
«Jameson hat nicht damit gerechnet, daß die Vorlegstangen vor der Tür waren. Er wußte, daß die meisten Menschen, besonders so sorglose Menschen wie Sie und Ihr Arbeitgeber, tage- und wochenlang sich mit dem Vorsatz begnügen können, es solle, müsse und könne etwas geschehen. Aber wenn man erst einmal einer Frau die Meinung in den Kopf setzt, daß etwas geschehen müsse, dann besteht immer die Gefahr, daß sie es plötzlich tatsächlich tut.»

Der Theaterdirektor Mundon Mandeville durcheilte mit raschen Schritten den Gang, der hinten unter der Bühne entlangführte. Er war elegant und festlich gekleidet, vielleicht ein wenig zu festlich: Festlich war die Blume in seinem Knopfloch, festlich der Glanz seiner wohlpolierten Schuhe – nur sein Gesicht war alles andere als festlich. Er war groß, stiernackig, schwarz und finster, und in diesem Augenblick sah er noch finsterer drein als gewöhnlich. Natürlich hatte er die hundert Sorgen, die ein Theaterdirektor eben hat, große und kleine, alte und neue. Er ärgerte sich über die alte Pantomimenszenerie, die hier unten aufgestapelt lag; denn er hatte vor langer Zeit seine erfolgreiche Laufbahn an dieser Bühne mit sehr volkstümlichen Pantomimen begonnen, sich aber später dazu verleiten lassen, zu ernsteren Stücken und klassischen Dramen überzugehen, was ihn ein gutes Stück Geld gekostet hatte. Als er daher die blauen Tore von Blaubarts blauem Palast oder die Kulissen des verzauberten Orangenhains wiedersah, die, mit Spinnweben bedeckt und von Mäusen angenagt, an der Wand lehnten, fühlte er in sich keineswegs jene rührende Wehmut, die wir eigentlich empfinden sollten, wenn wir wieder einmal einen Blick auf das Wunderland unserer Kindheit werfen dürfen. Aber an diesem Tag hatte er auch gar keine Zeit, eine Träne dort zu verlieren, wo er schon soviel Geld verloren hatte, oder vom Paradies früherer Zeiten zu träumen, denn er war eiligst gerufen worden, um ein sehr gegenwärtiges Problem zu meistern, das dringend sofortige Lösung verlangte – eines jener Probleme, wie sie manchmal in der wunderlichen Welt hinter den Kulissen auftauchen und durchaus ernst genommen sein wollen. Fräulein Maroni, eine talentierte Schauspielerin italienischer Herkunft, die in dem an diesem Nachmittag zu probenden und am Abend aufzuführenden Stück eine bedeutende Rolle übernommen hatte, hatte sich im letzten Augenblick mit aller Gewalt geweigert, in dem Stück aufzutreten. Dabei hatte Herr Mandeville die launische Dame überhaupt noch nicht gesehen, und da sie sich in ihrer Garderobe eingeschlossen hatte und der Welt durch die Tür Trotz bot, war es auch unwahrscheinlich, daß ihm dies vorerst gelingen würde. Herr Mundon Mandeville als echter Engländer erklärte sich die ärgerliche Sache unter wütendem Gemurmel damit, daß eben alle Ausländer verrückt seien. Aber der Gedanke, daß ihn ein gütiges Geschick auf die einzige geistig normale Insel der Erde versetzt hatte, vermochte ihn ebensowenig zu besänftigen wie die Erinnerung an den verzauberten Orangenhain. All dies mochte gewiß sehr ärgerlich sein; einem aufmerksamen Beobachter aber hätte der Verdacht kommen können, daß Herr Mandeville sich nicht nur darüber ärgerte, sondern daß überhaupt mit ihm etwas nicht ganz stimmte.

Denn er sah schrecklich mitgenommen und abgezehrt aus, soweit es einem wohlgenährten und ansonsten gesunden Mann überhaupt möglich ist, abgezehrt auszusehen. Sein Gesicht war fleischig und rund, aber seine Augen lagen tief in den Höhlen. Seine Lippen zuckten beständig, als versuche er, auf die Enden seines schwarzen Schnurrbarts zu beißen, der für ein solches Vorhaben freilich zu kurz war. Wenn man ihn so sah, konnte in einem der Gedanke aufsteigen, er sei rauschgiftsüchtig geworden, wofür man andererseits durchaus hätte Verständnis aufbringen können: man sah ihm an, daß er dazu Grund hätte, daß also nicht das Rauschgift Ursache seiner Verfassung, sondern sein Zustand Ursache des Rauschgifts war. Was aber auch immer sein großes Geheimnis war – es steckte offenbar in dem dunklen Ende des langen Ganges, dort, wo sich der Eingang zu seinem eigenen kleinen Zimmer befand. Und als er nun den öden Korridor entlangschritt, warf er dann und wann einen nervösen Blick zurück. Aber Geschäft ist Geschäft, und so eilte er entschlossenen Schrittes zum entgegengesetzten Ende des Ganges, wo Fräulein Maroni den Weg zu sich mit einer glatten, grüngestrichenen Tür versperrt hatte. Hier hatte sich bereits eine Gruppe von Schauspielern und anderen Theaterleuten zusammengefunden. Die ganze Gesellschaft sah drein, als überlege und berate sie, ob man nicht am besten einen Rammklotz in Tätigkeit treten lassen sollte. In der Gruppe fiel eine bekannte Gestalt auf, deren Foto auf manchem Kaminsims und deren Autogramm in manchem Album stand. Norman Knight war zwar noch jugendlicher Held an diesem etwas provinziellen und altmodischen Theater, wo seine Verdienste nicht gebührend gewürdigt wurden, doch war schon deutlich zu erkennen, daß er größeren Triumphen entgegenging. Er sah recht gut aus mit seinem wohlgeformten Kinn und dem blonden, tief in die Stirn gekämmten Haar, das ihm ein ziemlich neronisches Aussehen gab, wozu seine jähen und schnellen Bewe-

gungen allerdings gar nicht paßten. Neben ihm stand Ralph Randall, der meist ältere Charakterrollen spielte. Sein freundliches, scharfgeschnittenes Gesicht war bleich von Schminke, nur die Wangen zeigten den bläulichen Schimmer der Rasur. Außerdem befand sich in der Gruppe Mandevilles zweiter jugendlicher Held, ein dunkler, kraushaariger Jüngling mit leicht semitischen Zügen, der den Namen Aubrey Vernon trug.
Weiter stand da die Garderobiere von Mandevilles Frau, eine sehr imponierende Person mit dichtem, rotem Haar und einem harten, unbeweglichen Gesicht, und zufällig auch Frau Mandeville, die sich ruhig im Hintergrund hielt. Ihr Gesicht war bleich, sie sah geduldig, fast gleichmütig drein, ihre Gesichtszüge hatten eine klassische Ebenmäßigkeit und Strenge, die in ihren jüngeren Jahren noch stärker ausgeprägt gewesen sein mußten. Sie sah um so bleicher aus, als auch ihre Augen völlig farblos waren und ihr hellblondes Haar in zwei Zöpfen um den Kopf gelegt war, womit sie in etwa an eine sehr archaische Madonna erinnerte. Nicht jeder wußte, daß sie früher sehr erfolgreich Ibsen gespielt hatte. Aber ihr Mann hielt nicht viel von Problemstücken, und in diesem Augenblick konzentrierte sich sein ganzes Interesse ohnehin auf das eine Problem, wie man eine ausländische Schauspielerin aus einem verschlossenen Zimmer herausbringen könne.
«Ist sie noch immer nicht herausgekommen?» fragte er, mehr zu der geschäftigen Garderobiere als zu seiner Frau gewandt.
«Nein», antwortete Frau Sands düster.
«Allmählich werden wir doch etwas unruhig», meinte der alte Randall. «Sie schien ganz aufgelöst, und wir fürchten beinahe, sie könnte sich etwas antun.»
«Zum Teufel!» sagte Mandeville in seiner einfachen, ungekünstelten Art. «Reklame ist ja ganz gut, aber für diese Art Reklame haben wir hier keine Verwendung. Ist denn niemand von euch mit ihr befreundet? Gibt es denn niemanden, der einen Einfluß auf sie hat?»
«Jarvis meint, der einzige, der mit ihr fertig werden kann, sei ihr Priester von der Kirche gleich um die Ecke», entgegnete Randall. «Ich hielt es für das beste, ihn sofort herholen zu lassen, falls sie wirklich die Absicht hat, sich aufzuhängen. Jarvis holt ihn eben, und ... Ach, da kommt er ja auch schon!»
Zwei weitere Gestalten tauchten in dem unterirdischen Gang hinter der Bühne auf. Der erste war Ashton Jarvis, ein lustiger Ge-

selle, der gewöhnlich Bösewichter darstellte, gegenwärtig dieses hohe Fach aber an den kraushaarigen Jüngling mit der semitischen Nase abgegeben hatte. Sein Begleiter war klein, kugelrund und ganz in Schwarz gekleidet – es war Pater Brown von der nahegelegenen Kirche.

Pater Brown schien es für ganz natürlich und selbstverständlich zu halten, daß man ihn herbeigerufen hatte, um sich das seltsame Benehmen eines seiner Schäfchen anzusehen und sich darüber klarzuwerden, ob es sich um ein schwarzes Schaf oder nur um ein verlorenes Lamm handele. Er glaubte allerdings nicht im geringsten daran, daß es zu einem Selbstmord kommen könnte.

«Sie wird wohl einen guten Grund haben, warum sie so wütend ist», sagte er. «Hat jemand von Ihnen eine Ahnung, worum es sich handeln könnte?»

«Ich glaube, sie ist mit ihrer Rolle unzufrieden», antwortete der ältere Schauspieler.

«Das sind sie immer», brummte Herr Mundon Mandeville. «Ich dachte, meine Frau hätte dafür gesorgt, daß alles klappt.»

«Dazu kann ich nur sagen», bemerkte Frau Mandeville mit ziemlich müder Stimme, «daß ich ihr die meiner Meinung nach beste Rolle gegeben habe. Schließlich wollen ja solch ehrgeizige junge Schauspielerinnen immer die schöne junge Heldin spielen, die in einem Blumenregen und unter dem stürmischen Beifall der Galerie den schönen jungen Helden heiratet; und diese Rolle habe ich ihr auch gegeben. Frauen meines Alters müssen sich damit begnügen, ehrenwerte Matronen darzustellen, und ich habe es mir auch gar nicht einfallen lassen, andere Wünsche zu hegen.»

«Es wäre jetzt sowieso praktisch unmöglich, die Rollenverteilung nochmals zu ändern», sagte Randall.

«Daran ist überhaupt nicht zu denken», erklärte Norman Knight bestimmt. «Vielleicht könnte ich ja versuchen ... Aber nein, jetzt ist es auf jeden Fall zu spät.»

Pater Brown war vorsichtig an die verschlossene Tür getreten und lauschte.

«Ist nichts zu hören?» fragte der Direktor besorgt und setzte dann mit leiserer Stimme hinzu: «Glauben Sie, daß sie sich etwas angetan haben kann?»

«Man hört etwas», antwortete Pater Brown ruhig. «Nach den Geräuschen zu urteilen, ist sie gerade damit beschäftigt, Fenster oder Spiegel einzuschlagen, wahrscheinlich mit den Füßen. Nein, ich glaube nicht, daß die Gefahr eines Selbstmords besteht. Zumindest wäre das Zerschmettern von Spiegeln eine recht ungewöhnliche Vorbereitung zu einem Selbstmord. Wenn sie eine Deutsche wäre, die sich zurückgezogen hätte, um über Metaphysik und Weltschmerz zu meditieren, dann allerdings wäre ich dafür, die Tür aufzubrechen. Aber Italienerinnen sterben nicht so schnell und haben auch durchaus nicht die Gewohnheit, sich gleich umzubringen, wenn sie mal einen Wutanfall haben. Eher bringen sie dann einen anderen um ... Es dürfte ratsam sein, die üblichen Vorsichtsmaßnahmen zu ergreifen, wenn sie mit einem Satz aus dem Zimmer herausgestürzt kommt.»

«Sie sind also nicht dafür, daß man die Tür aufbricht?» fragte Mandeville.

«Wenn Sie wollen, daß sie heute abend auftritt, dann lieber nicht», entgegnete Pater Brown. «Wenn Sie die Tür aufbrechen, wird sie noch mehr rasen und sich weigern, auch nur einen Augenblick länger zu bleiben; wenn Sie sie aber in Ruhe lassen, wird es ihr wahrscheinlich zu langweilig werden, und sie wird schon aus reiner Neugier zum Vorschein kommen. An Ihrer Stelle würde ich lediglich jemanden vor der Tür lassen, der ein wenig aufpaßt, und erst einmal ein oder zwei Stunden abwarten.»

«In diesem Fall», meinte Mandeville, «können wir nur die Szenen proben, in denen sie nicht auftritt. Meine Frau wird alles Nötige veranlassen. Schließlich ist ja auch der vierte Akt die Hauptsache im Stück. Am besten fangt ihr gleich damit an.»

«Aber keine Kostümprobe», sagte Frau Mandeville.

«Einverstanden», bemerkte Knight. «Wozu Kostümprobe? Die Kostüme sind ohnehin lästig genug.»

«Wie heißt denn eigentlich das Stück?» fragte der Priester, der nun doch etwas neugierig wurde.

«‚Die Lästerschule'», antwortete Mandeville. «Es mag ja ein ganz gutes literarisches Stück sein, aber ich habe doch lieber Stücke, in denen mehr Handlung und mehr Schwung ist. Meine Frau liebt die klassischen Komödien, die aber leider meist mehr klassisch als komisch sind.»

In diesem Augenblick watschelte der alte Pförtner Sam, der einzige Bewohner des Theaters in den Stunden, da nicht gespielt und geprobt wurde, auf Mandeville zu, überreichte ihm eine Karte und bestellte, Lady Miriam Marden wünsche ihn zu sprechen. Mandeville verließ die Gruppe und wandte sich seinem

Zimmer zu; Pater Browns Blick blieb jedoch noch ein paar Sekunden auf Mandevilles Frau hängen, und er sah auf ihrem bleichen Gesicht ein schwaches Lächeln — ein durchaus nicht angenehmes Lächeln.

Nun verließ auch Pater Brown die kleine Gruppe, begleitet von dem jungen Mann, der ihn geholt hatte. Dieser hatte, was unter Schauspielern durchaus nicht ungewöhnlich ist, die gleiche Weltanschauung wie der Pater. Im Weggehen hörte er, wie Frau Mandeville der Garderobiere, Frau Sands, mit ruhiger Stimme die Anweisung gab, an der verschlossenen Tür aufzupassen.

«Frau Mandeville scheint eine recht intelligente Frau zu sein», sagte der Priester zu seinem Begleiter, «wenn sie sich auch ziemlich im Hintergrund hält.»

«Sie ist sogar eine hochintelligente Frau und war früher auch nicht unbekannt», meinte Jarvis melancholisch. «Aber man sagt wohl nicht zuviel, wenn man behauptet, daß sie durch die Heirat mit diesem Hohlkopf von Mandeville ziemlich abgestiegen ist. Wie Sie schon gehört haben, hat sie hohe künstlerische Ideale, die sie aber bei ihrem Herrn und Meister natürlich nur selten durchsetzen kann. Wissen Sie auch, daß er tatsächlich von einer solchen Frau verlangt hat, bei einer Pantomime in einer Hosenrolle aufzutreten? Er streitet ja durchaus nicht ab, daß sie eine große Schauspielerin ist, aber er meint, daß Pantomimen eine bessere Kasse bringen. Aus dieser Äußerung können Sie sich schon ein Bild machen über sein Einfühlungsvermögen und sein Verständnis für die Künstlernatur seiner Frau. Trotzdem hat sie sich niemals beklagt. Sie sagte einmal zu mir: ‚Klagen kommen wie ein Echo vom Ende der Welt zurück, aber Schweigen stärkt uns.' Hätte sie doch nur jemanden geheiratet, der sie verstünde — sie wäre vielleicht eine der größten Schauspielerinnen unserer Zeit geworden. Aber auch heute noch wird sie von maßgebenden Kritikern hochgeschätzt. Es ist ewig schade, daß sie mit einer solchen Null verheiratet ist.»

Dabei zeigte Jarvis auf den breiten, schwarzen Rücken Mandevilles. Der Direktor unterhielt sich gerade mit den Damen, die ihn ins Vestibül gebeten hatten. Lady Miriam war eine hochgewachsene, elegante Dame mit einem maßlos gelangweilten Gesichtsausdruck. Sie war nach der neuesten Mode gekleidet, einer Mode, deren Schöpfer sich wohl von ägyptischen Mumien hatten inspirieren lassen. Ihr schwarzes Haar war helmförmig zugestutzt, ihre stark bemalten, aufgeworfenen Lippen gaben ihrem Gesicht einen Ausdruck, als blicke sie ständig verachtungsvoll auf die Welt herab. Ihre Begleiterin war eine sehr lebhafte Dame mit einem trotz seiner Häßlichkeit anziehenden Gesicht und grau gepudertem Haar. Sie nannte sich Miss Theresa Talbot und redete wie ein Wasserfall, während ihre Begleiterin anscheinend zu müde oder zu bequem war, auch nur den Mund aufzutun. Immerhin brachte Lady Miriam, gerade als die beiden Männer vorübergingen, die Energie auf, zu sagen:

«Theaterstücke langweilen mich fürchterlich, aber ich habe noch nie eine Probe in Straßenkleidern gesehen. Das könnte eigentlich ganz lustig sein. Man sieht heutzutage kaum noch etwas Neues, alles hat man schon gesehen.»

«Also, Herr Mandeville», sagte Fräulein Talbot und tätschelte dem Direktor mit freundschaftlichem Nachdruck den Arm, «Sie lassen uns doch bestimmt bei der Probe zusehen? Wir können heute abend nicht kommen und haben übrigens auch gar keine Lust dazu. Aber wir möchten gerne einmal all diese komischen Leute ohne Kostüme spielen sehen.»

«Ich kann Ihnen gern eine Loge zur Verfügung stellen», sagte Mandeville eifrig. «Wollen die Damen die Güte haben, mir zu folgen.» Und er führte sie durch einen anderen Gang hinweg.

«Es würde mich doch interessieren», meinte Jarvis nachdenklich, «ob etwa Mandeville diese Art Frauen vorzieht.»

«Haben Sie einen Grund, das anzunehmen?» fragte sein Begleiter.

Jarvis sah ihm einen Augenblick fest in die Augen, ehe er ernst fortfuhr: «Mandeville ist uns allen ein Geheimnis. Ich weiß wohl, daß er sich äußerlich in nichts von jedem harmlosen Biedermann unterscheidet, der sonntags die Straßen entlangbummelt. Und doch ist wirklich ein Geheimnis um ihn. Es muß ihn irgend etwas bedrücken. Irgendein Schatten liegt auf seinem Leben. Und ich glaube, dies hat mit galanten Abenteuern ebensowenig zu tun wie mit seiner armen, vernachlässigten Frau. Wenn aber doch, dann steckt mehr hinter der Sache, als man auf den ersten Blick vermutet. Durch einen Zufall weiß ich mehr darüber als irgendein anderer. Aber auch ich kann mit dem, was ich weiß, nichts anfangen, es bleibt für mich nach wie vor ein Rätsel.»

Er blickte rasch um sich, um nachzusehen, ob sie allein seien; dann fuhr er leise fort:

«Ihnen kann ich es ja sagen, denn von Ihnen weiß ich, daß Sie ein Geheimnis für sich behalten können. Da habe ich doch neulich eine recht merkwürdige Sache erlebt, und nicht nur einmal, sondern schon wiederholt. Wie Sie wissen, arbeitet Mandeville in dem kleinen Zimmer am Ende des Ganges, unmittelbar unter der Bühne. Zufällig kam ich mal an diesem Zimmer vorüber, als wir alle glaubten, er sei allein, und, was wichtiger ist, als ich mit Sicherheit wußte, daß alle Schauspielerinnen und alle Frauen, die möglicherweise mit ihm zu tun haben konnten, entweder nicht im Haus oder auf ihren üblichen Posten waren.»

«Was heißt hier alle Frauen?» fragte Pater Brown verwundert.

«Es war nämlich eine Frau bei ihm», sagte Jarvis fast flüsternd. «Es muß eine Frau geben, die ihn ständig besucht, eine Frau, die keiner von uns kennt. Ich weiß nicht einmal, wie sie zu ihm gelangt, denn sie kommt nie durch den Korridor hier. Ich glaube allerdings, einmal eine verschleierte oder verhüllte Frauengestalt im Zwielicht hinten aus dem Theater wie einen Geist verschwinden gesehen zu haben. Natürlich war das kein Geist. Aber auch um eine gewöhnliche Liebschaft kann es sich nicht handeln. Mit Liebe hat die Sache kaum zu tun. Ich glaube vielmehr, daß Mandeville erpreßt wird.»

«Wie kommen Sie auf diese Vermutung?» fragte Pater Brown.

Jarvis' Gesicht wurde noch ernster. «Ich habe einmal gehört, wie drinnen heftige Worte gewechselt wurden; es war ein regelrechter Streit. Und dann sagte die fremde Frau mit einer metallischen, drohenden Stimme vier Worte: ‚Ich bin deine Frau.'»

«Glauben Sie, daß er in Bigamie lebt?» fragte Pater Brown nachdenklich. «Bigamie und Erpressung gehen natürlich oft Hand in Hand. Aber vielleicht war die Frau auch bloß hysterisch oder regelrecht verrückt. Theaterleute haben ja oft mit solchen Menschen zu tun. Sie mögen recht haben, aber ich würde doch lieber mit solchen Schlußfolgerungen etwas vorsichtiger sein ... Doch da fällt mir gerade ein: Sie gehören ja auch zur Truppe. Hat die Probe nicht schon begonnen?»

«Ich trete in dieser Szene nicht auf», antwortete Jarvis lächelnd. «Sie proben jetzt nur einen Akt, bis Ihre italienische Freundin wieder zu Verstand gekommen ist.»

«Da Sie gerade von meiner italienischen Freundin sprechen – es würde mich doch interessieren, ob sie sich inzwischen wieder beruhigt hat.»

«Wir können ja zurückgehen und mal nachsehen», sagte Jarvis. So wandelten sie den langen Korridor wieder zurück, an dessen einem Ende sich das Zimmer des Theaterdirektors, an dessen anderem sich die verschlossene Tür der Signorina Maroni befand. Die Tür war offensichtlich noch immer verschlossen, und Frau Sands saß mit grimmiger Miene davor, bewegungslos wie ein hölzernes Götzenbild.

Sie sahen gerade noch, wie am anderen Ende des Ganges einige Schauspieler die Treppe zur Bühne hinaufstiegen. Vernon und der alte Randall liefen rasch voraus, Frau Mandeville in ihrer ruhigen, würdevollen Art hatte es anscheinend nicht so eilig, und Norman Knight schien etwas zurückzubleiben, um mit ihr zu sprechen. Ein paar Worte drangen zu den Ohren der unfreiwilligen Lauscher.

«Glauben Sie mir doch», rief Knight aufgeregt, «er hat Frauenbesuch!»

«Pst!» sagte Frau Mandeville mit ihrer silberhellen Stimme, die einen stahlharten Beiklang hatte. «Sie dürfen nicht so reden. Bedenken Sie doch, daß er mein Mann ist.»

«Ich wollte, ich könnte es vergessen», entgegnete Knight und stürzte davon, die Treppe zur Bühne hinauf.

Frau Mandeville folgte ihm, bleich und unbewegt wie immer.

«Es weiß also doch noch jemand davon», sagte der Priester ruhig, «aber das kann uns ja eigentlich gleichgültig sein.»

«Nun ja», murmelte Jarvis, «scheinbar weiß jeder etwas, aber niemand etwas Genaueres.»

Sie schritten den Gang entlang bis zu der verschlossenen Tür, vor der Frau Sands immer noch regungslos saß.

«Nein, sie ist noch nicht zum Vorschein gekommen», sagte sie in ihrer mürrischen Art. «Tot ist sie nicht, denn ich habe sie umhergehen gehört. Ich möchte nur wissen, was sie eigentlich vorhat.»

«Wissen Sie vielleicht», fragte Pater Brown höflich, aber kurz, «wo sich Herr Mandeville augenblicklich befindet?»

«O ja», erwiderte sie prompt. «Ich habe ihn eben erst gesehen, wie er in sein kleines Zimmer am anderen Ende des Ganges trat, gerade bevor die Probe begann. Er muß noch drinnen sein, denn ich habe ihn nicht mehr herauskommen sehen.»

«Sein Zimmer hat also keinen zweiten Eingang?» fragte Pater Brown so ganz nebenbei. «Die Probe scheint ja jetzt im vollen Zuge zu sein, auch wenn die Signorina schmollt.»

«Ja», bemerkte Jarvis nach kurzem Schweigen. «Man kann die Stimmen von der Bühne bis hier hören. Der alte Randall hat ein recht kräftiges Organ.»
Sie lauschten eine kleine Weile, und in der Stille konnte man tatsächlich die Stimme des Schauspielers ziemlich deutlich vernehmen. Aber noch bevor einer von ihnen wieder etwas sagen konnte – ehe sie recht zur Besinnung gelangt waren, drang ein anderer Laut an ihre Ohren, ein dumpfer, schwerer Fall. Das Geräusch kam aus Mandevilles Privatzimmer.
Wie ein vom Bogen geschnellter Pfeil sauste Pater Brown den Gang entlang und rüttelte bereits heftig an der Türklinke, noch ehe Jarvis überhaupt klargeworden war, was los war.
«Die Tür ist verschlossen», rief Pater Brown, dessen Gesicht ein wenig bleich geworden war. «Und diesmal bin ich der Meinung, daß es notwendig ist, die Tür einzudrücken.»
«Meinen Sie», fragte Jarvis, der inzwischen gefolgt war und in dessen Augen Angst aufstieg, «daß die unbekannte Besucherin wieder bei ihm ist? Glauben Sie, daß es etwas ... Ernstliches ist?» Und er fügte hinzu: «Vielleicht kann ich den Riegel von außen zurückstoßen, ich kenne den Mechanismus dieser Schlösser.»
Er kniete nieder, zog ein Taschenmesser mit einer langen Stahlklinge hervor und arbeitete eine Weile an dem Schloß herum, bis die Tür tatsächlich aufsprang. Auf den ersten Blick konnten sie sehen, daß das Zimmer keine zweite Tür hatte, ja nicht einmal ein Fenster; das Licht kam allein von einer großen elektrischen Tischlampe. Aber noch etwas anderes sprang ihnen sofort in die Augen: Mitten im Zimmer lag Mandeville, das Gesicht nach unten gekehrt. Blutfäden, die in dem künstlichen Licht unheimlich aussahen wie Siegellack, sickerten unter seinem Gesicht hervor.
Sie wußten nicht, wie lange sie sich gegenseitig angestarrt hatten. Endlich wagte Jarvis aufzuatmen, und nun fand er auch die Worte wieder, um auszusprechen, was er schon die ganze Zeit gedacht hatte: «Wenn die Fremde irgendwie hereingekommen ist, so ist sie jetzt auf jeden Fall wieder verschwunden.»
«Vielleicht denken wir zuviel an die Fremde», erwiderte Pater Brown. «In diesem seltsamen Theater gibt es so viele merkwürdige und fremde Dinge, daß man leicht einige davon vergißt.»
«Was meinen Sie damit?» fragte der Schauspieler.
«Nun, denken Sie zum Beispiel an die andere Tür, die ebenfalls verschlossen ist.»

«Aber die Tür der Maroni ist doch tatsächlich verschlossen», rief Jarvis erstaunt.
«Trotzdem haben Sie sie vergessen», meinte Pater Brown.
Nach einer Weile setzte er nachdenklich hinzu:
«Diese Frau Sands ist doch ein reichlich brummiges, unfreundliches Wesen.»
«Glauben Sie», fragte sein Begleiter leise, «daß sie uns anlügt und die Italienerin inzwischen doch ihr Zimmer verlassen hat?»
«Keineswegs», entgegnete der Priester ruhig. «Das war nur so nebenbei gemeint, als Charakterstudie.»
«Sie wollen doch nicht etwa sagen», rief der Schauspieler erstaunt, «daß Frau Sands als Täterin in Frage kommt?»
«Ich habe nicht gesagt, daß sich die Charakterstudie auf *sie* bezog.»
Während sie diese kurzen Bemerkungen austauschten, war Pater Brown neben Mandeville niedergekniet und hatte festgestellt, daß jede Spur von Leben aus dem Körper gewichen war. Neben der Leiche lag, von der Tür aus nicht sofort sichtbar, ein Dolch, wie er auf der Bühne verwendet wird; er lag da, als sei er aus der Wunde oder aus der Hand des Mörders gefallen. Jarvis, der den Dolch eingehend in Augenschein nahm, meinte, das Mordwerkzeug könne sicher nicht viel zur Ermittlung des Täters beitragen, falls nicht zufällig Fingerabdrücke darauf seien; es handle sich um einen Requisitendolch, der dem Mörder zufällig in die Hände gekommen sein dürfte. Der Priester stand auf und sah sich nachdenklich im Zimmer um.
«Wir müssen sofort die Polizei verständigen», sagte er, «und einen Arzt holen lassen, wenn auch der Arzt natürlich zu spät kommt ... Übrigens, wenn ich mir das Zimmer so ansehe, dann verstehe ich nicht, wie unsere Italienerin das zuwege bringen konnte.»
«Die Italienerin?» rief der Schauspieler. «Wieso gerade die Italienerin? Wenn einer von uns ein Alibi hat, dann doch wohl sie. Überlegen Sie mal: zwei getrennte Zimmer, beide verschlossen, an den entgegengesetzten Enden eines langen Korridors gelegen, und vor der einen Tür noch dazu eine Aufpasserin.»
«Das Alibi ist durchaus nicht ganz lückenlos», sagte Pater Brown. «Zwar ist es mir nicht recht klar, wie sie hierhergekommen sein könnte. Aber ich glaube, sie ist aus ihrem Zimmer ausgebrochen.»
«Und warum glauben Sie das?»

«Ich sagte Ihnen doch, daß es sich anhörte, als werde drinnen Glas zerbrochen, ein Spiegel oder das Fenster. Dummerweise vergaß ich dabei eine Tatsache, die mir gut bekannt ist, daß Fräulein Maroni nämlich sehr abergläubisch ist. Es ist also kaum anzunehmen, daß sie einen Spiegel zerbrochen hat, und deshalb dürfte es ein Fenster gewesen sein. Allerdings liegen die Zimmer im Kellergeschoß; es könnte sich also höchstens um einen Lichtschacht handeln. Aber ... es scheint hier ja gar keine Lichtschächte zu geben.» Der Pater starrte eine ganze Zeitlang nachdenklich zur Decke empor.

Plötzlich kam er mit einem Ruck wieder in Bewegung. «Wir müssen hinaufgehen, telefonieren und den traurigen Fall bekanntgeben. Es ist wirklich eine traurige Sache ... Mein Gott, hören Sie, wie die Schauspieler da oben noch immer deklamieren und herumtoben? Die Probe ist noch im Gange. Etwas Derartiges meint man wohl, wenn man von tragischer Ironie spricht.»

Als das Theater auf diese Weise in einen Ort der Trauer verwandelt war, hatten die Schauspieler beste Gelegenheit, die echten Tugenden ihres Standes zu zeigen und zu beweisen. Nicht alle unter ihnen hatten Mandeville geschätzt oder ihm Vertrauen geschenkt, aber sie alle wußten nun genau das zu sagen, was die Gelegenheit erforderte. In ihrer Haltung gegenüber der Frau des Ermordeten bewiesen sie nicht nur Sympathie, sondern auch feines Taktgefühl. Sie war in einem neuen und ganz anderen Sinn eine Tragödin geworden; ihr geringstes Wort war Befehl, und während sie langsam und traurig umherwandelte, bemühten sich die Schauspieler, ihr jeden Wunsch von den Augen abzulesen und ihr Los zu erleichtern, so gut es nur ging.

«Sie ist schon immer ein starker Charakter gewesen», sagte der alte Randall mit etwas heiserer Stimme. «Keiner von uns war so klug wie sie. Der arme Mandeville konnte es natürlich, was Bildung und ähnliches angeht, nicht mit ihr aufnehmen, aber dennoch hat sie immer voll und ganz ihre Pflicht erfüllt. Es griff einem ans Herz, wenn sie manchmal seufzend den Wunsch äußerte, es möge ihr ein Dasein gegeben sein, das auch dem Geist wenigstens etwas böte; aber Mandeville – nun, nil nisi bonum, wie der Lateiner sagt.» Und der alte Schauspieler schüttelte traurig den Kopf und zog sich zurück.

«Nil nisi bonum, das ist ja gut!» sagte Jarvis grimmig. «Randall jedenfalls scheint von der Geschichte mit der fremden Dame noch nichts gehört zu haben. Was ich sagen wollte: Glauben Sie nicht, daß diese fremde Dame vielleicht die Täterin ist?»

«Das kommt ganz darauf an», meinte der Priester, «wen Sie mit dieser fremden Dame meinen.»

«Natürlich nicht die Italienerin», beeilte sich Jarvis zu sagen. «Übrigens haben Sie vorhin ganz richtig geraten. Als man die Tür aufbrach, war das Lichtschachtfenster zertrümmert und das Zimmer leer. Aber soviel die Polizei feststellen kann, ist sie ganz einfach heimgegangen. Nein, ich meine die Frau, die ihn bei jener geheimen Unterredung bedroht und sich als seine Frau bezeichnet hat. Glauben Sie, daß sie wirklich seine Frau gewesen ist?»

«Das ist durchaus nicht ausgeschlossen», sagte Pater Brown, der völlig geistesabwesend ins Leere starrte.

«Dann wäre ja das Motiv zum Mord klar: Eifersucht wegen seiner Wiederverheiratung, denn ein Raubmord liegt nicht vor. Man braucht also keine verbrecherischen Angestellten oder irgendeinen abgebrannten Schauspieler zu verdächtigen. Was die Schauspieler angeht, so ist Ihnen doch sicherlich etwas aufgefallen, was den Fall recht merkwürdig macht.»

«Mir sind verschiedene merkwürdige Sachen aufgefallen. Was meinen Sie mit Ihrer Andeutung?»

«Ich meine, daß alle Personen ein Alibi haben», entgegnete Jarvis. «Es dürfte wohl nicht oft vorkommen, daß praktisch eine ganze Gruppe von Personen ein solches Alibi hat. Die Bühne war hell erleuchtet, und jeder konnte den anderen sehen. Es war auch ein recht glücklicher Zufall, daß der arme Mandeville diese beiden spleenigen Damen in die Loge gesetzt hat, damit sie der Probe beiwohnen konnten. Sie können bezeugen, daß der ganze Akt in einem Zug durchgespielt worden ist und sich alle Schauspieler auf der Bühne befanden. Die Probe hatte schon begonnen, als wir Mandeville sahen, wie er sein Zimmer betrat. Und sie spielten noch fünf oder zehn Minuten, nachdem wir beide die Leiche gefunden hatten. Es waren also in dem Augenblick, da wir Mandeville fallen hörten, alle auf der Bühne.»

«Das ist sicher sehr wichtig und vereinfacht auch die Untersuchung», meinte Pater Brown. «Nun wollen wir aber doch nochmals einzeln die Personen durchgehen, auf die sich dieses Alibi erstreckt. Zuerst Randall. Meiner Meinung nach hat Randall den Direktor aufrichtig gehaßt, wenn er auch jetzt seine

Gefühle recht gut verbirgt. Aber er kommt nicht in Frage, denn wir haben ja im entscheidenden Augenblick seine Stimme von der Bühne herabdonnern gehört. Dann ist da unser jugendlicher Held, Herr Knight. Ich habe guten Grund anzunehmen, daß er in Mandevilles Frau verliebt ist und dieses Gefühl wahrscheinlich nicht so gut zu verstecken wußte, wie es wohl wünschenswert für ihn gewesen wäre. Aber auch er kommt nicht in Betracht, denn er war ja auf der Bühne als Partner von Randall, ihm galt nämlich die laute Rede des Schauspielers. Auch der liebenswürdige jüdische Jüngling Aubrey Vernon scheidet aus. Es bleibt nur noch Frau Mandeville übrig, die ebenfalls nicht in Frage kommt. Dieses Gesamtalibi hängt allerdings hauptsächlich von der Aussage der Lady Miriam und ihrer Freundin ab; aber man nimmt ja sowieso an, daß der Akt, wie es bei solchen Proben üblich ist, ohne Unterbrechung durchgespielt worden ist. Dennoch werden vor Gericht wahrscheinlich Lady Miriam und ihre Freundin, Miss Talbot, als Zeuginnen auftreten. Gegen sie haben Sie doch sicherlich nichts einzuwenden?»

«Gegen Lady Miriam?» fragte Jarvis überrascht. «O ja, ich weiß wohl, Sie meinen, weil sie ein wenig wie ein Vamp aussieht? Aber Sie haben ja keine Ahnung, wie selbst Damen aus den besten Familien heutzutage herumlaufen. Haben Sie übrigens Anlaß, die Aussagen der beiden Damen anzuzweifeln?»

«Eigentlich nicht, aber damit sind wir beide in einer verzwickten Lage. Wie Sie sehen, werden alle außer uns durch das gemeinsame Alibi gedeckt. Diese vier Personen waren zur fraglichen Zeit die einzigen anwesenden Schauspieler. Personal war kaum da, nur der alte Sam am Haupteingang und die Frau, die vor Fräulein Maronis Tür saß. Bleiben also nur noch wir beide übrig. Es ist gar nicht ausgeschlossen, daß wir beide des Verbrechens angeklagt werden, besonders da wir die Leiche gefunden haben. Die anderen, die ja alle ein Alibi haben, dürften als Verdächtige wohl ausscheiden. Sie haben ihn doch nicht zufällig umgebracht, während ich gerade meine Augen anderswo hatte?»

Erschrocken fuhr Jarvis hoch und starrte ihn entgeistert an, aber gleich zog wieder ein Lächeln über sein gebräuntes Gesicht. Er schüttelte den Kopf.

«Sie waren es also nicht», fuhr Pater Brown fort, «und wir wollen einmal annehmen, daß auch ich es nicht gewesen bin. Da die Schauspieler, die mit der Probe beschäftigt waren, nicht in

Frage kommen, bleiben wirklich nur die Signorina hinter der verschlossenen Tür, die Schildwache vor ihrer Tür und der alte Sam übrig. Oder haben Sie etwa die beiden Damen in der Loge im Verdacht? Sie könnten natürlich die Loge auf einen Augenblick unbemerkt verlassen haben.»

«Das glaube ich nicht», entgegnete Jarvis. «Ich denke an die unbekannte Dame, die sich als Mandevilles Frau bezeichnet hat.»

«Vielleicht war sie's auch», sagte der Priester, und seine Stimme hatte einen so sonderbaren Klang, daß Jarvis wieder hochfuhr.

«Richtig», bemerkte er leise und aufgeregt, «wir haben ja schon vorhin darüber gesprochen, daß diese erste Frau auf Mandevilles zweite Frau eifersüchtig gewesen sein könnte.»

«Nein», sagte der Priester. «Sie hätte vielleicht auf die Italienerin oder auf Lady Miriam Marden eifersüchtig sein können, aber bestimmt nicht auf die zweite Frau.»

«Und warum nicht?»

«Weil es keine zweite Frau gibt. Herr Mandeville scheint mir das genaue Gegenteil eines Bigamisten gewesen zu sein – ein höchst monogam veranlagter Mensch. Seine Frau war sogar fast zu viel um ihn herum, so viel, daß Sie alle barmherzigerweise annehmen, es müsse noch eine zweite Frau im Spiel sein. Aber ich verstehe nicht, wie sie bei ihm sein konnte, als er getötet wurde, denn wir sind uns darüber einig, daß sie die ganze Zeit über oben auf der Bühne war und dazu noch eine wichtige Rolle spielte...»

«Meinen Sie wirklich», rief Jarvis, «daß die Unbekannte, die zu ihm kam wie ein Geist, niemand anders war als Frau Mandeville, die wir doch alle kennen?» Aber er erhielt keine Antwort, denn Pater Brown starrte völlig geistesabwesend mit einem beinahe idiotischen Ausdruck ins Leere – er sah immer am idiotischsten aus, wenn er die klügsten Gedanken hatte.

Im nächsten Augenblick erhob er sich. Sein Gesichtsausdruck wurde immer gequälter und betrübter. «Scheußlich», sagte er. «Es sieht fast so aus, als sei dies der unangenehmste Fall, mit dem ich je zu tun gehabt habe. Aber ich muß damit fertig werden. Seien Sie doch bitte so freundlich und fragen Sie Frau Mandeville, ob ich sie einmal unter vier Augen sprechen könnte.»

«Aber gerne», antwortete Jarvis und wandte sich zur Tür. «Sagen Sie mal, was ist eigentlich los mit Ihnen?»

«Ich ärgere mich nur, weil ich solch ein Narr bin, eine sehr weitverbreitete Klage in diesem Tal der Tränen. Wie konnte ich auch

nur vergessen, daß das gespielte Stück ‚Die Lästerschule' war!»
Unruhig ging er im Zimmer auf und ab, bis Jarvis wieder erschien. Sein Gesichtsausdruck war jetzt ganz anders als vorher; er war sichtlich beunruhigt.

«Ich kann sie nirgendwo finden», sagte er. «Niemand scheint sie gesehen zu haben.»

«Norman Knight dürfte wohl auch verschwunden sein?» fragte Pater Brown sarkastisch. «Nun, auf diese Weise bleibt mir wenigstens die peinlichste Unterredung meines Lebens erspart. Gott sei mir gnädig, aber ich habe doch beinahe Angst vor dieser Frau gehabt. Doch auch sie hatte Angst vor mir, Angst vor etwas, das ich gesehen oder gesagt hatte. Knight lag ihr schon immer in den Ohren, sie solle mit ihm fliehen. Jetzt hat sie's getan, und er tut mir wirklich leid.»

«Er?» fragte Jarvis.

«Nun, es ist sicherlich kein besonders angenehmes Gefühl, mit einer Mörderin davonzulaufen», entgegnete Pater Brown ruhig. «Aber sie ist noch weit schlimmer als eine Mörderin.»

«Und was gibt es Schlimmeres?»

«Sie ist eine Egoistin», sagte Pater Brown. «Sie gehört zu den Menschen, die immer zuerst in den Spiegel schauen, ehe sie aus dem Fenster sehen, und das ist das schlimmste Unglück, das uns Sterblichen passieren kann. Der Spiegel hat ihr Unglück gebracht, aber eben deshalb, weil er nicht zerbrochen ist.»

«Ich verstehe kein Wort, was das alles bedeuten soll», meinte Jarvis. «Jeder hielt sie für eine Frau von hohen Idealen, die auf einer höheren geistigen Ebene lebte als wir übrigen ...»

«Sie hat sich selbst in diesem Licht gesehen und hat es auch verstanden, allen anderen die gleiche Meinung beizubringen. Ich habe mich wahrscheinlich deshalb nicht von ihr täuschen lassen, weil ich sie noch nicht lange genug kannte. Aber fünf Minuten, nachdem ich sie zum erstenmal gesehen hatte, wußte ich, was für ein Mensch sie ist.»

«Seien Sie doch gerecht», rief Jarvis. «Überlegen Sie, wie rücksichtsvoll sie sich der Italienerin gegenüber benommen hat.»

«Sie hat sich immer tadellos benommen. Jeder hat mir hier berichtet, wie fein und vornehm und geistig überlegen sie Mandeville gegenüber war. Aber wenn man der Sache auf den Grund geht, dann bleibt eigentlich nur eines: sie war sicher eine Lady, er aber keineswegs ein Gentleman. Ich weiß jedoch nicht, ob

Petrus am Himmelstor nur darauf sieht. Und was das übrige angeht», fuhr er mit steigender Lebhaftigkeit fort, «so erkannte ich schon an ihren ersten Worten, daß sie trotz der zur Schau getragenen kalten Hochherzigkeit der armen Italienerin gegenüber sich durchaus nicht fair verhielt. Und als ich erfuhr, daß es sich bei dem zu spielenden Stück um die ‚Lästerschule' handelt, da habe ich sie endgültig durchschaut.»

«Das geht mir viel zu schnell», stöhnte Jarvis in hilfloser Verwirrung. «Was hat denn das Stück damit zu tun?»

«Sie erinnern sich doch, wie sie sagte, sie habe der Italienerin die Rolle der schönen Heroine gegeben und sich mit der Rolle einer Matrone begnügt. Bei fast jedem anderen Theaterstück wäre dies eine hochherzige Rollenverteilung gewesen, aber gerade bei diesem Stück liegen die Dinge anders. Sie kann nur gemeint haben, daß sie dem Mädchen die Rolle der Maria zugeteilt hat, die kaum eine Rolle zu nennen ist. Und die Rolle der sich angeblich im Hintergrund haltenden verheirateten Frau, von der sie sprach, kann nur die Rolle der Lady Teazle gewesen sein, die einzige, die jede Schauspielerin zu erhalten wünscht. Wenn also die Italienerin tatsächlich eine erstklassige Schauspielerin ist, der man eine erstklassige Rolle versprochen hatte, so war dies durchaus eine Entschuldigung oder doch ein guter Grund für ihre italienische Raserei. Wenn Italiener aus der Wolle geraten, dann haben sie meistens einen guten Grund, denn sie sind ein recht logisches Volk. Eben dieser scheinbar unbedeutende Umstand sagte mir, wie es mit ihrer Großherzigkeit bestellt sein mußte. Aber da war noch etwas anderes, das mir gleich aufgefallen ist. Sie haben gelacht, als ich sagte, das mürrische Gesicht der Frau Sands sei für mich eine Charakterstudie, aber keine Studie über den Charakter der Frau Sands. Diese meine Bemerkung war mein voller Ernst. Wenn man über eine Frau wirklich Bescheid wissen will, so darf man nicht sie selbst betrachten, denn sie kann einen täuschen. Man darf auch nicht die Männer betrachten, von denen sie umgeben ist, denn diese können in sie vernarrt sein. Aber sehen Sie sich eine Frau an, die immer in ihrer Nähe ist, und besonders eine Frau, die unter ihr steht. In diesem Spiegel werden sie ihr wirkliches Gesicht erblicken; und das Gesicht, das sich in Frau Sands' Zügen spiegelte, war sehr häßlich.

Und wie steht es mit meinen anderen Eindrücken? Alle sagten, wie wenig der alte Mandeville doch ihrer wert gewesen sei –

eine Einschätzung, die meines Erachtens von ihr verbreitet wurde. Das war mir sofort klar, denn da jedermann hier so sprach, mußte sie offensichtlich bei jedem über ihre geistige Vereinsamung gestöhnt haben. Sie selbst haben gesagt, sie beklage sich niemals, und dann haben Sie ihre Worte über die Seelenstärke klaglosen Schweigens zitiert. Das ist unverkennbar der Stil dieser Egoisten. Leute, die klagen, sind liebenswerte, schwache Menschenwesen, die man bedauern kann. Aber Leute, die klagen, daß sie niemals klagen – die sind des Teufels. Sie sind selbst wahrhafte Teufel, denn ist dieser großtuerische Stoizismus nicht der Angelpunkt des Byronschen Satanskults? Ich habe mir all das angehört, aber so weit ich auch meine Ohren aufgesperrt habe, so konnte ich doch nicht entdecken, worüber sie sich eigentlich zu beklagen hatte. Niemand behauptete, daß ihr Mann trank oder sie schlug oder ihr kein Geld gab oder untreu war, wenn man nicht das Gerücht über seine geheimen Zusammenkünfte so auslegen will, und auch dieses Gerücht hat sie selbst durch ihre pathetische Gewohnheit verschuldet, ihm in seinem Arbeitszimmer Gardinenpredigten zu halten. Wenn man sich aber losmacht von dieser vagen Vorstellung eines Märtyrerdaseins, die sie bei allen hervorzurufen versucht hat, wenn man einmal die Tatsachen als solche betrachtet, dann erhält man ein ganz anderes Bild. Mandeville hat seine geldbringenden Pantomimen aufgegeben und sein Geld für die Aufführung klassischer Dramen geopfert, nur um ihr damit einen Gefallen zu erweisen. Sie richtete Stück und Ausstattung ganz nach ihrem Belieben ein. Sie wollte Sheridans Stück aufführen, und sie durfte es auch, sie wollte die Rolle der Lady Teazle spielen, und sie hat sie bekommen, sie wünschte gerade zu dieser Stunde eine Probe ohne Kostüme, und die Probe hat stattgefunden. Und eben dieser merkwürdige Wunsch einer Probe ohne Kostüme verdient besondere Aufmerksamkeit.»

«Aber was soll denn dieser ganze Vortrag?» fragte der Schauspieler, der kaum jemals seinen geistlichen Freund so viel Worte hatte machen hören. «Mit diesen psychologischen Erklärungen kommen wir doch nur immer weiter vom Mord weg. Sie mag mit Knight durchgebrannt sein, sie mag Randall und mich zum Narren gehalten haben, aber ihren Mann kann sie nicht ermordet haben, denn es steht doch fest, daß sie während des ganzen Aktes auf der Bühne gewesen ist. Sie mag schlecht und durchtrieben sein, aber zaubern kann sie doch nicht!»

«Nun, so bestimmt will ich das nicht behaupten», meinte Pater Brown lächelnd. «Aber abgesehen davon – es bedurfte in diesem Fall gar keiner Zauberei. Ich weiß jetzt, daß sie den Mord ausgeführt hat, und die Ausführung war ganz einfach.»

«Warum sind Sie dessen so sicher?» fragte Jarvis verwundert.

«Weil das geprobte Stück ‚Die Lästerschule' war», entgegnete Pater Brown. «Und dann gerade dieser eine Akt der ‚Lästerschule'. Ich möchte Sie daran erinnern, wie ich eben sagte, daß sie bei der Inszenierung völlig freie Hand hatte und die Kulissen und die Einrichtung stellen konnte, wie es ihr paßte. Sie dürfen auch nicht vergessen, daß die Bühne ursprünglich für Pantomimen gebaut und benützt wurde, daß also sicher Falltüren und allerlei Versenkungen vorhanden sind. Und wenn Ihrer Meinung nach die beiden Damen bezeugen können, daß alle Schauspieler sich auf der Bühne befunden haben, so möchte ich Sie daran erinnern, daß in der Hauptszene des Stückes eine der Hauptpersonen nach der Regieanweisung zwar auf der Bühne bleibt, aber für beträchtliche Zeit nicht sichtbar ist. Theoretisch befindet sie sich also auf der Bühne, aber in Wirklichkeit kann sie während dieser Zeit ganz woanders sein. Das ist das Versteck der Lady Teazle und damit zugleich das Alibi von Frau Mandeville.»

Völlig verblüfft stand Jarvis da. Dann meinte er: «Sie glauben also, daß sie, gedeckt durch eine Kulisse, durch eine Falltür ins Zimmer des Direktors gelangt ist?»

«Wahrscheinlich», sagte Pater Brown. «Das ist mir schon aus dem Grund wahrscheinlich, weil sie eine Probe ohne Kostüme angesetzt hat. Ich vermute, daß sie dies alles bis ins einzelne vorausgeplant hat. Hätte sie nämlich eine Kostümprobe veranstaltet, dann wäre es für sie reichlich schwierig gewesen, im Reifrock des achtzehnten Jahrhunderts durch die Falltür zu kommen. Es ist natürlich noch eine ganze Reihe kleinerer Unklarheiten da, aber ich denke, sie werden im Laufe der Zeit ihre Aufklärung finden.»

Jarvis dachte angestrengt nach; stöhnend stützte er den Kopf auf die Hände. «Aber mir ist es immer noch nicht klar, wie eine so starke, ernste Frau derartig ihr inneres Gleichgewicht verlieren und all ihre moralischen Hemmungen über Bord werfen konnte. Gibt es überhaupt ein Motiv, das sie zu einer solchen Tat befähigte? War denn ihre Liebe zu Knight so groß?»

«Ich möchte es wünschen», entgegnete Pater Brown, «denn das wäre noch die menschlichste Entschuldigung. Aber ich muß leider

sagen, daß ich meine Zweifel habe. Sie wollte einfach ihren Mann los sein, der ihr ein zu rückständiger Provinzler war und ihr nicht einmal genug Geld verdiente. Sie wollte als die Frau eines glänzenden und rasch berühmt werdenden Schauspielers Karriere machen. Sie hat ihren Mann nicht aus einer menschlich leidenschaftlichen Aufwallung heraus ermordet, sondern aus kühler Überlegung, weil sie an seiner Seite nicht die Rolle spielen konnte, die sie erträumt hatte. Sie setzte ihrem Mann ständig im geheimen zu, er solle sich scheiden lassen oder ihr sonstwie den Weg freigeben, und da er sich weigerte, mußte er schließlich seine Weigerung mit dem Tod bezahlen. Und Sie müssen sich noch etwas anderes vor Augen halten. Sie verehrten diese Frau wegen ihrer philosophischen und literarischen Neigungen. Aber ihre ganze Philosophie drehte sich nur um den Willen zur Macht und das Recht auf Leben und Erlebnisse ... Alles verdammter Unsinn und mehr als das – Unsinn, der zur Verdammnis führt.»
Zornig runzelte Pater Brown die Stirn, was bei ihm selten vorkam, und mit finsterem Gesicht setzte er seinen Hut auf und schritt hinaus in die Nacht.

Sir Arthur Vaudrey, in einem hellgrauen Sommeranzug, den weißen Hut in keckem Schwung auf das Haupt gedrückt, spazierte vergnügt und raschen Schrittes die Straße längs des Flusses daher, die von seinem Haus zu der kleinen Gruppe winziger, fast wie Nebengebäude seiner prächtigen Villa wirkender Häuschen führte, betrat die kleine Siedlung und – war verschwunden, wie vom Erdboden verschluckt.

Dieses plötzliche Verschwinden war um so unerklärlicher, als die Örtlichkeiten aber auch gar nichts Geheimnisvolles an sich hatten und die Begleitumstände alles andere als kompliziert waren. Die Siedlung konnte man beim besten Willen nicht als Dorf bezeichnen; sie bestand eigentlich nur aus einer schmalen Straße mit kleinen Häusern, die einsam und verlassen in der weiten Flur dalagen. Es gab da vier oder fünf Läden, in denen die Bewohner der Gegend, ein paar Bauern und die Insassen des großen Hauses, das Allernotwendigste kaufen konnten. Gleich an der Ecke befand sich ein Metzgerladen, vor dem, wie sich später herausstellte, Sir Arthur zuletzt gesehen worden war, und zwar von zwei jungen Leuten, die in seinem Haus wohnten: von Evan Smith, der als sein Sekretär fungierte, und von John Dalmon, der, wie man allgemein annahm, sich demnächst mit Sir Arthurs Mündel verheiraten sollte. Gleich daneben lag ein kleiner Laden, in dem alles mögliche zu haben war, wie das oft in Dörfern der Fall ist: eine alte Frau verkaufte hier Schokolade und Bonbons, Spazierstöcke und Golfbälle ebenso wie Leim, Schnur und vergilbtes Schreibpapier. Es folgte ein Tabakladen, zu dem sich die beiden jungen Männer gerade begaben, als sie Sir Arthur zum letzten Mal vor dem Metzgerladen erblickten. Daneben betrieben in einem armseligen Häuschen zwei unscheinbare Damen ein Konfektionsgeschäft. Den Schluß bildete ein düsterer, schäbiger Laden, in dem man eine wäßrige, grünliche Limonade in großen Gläsern erstehen konnte, denn das einzige richtige Gasthaus stand noch ein gutes Stück weiter an der Landstraße abwärts. Zwischen dem Gasthaus und der Siedlung lag eine Straßenkreuzung, an der ein Polizist und ein uniformierter Angestellter eines Automobilklubs sich die Zeit vertrieben. Beide sagten übereinstimmend aus, daß Sir Arthur diesen Punkt der Straße nicht passiert hätte.

Es war ein strahlender Sommermorgen, als der alte Herr, fröhlich ausschreitend, seinen Spazierstock schwingend und seine gelben Handschuhe durch die Luft wirbelnd, die Straße zur Siedlung entlangmarschiert war. Er hatte viel von einem Dandy an sich, war aber für sein Alter doch recht kräftig und lebhaft. Sein körperlicher Zustand war bemerkenswert, und wenn man ihn so sah, wußte man nicht recht, war sein Haar wirklich weiß oder war es nur so blond, daß es weiß erschien. Sein glattrasiertes Gesicht war ebenmäßig und angenehm; er hatte eine Adlernase wie der Herzog von Wellington. Das hervorstechendste Merkmal an ihm waren jedoch seine Augen, und das nicht nur in bildlichem Sinn. Sie wölbten sich geradezu aus ihren Höhlen und waren so das einzige Unregelmäßige in seinen sonst so ebenmäßigen Gesichtszügen. Seine Lippen waren voll, aber eigenwillig fest zusammengepreßt. Der ganze Grund und Boden ringsum gehörte ihm, und die Siedlung natürlich auch. In einem solchen Dörfchen kennt nicht nur jeder jeden, sondern jeder weiß meist auch von jedem, wo er sich in jedem Augenblick befindet. Sir Arthurs Spaziergang wäre normalerweise so verlaufen: Er wäre ins Dorf gegangen, hätte dem Metzger oder wen er gerade aufsuchen wollte, gesagt, was er zu sagen hatte, und wäre in einer halben Stunde wieder zu Hause gewesen wie die beiden jungen Männer, die sich im Tabakladen Zigaretten gekauft hatten. Aber als die beiden wieder heimwärts gingen, sahen sie keinen Menschen auf der Straße außer einem weiteren Gast Sir Arthurs, einem gewissen Doktor Abbott, der, seinen breiten Rücken ihnen zugewandt, geduldig am Flußufer saß und angelte.

Als die drei sich zum Frühstück versammelt hatten, machten sie sich kaum Gedanken darüber, daß Sir Arthur noch nicht da war; als der Tag jedoch fortschritt und er auch zum Mittagessen nicht erschienen war, begannen sie sich natürlich allmählich den Kopf zu zerbrechen, und Sybil Rye, die dem Haushalt vorstand, fing an, sich ernsthaft zu ängstigen. Man suchte nach ihm, entdeckte aber keinerlei Spur des Verschwundenen, und als es schließlich Abend wurde, war alles in heller Aufregung. Sybil hatte Pater Brown, den sie gut kannte, um seinen Beistand gebeten, und da die Sache offensichtlich eine bedenkliche Wendung nahm, hatte er eingewilligt, bis zur Lösung des Rätsels im Haus zu bleiben.

Als nun auch bei Anbruch des kommenden Tages noch keine Nachricht von dem Verschwundenen gekommen war, zog Pater Brown in der ersten Morgendämmerung los, um auf eigene Faust Nachforschungen anzustellen. Seine schwarze, untersetzte Gestalt tauchte auf dem Gartenweg dicht am Flußufer auf, und seine kurzsichtigen Augen schweiften unaufhörlich über die Landschaft. Da bemerkte er, daß noch jemand, noch unruhiger als er selbst, am Ufer auf und ab ging: Evan Smith, der Sekretär. Der Pater rief ihn laut an.

Evan Smith, ein großer, blonder junger Mann, war ziemlich verstört und beunruhigt, was bei der Ungewißheit, die alle bedrückte, durchaus nicht verwunderlich war. Aber etwas von dieser Unruhe war immer an ihm. Vielleicht fiel das an ihm besonders auf, weil er die athletische Gestalt, das ruhige Wesen und das hellblonde Löwenhaar hatte, die nun einmal – in Romanen immer und manchmal sogar in Wirklichkeit – zu einem frischfröhlichen «englischen Jüngling» gehören. Aber er hatte tiefliegende Augen und einen unruhigen, flackrigen Blick, und dieser Kontrast zu seiner wohlgebauten Gestalt und dem blonden Haar war irgendwie unheimlich. Pater Brown jedoch lächelte ihm freundlich zu und sagte dann ernster werdend: «Das ist eine recht heikle Sache.»

«Besonders für Fräulein Rye ist es schlimm», antwortete der junge Mann finster. «Für mich ist dies das Schlimmste an der ganzen Sache, und ich sehe nicht ein, warum ich es verbergen sollte, auch wenn sie mit Dalmon verlobt ist. Nun sind Sie wohl entsetzt, wie?»

Pater Brown sah nicht gerade entsetzt aus, aber bei ihm konnte man oft nicht erkennen, woran man war. Er sagte nur nachsichtig:

«Natürlich geht uns allen ihre Angst und Besorgnis zu Herzen. Sie haben wohl auch nichts Neues erfahren? Haben Sie sich schon eine Ansicht über Sir Arthurs Verschwinden gebildet?»

«Nein, mit Neuigkeiten kann ich nicht aufwarten, ich habe auch nichts weiter gehört. Und meine Meinung über die ganze Angelegenheit ...» Er verfiel in nachdenkliches Schweigen.

«Es würde mich sehr interessieren, wie Sie darüber denken», sagte der kleine Priester freundlich. «Seien Sie mir nicht böse, aber ich glaube, Sie haben etwas auf dem Herzen.»

Der junge Mann öffnete den Mund, schloß ihn aber wieder und sah den Priester mit zusammengezogenen Augenbrauen, die einen dunklen Schatten über seine tiefliegenden Augen warfen, fest an.

«Ja, Sie haben recht», sagte er schließlich. «Ich glaube, es ist am besten, ich schütte jemandem mein Herz aus. Und bei Ihnen scheinen mir meine Geheimnisse am besten aufgehoben.»
«Wissen Sie, was Sir Arthur zugestoßen ist?» fragte Pater Brown ruhig, als handle es sich um die nebensächlichste Frage der Welt.
«Ja», sagte der Sekretär mit heiserer Stimme, «ich glaube, ich weiß, was Sir Arthur zugestoßen ist.»
«Ein herrlicher Morgen», sagte plötzlich eine weiche Stimme ganz in der Nähe. «Ein herrlicher Morgen, der gar nicht zu einem so traurigen Anlaß paßt.»
Wie von einer Schlange gebissen, fuhr der Sekretär herum, als nun der breite Schatten Doktor Abbotts im hellen Schein der bereits hochstehenden Sonne über den Weg fiel. Doktor Abbott hatte noch seinen Morgenrock an, einen prächtigen orientalischen Morgenrock, der, über und über mit farbigen Blumen und Drachen bedeckt, aussah wie ein in glühender Sonne leuchtendes, üppiges Blumenbeet. Er trug dazu große, flache Pantoffeln, die es ihm wahrscheinlich ermöglicht hatten, sich so ungehört zu nähern. Eigentlich paßte dieses Heranschleichen gar nicht zu ihm, denn er war ein sehr großer, breiter und schwerer Mann mit einem kräftigen, gutmütigen, sonnenverbrannten Gesicht, das von einem altmodischen, grauen Kinn- und Backenbart umrahmt war. Üppiggewachsene, lange, graue Locken umrahmten sein ehrfurchtgebietendes Haupt. Seine zusammengekniffenen grauen Augen blickten reichlich schläfrig drein, was bei einem so alten Mann, der sich zu so früher Stunde erhoben hatte, schließlich nicht verwunderlich war. Aber er sah trotz seines Alters sehr robust und abgehärtet aus, wie ein alter Bauer oder Matrose, der bei jedem Wetter im Freien gewesen ist. Von all den Gästen Sir Arthurs war er der einzige Freund und Altersgenosse des Gastgebers.
«Ich kann es wirklich nicht verstehen», sagte er kopfschüttelnd. «Diese kleinen Häuser sind doch wie Puppenstuben die ganze Zeit über vorn und hinten offen, und wenn man darin jemanden verbergen wollte, so wäre dies bei dem wenigen Platz ja kaum möglich. Abgesehen davon – ich wüßte nicht, warum ihm jemand übelwollte. Dalmon und ich haben gestern alle Bewohner der Siedlung gesprochen; es sind meistens kleine alte Frauen, die keiner Fliege etwas zuleide tun könnten. Die Männer sind fast alle bei der Ernte, außer dem Metzger, und Arthur wurde zum letz-

tenmal gesehen, als er aus dem Metzgerladen herauskam. Auf dem Rückweg längs des Flusses kann ihm auch nichts zugestoßen sein, denn ich habe den ganzen Vormittag am Ufer gesessen und geangelt.»

Dann sah er Smith an, und dabei sahen seine schmalen Augen gar nicht mehr verschlafen aus; für kurze Sekunden blitzte darin etwas Hinterhältiges auf.

«Sie und Dalmon werden es ja bezeugen können», sagte er, «daß Sie mich die ganze Zeit über hier sitzen gesehen haben, sowohl als Sie ins Dorf gingen, wie als Sie zurückkamen.»

«Allerdings», erwiderte Smith kurz angebunden. Er schien sich über die lange Unterbrechung ziemlich zu ärgern.

«Ich kann mir die Sache nur so vorstellen ...» fuhr Doktor Abbott langsam fort, wurde aber nun seinerseits unterbrochen. Eine geschmeidige, aber kräftige Gestalt tauchte zwischen den Blumenbeeten auf und überquerte schnell den Rasen. Es war John Dalmon, der, ein Stück Papier in der Hand, auf sie zueilte. Er war elegant gekleidet, sein markantes, an Napoleon erinnerndes Gesicht war tiefbraun, und seine Augen hatten einen so traurigen Ausdruck, daß sie einem beinahe tot vorkamen. Er stand offenbar in der Blüte der Jahre, doch war sein schwarzes Haar an den Schläfen vorzeitig ergraut.

«Ich habe soeben von der Polizei dieses Telegramm erhalten», sagte er. «Ich habe gestern abend noch telegrafiert, und jetzt erhielt ich die Nachricht, daß man sofort jemanden hersenden wird. Herr Doktor Abbott, wissen Sie vielleicht noch jemanden, den wir verständigen müssen? Etwaige Verwandte oder Bekannte?»

«Vor allem müssen wir seinen Neffen Vernon Vaudrey benachrichtigen», sagte Doktor Abbott. «Wenn Sie mit mir kommen wollen, ich glaube, ich kann Ihnen seine Adresse geben ... und Ihnen etwas sehr Merkwürdiges über ihn erzählen.»

Doktor Abbott und Dalmon gingen zum Haus zurück, und als sie außer Hörweite waren, sagte Pater Brown, als wären sie in ihrem Gespräch nie unterbrochen worden:

«Ja und?»

«Sie haben einen kühlen Kopf», sagte der Sekretär erstaunt. «Das kommt wohl vom Beichtehören. Und mir ist auch zumute, als wollte ich eine Beichte ablegen. Allerdings hat mir dieser alte Elefant, der wie eine Schlange herangeschlichen kam, beinahe die Stimmung, in der man zu Geständnissen aufgelegt ist, wieder genommen. Aber es ist vielleicht besser, wenn ich mich trotzdem nicht abhalten lasse, obschon es in Wirklichkeit gar nicht meine Beichte ist, sondern die eines anderen.» Er stockte einen Augenblick, zog die Brauen zusammen, strich über seinen Schnurrbart und stieß dann plötzlich hervor: «Ich glaube, Sir Arthur ist entflohen, und ich denke, ich weiß auch den Grund.»

Pater Brown sagte kein Wort, und Evan Smith fuhr nach einer kurzen Pause hastig fort: «Ich bin in einer gräßlichen Lage, und viele würden mein Handeln verurteilen. Ich werde in der Rolle eines hinterhältigen Angebers erscheinen, und doch glaube ich, damit nur meine Pflicht zu tun.»

«Das müssen Sie selbst am besten wissen», entgegnete Pater Brown ernst. «Aber warum halten Sie es für Ihre Pflicht?»

«Ich bin in der ganz scheußlichen Lage, einen Nebenbuhler, und noch dazu einen erfolgreichen Nebenbuhler, anschwärzen zu müssen», sagte der junge Mann bitter. «Aber ich sehe keinen anderen Weg. Sie haben mich gefragt, ob ich mir Vaudreys Verschwinden erklären könne. Ich bin unbedingt davon überzeugt, daß die Erklärung bei Dalmon liegt.»

«Sie meinen also», sagte Pater Brown, ohne großes Staunen zu zeigen, «daß Dalmon Sir Arthur ermordet hat?»

«Aber nein!» fuhr Smith verwundert auf. «Nein und hundertmal nein! Was Dalmon auch sonst verbrochen haben mag – das hat er bestimmt nicht getan! Was er auch sonst sein mag – ein Mörder ist er nicht. Er hat das denkbar beste Alibi, die positive Aussage eines Menschen, der ihn haßt. Ich werde sicherlich nicht aus Liebe zu Dalmon einen Meineid leisten, und ich könnte jederzeit beschwören, daß er gestern dem alten Mann nichts angetan haben kann. Dalmon und ich waren den ganzen Tag über oder doch zumindest in der fraglichen Zeit ständig beisammen, und er hat im Dorf nichts getan als Zigaretten gekauft. Ich bin zwar davon überzeugt, daß er ein Verbrecher ist, aber ermordet hat er Vaudrey nicht. Ich möchte sogar sagen: Eben weil er ein Verbrecher ist, hat er Vaudrey nicht ermordet.»

«Nun gut», sagte Pater Brown geduldig, «und was wollen Sie damit sagen?»

«Ich will sagen», antwortete der Sekretär, «daß er ein anderes Verbrechen begeht, das nur verübt werden kann, wenn Vaudrey am Leben bleibt.»

«Ich verstehe», sagte Pater Brown.

«Ich kenne Sybil Rye ziemlich gut, und ihr Charakter spielt in dieser Geschichte eine große Rolle. Sie ist in doppelter Bedeutung des Wortes ein feiner Charakter, das heißt, sie ist von vornehmer, aber auch sehr empfindlicher Art. Sie gehört zu jenen Menschen, die schrecklich gewissenhaft und peinlich genau sind, ohne jedoch den aus Gewohnheit und nüchternem Verstand geschmiedeten Panzer zu besitzen, den sich viele dieser so gewissenhaften Menschen mit der Zeit umlegen. Sie ist fast krankhaft empfindlich und zugleich völlig selbstlos. Ihre Lebensgeschichte ist recht seltsam. Sie war eine Waise, und wie ein Findelkind besaß sie buchstäblich keinen einzigen Pfennig. Sir Arthur hat sie in sein Haus aufgenommen und mit einer Achtung behandelt, die viele Leute in Erstaunen gesetzt hat, denn, ohne ihm etwas Böses nachsagen zu wollen, es lag ihm nicht sehr, andere auf diese Weise zu behandeln. Als sie aber etwa siebzehn Jahre alt war, bekam sie plötzlich eine überraschende Erklärung für Sir Arthurs Verhalten: Ihr Vormund hielt um ihre Hand an. Nun komme ich zum springenden Punkt dieser Geschichte. Zufällig hatte Sybil durch irgend jemanden – wahrscheinlich durch den alten Abbott – erfahren, daß Sir Arthur Vaudrey in seinen wilden Jugendjahren irgendein Verbrechen oder wenigstens ein großes Unrecht begangen hatte – eine Tat, durch die er mit dem Gesetz in ernstlichen Konflikt gekommen war. Was es war, weiß ich nicht. Aber dem jungen, empfindlichen Mädchen erschien die Tat ganz schrecklich; Sir Arthur kam ihr wie ein Ungeheuer vor, und es war ihr einfach unvorstellbar, daß sie mit ihm eine Ehe eingehen sollte. Es ist typisch für sie, wie sie sich in dieser Lage verhielt. In hilflosem Schrecken und mit heroischem Mut sagte sie ihm mit zitternden Lippen die Wahrheit. Sie gestand, daß ihre Abneigung vielleicht krankhaft sei, sie gab sie offen zu wie eine verborgengehaltene Verrücktheit. Zu ihrer Erleichterung und Überraschung nahm Sir Arthur ihr Geständnis ruhig und höflich entgegen und kam niemals wieder auf seinen Antrag zurück. Und sein Verhalten bei einer späteren Gelegenheit verstärkte in ihr noch den Eindruck von seinem Edelmut. In ihr einsames Leben war nämlich ein ebenso einsamer Mann getreten. Wie ein Einsiedler hauste er draußen auf einer der Flußinseln, und wahrscheinlich fühlte sie sich von seinem geheimnisvollen Wesen angezogen, obwohl ich zugeben muß, daß er schon rein äußerlich als Mann gesehen anziehend genug ist. Von besten Umgangsformen, sehr geistreich, aber mit einem melancholischen Einschlag, was wohl den romantischen Eindruck noch verstärkt. Sie werden schon wissen, wen ich meine: Dalmon. Aber ich weiß heute noch nicht, ob sie ihn wirklich liebt; auf jeden Fall hat sie ihm erlaubt, bei ihrem Vormund um ihre Hand zu bitten. Ich kann mir gut vorstellen, daß sie das Ergebnis dieser Aussprache mit Zittern und Beben erwartet und sich gefragt hat, wie der alte Geck wohl das Auftauchen eines Nebenbuhlers aufnehmen würde. Aber auch jetzt mußte sie entdecken, daß sie ihm offenbar unrecht getan und ihn falsch eingeschätzt hatte. Sir Arthur begrüßte den Jüngeren mit großer Herzlichkeit und schien sich über das zukünftige Glück des jungen Paares ehrlich zu freuen. Er ging zusammen mit Dalmon auf die Jagd und zum Fischen, und die beiden waren offensichtlich die besten Freunde. Da erlebte sie eines Tages eine neue Überraschung. Zufällig entschlüpfte Dalmon bei einer Unterhaltung die Bemerkung, daß sich der Alte in den letzten dreißig Jahren nicht sehr verändert habe, und mit einem Schlag verstand sie die Ursache für die merkwürdige Vertrautheit der beiden Männer. Das ganze Kennenlernen und die freundliche Aufnahme waren nur Theater gewesen; die beiden kannten sich offenbar von früher her. Deshalb also war der Jüngere so heimlich in die Gegend gekommen. Deshalb war auch der Ältere so schnell bereit gewesen, zu der Verbindung mit seinem Mündelkind seine Zustimmung zu geben. Nun, was halten Sie davon?»

«Was Sie davon halten, ist mir völlig klar», sagte Pater Brown lächelnd, «und Ihr Schluß scheint auch ganz logisch zu sein. Auf der einen Seite haben wir Vaudrey mit irgendeinem dunklen Punkt in seiner Vergangenheit, auf der anderen einen geheimnisvollen Fremden, der sich an ihn heranmacht und unter Ausnützung seiner Kenntnis dieses dunklen Punktes von ihm bekommt, was er haben will. Mit anderen Worten: Sie halten Dalmon für einen Erpresser.»

«Allerdings», entgegnete Smith, «und das ist ein scheußlicher Gedanke.»

Pater Brown überlegte einen Augenblick und sagte dann: «Ich halte es für das beste, ich gehe jetzt ins Haus und rede mal ein Wörtchen mit Doktor Abbott.»

Als er nach einigen Stunden wieder aus dem Haus trat, konnte er zwar mit Doktor Abbott gesprochen haben, er kam jedoch nicht mit ihm, sondern mit Sybil Rye heraus, einem blassen Mädchen mit rötlichem Haar und einem zarten, sehr sensitiven Gesicht. Wenn man sie so sah, konnte man sofort verstehen, was der Sekretär von ihrer mimosenhaften Zartfühligkeit berichtet hatte. Man mußte an die berühmte Lady Godiva und an gewisse Legenden von jungfräulichen Märtyrinnen denken; nur derartig scheue Menschen können um ihres Gewissens willen so schamlos und schonungslos werden. Smith ging ihnen entgegen, und sie blieben eine Weile auf dem Rasen stehen. Die Sonne, die am frühen Morgen strahlend aufgegangen war, brannte jetzt glühend hernieder, aber immer noch trug Pater Brown in der Hand seinen schwarzen Schirm und auf dem Kopf den schwarzen Hut, der mit seinem breiten Rand wie ein aufgespannter Schirm aussah. Es war, als habe er sich für ein Unwetter gerüstet, und – obwohl er sich dessen wahrscheinlich gar nicht bewußt war – auch sein Gesicht sah nach Sturm aus.

«Was ich am meisten hasse, ist das Gerede, das bereits beginnt», sagte Sybil leise. «Jeder wird verdächtigt. John und Evan können ja füreinander einstehen, aber Doktor Abbott hat mit dem Metzger eine stürmische Auseinandersetzung gehabt. Der Metzger glaubt, daß man ihn verdächtigt, und streut nun seinerseits alle möglichen Verdächtigungen aus.»

Evan Smith war es deutlich anzusehen, daß es ihm in seiner Haut nicht recht wohl war. Er platzte heraus:

«Schau 'mal, Sybil, ich kann nicht viel sagen, aber wir halten dieses ganze Getue für unnötig. Die Sache ist schlimm genug, aber an eine – Gewalttat glauben wir nicht.»

«Sie haben also schon eine Erklärung für das Verschwinden?» fragte Sybil Rye und richtete ihre Augen sofort auf den Priester.

«Ich habe eine Erklärung gehört», sagte dieser, «die mir recht plausibel klingt.»

Gedankenverloren sah er zum Fluß hinüber, während das Mädchen und Smith sich leise in schnellen Worten unterhielten. Vor sich hinsinnend, ging der Priester langsam das Ufer entlang und verschwand dann in einem Gebüsch an einer Stelle, wo das Ufer steil zum Fluß hin abfiel. Die glühende Sonne brannte auf dem dünnen Schleier der kleinen, tanzenden Blättchen, so daß diese aussahen wie grüne Flämmchen. Kurze Zeit später hörte Smith, wie aus der grünen Tiefe des Dickichts leise, aber deutlich sein Name gerufen wurde. Rasch eilte er in die Richtung, aus der der Ruf gekommen war, und sah Pater Brown aus dem Gebüsch

wieder auftauchen. Hastig zog ihn der Priester zur Seite und flüsterte ihm zu:
«Sorgen Sie dafür, daß Fräulein Rye nicht hierher kommt. Können Sie sie nicht irgendwie loswerden? Schicken Sie sie weg, sie soll telefonieren oder sonstwas tun, und kommen Sie dann sofort zurück.»
Evan Smith versuchte verzweifelt, sich nichts anmerken zu lassen, als er sich nun wieder Fräulein Rye zuwandte, aber da sie ein Mensch war, der gern für andere etwas besorgte, war sie sehr bald im Haus verschwunden. Pater Brown war bereits wieder in dem Dickicht untergetaucht, als Smith zurückkehrte. Direkt unterhalb des Gebüsches befand sich eine kleine Bucht; hier zog sich das grasbewachsene Steilufer bis zum Flußsand hinab. Am Rand dieser schmalen Bucht stand Pater Brown und blickte auf den Sand hinunter, und obwohl die Sonne glühend auf seinen Kopf herniederbrannte, hielt er entweder aus Gedankenlosigkeit oder absichtlich seinen Hut in der Hand.
«Es ist besser, wenn zwei Zeugen dies sehen», sagte er todernst. «Aber machen Sie sich auf etwas Schreckliches gefaßt.»
«Auf etwas Schreckliches?» fragte der andere schaudernd.
«Auf den schrecklichsten Anblick, den ich je in meinem Leben gehabt habe», sagte Pater Brown.
Evan Smith trat an den Rand des grasbewachsenen Ufers. Entsetzt fuhr er zurück, und nur mit Mühe konnte er einen lauten Aufschrei unterdrücken.
Sir Arthur Vaudrey starrte ihm grinsend entgegen. Gräßlich – das Gesicht war so dicht vor ihm, daß er seinen Fuß hätte daraufsetzen können; der Kopf war zurückgeworfen, der Schopf des weißlich hellen Haares dem Beschauer zugekehrt, so daß man das Gesicht von unten her sah. Das machte den Anblick noch grausiger, denn es sah aus, als sei der Kopf verkehrt herum auf den Körper gesetzt. Was tat er da nur? War es möglich, daß Vaudrey wirklich so herumkroch, sich in dieser kleinen, grasbewachsenen Bucht verbarg und in dieser unnatürlichen Stellung zu ihnen hinaufsah? Der Körper war eigenartig verkrümmt, wie verkrüppelt oder verstümmelt, und erst bei näherem Zusehen erkannte man, daß dieser Eindruck nur durch den Gesichtswinkel entstand, aus dem man den zusammengesunkenen Körper sah. War Sir Arthur etwa verrückt geworden? Je mehr Smith hinsah, desto steifer und unnatürlicher erschien ihm die ganze Haltung.

«Von dort aus, wo Sie stehen, können Sie es wahrscheinlich nicht erkennen», sagte Pater Brown. «Man hat ihm die Kehle durchgeschnitten.»

Smith schauderte zusammen. «Ich glaube Ihnen gern, daß dies der schrecklichste Anblick ist, den Sie je gehabt haben», sagte er. «Wahrscheinlich sieht es deshalb so gräßlich aus, weil man das Gesicht verkehrt herum erblickt. Ich habe dieses Gesicht zehn Jahre lang Tag für Tag bei jeder Mahlzeit mir gegenüber gesehen, und immer sah es freundlich und liebenswürdig aus. Man braucht so ein Gesicht nur einmal umgekehrt zu sehen, und schon sieht es aus wie das Gesicht eines bösen Menschen.»

«Das Gesicht lächelt», sagte Pater Brown trocken, «eine Tatsache, die ich mir nicht erklären kann. Es gibt nicht viele Leute, die lächeln, wenn man ihnen die Kehle durchschneidet, selbst dann nicht, wenn sie es selbst tun. Dieses Lächeln, und dazu seine hervortretenden Augen, die ja schon immer aussahen, als wollten sie aus dem Kopf kommen, dürfte wohl erklären, warum der Anblick so grausig ist. Aber Sie haben recht, es sieht alles anders aus, wenn man es umdreht. Künstler stellen ihre Bilder oft auf den Kopf, um zu prüfen, ob die Zeichnung richtig ist. Manchmal, wenn es Schwierigkeiten macht, den Gegenstand selbst auf den Kopf zu stellen – wie zum Beispiel beim Matterhorn –, pflegen sie sich selbst auf den Kopf zu stellen oder versuchen wenigstens, zwischen den Beinen durchzusehen.»

Der Priester, der munter drauflosredete, um die Nerven seines Begleiters zu beruhigen, schloß in ernsterem Ton mit den Worten: «Ich verstehe recht gut, daß dieser Anblick Sie erschüttert hat. Unglücklicherweise ist dadurch noch etwas anderes erschüttert worden.»

«Etwas anderes? Wie meinen Sie das?»

«Unsere ganze schöne Theorie, die so überzeugend schien», antwortete Pater Brown und kletterte das Ufer hinab zu dem schmalen Sandstreifen, der sich am Fluß entlangzog.

«Vielleicht hat er selbst Hand an sich gelegt», meinte Smith plötzlich. «Vielleicht war es der einzige Ausweg, den er noch vor sich sah; das würde recht gut zu unserer Theorie passen. Er suchte einen abgelegenen Platz, kam hierher und schnitt sich die Kehle durch.»

«Er ist aber nicht hierher gekommen», sagte Pater Brown, «wenigstens nicht lebend und nicht vom Land her. Hier hat er seinen

Tod nicht gefunden, dafür sind nicht genug Blutspuren vorhanden. Die heiße Sonne hat sein Haar und seine Kleidung bereits fast völlig getrocknet; aber am Sand können Sie noch deutlich erkennen, wie hoch das Wasser gestanden hat. Bis hierher etwa kommt die Flut vom Meer herauf und erzeugt einen Strudel, der den Leichnam in diese kleine Bucht hineingeschwemmt hat, wo er dann liegenblieb, als sich der Wasserspiegel bei Ebbe wieder senkte. Zunächst allerdings muß der Körper den Fluß hinuntergespült worden sein, wahrscheinlich von der Siedlung her, denn die Häuschen stehen ja unmittelbar am Fluß; der arme Vaudrey hat sicherlich dort seinen Tod gefunden, aber ich glaube nicht, daß er Selbstmord begangen hat. Die Frage ist nur: Wer in der winzigen Siedlung könnte ihn ermordet haben?»

Und er begann mit der Spitze seines kurzen Regenschirms allerlei merkwürdige Linien in den Sand zu zeichnen.

«Wir wollen einmal sehen. Wie folgen doch die Läden aufeinander? Zuerst kommt der Metzgerladen. Ein Metzger mit einem langen Schlachtmesser wäre natürlich ein geradezu idealer Halsabschneider. Aber Sie haben doch selbst gesehen, wie Vaudrey aus dem Laden gekommen ist, und überdies ist es nicht sehr wahrscheinlich, daß er ruhig im Laden stehenblieb, während der Metzger sagte: ‚Guten Morgen. Gestatten Sie bitte, daß ich Ihnen die Kehle durchschneide. So, danke sehr. Der Nächste, bitte.' Sir Arthur scheint mir durchaus nicht der Mann gewesen zu sein, der so etwas freundlich lächelnd mit sich geschehen ließe. Schließlich war er kräftig genug und hatte ein ziemlich heftiges Temperament. Aber wer außer dem Metzger hätte es mit ihm aufnehmen können? Der nächste Laden gehört einer alten Frau. Dann kommt der Tabakladen. Der Inhaber ist zwar ein Mann, aber, wie ich höre, ein kleines, schüchternes Kerlchen. Das Konfektionsgeschäft gehört zwei alten Damen, die beide unverheiratet sind, und in dem Laden mit den Erfrischungen bedient die Frau des Inhabers, da der Mann gegenwärtig im Krankenhaus liegt. Die zwei oder drei Burschen, die als Gehilfen oder Laufjungen beschäftigt sind, hatten gestern zufällig alle auswärts Besorgungen zu erledigen. Der Erfrischungsladen ist das letzte Haus an der Straße, darüber hinaus liegt nur noch das Gasthaus, aber dazwischen stand ja ein Polizist.»

Er drückte mit der eisernen Spitze seines Regenschirms ein Loch in den Sand, das den Polizisten darstellen sollte, und blickte

nachdenklich den Fluß hinauf. Plötzlich fuhr er mit der Hand durch die Luft, trat schnell zu dem Leichnam und beugte sich über ihn.
«Aha!» sagte er, richtete sich auf und holte tief Luft. «Der Tabakladen! Wie konnte ich das nur vergessen!»
«Was ist denn mit Ihnen los?» fragte Smith verblüfft, denn Pater Brown rollte mit den Augen und murmelte Unverständliches vor sich hin, und das Wort ‚Tabakladen' hatte einen unheimlichen Beiklang gehabt, als enthielte es einen vernichtenden Urteilsspruch.
«Ist Ihnen an seinem Gesicht nicht etwas sehr Merkwürdiges aufgefallen?» fragte der Priester nach einer Pause.
«Etwas Merkwürdiges? Sie sind ja gut», sagte Evan, dem noch der Schreck in allen Gliedern steckte. «Schließlich hat man ihm doch die Kehle ...»
«Ich sagte: an seinem Gesicht», bemerkte Pater Brown ruhig. «Sehen Sie übrigens nicht, daß er sich an der Hand verletzt hat und einen kleinen Verband trägt?»
«Oh, das hat mit der Sache nichts zu tun», sagte Evan Smith schnell. «Diese kleine Wunde hat er sich rein zufällig und noch vor der Ermordung zugefügt. Er hat sich die Hand an einem zerbrochenen Tintenfaß verletzt, als wir zusammen arbeiteten.»
«Und doch hat das etwas mit seinem Tod zu tun», erwiderte Pater Brown.
Lange Zeit schwiegen beide, und der Priester ging nachdenklich, seinen Regenschirm hinter sich nachziehend, auf dem Sandstreifen auf und ab, ständig vor sich hinmurmelnd. Immer wieder war das Wort ‚Tabakladen' zu hören, so daß Smith schließlich kalte Furcht überrieselte, so unheimlich wirkte das Wort auf ihn. Dann hob Pater Brown plötzlich den Regenschirm und zeigte auf ein Bootshaus, das zwischen dem Schilf sichtbar war.
«Das Bootshaus gehört doch zum Haus Vaudrey?» fragte er. «Es wäre mir lieb, wenn Sie mich den Fluß hinaufrudern würden. Ich möchte gerne einmal diese Häuser von hinten sehen. Wir haben keine Zeit zu verlieren. Vielleicht wird in der Zwischenzeit der Leichnam hier gefunden, aber darauf müssen wir es ankommen lassen.»
Sie waren schon eine ganze Zeit in dem kleinen Boot unterwegs, das Smith mit kräftigen Ruderschlägen flußaufwärts lenkte, ehe Pater Brown wieder etwas sagte.

«Ich habe übrigens vom alten Abbott erfahren, was der arme Vaudrey sich früher hat zuschulden kommen lassen. Es ist eine höchst merkwürdige Geschichte. Ein ägyptischer Beamter hatte ihm gegenüber die beleidigende Äußerung getan, ein guter Moslem meide Schweinefleisch und Engländer; wenn er aber wählen müsse, so würde er den Schweinen den Vorzug geben. So oder ähnlich war die taktvolle Bemerkung. Dieser Streit lebte anscheinend einige Jahre später, als dieser Ägypter nach England kam, wieder auf, und Vaudrey in seiner leidenschaftlichen Rachsucht schleppte den Mann in einen Schweinestall, der zu seinem Haus gehört, und warf ihn mit solcher Wucht hinein, daß der sich einen Arm und ein Bein brach. In diesem Zustand ließ er ihn bis zum nächsten Morgen liegen. Die Geschichte erregte seinerzeit natürlich großes Aufsehen; viele Leute waren allerdings der Auffassung, Vaudrey habe in einer verzeihlichen patriotischen Aufwallung gehandelt. Auf keinen Fall aber glaube ich, daß sich ein Mensch wegen einer solchen Tat jahrelang stillschweigend erpressen lassen würde.»

«Dann glauben Sie also nicht, daß diese Geschichte mit unserer Theorie etwas zu schaffen hat?»

«Ich glaube, mit meiner Theorie, die ich jetzt aufgestellt habe, hat sie sogar sehr viel zu schaffen», entgegnete Pater Brown.

Das Boot zog an der niedrigen Mauer vorüber, die den von der Hinterfront der Häuser steil zum Ufer abfallenden Streifen Gartenland abschloß. Pater Brown zählte die Häuser mit erhobenem Regenschirm, und als er zum dritten kam, sagte er:

«Der Tabakladen! Es würde mich doch interessieren, ob der Inhaber ... Aber das werde ich ja leicht erfahren können. Jetzt will ich Ihnen auch sagen, was mir an Sir Arthurs Gesicht aufgefallen ist.»

«Was denn?» fragte sein Begleiter und hielt gespannt mit Rudern inne.

«Er hat doch stets so großen Wert auf seine äußere Erscheinung gelegt. Aber sein Gesicht – war nur halb rasiert ... Könnten Sie hier einen Augenblick halten? Am besten binden wir das Boot an den Pfosten hier.»

Ein paar Minuten später waren sie schon über die kleine Mauer gestiegen und kletterten den schmalen, steilen, mit Kieselsteinen belegten Gartenweg hinauf, der von Blumen- und Gemüsebeeten gesäumt war.

«Dachte ich es mir doch gleich», bemerkte Pater Brown. «Der Tabakhändler zieht also Kartoffeln. Und wo es viele Kartoffeln gibt, gibt es auch bestimmt viele Kartoffelsäcke. Diese kleinen Krämer auf dem Land haben noch nicht alle ländlichen Gewohnheiten aufgegeben: meist üben sie noch zwei oder drei Berufe gleichzeitig aus. Und in den Tabakläden auf dem Land wird seit eh und je noch ein zweiter wichtiger Beruf ausgeübt, an den ich erst dachte, als ich Vaudreys Kinn sah. Man kann hier nicht nur Tabak kaufen, man kann sich hier auch rasieren lassen. Sir Arthur hatte sich in die Hand geschnitten und konnte sich deshalb nicht selbst rasieren; also ging er hierher. Fällt Ihnen dabei nicht etwas ein?»

«Man kann auf alle möglichen Gedanken kommen», erwiderte Smith, «aber ich glaube, daß mein Gedankenflug bei weitem nicht so schnell ist wie Ihrer.»

«Mir fällt bei dieser Gelegenheit ein, daß es nur eine einzige Gelegenheit gibt, bei der ein kräftiger und ziemlich temperamentvoller Mann lächeln könnte, wenn ihm die Kehle durchgeschnitten wird.»

Im nächsten Augenblick hatten sie bereits den dunklen Flur des Hinterhauses durchschritten und gelangten in den rückwärtigen Ladenraum; er war nur spärlich durch trübes Licht erhellt, das matt von draußen hereinsickerte und von einem schmutzigen, von Rissen durchzogenen Spiegel zurückgeworfen wurde. Es war ein Licht, ähnlich dem grünlichen Zwielicht eines Brunnenschachts, aber doch immerhin hell genug, um in Umrissen die Einrichtung einer Barbierstube und das bleiche, schreckverzerrte Gesicht des Barbiers und Tabakhändlers Wicks erkennen zu lassen.

Pater Browns Auge schweifte im Zimmer umher, das anscheinend erst vor kurzem gereinigt und aufgeräumt worden war, bis sein Blick in einer staubigen Ecke unmittelbar hinter der Tür etwas entdeckte. An einem Kleiderhaken dort hing ein Hut — ein weißer Hut, den jedes Kind im Dorf kannte. Auf der Straße hatte ihn jeder schon von weitem erkannt, hier aber war er als unbedeutende Nebensächlichkeit von dem Mann vergessen worden, der offensichtlich so peinlich den Boden geschrubbt und alle Blutspuren aus der Kleidung und vom Boden entfernt hatte.

«Sir Arthur Vaudrey ist hier gestern vormittag rasiert worden», sagte Pater Brown, ohne die Stimme zu heben.

Der Barbier, ein kleines, unscheinbares, bebrilltes Männlein, war über das plötzliche Auftauchen dieser beiden Gestalten entsetzt, als sehe er zwei Gespenster, die vor seinen Augen aus einem Grab stiegen. Man merkte es ihm auf den ersten Blick an, daß er kein gutes Gewissen haben konnte. Er kroch, er schrumpfte sozusagen in eine Ecke des Raumes zusammen, bis von dem ganzen Männlein nicht viel mehr als nur noch die großen Brillengläser übrig zu sein schienen.

«Sagen Sie mir eines», sagte der Priester ruhig, «hatten Sie Grund, Sir Arthur zu hassen?»

Das Männlein in der Ecke stammelte etwas, das Smith nicht verstehen konnte, aber der Priester nickte.

«Ich wußte es», sagte er. «Sie haben ihn gehaßt, und deshalb weiß ich auch, daß Sie ihn nicht ermordet haben. Wollen Sie uns erzählen, wie sich die Sache zugetragen hat, oder soll ich es tun?»

Der Barbier schwieg. Man hörte nichts als das leise Ticken einer Uhr, das aus der Küche drang. Schließlich fuhr Pater Brown fort: «Der Hergang war so: Herr Dalmon kam in Ihren Laden und verlangte eine bestimmte Zigarettenmarke, die im Schaufenster ausgestellt war. Sie gingen einen Augenblick auf die Straße hinaus, um nachzusehen, welche Marke Herr Dalmon genau meinte. In diesem Augenblick sah Dalmon hier im Hinterzimmer das Rasiermesser, das Sie gerade aus der Hand gelegt hatten, und den über die Sessellehne zurückgebeugten weißblonden Haarschopf von Sir Arthur. Wahrscheinlich fiel gerade die Sonne schräg durch jenes Fenster und ließ Messer und Haare hell aufleuchten. Er brauchte nur einen Augenblick, um das Messer zu ergreifen, die Kehle zu durchschneiden und in den Laden zurückzukehren. Weder das Messer noch die Hand, die es führte, schreckten Sir Arthur aus seinem Träumen auf. Er starb, während er über seine Gedanken schmunzelte – und über was für Gedanken! Auch Dalmon, glaube ich, war völlig ruhig. Er hatte die Tat so schnell und geräuschlos vollbracht, daß Sie, Herr Smith, vor Gericht hätten schwören können, die ganze Zeit über mit ihm zusammengewesen zu sein. Ein anderer aber war mit Recht erschreckt und aufgeregt, und das waren Sie, Herr Wicks. Sie hatten mit Sir Arthur wegen rückständiger Pachtzinsen und ähnlicher Dinge Streitereien gehabt. Und nun kamen Sie in Ihre Rasierstube zurück und entdeckten, daß Ihr Feind in Ihrem Sessel und mit Ihrem Rasiermesser ermordet worden war. Es ist durchaus erklärlich, daß Ihnen Zweifel kamen, ob Sie Ihre Unschuld würden beweisen können, und so zogen Sie es vor, die Spuren der Tat zu beseitigen, den Boden zu schrubben und den Leichnam in einem lose zugebundenen Sack nachts in den Fluß zu werfen. Es traf sich glücklich, daß Ihre Barbierstube nur zu bestimmten Zeiten geöffnet ist, denn so hatten Sie Zeit genug dazu. Sie scheinen an alles gedacht zu haben, nur nicht an den Hut ... Sie brauchen keine Angst zu haben, ich werde alles vergessen, auch den Hut.»

Und damit ging Pater Brown ruhigen Schrittes durch den Tabakladen hinaus auf die Straße, gefolgt von dem staunenden Smith, während der Barbier ihnen fassungslos nachstarrte.

«Sehen Sie», sagte der Pater zu seinem Begleiter, «hier haben wir einen der Fälle, wo wir den Mörder nicht ohne weiteres durch die Frage nach dem Motiv überführen können, wo diese Frage aber doch ermöglicht, einen Menschen als unschuldig zu erkennen. Ein kleiner, zappliger Mann wie der Tabakhändler wäre sicherlich der letzte, der einen großen, kräftigen Mann wegen einer Geldstreitigkeit wirklich umbringen würde. Aber als erster hat er Angst, er würde beschuldigt werden, die Tat begangen zu haben ... Nein, der Mann, der Sir Arthur umgebracht hat, hatte ein ganz anderes Motiv.» Und er verfiel wieder in tiefes Nachdenken und starrte gedankenverloren ins Leere.

«Es ist einfach gräßlich», stöhnte Evan Smith. «Ich habe Dalmon zwar schon vor einigen Stunden als Erpresser und Schurken bezeichnet, aber ich bin doch tief erschüttert bei dem Gedanken, daß er wirklich den Mord begangen haben soll.»

Der Priester wandelte immer noch wie ein Träumender, wie in Trance; er machte den Eindruck eines Menschen, der in einen tiefen Abgrund starrt. Schließlich bewegten sich seine Lippen und er murmelte etwas vor sich hin, das wie ein Stoßseufzer klang: «Barmherziger Gott, was für eine schreckliche Rache!»

Evan Smith, der noch immer verzweifelt versuchte, zu verstehen, was der Priester meinte, sah ihn fragend an. Aber Pater Brown schien ihn gar nicht zu sehen und fuhr wie im Selbstgespräch fort: «Welch entsetzlicher Haß! Wie kann nur ein sterblicher Erdenwurm an einem anderen solch eine gräßliche Rache nehmen! Werden wir jemals die Abgründe eines Menschenherzens erhellen können, in denen solch schreckliche Gedanken reifen konnten! Gott bewahre uns vor Hochmut, aber ich kann mir von einem solchen Haß und einer solchen Rache immer noch keine rechte Vorstellung machen.»

«Mir ergeht es genauso», sagte Smith. «Ich kann mir einfach nicht vorstellen, warum Dalmon überhaupt Vaudrey getötet hat. Wenn er ein Erpresser war, dann wäre es doch eher verständlich, wenn Sir Arthur ihn umgebracht hätte. Wie Sie sagen, diese durchgeschnittene Kehle ... war entsetzlich, aber ...»

Pater Brown fuhr auf und blinzelte wie jemand, der aus tiefem Schlaf erwacht.

«Ach, *das* meinen Sie!» unterbrach er Smith schnell. «Nein, daran habe ich jetzt nicht gedacht. Ich habe nicht den Mord in der Barbierstube gemeint, als ich von der schrecklichen Rache sprach. Dieser Teil der Geschichte ist zwar scheußlich genug, aber ich dachte an etwas noch viel Gräßlicheres. Der Mord an und für sich ist viel begreiflicher; den hätte fast jeder begehen können. Dieser Mord war beinahe ein Akt der Notwehr.»

«Wie?» rief der Sekretär verblüfft aus, und auf seinem Gesicht malte sich ungläubiges Staunen. «Wenn ein Mensch sich von hinten an einen anderen heranschleicht, während dieser in einem Barbierstuhl friedlich zur Decke emporschmunzelt, und ihm den Hals durchschneidet, dann nennen Sie das Notwehr?»

«Ich habe nicht gesagt, daß es gerechte Notwehr gewesen sei», erwiderte Pater Brown. «Ich sagte nur, daß auch andere zu dieser Tat hätten getrieben werden können, um sich vor einem schrecklichen Unglück zu schützen, das überdies ein furchtbares Verbrechen war. Und an dieses andere Verbrechen habe ich vorhin gedacht. Um mit der Frage zu beginnen, die Sie mir soeben gestellt haben: Warum sollte der Erpresser der Mörder sein? Nun, über eine Frage wie diese herrschen meist ganz falsche Vorstellungen.» Er hielt inne, als müsse er sich nach dem grauenerregenden Blick, den er soeben in den Abgrund des menschlichen Herzens getan hatte, erst wieder sammeln. Dann aber fuhr er in seinem gewöhnlichen Tonfall fort:

«Was haben Sie also an Fakten beobachtet? Zwei Männer, ein älterer und ein jüngerer, stecken viel beisammen und werden sich über ein Heiratsprojekt einig. Ein dunkler Punkt: Der Ursprung ihrer Vertraulichkeit liegt lange zurück und wird geheimgehalten. Der eine ist reich, der andere arm; und deshalb schließen Sie auf Erpressung. Bis hierher haben Sie auch ganz recht. Ihr großer Irrtum liegt darin, daß Sie den Erpresser in der falschen Person suchen, Sie nehmen an, daß der Arme den Reichen erpreßte. In Wirklichkeit aber war es umgekehrt.»

«Aber das ist doch absolut widersinnig», warf der Sekretär ein.
«Es ist noch viel schlimmer, und dabei ist es etwas, was alles andere als selten ist», entgegnete Pater Brown. «Heutzutage besteht ja sogar die Politik zur Hälfte aus Erpressungen, die die Reichen am Volk verüben. Ihre Meinung, das sei Unsinn, beruht auf zwei Illusionen, die selbst unsinnig sind. Zum ersten nehmen Sie an, daß reiche Leute niemals noch reicher zu sein wünschen, und zum anderen glauben Sie, daß man nur Geld erpressen könne. Und den zweiten Fall haben wir hier. Sir Arthur Vaudrey handelte nicht aus Habsucht, sondern aus Rachsucht. Und er plante die gräßlichste Rache, von der ich je gehört habe.»
«Aber welchen Grund hatte er denn, an John Dalmond Rache zu nehmen?» fragte Smith.
«Er wollte sich gar nicht an Dalmon rächen», antwortete der Priester ernst.
Beide schwiegen, und als Pater Brown fortfuhr, schien er von etwas ganz anderem sprechen zu wollen. «Als wir den Leichnam fanden, sahen wir das Gesicht umgedreht, und Sie sagten, es sähe aus wie das Gesicht eines bösen Menschen. Haben Sie daran gedacht, daß der Mörder, als er von hinten an den Barbierstuhl herantrat, das Gesicht ebenso gesehen haben muß?»
«Ach, das habe ich nur so im ersten Schreck dahergesagt», erwiderte sein Begleiter. «Wenn ich früher das Gesicht jeden Tag sah, konnte ich niemals etwas Ungewöhnliches daran entdecken.»
«Aber vielleicht haben Sie das Gesicht gar nie richtig gesehen», sagte Pater Brown. «Ich habe Ihnen schon gesagt, daß die Maler ein Bild auf den Kopf stellen, wenn sie es richtig sehen wollen. Vielleicht haben Sie sich in den ganzen Jahren an das Gesicht eines bösen Menschen gewöhnt.»
«Worauf wollen Sie denn eigentlich hinaus?» fragte Smith ungeduldig.
«Ich spreche in Gleichnissen», entgegnete Pater Brown finster. «Natürlich war Sir Arthur kein gewöhnlicher Hasser; sein Charakter wurde durch eine Anlage bestimmt, die ihn auch zum Guten hätte führen können. Schon seine vorstehenden, mißtrauischen Augen, seine zusammengepreßten, nervös zitternden Lippen hätten Ihnen einiges sagen können, wenn Sie daran nicht so sehr gewöhnt gewesen wären. Wie Sie wissen, gibt es körperliche Wunden, die nie mehr heilen. Und so etwas gibt es auch bei

der Seele. Es gibt Menschen mit einer Gemütsverfassung, die ein vermeintliches oder wirkliches Unrecht nie vergessen kann. Ein solches Gemüt hatte Sir Arthur – ein Gemüt gleichsam ohne Haut. Seine Eitelkeit lag ständig auf der Lauer. Aus seinen vorstehenden Augen spähte unablässig ein Egoismus, der nicht zuließ, daß sie sich ruhig schließen konnten. Natürlich braucht Empfindsamkeit durchaus nicht immer Selbstsucht zu sein; auch Sybil Rye ist so veranlagt und dennoch fast eine Heilige. Bei Vaudrey jedoch wurde alles zu einem Hochmut voller Gift, einem Hochmut, der ihn nicht einmal seiner selbst sicher sein ließ. Jedes noch so kleine Ritzchen, das seine Seele verwundete, wurde deshalb zum eiternden Geschwür. Erst wenn Sie dies wissen, werden Sie die alte Geschichte von dem Ägypter und dem Schweinestall richtig verstehen können. Hätte er den Ägypter sofort, nachdem ihn dieser beleidigt hatte, in den Schweinestall geworfen, so könnte man das als verzeihlichen Jähzorn verstehen und entschuldigen. Aber es war gerade kein Schweinestall da, und so fehlte die rechte Pointe. Viele Jahre hindurch schleppte Vaudrey diese törichte Beleidigung mit sich herum und wartete auf eine Gelegenheit – und sei sie noch so unwahrscheinlich –, bis er den Ägypter tatsächlich in der Nähe eines Schweinestalls antraf – und jetzt erst nahm er die Rache, die er als einzig angemessen und sinnreich betrachtete ... O Gott, und so wollte er seine Rache immer haben!»

Smith sah ihn voll höchster Spannung an. «Sie denken jetzt nicht an die Geschichte mit dem Schweinestall», sagte er.

«Nein, ich denke an die andere Geschichte.»

Man merkte seiner Stimme an, wie sehr Pater Brown aufgewühlt war. Aber er hatte sich bald wieder gefaßt und fuhr fort:

«Jahrelang hatte also Vaudrey sein Sinnen und Trachten darauf gerichtet, eine der Beleidigung seiner Meinung nach angemessene Rache zu nehmen. Und nun zu unserem Fall: Kennen Sie vielleicht noch jemanden, der Vaudrey beleidigte oder ihm etwas zugefügt hatte, das in seinen Augen eine tödliche Beleidigung war? Allerdings ... Ein weibliches Wesen hatte ihn beleidigt.»

Jetzt begann Evan Smith zu verstehen, und Entsetzen packte ihn. Er lauschte gespannt.

«Ein Mädchen, wenig mehr als ein Kind, weigerte sich, ihn zu heiraten, weil er wegen der dem Ägypter zugefügten Körperverletzung kurze Zeit im Gefängnis gesessen hatte. Und darauf beschloß dieser Wahnsinnige in seinem teuflischen Herzen: ‚Sie soll einen Mörder heiraten.' »

Sie schlugen den Weg zum Haus ein und gingen eine ganze Weile schweigend am Fluß entlang, ehe Pater Brown wieder sprach.

«Vaudrey war also der Erpresser, denn er wußte, daß Dalmon einen Mord auf dem Gewissen hatte. Dalmon dürfte übrigens nicht der einzige der früheren Freunde Vaudreys gewesen sein, der einen Mord begangen hat, denn Vaudreys Freundeskreis damals war eine recht wüste Gesellschaft. Wahrscheinlich hat Dalmon in wilder Leidenschaft gemordet, vielleicht war es gar ein Totschlag, der milde Richter gefunden hätte. Auf jeden Fall war Dalmon durchaus kein Scheusal – er sieht mir aus wie ein Mensch, der weiß, was Reue ist, und der es sogar bereuen wird, daß er Vaudrey gemordet hat. Aber er befand sich in Vaudreys Gewalt und mußte tun, was dieser von ihm forderte. Die beiden lockten das Mädchen sehr geschickt in die Verlobung hinein, Dalmon ohne jeden Hintergedanken, denn er liebte Sybil ehrlich, und der andere tat so, als wolle er großmütig das junge Glück fördern. Die ganze Zeit über wußte Dalmon nicht, was der alte Teufel in Wirklichkeit im Schilde führte.

Aber vor einigen Tagen machte dann Dalmon eine schreckliche Entdeckung. Er hatte Vaudrey gehorcht, und durchaus nicht widerwillig. Doch er war nichts als ein Werkzeug gewesen, und nun mußte er plötzlich entdecken, daß dieses Werkzeug zerbrochen und weggeworfen werden sollte. Er fand in Vaudreys Bibliothek Schriftstücke, die, so vorsichtig sie auch abgefaßt waren, ihm verrieten, daß Vaudrey beabsichtigte, die Polizei auf ihn aufmerksam zu machen. Mit einem Schlag durchschaute er Vaudreys Absicht, und sicherlich war er ebenso erschüttert über diese abgrundtiefe Bosheit, wie ich es gewesen bin, als ich den Plan erstmals erkannt hatte. Vaudrey hatte einen teuflischen Plan ausgeheckt: Sobald das Paar verheiratet war, sollte der Mann verhaftet, abgeurteilt und gehängt werden. Die anspruchsvolle Dame, die einen Mann nicht hatte heiraten wollen, nur weil er einmal im Gefängnis gesessen hatte, sollte nun einen Mann haben, der am Galgen baumelte. Das also war die ‚angemessene' Rache, die Vaudrey an dem Mädchen nehmen wollte.»

Evan Smith war totenbleich; dieser gräßliche Bericht hatte ihm die Rede verschlagen. In der Ferne sahen sie auf der menschenleeren Straße die breite Gestalt Doktor Abbotts auf sich zukommen. Trotz der großen Entfernung konnten sie erkennen, daß der Mann mit dem großen Hut ziemlich aufgeregt war. Aber sie waren beide selbst noch völlig erschüttert von dem, was sie in den vergangenen Stunden erlebt hatten.

«Sie haben recht, Haß ist etwas Fürchterliches», sagte Evan Smith schließlich, «und ich atme auf, weil ich fühle, daß mein ganzer Haß gegen den armen Dalmon von mir gewichen ist – jetzt, da ich weiß, daß er ein zweifacher Mörder ist.»

Schweigend gingen sie weiter, bis sie auf Doktor Abbott stießen. Dessen grauer Bart war vom Wind zerzaust, und mit einer verzweifelten Gebärde warf er seine großen, behandschuhten Hände in die Luft.

«Ich bringe Ihnen schreckliche Nachrichten!» rief er. «Man hat Arthurs Leiche gefunden. Er scheint im Garten Selbstmord verübt zu haben.»

«Was Sie nicht sagen!» sagte Pater Brown mechanisch. «Das ist ja schrecklich!»

«Und dann ist noch etwas passiert», fuhr Doktor Abbott atemlos fort. «John Dalmon ist fortgefahren, um Vernon Vaudrey, Arthurs Neffen, zu benachrichtigen, aber Vernon hat nichts von ihm gehört; Dalmon ist wie vom Erdboden verschwunden!»

«Wirklich?» sagte Pater Brown. «Wie eigenartig!»

Pater Brown pilgerte durch eine Gemäldegalerie, aber es war ihm deutlich anzumerken, daß er nicht hergekommen war, um sich die Bilder anzusehen. Er hatte wirklich nicht das geringste Verlangen, die Bilder zu betrachten, obschon er sonst ein großer Kunstliebhaber war. Nicht daß er etwa an diesen hochmodernen Gemälden und Zeichnungen etwas Unmoralisches oder Unziemliches festzustellen gehabt hätte – o nein, wer durch diese Darstellungen unterbrochener Spiralen, umgestülpter Kegel und zerfetzter Zylinder, mit denen die Kunst der Zukunft die Menschheit beglückt oder bedroht, sich etwa zu sündhaften Leidenschaften angeregt fühlen würde, müßte in der Tat ein leicht entzündliches Temperament haben. Pater Brown wandelte vielmehr nur deshalb zwischen diesen bildgewordenen Alpträumen umher, weil er eine junge Bekannte suchte, die ihm diesen reichlich ausgefallenen Treffpunkt angegeben hatte, da sie selbst etwas futuristisch veranlagt war. Die junge Dame war zugleich mit ihm verwandt – eine der wenigen Verwandten, die er besaß. Sie hieß Elizabeth Fane, wurde aber meist nur Betty genannt, und war die Tochter einer seiner Schwestern, die in eine vornehme, aber verarmte Landadelsfamilie eingeheiratet hatte. Da der Landjunker nunmehr außer der Armut auch den Tod kennengelernt hatte, war Pater Brown nicht nur ihr Onkel und Seelsorger, sondern auch ihr Beschützer und Vormund geworden. In diesem Augenblick betätigte er sich jedoch in keiner dieser vier Rollen, sondern richtete seine kurzsichtigen Augen auf die einzelnen in der Galerie herumstehenden und dahinwandernden Grüppchen, ohne allerdings das vertraute braune Haar und das freundliche Gesicht seiner Nichte zu erblicken. Was er sah, waren ein paar Leute, die er kannte, und viele, die er nicht kannte, und unter diesen wieder so manche, die er aus einer instinktiven Abneigung heraus gar nicht kennenzulernen wünschte.

Unter den Leuten, die er nicht kannte, die aber sein Interesse erweckten, war ein schlanker, behender junger Mann. Er war elegant gekleidet und sah wie ein Ausländer aus, denn sein Bart war viereckig zugestutzt wie bei einem alten Spanier, während sein schwarzes Haar so kurz geschnitten war, daß man es für eine enganliegende kleine Kappe hätte halten können. Unter den

Leuten, auf deren Bekanntschaft der Priester keinen großen Wert gelegt haben würde, befand sich eine sehr imponierende, in auffallendes Rot gekleidete Dame, deren blonder Haarschopf zu lang war, um noch als Bubikopf gelten zu können, aber auch zu kurz und ungebändigt, um irgendeine andere Bezeichnung zu verdienen. Sie hatte ein energisches, ziemlich fülliges Gesicht von bleicher, ungesunder Farbe, und wenn sie jemanden ansah, so gab sie sich alle Mühe, den Zauber eines Basiliskenblicks spielen zu lassen. Als ihren gehorsamen Diener zog sie einen kleinen, rundlichen Mann mit einem mächtigen Bart, sehr breitem Gesicht und schläfrig zusammengekniffenen Augen hinter sich her. Sein Gesichtsausdruck war heiter und wohlwollend, und wenn man ihn so sah, hatte man das Gefühl, als sei er gar nicht richtig wach; erblickte man ihn aber von hinten, so wirkte er mit seinem Stiernacken etwas brutal.

Pater Brown betrachtete die Dame mit dem Gefühl, daß das Erscheinen seiner Nichte ein angenehmer Kontrast sein würde. Und doch wandte er seine Augen nicht von ihr ab, bis er schließlich so weit war, daß ihm der Anblick eines jeden beliebigen Menschen ein erfreulicher Gegensatz gewesen wäre. Er drehte sich daher, als er seinen Namen nennen hörte, mit einem Gefühl der Erleichterung, wenn auch etwas wie ein aufgescheuchter Träumer, um und fand sich einem bekannten Gesicht gegenüber.

Es war das scharfgeschnittene, aber nicht unfreundliche Gesicht eines Rechtsanwalts namens Granby, dessen graumeliertes Haar man beinahe für eine gepuderte Perücke hätte halten können, so wenig paßte es zu seinen jugendlich energischen Bewegungen. Er war einer jener Citymänner, die in ihren Büros und auf der Straße wie Schuljungen herumlaufen. Ganz so konnte er sich in der Galerie allerdings nicht tummeln, aber er sah aus, als habe er große Lust dazu, und aufgeregt und unruhig schaute er nach links und rechts, offenbar einen Bekannten suchend.

«Ich wußte gar nicht», sagte Pater Brown lächelnd, «daß Sie ein Freund der neuen Kunst sind.»

«Ebensowenig wußte ich das von Ihnen», entgegnete der andere. «Ich bin hierhergekommen, um hier jemanden zu treffen.»

«Hoffentlich haben Sie Glück», meinte der Priester. «Ich warte auch auf jemanden.»

«Sagte mir, er wäre auf der Durchreise nach dem Kontinent», brummte der Anwalt, «und ich möchte ihn in diesem verrückten

Laden hier treffen.» Er überlegte einen Augenblick, dann sagte er plötzlich: «Ich weiß, daß Sie ein Geheimnis für sich behalten können. Kennen Sie Sir John Musgrave?»

«Nein», antwortete der Priester. «Aber ich kann mir kaum denken, daß er ein Geheimnis sein soll, obgleich man sagt, er vergrabe sich in seinem Schloß. Ist das nicht jener sagenhafte Alte, über den so verrückte Geschichten erzählt werden – er soll in einem Turm hinter einem wirklichen Fallgitter und einer Zugbrücke wohnen und äußerst wenig Neigung zeigen, aus dem dunklen Mittelalter ins helle Licht der Neuzeit zu kommen. Ist er einer Ihrer Klienten?»

«Nein», erwiderte Granby kurz. «Sein Sohn, Hauptmann Musgrave, hat uns aufgesucht. Aber der Alte spielt in dieser Geschichte eine wichtige Rolle, und dabei habe ich keine Ahnung, wie und wer er ist. Das ist für mich der springende Punkt. Ich sagte Ihnen ja schon, die Sache ist vertraulicher Natur, aber ich weiß, daß ich mich auf Sie verlassen kann.» Er dämpfte seine Stimme und zog seinen Freund in eine verhältnismäßig leere Seitengalerie.

«Der junge Musgrave», sagte er, «will von uns eine große Summe entleihen, die er nach dem Tod seines alten, in Northumberland lebenden Vaters zurückzahlen will. Der alte Musgrave ist schon weit über die Siebzig, es ist also anzunehmen, daß er eines Tages das Zeitliche segnen wird. Die Frage ist nur, ob er auch seinen Sohn segnen wird. Was wird nach seinem Tod mit seinem Barvermögen, mit den Schlössern, Fallgittern und all dem übrigen Zeug geschehen? Es ist ein sehr schönes Besitztum und sicherlich eine ganze Menge wert, aber sonderbarerweise ist es kein Fideikommiß. Sie sehen also, wie wir stehen. Und nun ist die Frage, wie steht der Alte zu seinem Sohn?»

«Steht er gut mit ihm, so steht es um Sie desto besser», bemerkte Pater Brown. «Aber ich fürchte, ich kann Ihnen in dieser Sache auch nicht weiterhelfen. Ich habe Sir John Musgrave nie kennengelernt, und wie man hört, ist es heute so gut wie unmöglich, zu ihm vorzudringen. Aber Sie müssen sich natürlich in diesem Punkt Klarheit verschaffen, bevor Sie dem jungen Herrn das Geld Ihrer Firma leihen. Gehört er vielleicht zu jener Sorte von Söhnen, die Aussicht haben, enterbt zu werden?»

«Das weiß ich eben nicht», antwortete der Rechtsanwalt. «Er ist bekannt und beliebt und überdies ein ausgezeichneter Gesellschafter, aber er ist viel im Ausland, und zu allem ist er auch einmal Journalist gewesen.»

«Nun, das ist doch kein Verbrechen», schmunzelte Pater Brown, «oder doch nur in den seltensten Fällen.»

«Unsinn!» fuhr Granby dazwischen. «Sie wissen schon, wie ich das meine. Er ist ein ewig unruhiger Geist, ist Journalist, Vortragskünstler und Schauspieler gewesen und noch anderes mehr. Ich muß genau wissen, wie ich mit ihm dran bin ... Na, da ist er ja endlich!»

Und der Anwalt, der ungeduldig in der fast menschenleeren Galerie auf und ab gewandelt war, drehte sich plötzlich zur Tür und eilte in den stärker besuchten Hauptraum. Er lief auf den großen, elegant gekleideten jungen Mann mit dem kurzen Haar und dem spanischen Bart zu, der Pater Brown schon vor einiger Zeit aufgefallen war.

Nach kurzer Begrüßung gingen die beiden in angeregter Unterhaltung fort. Pater Brown sah ihnen mit seinen zusammengekniffenen kurzsichtigen Augen nach. Sein Blick wurde jedoch durch die Ankunft seiner Nichte Betty von ihnen abgelenkt; sie war ganz außer Atem und begrüßte ihn mit einem Schwall von Worten. Zur Überraschung ihres Onkels zog sie ihn in den Nebenraum zurück und drückte ihn auf einen Stuhl nieder, der wie eine Insel aus der großen Fläche des Parketts emporragte.

«Ich muß dir etwas erzählen», sagte sie. «Es ist so verrückt, daß ein anderer es gar nicht verstehen wird.»

«Du machst mich aber neugierig», meinte Pater Brown. «Handelt es sich um die Sache, die mir deine Mutter angedeutet hat? Verlobung und dergleichen?»

«Du weißt», sagte sie, «daß sie mich mit Hauptmann Musgrave verloben will.»

«Davon hatte ich keine Ahnung», sagte Pater Brown resigniert, «aber Hauptmann Musgrave scheint heute ein sehr beliebtes Gesprächsthema zu sein.»

«Du weißt ja, daß wir sehr arm sind, und es hat keinen Zweck, vor dieser Tatsache die Augen zu verschließen.»

«Möchtest du ihn eigentlich gern heiraten?» fragte Pater Brown, sie aus halbgeschlossenen Augen ansehend.

Ihre Stirn umwölkte sich, sie sah zu Boden und antwortete leise: «Bis vor kurzem ja. Wenigstens glaube ich es. Aber inzwischen ist etwas passiert, das mir einen gehörigen Schreck eingejagt hat.»

«Was denn?»
«Ich habe ihn lachen gehört.»
«Was ist denn da schon dabei?»
«Ach, du verstehst mich nicht. Es war kein gewöhnliches Lachen. Es war für mich direkt unheimlich.»
Sie hielt einen Augenblick inne. Dann fuhr sie fort:
«Ich bin schon ziemlich früh hierhergekommen. Da sah ich ihn ganz allein in der Galerie vorn sitzen, in der die modernen Bilder hängen. Der Raum war noch ganz leer. Er hatte keine Ahnung, daß noch jemand außer ihm in der Galerie war. Ganz allein saß er da und lachte.»
«Nun, das ist doch kein Wunder», sagte Pater Brown. «Ich bin zwar kein Kunstsachverständiger, aber wenn man sich die Bilder so ansieht...»
«Oh, du willst mich nicht verstehen», unterbrach sie ihn fast zornig. «So klang das Lachen nicht. Die Bilder hat er sich gar nicht angesehen. Er starrte zur Decke empor, aber seine Augen schienen nach innen gekehrt, und er lachte, daß es mir kalte Schauder über den Rücken jagte.»
Der Priester hatte sich erhoben und ging, die Hände auf den Rücken gelegt, im Saal auf und ab. «Du darfst in einem solchen Fall nicht vorschnell urteilen und verurteilen», begann er. «Es gibt zwei Arten von Menschen... Aber wir können uns jetzt kaum über ihn unterhalten, denn da kommt er selbst.»
Elastischen Schrittes betrat Hauptmann Musgrave den Raum und überflog ihn mit einem Lächeln. Granby, der Rechtsanwalt, folgte ihm auf dem Fuße, sein strenges Juristengesicht trug einen Ausdruck der Erleichterung und Befriedigung.
«Ich nehme alles zurück, was ich über Musgrave erzählt habe», sagte er zu dem Priester, als sie zusammen der Tür zu gingen. «Er benimmt sich recht vernünftig und versteht meinen Standpunkt durchaus. Er fragte mich selbst, warum ich nicht nach Northumberland führe und mit seinem alten Vater spräche, dann könnte ich ja aus dessen eigenem Mund hören, wie es mit der Erbschaft bestellt sei. Das ist doch ein sehr vernünftiger Vorschlag, nicht wahr? Aber er hat es so eilig, zu Geld zu kommen, daß er mir sogar anbot, mich in seinem eigenen Wagen nach Schloß Musgrave Moss zu fahren. Ich habe ihm vorgeschlagen, daß wir beide vielleicht zusammen fahren könnten. Damit ist er einverstanden, und morgen früh geht es los.»

Während sie so sprachen, erschienen Betty und der Hauptmann in der Türe und gaben in diesem Rahmen ein Bild ab, das so manches empfindsame Gemüt sicherlich den Kegeln und Zylindern vorgezogen hätte. Was die zwei auch sonst gemeinsam haben mochten – sie sahen beide gut aus. Der Rechtsanwalt wollte gerade über diese nicht wegzuleugnende Tatsache eine entsprechende Bemerkung machen, als sich die Szene plötzlich änderte.
Hauptmann Musgrave sah in den Hauptsaal zurück. Und da fielen seine triumphierend lachenden Augen auf etwas, das ihn mit einem Schlag zu verwandeln schien. Auch Pater Brown blickte wie in einer Vorahnung in dieselbe Richtung – und sah das gesenkte Gesicht der in Rot gekleideten Frau, das unter ihrer blonden Löwenmähne jetzt fast totenbleich erschien. Leicht vornübergebeugt stand sie da, wie ein Stier, der seine Hörner zum Angriff senkt, und der Ausdruck ihres bleichen, teigigen Gesichts war so grausam, so hypnotisierend, daß man neben ihr den kleinen Mann mit dem großen Bart kaum noch bemerkte.
Ganz automatisch, einer aufgezogenen Laufpuppe gleich, glitt Hauptmann Musgrave auf die Rote zu. Leise sagte er ihr einige Worte ins Ohr, die die übrigen nicht verstehen konnten. Sie antwortete nicht, aber dann wandten sie sich beide um und gingen den langen Saal hinunter. Sie schienen miteinander zu streiten. Der kleine, stiernackige Mann schlich wie ein grotesker, koboldhafter Page hinter ihnen drein.
«Gott sei uns gnädig!» murmelte Pater Brown, der ihnen mit zusammengezogenen Augenbrauen nachsah. «Wer mag diese Frau wohl sein?»
«Meine Freundin ist sie gottlob nicht», erwiderte Granby mit grimmigem Humor. «Sieht so aus, als ob schon ein kleiner Flirt mit ihr unheilvoll enden könnte, nicht wahr?»
«Ich glaube nicht, daß er mit ihr flirtet», sagte Pater Brown.
Kaum hatte er dies gesagt, als auch schon die seltsame Gruppe sich am Ende des Saales trennte und Hauptmann Musgrave mit hastigen Schritten zu ihnen zurückkam.
«Es tut mir außerordentlich leid», sagte er in ganz natürlichem Ton, der aber wenig zu seiner veränderten Gesichtsfarbe paßte, «aber ich kann leider morgen nicht mit Ihnen nach Northumberland fahren, Herr Granby. Sie können natürlich trotzdem meinen Wagen haben. Ich möchte Sie sogar darum bitten, denn ich brauche ihn nicht. Ich – ich muß einige Tage in London bleiben.

Wenn Sie Gesellschaft haben wollen, so nehmen Sie doch bitte jemanden mit.»
«Mein Freund, Pater Brown ...» begann der Rechtsanwalt.
«Wenn Herr Musgrave nichts dagegen hat, fahre ich gern mit», sagte Pater Brown ernst. «Ich darf vielleicht bemerken, daß ich meinerseits ein gewisses Interesse an Herrn Granbys Erkundigungen habe, und es würde mir recht gut passen, wenn ich mitfahren könnte.»
So kam es, daß am nächsten Tag ein sehr eleganter Wagen mit einem ebenso eleganten Chauffeur über die weiten Moorflächen Yorkshires nach Norden schoß, besetzt mit zwei recht ungleichen Fahrgästen, einem Priester, der wie ein schwarzes Stoffbündel aussah, und einem Rechtsanwalt, der es gewohnt war, seine eigenen Füße zu gebrauchen, anstatt auf den Rädern fremder Leute einherzujagen.
Sie unterbrachen ihre Fahrt in einem der großen Flachtäler von West Riding, stärkten sich an einer ausgezeichneten Mahlzeit und schliefen in einem behaglichen Gasthof. Am nächsten Morgen brachen sie sehr früh auf und fuhren die Küste von Northumberland entlang, bis sie eine Landschaft erreichten, die ein buntes Gemisch von Sanddünen und üppigen Weiden war; im Herzen dieser Landschaft lag das alte Schloß, das als ein einzigartiges Denkmal uralter Grenzkriege übriggeblieben war. Sie folgten einer Straße, die eine tief ins Landesinnere vorstoßende Meeresbucht begleitete, und dann einem halbzerfallenen Kanal, der im Wallgraben des Schlosses endete. Das Schloß war eine richtige, viereckige, zinnenbewehrte Burg, die typische Normannenburg, wie man sie von Palästina bis hinauf nach Schottland findet. Und wahrhaftig – da waren auch ein Fallgitter und eine Zugbrücke, die wie ein Überbleibsel aus dem Mittelalter dräuend emporragte und schuld war, daß ihre Fahrt vor dem Wallgraben vorerst einmal ein unvorhergesehenes Ende fand.
Der Pater und der Anwalt wateten durch langes, hartes Gras und Disteln bis zum Rand des Grabens, dessen morastiges Wasser, von welken Blättern und träg dahinziehenden Blasen bedeckt, wie ein Band aus goldgeschmücktem Ebenholz die Mauern umschloß. Der Wassergraben war fast zwei Meter breit, und auf der anderen Seite, jenseits eines grünen Rasenstreifens, ragten die mächtigen Pfeiler der Toreinfahrt empor. Aber anscheinend stand diese einsame Burg so wenig mit der Außenwelt in Verbindung,

daß die auf das ungeduldige Rufen Granbys hinter dem Fallgitter undeutlich sichtbar werdenden Gestalten offenbar die größte Mühe hatten, die rostige Zugbrücke überhaupt in Bewegung zu setzen. Sie ratterte halbwegs herunter, schwankte wie ein gewaltiger fallender Turm über dem Graben und blieb dann stecken.

Granby, der ungeduldig am Grabenrand auf und ab lief, rief seinem Begleiter zu:

«Diese langweilige Wirtschaft geht mir auf die Nerven! Ich denke, es ist einfacher, wenn wir über den Graben springen.»

Und mit jugendlichem Schwung setzte er zum Sprung an und kam trotz leichten Strauchelns sicher am anderen Ufer an. Pater Brown war mit seinen kurzen Beinen weniger zum Springen geschaffen, aber er wollte nicht zurückbleiben und – landete mit einem Plumps in dem reichlich schlammigen Wasser. Nur durch das schnelle Zufassen seines Begleiters entging er einem allzu nassen Bad. Kaum hatte ihn dieser aber das grüne, glitschige Ufer emporgezogen, als er sich auch schon niederbückte und eine ganze Weile auf einen bestimmten Punkt am Abhang starrte.

«Botanisieren Sie etwa?» fragte Granby verärgert. «Nach Ihrem mißglückten Versuch, als Taucher die Wunder der Tiefe zu erforschen, haben wir jetzt keine Zeit mehr, seltene Pflanzen zu sammeln. Kommen Sie, dreckig oder nicht, wir müssen dem Baron unsere Aufwartung machen.»

Sie gingen weiter und kamen in den Schloßhof. Dort wurden sie von einem alten Diener, dem einzigen lebenden Wesen, das zu sehen war, mit geziemender Höflichkeit empfangen und, nachdem sie ihm den Zweck ihres Besuches auseinandergesetzt hatten, in ein großes, eichengetäfeltes Zimmer geführt, dessen mittelalterliche Fenster vergittert waren. Waffen aus verschiedenen Jahrhunderten hingen, symmetrisch angeordnet, an den dunklen Wänden, und eine vollständige Rüstung aus dem vierzehnten Jahrhundert stand wie eine Schildwache neben dem großen Kamin. Durch die halboffene Tür des anstoßenden Raumes konnte man die stark nachgedunkelten Porträts der Ahnengalerie sehen.

«Ich komme mir vor, als sei ich in einen Ritterroman und nicht in ein bewohntes Haus geraten», sagte der Rechtsanwalt. «Ich hatte keine Ahnung, daß es heutzutage noch Leute gibt, die in solch einer Umgebung leben.»

«Ja, der alte Herr führt seinen historischen Spleen mit großer Konsequenz durch», entgegnete Pater Brown. «Und überdies sind all diese Sachen echt. Man sieht, sie sind nicht von jemandem aufgestellt, der glaubt, alle Menschen des Mittelalters hätten zur gleichen Zeit gelebt. Manchmal setzen unerfahrene Sammler solche Rüstungen aus Teilen ganz verschiedenen Alters zusammen, nur um sie komplett zu haben. Und dabei vergessen sie völlig, daß diese Stücke oft nur einzelne Körperteile bedeckt haben. Diese Rüstung hier bedeckte allerdings ihren Träger von Kopf bis Fuß. Es ist eine richtiggehende Turnierrüstung aus dem späten Mittelalter.»

«A propos spät: Der Baron scheint es gar nicht eilig zu haben, uns zu empfangen», brummte Granby. «Er läßt uns ja schon eine ganz schöne Zeit warten.»

«An einem solchen Ort muß man darauf gefaßt sein, daß alles etwas langsam vor sich geht», sagte Pater Brown. «Ich finde, es ist dem alten Herrn schon hoch anzurechnen, daß er uns überhaupt empfängt: zwei Menschen, die ihm gänzlich fremd sind und die ihn über sehr persönliche Dinge ausfragen wollen.»

Und wirklich, als der Herr des Hauses endlich erschien, konnten sie sich über ihren Empfang nicht beklagen. Es war erstaunlich zu sehen, wie er in dieser barbarischen Einsamkeit und nach so vielen Jahren ländlicher Zurückgezogenheit und griesgrämigen Brütens die angeborene und überlieferte Kultur des gesellschaftlichen Umgangs so würdevoll und mühelos pflegen konnte. Der Baron schien über den seltenen und sicherlich unerwarteten Besuch weder überrascht noch verwirrt zu sein. Es mochte sein, daß er ein halbes Menschenalter hindurch keinen Gast mehr im Hause gehabt hatte, und doch war sein Benehmen so, als habe er erst im Augenblick zuvor Herzoginnen zur Tür hinauskomplimentiert. Er war weder verschlossen noch ungehalten, als sie auf den sehr heiklen und sehr privaten Grund ihres Besuches zu sprechen kamen. Nach kurzer, ruhiger Überlegung schien er ihre Neugierde als gerechtfertigt anzuerkennen. Der Baron war ein hagerer, scharfäugiger alter Herr mit dichten, schwarzen Augenbrauen und einem langen Kinn, und wenn auch sein sorgfältig gekräuseltes Haar zweifellos eine Perücke war, so war er doch so verständig, die graue Perücke eines älteren Mannes zu tragen.

«Was die Frage anbetrifft, die Sie unmittelbar angeht», sagte er, «so ist die Antwort in der Tat sehr einfach. Ich habe die feste

Absicht, mein gesamtes Eigentum meinem Sohn zu hinterlassen, wie ich es von meinem Vater geerbt habe, und nichts – ich sage ausdrücklich, nichts – könnte mich veranlassen, meinen Entschluß zu ändern.»

«Ich bin Ihnen für diese Auskunft zu tiefem Dank verpflichtet», antwortete der Rechtsanwalt. «Aber Ihre Liebenswürdigkeit ermutigt mich, zu bemerken, daß ich es ungewöhnlich finde, wie Sie Ihre Zusage ohne jede Bedingung erteilen. Es liegt mir durchaus fern, als möglich zu unterstellen, daß das Benehmen Ihres Sohnes Sie doch noch veranlassen könnte, Ihren Entschluß zu ändern, weil er Ihnen vielleicht als Erbe nicht würdig erschiene. Aber andererseits könnte er ...»

«Ganz richtig», unterbrach ihn Sir John Musgrave sarkastisch. «Er könnte. Der Potentialis dürfte in diesem Fall sogar eine Unterschätzung vorhandener Möglichkeiten sein. Wollen Sie die Güte haben, mit mir einen Augenblick in das nächste Zimmer zu kommen.»

Und er führte sie in den großen Raum mit der Ahnengalerie, die sie schon flüchtig durch die halboffene Tür gesehen hatten, und blieb mit feierlichem Ernst vor einer Reihe der geschwärzten, rissigen Porträts stehen.

«Dies hier ist Sir Roger Musgrave», sagte er und zeigte auf einen Mann mit langem Gesicht und schwarzer Perücke. «Er war einer der gemeinsten Lügner und größten Schurken in der doch gewiß schurkischen Zeit Wilhelms von Oranien. Er hat zwei Könige verraten und zwei Frauen ermordet oder doch wenigstens zu Tode befördert. Dies hier ist sein Vater, Sir Robert, ein alter Ritter ohne Furcht und Tadel. Und dieses ist sein Sohn, Sir James, einer der edelsten Streiter, die unter Jakob dem Zweiten für ihren Glauben das Leben gelassen haben, und einer der ersten, die den Versuch gemacht haben, für die Kirche und die Armen eine Wiedergutmachung des ihnen zugefügten Unrechts durchzusetzen. Sie sehen also, die Tatsache, daß die Macht, die Ehre, das Ansehen des Hauses Musgrave von einem guten Menschen zum anderen durch einen schlechten Menschen weitergegeben worden sind, ist, im großen gesehen, unwesentlich. Eduard der Erste hat England gut regiert. Eduard der Dritte hat das Land mit Ruhm bedeckt. Und doch stand zwischen diesen beiden der schändliche, unfähige Eduard der Zweite, der vor Gaveston kroch und vor Bruce davonlief. Glauben Sie mir, Herr Granby, die Größe eines großen Hauses mit einer großen Geschichte ist mehr als diese vergänglichen Einzelpersonen, die vom Schicksal beauftragt sind, die große Tradition weiterzutragen, auch wenn sie selbst völlig versagen. Unser Besitz ist stets vom Vater auf den Sohn vererbt worden, und so soll es auch bleiben. Sie können versichert sein, meine Herren, und Sie können auch meinem Sohn diese Versicherung geben, daß ich mein Geld nicht in alle vier Winde verstreuen werde. Bis der Himmel einstürzt, soll es jeder Musgrave einem Musgrave hinterlassen.»

«Ja», sagte Pater Brown nachdenklich, «ich verstehe, was Sie damit sagen wollen.»

«Und es wird uns ein besonderes Vergnügen sein», fügte der Anwalt hinzu, «diese frohe Botschaft Ihrem Sohn übermitteln zu dürfen.»

«Jawohl, Sie können ihm das ausrichten», sagte der Baron ernst. «Er wird auf jeden Fall das Schloß, den Titel, das Land und das Geld bekommen. Unter diese Zusage ist nur noch eine kleine Fußnote rein privater Natur zu setzen. Unter keinen Umständen werde ich, solange ich lebe, ihn jemals empfangen oder mit ihm sprechen.»

Der Rechtsanwalt verharrte in derselben respektvollen Haltung, nur in seinen Augen machte sich ein höfliches Erstaunen bemerkbar: «Aber was hat er denn nur ...»

«Ich bin nicht nur der Bewahrer einer großen Erbschaft», unterbrach ihn Musgrave, «sondern ich bin schließlich auch noch ein Mensch und ein Gentleman. Mein Sohn aber hat etwas so Entsetzliches getan, daß er aufgehört hat – das Wort ‚Gentleman' will ich in diesem Zusammenhang gar nicht in den Mund nehmen –, daß er aufgehört hat, ein menschliches Wesen zu sein. Er hat das schlimmste aller Verbrechen begangen. Erinnern Sie sich, was Douglas sagte, als Marmion ihm die Hand geben wollte?»

«Ja», antwortete Pater Brown.

«‚Meine Schlösser gehören von der Zinne bis zum Grundstein meinem König, aber meine Hand gehört mir'», sagte Musgrave.

Er führte seine ziemlich verdutzten Besucher wieder in das andere Zimmer zurück.

«Sie nehmen doch eine Kleinigkeit zu sich?» fragte er in derselben gleichmütigen Art. «Wenn Sie nicht sofort wieder abzureisen gedenken, würde es mir ein Vergnügen sein, Sie für die Nacht im Schloß zu beherbergen.»

«Wir danken Ihnen, Sir John», sagte der Priester mit klangloser Stimme, «aber ich glaube, wir müssen uns doch wieder auf die Reise machen.»

«Ich werde sofort die Brücke herabsenken lassen», sagte Sir John, und kurze Zeit später erfüllte das Quietschen dieser mächtigen und lächerlich veralteten Anlage das ganze Schloß. So rostig die Brücke auch war, diesmal funktionierte sie ohne Störung, und bald standen sie wieder auf dem grasbewachsenen Ufer jenseits des Festungsgrabens.

Granby wurde plötzlich von einem Schauder geschüttelt.

«Was kann sein Sohn denn nur getan haben?» rief er.

Pater Brown gab keine Antwort. Als sie aber mit ihrem Wagen in das nahegelegene Dorf Graystones gekommen und dort im Gasthof «Zu den sieben Sternen» abgestiegen waren, mußte der Anwalt zu seinem nicht geringen Erstaunen feststellen, daß Pater Brown anscheinend nicht die mindeste Absicht hatte, die Reise fortzusetzen, sondern aus einem ganz bestimmten Grund in der Nähe des Schlosses bleiben wollte.

«Ich kann mich mit dieser Auskunft nicht zufriedengeben», sagte er ernst. «Ich bleibe hier; Sie werden ja wahrscheinlich möglichst schnell mit dem Wagen nach Hause kommen wollen. Ihre Frage ist beantwortet. Bei Ihnen handelt es sich darum, ob Ihre Firma dem jungen Musgrave das Geld leihen kann. Aber meine Frage ist nicht beantwortet, ich weiß immer noch nicht, ob er als Mann für meine Nichte Betty in Frage kommt. Ich muß versuchen herauszubekommen, ob er wirklich ein so schreckliches Verbrechen begangen hat, oder ob das ganze nur die Einbildung eines verrückten Alten ist.»

«Aber», warf der Rechtsanwalt ein, «wenn Sie etwas über den jungen Musgrave herauszubekommen wünschen, wäre es da nicht besser, Sie suchen seine Nähe auf, als daß Sie hier in diesem öden Nest bleiben, wohin er doch kaum jemals kommen wird?»

«Was für einen Zweck hätte es, wenn ich hinter ihm herlaufen würde?» entgegnete Pater Brown. «Soll ich ihn etwa in Bond Street ansprechen und ihn fragen: ‚Verzeihung, haben Sie vielleicht ein so schreckliches Verbrechen begangen, daß man Sie nicht länger als menschliches Wesen betrachten darf?' Wenn er tatsächlich zu einem solchen Verbrechen fähig war, dann ist er sicherlich auch fähig, es zu leugnen. Und dabei wissen wir nicht einmal, worum es sich handeln könnte. Nein, es gibt nur einen Menschen, der mir darüber sichere Auskunft zu geben vermag, und vielleicht bringe ich ihn so weit, daß er es mir in einem neuen Ausbruch entrüsteter Beredsamkeit verrät. Auf jeden Fall bleibe ich vorläufig in seiner Nähe.»

Und tatsächlich hielt sich Pater Brown, so gut es ging, in der Nähe des exzentrischen Barons und traf auch gelegentlich mit ihm zusammen, wobei auf beiden Seiten größte Höflichkeit gewahrt wurde. Der Baron war trotz seines Alters sehr rüstig und ging viel spazieren. Man sah ihn oft im Dorf und auf den Feldern. Schon einen Tag nach ihrem Besuch im Schloß bemerkte Pater Brown, als er aus dem Gasthaus hinaus auf den Marktplatz trat, die hohe, vornehme Gestalt des Barons, der mit zügigen Schritten dem Postamt zuging. Er war sehr einfach in Schwarz gekleidet, sein scharfgeschnittenes Gesicht trat im hellen Sonnenlicht markant hervor; mit seinem silbergrauen Haar, den dunklen Augenbrauen und dem langen Kinn erinnerte er an Henry Irving oder einen anderen berühmten Schauspieler. Trotz seines altersgrauen Haares machten Gestalt und Gesicht den Eindruck jugendlicher Kraft; er trug seinen Stock wie einen Knüttel, nicht wie eine Krücke. Der Baron grüßte den Priester freundlich und kam gleich auf den Punkt zurück, bei dem er am Tage zuvor mit seinen Enthüllungen stehengeblieben war.

«Wenn Sie sich noch für meinen Sohn interessieren», sagte er, das Wort ‚Sohn' mit eisiger Gleichgültigkeit aussprechend, «so werden Sie nicht viel von ihm zu sehen bekommen. Er hat soeben England verlassen. Unter uns gesagt, er ist aus England geflohen.»

«Was Sie nicht sagen!» erwiderte Pater Brown und sah ihn ernst und durchdringend an.

«Leute, von denen ich niemals gehört habe – Gunow heißen sie –, wollten von mir seinen Aufenthalt wissen, und ich bin jetzt gerade dabei, ihnen telegrafisch mitzuteilen, daß er, soviel ich weiß, sich in Riga aufhält und Briefschaften nur postlagernd empfängt. Sie sehen also, ich habe nichts wie Ärger mit meinem Herrn Sohn. Ich wollte eigentlich schon gestern depeschieren, bin aber fünf Minuten zu spät auf die Post gekommen. Bleiben Sie länger hier? Ich hoffe, Sie werden mich wieder einmal besuchen.»

Als der Priester dem Rechtsanwalt, der ebenfalls im Dorf geblieben war, von dieser Unterredung mit dem alten Musgrave berichtete, war dieser erstaunt und interessiert zugleich.

«Warum ist der junge Musgrave wohl geflohen? Und was sind das für Leute, die sich so sehr für seinen jetzigen Aufenthaltsort interessieren? Wer sind denn diese Gunows eigentlich?»

«Warum er geflohen ist, weiß ich auch nicht», antwortete Pater Brown. «Vielleicht ist sein geheimnisvolles Verbrechen inzwischen entdeckt worden. Ich vermute sehr, daß die Leute, die ihn suchen, Erpresser sind. Und wer diese Gunows sind, glaube ich zu wissen. Erinnern Sie sich an die Szene in der Galerie? Die scheußliche fette Frau mit dem gelbblonden Haar dürfte wohl Frau Gunow sein, und der kleine Mann, der sie begleitete, wahrscheinlich ihr Mann.»

Am nächsten Tag kam Pater Brown ziemlich erschöpft ins Gasthaus zurück und stellte seinen schwarzen, unförmigen Regenschirm in die Ecke wie ein Pilger seinen Stab. Er sah niedergeschlagen aus. Aber das war oft bei ihm zu beobachten, wenn er ein Verbrechen der Aufklärung nähergebracht hatte. Er war niedergeschlagen, nicht weil ihm die Aufklärung mißlungen, sondern weil sie ihm gelungen war.

«Es ist furchtbar», sagte er mit matter Stimme, «aber ich hätte es ja gleich merken können. Mir hätte schon ein Licht aufgehen müssen, als ich das Zimmer zum erstenmal betrat und das Ding da stehen sah.»

«Als Sie was sahen?» fragte Granby ungeduldig.

«Als ich sah, daß nur eine Rüstung vorhanden war», entgegnete Pater Brown.

Der Rechtsanwalt starrte seinen Freund verständnislos mit aufgerissenen Augen an. Nach einer Weile fuhr Pater Brown fort: «Neulich in der Galerie war ich gerade dabei, meiner Nichte zu erklären, daß es zwei Arten von Menschen gibt, die allein lachen können. Etwas allgemein gefaßt: Ein Mensch, der allein lacht, ist entweder sehr gut oder sehr schlecht. Er vertraut seinen Spaß entweder Gott an oder dem Teufel. Auf jeden Fall aber hat er ein inneres Leben. Es gibt wirklich Menschen, die ihren Spaß mit dem Teufel teilen. Es macht ihnen nichts aus, daß kein anderer Mensch an diesem Spaß teilhaben kann, ja, daß ein anderer diesen Spaß nicht einmal ahnen darf. Der Spaß selbst genügt ihnen, wenn er nur böse und teuflisch genug ist.»

«Wovon sprechen Sie überhaupt?» fragte Granby. «Wen meinen Sie damit? Wer teilt hier einen unheimlichen Spaß mit Seiner Satanischen Majestät?»

Pater Brown sah ihn mit einem geisterhaften Lächeln an.
«Tja», sagte er, «das ist ja eben der Spaß!»
Und wieder schwiegen beide, aber das Schweigen war erfüllt von einer unheimlichen Spannung und bedrückend wie das Zwielicht, das immer dunkler und dunkler wurde. Pater Brown saß unbeweglich da, die Arme auf den Tisch gestützt, und als er schließlich zu sprechen fortfuhr, war in seiner Stimme keine Bewegung zu spüren.
«Ich bin die Reihe der Musgraves durchgegangen», sagte er. «Sie sind eine kräftige, langlebige Rasse, und ich glaube, selbst bei natürlichem Verlauf müßten Sie ziemlich lange auf Ihr Geld warten.»
«Darauf sind wir gefaßt», erwiderte der Rechtsanwalt; «aber ewig kann es doch auch wieder nicht dauern. Der Mann ist immerhin schon fast achtzig, obgleich er noch wie ein Junger herumläuft und die Leute hier im Dorf sagen, sie glaubten nicht, daß er jemals sterben werde.»
Pater Brown sprang in einer seiner seltenen überraschenden Aufwallungen empor, ließ jedoch die Hände auf dem Tisch, neigte sich vor und sah dem Rechtsanwalt ins Gesicht.
«Das ist's!» rief er mit leiser, aber erregter Stimme. «Das ist das ganze Problem. Das ist die einzige wirkliche Schwierigkeit. Wie um Himmels willen soll er bloß sterben?»
«Wie meinen Sie denn das?» fragte der Rechtsanwalt verblüfft.
«Ich glaube», tönte die Stimme des Priesters durch den inzwischen völlig dunkel gewordenen Raum, «daß ich das von James Musgrave begangene Verbrechen kenne.»
Seine Stimme klang so unheimlich, daß Granby erschauernd zusammenfuhr. Aber er hatte noch immer nicht verstanden.
«Es ist wirklich das schlimmste Verbrechen, das es auf der Welt gibt», fuhr Pater Brown fort. «Wenigstens haben es viele Völker zu vielen Zeiten für das schlimmste aller Verbrechen gehalten. Seit den frühesten Zeiten wurde es bei den Stämmen und Völkern auf das schrecklichste bestraft. Ja, jetzt weiß ich, was der junge Musgrave getan hat und warum er es tat.»
«Und was hat er getan?» fragte der Rechtsanwalt gespannt.
«Er hat seinen Vater ermordet», antwortete der Priester.
Nun erhob sich auch der Anwalt und blickte mit zusammengezogenen Brauen über den Tisch.
«Aber sein Vater ist doch im Schloß!» rief er schneidend.

«Nein, sein Vater liegt im Schloßgraben», entgegnete der Priester, «und ich muß ein Brett vor dem Kopf gehabt haben, daß mir dieser Gedanke nicht gleich gekommen ist, als mir etwas an der Rüstung auffiel. Können Sie sich noch erinnern, wie der Raum aussah? Zwei gekreuzte Schlachtäxte hingen auf der einen Seite des Kamins, zwei auf der anderen. An der einen Wand hing ein runder schottischer Schild, ein zweiter an der anderen. Auf der einen Seite des Kamins stand eine vollständige Rüstung, aber – die andere Seite war leer. Ich kann mir nicht denken, daß ein Mann, der den ganzen Raum mit einer solch beinahe übertriebenen Symmetrie ausgestaltet hat, diesen einen Platz, der dazu noch sehr in die Augen fiel, übersehen haben sollte. Ich bin davon überzeugt, daß früher an dieser Stelle noch eine zweite Rüstung gestanden hat. Und was ist aus ihr geworden?»

Er hielt einen Augenblick inne und fuhr dann mehr in der sachlichen Art eines Berichterstatters fort:

«Wenn man sich alles überlegt, so war der Plan recht gut entworfen und löste auch das schwierige Problem, wie die Leiche beseitigt werden sollte. Der Tote konnte stunden-, ja tagelang in der geschlossenen Rüstung stehen, während der Diener ein und aus ging, bis der Mörder in einer dunklen Nacht die Gelegenheit hatte, die Rüstung mit der Leiche hinauszutragen und im Graben zu versenken, wobei er nicht einmal die Zugbrücke zu benutzen brauchte. Und dabei hatte er kaum zu befürchten, daß die Sache je aufkäme! Sobald die Leiche in dem stehenden Wasser verfault war, blieb nichts mehr übrig als ein Skelett in einer Rüstung aus dem vierzehnten Jahrhundert, und ein solcher Fund im Wassergraben einer alten Grenzburg wäre sicherlich niemandem verdächtig vorgekommen. Es war zwar unwahrscheinlich, daß überhaupt jemand dort nach etwas suchen würde, aber auch wenn man suchte, hätte man in kurzer Zeit nur noch das Skelett in der Rüstung gefunden. Mir war auch noch etwas anderes aufgefallen. Wissen Sie noch, wie ich über den Graben sprang und dann auf dem Boden herumsuchte? Sie fragten mich, ob ich botanisiere. Was ich damals gesehen hatte, war keine seltene Pflanze; es waren Eindrücke zweier Füße, so tief in den festen Rasen eingesunken, daß ich überzeugt war, der Mann müsse entweder sehr schwer gewesen sein oder einen sehr schweren Gegenstand getragen haben. Ich habe aus meinem prächtigen, katzengleichen Sprung über den Graben auch noch etwas anderes gelernt.»

«Mir wird schon ganz schwindlig», sagte Granby, «aber ich beginne allmählich zu verstehen, worauf Sie hinauswollen. Und wie war das mit Ihrem Katzensprung?»

«Als ich heute auf dem Postamt war», sagte Pater Brown, «habe ich mich so nebenbei erkundigt, wann dort geschlossen wird. Der Baron hat mir nämlich gestern gesagt, er habe an dem Tag, da wir ankamen, gerade ein Telegramm aufgeben wollen, sei aber um einige Minuten zu spät gekommen. Er muß also zur selben Zeit beim Postamt gewesen sein, als wir vor der halb herabgelassenen Zugbrücke standen. Verstehen Sie, was das bedeutet? Es bedeutet, daß er nicht im Schloß war, als wir hier eintrafen, und daß er irgendwie ins Schloß gelangte, während wir vor der Zugbrücke standen. Darum mußten wir auch so lange warten. Und als ich mir hierüber klargeworden war, sah ich plötzlich ein Bild vor mir, das mir die ganze Geschichte enthüllte.»

«Ja und?» fragte der andere ungeduldig. «Was für ein Bild haben Sie gesehen?»

«Ein alter Mann von achtzig Jahren kann spazierengehen», sagte Pater Brown, «er kann dabei sogar unter Umständen ziemlich weite Strecken zurücklegen. Aber ein alter Mann kann nicht springen. Er würde dabei eine noch viel weniger gute Figur abgeben als ich bei meinem vorgestrigen Sprung. Aber wenn der Baron nun zurückkam, während wir vor dem Tor warteten, muß er auf demselben Weg hineingelangt sein wie wir – durch Überspringen des Wassergrabens –, denn die Brücke wurde ja erst später herabgelassen. Übrigens glaube ich, daß er den Mechanismus selbst in Unordnung gebracht hat, um unbequeme Besucher aufzuhalten, denn sonst hätte sie nicht so schnell repariert werden können. Aber das ist in diesem Zusammenhang unwichtig. Als ich nun dieses Bild vor meinen Augen sah – die schwarzgekleidete Gestalt mit dem grauen Haar, die mit einem Satz über den Graben sprang –, da wußte ich sofort, daß der Springer nur ein junger Mann sein konnte, der sich als Greis verkleidet hatte. Da haben Sie die ganze Geschichte.»

«Sie meinen also», sagte Granby leise, «daß dieser nette, junge Mann seinen Vater ermordete, den Leichnam in der Rüstung verbarg, diese in den Wassergraben versenkte, sich dann verkleidete und die Rolle des Alten spielte?»

«Die beiden waren sich sehr ähnlich», sagte der Priester. «An den Familienporträts konnte man deutlich sehen, wie stark diese

Ähnlichkeit war. Sie sprechen von seiner Verkleidung. Aber in einem gewissen Sinn ist jedermanns Kleidung eine Verkleidung. Der alte Mann verkleidete sich mit einer Perücke, der junge mit einem spanisch zugestutzten Bart. Als er sich nun den Bart abrasierte und die Perücke auf sein kurzgeschorenes Haar stülpte, sah er genauso aus wie sein Vater, wenn er seine Gesichtszüge mit ein wenig Schminke ins Greisenhafte verzog. Vielleicht wird Ihnen jetzt auch klar, warum er uns so höflich eingeladen hat, die Reise in seinem Wagen zurückzulegen. Er bot Ihnen seinen Wagen an, weil er selbst noch am selben Abend mit dem Zug fahren wollte. So kam er eher hier an als Sie, beging sein Verbrechen, verkleidete sich und war für die Verhandlung wegen der Erbschaft bereit.»

«Ach, die Erbschaft!» sagte Granby nachdenklich. «Sie glauben also, daß der alte Baron sich in dieser Frage ganz anders verhalten haben würde?»

«Er würde Ihnen offen erklärt haben, daß sein Sohn niemals auch nur einen Pfennig von ihm zu erwarten hätte. Der Mord war, so seltsam das klingt, wirklich die einzige Möglichkeit, Ihnen diese Einstellung des alten Musgrave vorzuenthalten. Aber bedenken Sie auch die listige Verschlagenheit, die hinter seiner Erzählung steckte. Diese Russen erpreßten ihn wegen irgendeiner Schurkerei, von der sie Kenntnis hatten; ich vermute, daß Musgrave während des Krieges Landesverrat begangen hat. Mit diesem Streich konnte er ihnen entwischen, und wahrscheinlich suchen sie ihn jetzt in Riga. Aber am raffiniertesten war seine Erklärung, die er uns in der Maske seines Vaters gab, daß er nämlich seinen Sohn zwar als Erben, nicht aber als menschliches Wesen betrachte. Auf diese Weise war die Erbschaft gesichert, und andererseits war dies auch ein Ausweg aus der größten Schwierigkeit, der er sich bald gegenübersehen mußte.»

«Ich sehe da verschiedene Schwierigkeiten», sagte Granby. «Welche meinen Sie?»

«Wenn er seinen Sohn nicht enterbte, so mußte es doch sehr sonderbar erscheinen, daß Vater und Sohn niemals zusammenkamen. Wenn er nun erklärte, er habe eine unüberwindliche persönliche Abscheu vor seinem Sohn, so war diese Schwierigkeit behoben. Es blieb also nur noch ein Problem übrig, das dem sauberen Herrn jetzt wahrscheinlich Kopfzerbrechen macht. Wie um Himmels willen soll der alte Mann bloß sterben?»

«Wer weiß, wie er wohl sterben sollte», sagte Granby langsam.
Pater Brown schien in träumerisches Nachsinnen verloren, dann fuhr er gedankenvoll fort:
«Und doch hat die ganze Sache noch einen tieferen Hintergrund. Dieser Plan gefiel ihm auch aus einem anderen Grund. Es verschaffte ihm ein persönliches perverses Vergnügen, Ihnen in der Rolle des Vaters zu erzählen, daß er als Sohn ein Verbrechen begangen habe – wo er doch wirklich seinen Vater ermordet hat. Das war die höllische Ironie, von der ich sprach, das war der Spaß, den er mit dem Teufel geteilt hat. Vielleicht klingt es paradox, aber manchem macht es teuflisches Vergnügen, die Wahrheit zu sagen, und vor allem sie so zu sagen, daß jedermann sie mißversteht. Darum eben gefiel er sich in seiner Rolle, sich als ein anderer auszugeben und sich selbst dann so schwarz zu malen – so, wie er in Wirklichkeit ist. Darum auch hörte ihn meine Nichte in der Gemäldegalerie vor sich hin lachen.»
Granby fuhr auf wie jemand, der aus seinen Träumen plötzlich wieder in den Alltag zurückversetzt wird.
«Ihre Nichte!» rief er. «Wollte ihre Mutter sie nicht mit Musgrave verheiraten? Sie glaubte wohl, ihre Tochter könne damit eine reiche und vornehme Partie machen?»
«Allerdings», sagte Pater Brown sarkastisch; «die Mutter wollte unbedingt, daß Betty gut verheiratet sei.»

Alle waren sich darüber einig, daß der Wohltätigkeitsbasar in Mallowood Abbey, für den Lady Mounteagle liebenswürdigerweise das Protektorat übernommen hatte, eine wohlgelungene Veranstaltung war. Da gab es Karussells, Schaukeln und Buden, auf und in denen sich die Leute prächtig amüsierten. Man könnte auch der Wohltätigkeit Erwähnung tun, die doch angeblich der Hauptzweck der ganzen Veranstaltung war, wenn nur irgendeiner der zahlreichen Anwesenden hätte sagen können, wem diese Wohltätigkeit nun eigentlich zugute kommen sollte.

Wir haben es in unserer Geschichte jedoch nur mit einigen der Festteilnehmer zu tun, und besonders mit dreien von ihnen, einer Dame und zwei Herren, die in angeregter Diskussion zwischen den beiden Hauptzelten einhergingen. Zu ihrer Rechten befand sich das Zelt des ‚Meisters vom Berge', des weltbekannten Wahrsagers, Kristallsehers und Handliniendeuters, ein prächtiges purpurrotes Zelt, über und über bedeckt mit den in Schwarz und Gold gemalten bizarren Umrissen asiatischer Götter, die wie Kraken ihre zahlreichen Arme durch die Gegend schwangen. Vielleicht sollten sie versinnbildlichen, wie leicht dort drinnen göttliche Hilfe zu haben sei, vielleicht sollte es auch nur eine diskrete Andeutung sein, daß der Idealbesucher eines Handlesers möglichst viele Hände haben sollte. Auf der anderen Seite stand das einfachere Zelt des Phrenologen Phroso. Als Dekoration trug es nur die geometrisch schematisierten Köpfe von Sokrates und Shakespeare, die beide offensichtlich recht unförmige Schädel gehabt haben mußten. Sie waren bloß in Schwarz und Weiß dargestellt und mit Zahlen und Anmerkungen versehen, wie es der würdevollen Strenge einer rein rationalistischen Wissenschaft geziemt. Das Purpurzelt hatte eine Öffnung, die aussah, als ginge es in eine finstere Höhle, und drinnen war es mäuschenstill, wie es sich gehörte. Phroso, der Phrenologe, indessen, ein magerer, schäbiger Kerl mit sonnenverbranntem Gesicht und einem unwahrscheinlich üppigen, schwarzen Schnurrbart und ebensolchen Koteletten, stand draußen vor seinem Tempel, pries seine Kunst nach Leibeskräften an, selbst wenn niemand da war, der ihn hörte, und versicherte allen Vorbeigehenden, daß sich ihre Köpfe bei genauer Untersuchung als ebenso knorrig erweisen würden

wie der Kopf Shakespeares. Als nun die Dame, von der wir eben sprachen, zwischen den Zelten auftauchte, sprang der eifrige Vertreter der Wissenschaft auf sie zu und fragte mit einer tiefen Verbeugung, ob er die Höcker ihres Kopfes befühlen dürfe.
Sie lehnte mit einer höflichen Bestimmtheit ab, die fast verletzend wirkte, doch sei zu ihrer Entschuldigung erwähnt, daß sie gerade in einer hitzigen Diskussion begriffen war. Zu ihrer Entschuldigung sei ferner angeführt, daß sie die Protektorin der Veranstaltung war, Lady Mounteagle selbst. (Womit allerdings nicht gesagt sein soll, daß sie völlig unbedeutend wäre – keineswegs!) Hübsch, aber verstört aussehend, lag in ihren tiefen, dunkeln Augen eine flackernde Unruhe, und ihr Lächeln hatte etwas Leidenschaftliches, fast Ungestümes an sich. Ihre bizarre Kleidung erinnerte an das purpurne Zelt; sie war halb orientalisch und mit geheimnisvollen exotischen Zeichen geschmückt. Aber es war ja eine in der ganzen Gegend bekannte Tatsache, daß die Mounteagles verrückt waren. So jedenfalls drückte das Volk die Tatsache aus, daß Lady Mounteagle und ihr Gatte sich für die Religionen und Kulturen des Fernen Ostens interessierten.
Das etwas ausgefallene Benehmen der Dame stand in krassem Gegensatz zu der bürgerlichen Korrektheit der beiden Herren, die von den Handschuhspitzen bis zu den wohlgebürsteten Zylinderhüten vor Steifheit und Zugeknöpftheit geradezu glänzten. Aber sogar zwischen ihnen war ein Unterschied festzustellen, denn während James Hardcastle einen durchaus korrekten und seriösen Eindruck machte, sah Tommy Hunter zwar korrekt, aber doch ziemlich gewöhnlich aus. Hardcastle war ein vielversprechender Politiker, der sich in Gesellschaft für alles mögliche außer Politik zu interessieren schien. Ein Spötter könnte auf den Gedanken kommen, hier einzuwerfen, daß alle Politiker im wahrsten Sinne des Wortes vielversprechend seien, aber um Hardcastle Gerechtigkeit widerfahren zu lassen, sei erwähnt, daß er schon oft Proben seiner Kunst abgelegt hatte. Bei dem Basar war nun allerdings kein Purpurzelt für ihn aufgeschlagen, in dem er seine Kunst hätte zeigen können.
«Ich meinerseits glaube», sagte er, indem er das Monokel, den einzigen Lichtpunkt in seinem hartgeschnittenen Juristengesicht, ins Auge klemmte, «daß wir erst alle Möglichkeiten der Hypnose ergründen müssen, ehe wir von Magie reden. Zweifellos gibt es selbst bei anscheinend rückständigen Völkern bemerkenswerte

psychische Kräfte. Es ist bekannt, daß manche Fakire wahrhaft wunderbare Dinge vollbracht haben.»

«Das ist doch alles Schwindel», meinte der andere junge Mann mit der unschuldigsten Miene von der Welt.

«Tommy, schwätz doch nicht so dummes Zeug», wandte sich Lady Mounteagle an ihn. «Warum mischst du dich denn dauernd in Dinge ein, die du nicht verstehst? Du kommst mir vor wie ein Schuljunge, der sich damit brüstet, daß er weiß, wie ein Taschenspielertrick funktioniert. Wenn du nur wüßtest, wie altmodisch dieser jungenhafte Skeptizismus ist! Was aber die Hypnose angeht, so glaube ich kaum, daß sie zur Erklärung ...»

Plötzlich verstummte Lady Mounteagle. Sie schien jemanden erblickt zu haben, den sie suchte, eine schwarze, untersetzte Gestalt, die vor einer Bude stand, wo Kinder mit Reifen nach schrecklich aussehenden Figuren warfen. Sie eilte hinüber und rief:

«Pater Brown, ich habe Sie schon überall gesucht. Ich möchte Sie gerne etwas fragen. Glauben Sie an Wahrsagerei?»

Der Angeredete blickte ziemlich verlegen auf den kleinen Reifen nieder, den er in der Hand hielt, und sagte schließlich:

«Ich weiß nicht, wie Sie das Wort ‚glauben' verstehen. Wenn die Sache natürlich auf einen Betrug hinausläuft ...»

«O nein, der ‚Meister vom Berge' ist keineswegs ein Betrüger», unterbrach ihn die Lady. «Er ist kein gewöhnlicher Zauberer oder Wahrsager. Es ist für mich eine große Ehre, wenn er sich herabläßt, meinen Gästen wahrzusagen, denn in seiner Heimat ist er eine bedeutende Persönlichkeit des religiösen Lebens, ein Prophet und Seher. Er verspricht den Leuten auch nicht wie ein gewöhnlicher Wahrsager Geld oder Glück. Er offenbart uns große geistige Wahrheiten über uns selbst und unsere Gedanken.»

«Das ist's ja eben», erwiderte Pater Brown. «Dagegen nämlich muß ich Einspruch erheben. Ich wollte gerade sagen, daß es mir nicht so schlimm erscheint, wenn das ganze nur ein gewöhnlicher Schwindel ist. Die meisten Sachen, die einem auf Wohltätigkeitsbasaren angeboten werden, sind ja schließlich mehr oder weniger Schwindel. Wenn es also nur das wäre, so könnte man es gleichsam als ein amüsantes Zauberkunststück nehmen. Wenn sich aber die Wahrsagerei als Religion maskiert und geistige Wahrheiten zu offenbaren vorgibt – dann ist sie Teufelswerk, und ich würde ihr in einem großen Bogen aus dem Weg gehen.»

«Das klingt doch reichlich paradox», sagte Hardcastle lächelnd.

«Was erscheint Ihnen daran so paradox?» fragte der Priester nachdenklich. «Mir scheint, die Sache ist doch ganz klar. Ich will es Ihnen an einem Beispiel klarmachen: Wenn sich jemand als Spion verkleidet und behauptet, dem Feind alles mögliche dumme Zeug aufgebunden zu haben – das ist doch weiter nicht schlimm. Wenn aber jemand wirklich mit dem Feind verhandelt, dann allerdings sieht die Sache anders aus! Wenn also ein Wahrsager ...»

«Sie glauben tatsächlich ...» begann Hardcastle grimmig.

«Ja, ich glaube, er verhandelt mit dem Feind.»

Tommy Hunter lachte laut auf. «Nun, wenn Pater Brown die Wahrsager für gut und harmlos hält, solange sie nur Betrüger sind, so dürfte er diesen kupferbraunen Propheten wohl schon gar als einen Heiligen betrachten.»

«Mein Vetter Tom ist unverbesserlich», sagte Lady Mounteagle. «Er ist regelrecht darauf aus, Adepten hereinzulegen, wie er das nennt. Ich habe ihn im Verdacht, daß er extra im Eiltempo hierhergekommen ist, als er von der Anwesenheit des Meisters hörte. Er würde, wenn es möglich wäre, auch versuchen, Moses oder Buddha hereinzulegen.»

«O nein, ich wollte nur ein wenig auf dich aufpassen», sagte der junge Mann, und ein breites Grinsen erschien auf seinem runden Gesicht. «Und darum bin ich halt hergekommen. Aber ehrlich gesagt: Es gefällt mir nicht, daß dieser braune Affe hier herumkriecht.»

«Laß doch diese Ausfälle!» sagte Lady Mounteagle. «Als ich vor einigen Jahren in Indien war, hatten wir auch alle diese dummen Vorurteile gegen Menschen brauner Hautfarbe. Aber seit ich ihre wunderbaren geistigen Kräfte ein wenig kenne, darf ich sagen, daß ich meine früheren Vorurteile abgelegt habe.»

«Sie scheinen da ganz anders zu denken als ich», bemerkte Pater Brown. «Sie verzeihen ihm seine braune Farbe, weil er Brahmane ist, und ich verzeihe ihm das Brahmanische, weil er braun ist. Offen gestanden, ich selbst gebe nicht viel auf diese geistigen Kräfte. Geistige Schwäche ist mir viel sympathischer. Ich verstehe übrigens gar nicht, warum man vor ihm Abscheu haben sollte, nur weil er dieselbe schöne Farbe hat wie Kupfer oder Kaffee oder die lieblichen Moorbäche Schottlands. Aber vielleicht», setzte er schelmisch hinzu, Lady Mounteagle aus freundlich blinzelnden Augen ansehend, «bin ich von vornherein ein wenig voreingenommen für alles, was ‚braun' heißt.»

«Na also!» rief Lady Mounteagle triumphierend. «Ich habe es ja gleich gewußt, daß Sie nicht im Ernst gesprochen haben.»
«Aber sowie jemand mal etwas Vernünftiges sagt, nennst du es einen schuljungenhaften Skeptizismus», brummte der gekränkte junge Mann mit dem runden Gesicht. «Wann soll denn das Kristallsehen losgehen?»
«Du kannst jederzeit hineingehen», sagte Lady Mounteagle. «Übrigens ist es gar kein Kristallsehen; er sagt wahr aus der Hand. Aber das wird dir sicher egal sein, denn deiner Meinung nach ist das ja alles der gleiche Unsinn.»
«Ich glaube, es gibt zwischen diesen so entgegengesetzten Meinungen doch noch einen Mittelweg», meinte Hardcastle lächelnd. «Es gibt für die erstaunlichsten Vorgänge oft ganz natürliche und durchaus sinnvolle Erklärungen. Kommen Sie doch herein und sehen Sie sich die Sache einmal an. Ich muß gestehen, ich bin sehr gespannt, was dabei herauskommen wird.»
«Ach, für diesen Unsinn habe ich einfach nicht die Geduld», stieß der junge Mann hervor, dessen rundes Gesicht in hitziger Bezeugung seiner Verachtung und Ungläubigkeit ganz rot angelaufen war. «Verschwenden Sie Ihre Zeit nur bei diesem braunen Schwindler, ich werfe inzwischen lieber nach Kokosnüssen.»
Der Phrenologe, der noch immer in der Nähe herumstrich, ließ sich diesen Anknüpfungspunkt nicht entgehen.
«Köpfe, mein lieber Herr», sagte er, «Menschenköpfe haben weit sanftere Konturen als Kokosnüsse. Keine Kokosnuß kann den Vergleich mit Ihrem eigenen sehr ...»
Hardcastle war bereits im dunklen Eingang des Purpurzeltes verschwunden. Man hörte drinnen ein leises Stimmengemurmel. Tom Hunter hatte gerade den Phrenologen mit einer ungeduldigen Antwort abgefertigt, wobei er eine bedauerliche Gleichgültigkeit gegen die Grenzlinie zwischen natürlichen und übernatürlichen Wissenschaften zeigte, während Lady Mounteagle sich eben dem Priester zuwenden wollte, um die Diskussion mit ihm fortzusetzen. Da hielt sie plötzlich überrascht inne und sah verblüfft nach dem Zelt.
James Hardcastle war wieder aus der dunklen Zeltöffnung aufgetaucht. Sein zusammengekniffenes Gesicht und sein blinkendes Monokel drückten größte Überraschung aus.
«Er ist nicht da», meldete der Politiker kurz. «Er ist weggegangen. Ein alter Neger, der wahrscheinlich sein Reisebegleiter ist,

quasselte mir etwas vor, der Meister habe es für besser gehalten, von hier wieder fortzugehen, als heilige Geheimnisse für Geld zu verkaufen.»

Lady Mounteagle wandte sich strahlend ihren Begleitern zu: «Na, was habe ich Ihnen gesagt? Er ist doch erhabener, als Sie sich vorstellen können. Er haßt Gewühl und Gedränge, er hat sich wieder in seine Einsamkeit zurückgezogen.»

«Es tut mir leid», sagte Pater Brown ernst. «Vielleicht habe ich ihm doch unrecht getan. Wissen Sie, wohin er sich begeben hat?»

«Ich glaube wohl», antwortete Lady Mounteagle mit demselben Ernst. «Wenn er allein sein will, geht er immer in den Kreuzgang am Ende des linken Flügels, wo mein Mann sein Studierzimmer und sein kleines Privatmuseum hat. Vielleicht ist Ihnen bekannt, daß unser Haus ehemals eine Abtei gewesen ist.»

«Ich habe schon so etwas gehört», antwortete der Priester mit einem schwachen Lächeln.

«Wenn Sie Lust haben, kommen Sie doch mit uns. Sie sollten sich wirklich einmal die Sammlungen meines Mannes ansehen, auf jeden Fall aber den Roten Mond. Haben Sie schon von dem Roten Mond von Meru gehört? ... Ja, es ist ein Edelstein.»

«Auch ich würde mir die Sammlungen gerne einmal ansehen», sagte Hardcastle langsam, «inbegriffen den ‚Meister vom Berge', wenn er sich gegenwärtig als Schaustück in Ihrem Haus befindet.»

Damit schlugen sie gemeinsam die Richtung auf das Haus Mounteagle ein.

«Jetzt würde es mich doch interessieren», murmelte der ungläubige Thomas, der den Zug beschloß, vor sich hin, «warum dieser braune Kerl überhaupt hierhergekommen ist, wenn er gar nicht wahrsagen will.»

Als er sich nun zum Gehen wandte, sprang der unerschütterliche Phroso noch einmal hinter ihm drein, und es sah so aus, als wollte er ihn bei den Rockschößen festhalten.

«Ihre Höcker, mein Herr ...» begann er.

«Rutsch mir den Buckel 'runter und nimm meine Schulden mit; das sind die einzigen Höcker, die ich habe, wenn ich Mounteagle besuche.» Und er machte sich eilends auf die Socken, um den hartnäckigen Bemühungen des Phrenologen zu entgehen.

Auf ihrem Weg zum Kreuzgang kamen die Besucher durch den langen Saal, in dem Lord Mounteagle seine recht umfangreichen asiatischen Sammlungen eingerichtet hatte. Durch eine offene Tür in der gegenüberliegenden Mauer konnten sie die gotischen Bogen und zwischen ihnen das helle Tageslicht des viereckigen offenen Platzes sehen, um dessen überdachten Wandelgang in alter Zeit die Mönche meditierend auf und ab gegangen waren. Aber bevor sie diese Tür erreichten, kamen sie an einer Gestalt vorüber, die auf den ersten Blick weit ungewöhnlicher erschien als der Geist eines alten Mönches.

Es war ein älterer Herr, ganz in Weiß gekleidet, auf dem Kopf einen blaßgrünen Turban. Sein Gesicht war rosig hell, ein echtes Europäergesicht, und der glatte, weiße Schnurrbart verriet den anglo-indischen Obersten. Der freundliche Herr war in der Tat niemand anders als Lord Mounteagle, der seinen orientalischen Zeitvertreib melancholischer oder wenigstens ernster nahm als seine Frau. Seine einzigen Gesprächsthemen waren orientalische Philosophie und Religion, und er hatte es sogar für nötig gehalten, sich nach der Art eines orientalischen Eremiten zu kleiden. Der Lord freute sich offensichtlich darüber, daß er jemandem seine Schätze zeigen konnte; diese Kostbarkeiten liebte er sicherlich viel mehr, weil seiner Meinung nach in ihnen tiefe Wahrheiten versinnbildlicht waren, als etwa wegen ihres Sammlerwerts, vom Geldwert ganz zu schweigen. Selbst als er den großen Rubin hervorholte, vielleicht den einzigen Gegenstand seines Privatmuseums, der auch rein in Geld ausgedrückt einen großen Wert repräsentierte, sah man ihm an, daß ihn dessen Name und Bedeutung viel mehr fesselten als seine erstaunliche Größe oder der immerhin beträchtliche Geldwert.

Mit weit aufgerissenen Augen starrten die Besucher auf den erstaunlich großen, roten Stein, in dem die Sonnenstrahlen brannten, als sähe man sie durch einen Regen von Blut. Lord Mounteagle ließ ihn über seine Handfläche rollen, ohne ihn anzusehen; er blickte zur Decke und erzählte eine lange Geschichte von dem legendären Berg Meru, der nach der gnostischen Mythologie der Kampfplatz namenloser urzeitlicher Kräfte gewesen sei.

Gegen Ende seines Vortrags über den Demiurg der Gnostiker, dessen Zusammenhang mit den parallelen Auffassungen des Mani nicht übersehen werden dürfe, hielt sogar der ansonsten sehr zurückhaltende und taktvolle Herr Hardcastle den Augenblick für gekommen, etwas abzulenken. Er bat um die Erlaubnis, den Stein näher ansehen zu dürfen, und da der Abend herannahte und es in dem großen Saal mit seiner einzigen Tür immer dunkler wurde, trat er in den Kreuzgang hinaus, um den Stein bei besserem Licht betrachten zu können. Die anderen folgten ihm. Erst jetzt wurden sie sich langsam und fast unheimlich der lebendigen Gegenwart des ‚Meisters vom Berge' bewußt.

Der Kreuzgang selbst war zwar noch in seiner ursprünglichen Form erhalten, doch waren die gotischen Pfeiler und Spitzbogen, die das innere offene Viereck begrenzten, durch eine niedrige, etwa einen Meter hohe Mauer miteinander verbunden. Dadurch waren die ursprünglichen Bogenöffnungen in eine Art Fenster verwandelt worden, und die Verbindungsmauern wirkten wie ein flacher Fenstersims. Diese Veränderung war wohl schon zu einem früheren Zeitpunkt vorgenommen worden; es gab aber noch andere Veränderungen seltsamerer Art, die von den jetzigen Besitzern der alten Abtei herstammten und Zeugnis ablegten für ihre ziemlich ausgefallene Schwärmerei. Zwischen den Pfeilern hingen nämlich dünne, aus Glasperlen und leichtem Rohr verfertigte Vorhänge oder beinahe Schleier, wie man sie gelegentlich in südlichen Ländern antrifft; und auf diesen Schleiern konnte man die farbigen Umrisse asiatischer Drachen und Götzen erkennen, die zu dem grauen gotischen Mauerwerk einen höchst seltsamen Kontrast bildeten. Durch diese merkwürdigen Vorhänge fiel das langsam verblassende Tageslicht in bunten Farben; aber so eigenartig dieser Anblick war, so war er doch gar nichts gegen den Anblick, den die Besucher jetzt mit unterschiedlichen Gefühlen wahrnahmen.

Auf dem offenen Platz, den der Kreuzgang umschloß, lief ringsherum ein kreisrunder, mit mattfarbigen Steinen gepflasterter Pfad, der mit einer Art grünen Emails eingefaßt war. Genau in der Mitte des Platzes erhob sich das dunkelgrüne Bassin eines Wasserspiels, eines etwas erhöhten Teiches, in dem große, weiße Seerosen schwammen und Goldfische hin und her flitzten. Das Ganze war überragt von einer hohen, grünen Statue, deren Umrisse sich dunkel gegen das verdämmernde Tageslicht abhoben. Die Besucher sahen von der Statue nur den Rücken, das Gesicht war durch die gebückte Haltung des Bildwerks völlig unsichtbar, so daß es schien, als habe sie keinen Kopf. Aber trotz des Zwielichts konnte man schon an der Form des dunklen Umrisses erkennen, daß es sich hier um kein christliches Bildwerk handelte.

Einige Meter abseits, auf dem kreisrunden Pfad, das Gesicht der gewaltigen grünen Gottheit zugewandt, stand der Mann, den man den ‚Meister vom Berge‘ nannte. Seine scharfgeschnittenen, gleichsam fein ziselierten Gesichtszüge glichen einer von Künstlerhand geformten Maske aus Kupfer. Auf diesem Untergrund wirkte sein dunkelgrauer Bart fast indigoblau. Schmal am Kinn beginnend, breitete sich der Bart wie ein gewaltiger Fächer oder ein Pfauenrad seitwärts aus. Der Meister war in ein pfauengrünes Gewand gehüllt und trug auf seinem kahlen Kopf eine hohe Mütze, einen Kopfputz von ganz ungewöhnlicher, nie zuvor erblickter Form, der jedoch eher ägyptisch als indisch aussah. Die weitgeöffneten Fischaugen des Fremden blickten so starr und bewegungslos, daß sie den gemalten Augen der Mumienschreine glichen. Die Gestalt des ‚Meisters vom Berge‘ sah wahrlich sonderbar genug aus; dennoch wandten einige aus der Gesellschaft, unter ihnen auch Pater Brown, nicht ihm ihre Aufmerksamkeit zu, sondern betrachteten immer noch das dunkelgrüne Götzenbild, auf das auch er seine Augen gerichtet hielt.

«Ich finde», bemerkte Hardcastle mit einem leichten Stirnrunzeln, «diese Figur paßt wirklich nicht in den Kreuzgang einer alten Abtei.»

«Nun seien Sie doch nicht so kindisch», sagte Lady Mounteagle. «Es war ja gerade unsere Absicht, die großen Religionen des Ostens und des Westens, Buddhismus und Christentum, miteinander in Verbindung zu bringen. Sie begreifen doch sicherlich, daß alle Religionen im Grund genommen gleich sind.»

«Wenn dem so ist», sagte Pater Brown mild, «so erscheint es mir ziemlich unnötig, sich eine mitten aus Asien zu holen.»

«Lady Mounteagle will sagen, daß alle Religionen verschiedene Seiten ein und derselben Sache sind, so wie dieser Stein verschiedene Facetten hat», begann Hardcastle; Interesse an dem neuen Gesprächsthema gewinnend, legte er den großen Rubin auf das Verbindungsmäuerchen zwischen zwei Pfeilern. «Aber daraus folgt noch nicht, daß wir einfach die künstlerischen Stile, die jede Religion hervorgebracht hat, miteinander vermischen dürfen. Man kann Christentum und Islam vermischen, nicht aber den gotischen und den sarazenischen Stil, vom indischen ganz zu schweigen.»

Während er so sprach, schien der ‚Meister vom Berge‘, der wie ein Starrsüchtiger dagestanden hatte, wieder zum Leben zu kommen. Ernst und gewichtig schritt er einen Viertelbogen des Kreises ab, so daß er jetzt direkt vor Lord und Lady Mounteagle und

ihren Gästen zu stehen kam. Er hatte ihnen den Rücken zugewandt und stand wie sie selbst im Rücken des Götzenbildes. Anscheinend bewegte er sich langsam um die Figur, und in jedem Viertel des Kreises blieb er in Betrachtung versunken stehen.
«Was hat er denn eigentlich für eine Religion?» fragte Hardcastle mit einem leichten Anflug von Ungeduld.
«Er sagt», antwortete Lord Mounteagle ehrfürchtig, «daß sie älter ist als der Brahmanismus und reiner als der Buddhismus.»
«So, so», meinte Hardcastle und starrte weiter durch sein Monokel, die Hände tief in den Rocktaschen vergraben.
«Man sagt», bemerkte Lord Mounteagle in seinem sanften, aber professorenhaft trockenen Ton, «daß die Gottheit, die den Namen ‚Gott der Götter' führt, in riesiger Gestalt in die Höhle des Berges Meru aus dem Felsen gemeißelt ...»
Sein so interessanter Vortrag wurde jäh durch eine Stimme unterbrochen, die hinter seinem Rücken aufklang. Die Stimme kam aus dem in völliger Dunkelheit daliegenden Museum, aus dem sie kurz zuvor in den Kreuzgang getreten waren. Die beiden jüngeren Männer sahen sich zuerst völlig verblüfft, dann wütend an und brachen schließlich in ein unbändiges Gelächter aus.
«Hoffentlich störe ich nicht», ließ sich die höfliche, einschmeichelnde Stimme des Professors Phroso vernehmen, dieses unerschütterlichen Wahrheitssuchers, «aber ich dachte mir, vielleicht hätten einige der Herrschaften doch etwas Zeit übrig für die zu Unrecht verachtete Wissenschaft der Phrenologie. Ihre Höcker, meine Herren ...»
«Ich habe keine Höcker», rief Tommy Hunter aufbrausend, «aber Sie werden jetzt gleich ein paar Beulen haben, Sie ...»
Hardcastle hielt ihn zurück, als er sich durch die Tür auf Herrn Phroso stürzen wollte. Die ganze Gesellschaft hatte sich umgedreht und blickte in den Saal.
In diesem Augenblick passierte es. Wieder war es der ungestüme Tommy, der zuerst in Bewegung geriet, und diesmal mit besserem Erfolg. Bevor noch irgend jemand etwas gesehen hatte, und als es Hardcastle eben mit Schrecken zum Bewußtsein kam, daß er den Edelstein auf der Mauer hatte liegen lassen, war Tommy schon mit einem katzenartigen Sprung an der Umfassungsmauer und brüllte, während er sich weit zwischen zwei Pfeilern hinausbeugte, mit einer triumphierenden, durch den Kreuzgang hallenden Stimme: «Ich habe ihn!»

In diesem Bruchteil einer Sekunde, als sie alle herumgefahren waren, kurz bevor Tommys triumphierender Schrei ertönte, sahen sie mit eigenen Augen, wie es passierte: Eine braune oder vielmehr bronzefarbene Hand, deren matter Goldton ihnen nicht unbekannt war, kam blitzschnell um die Ecke eines der beiden Pfeiler hervor und war ebenso schnell wieder verschwunden. Schnell wie eine zuschnappende Schlange hatte die Hand zugefaßt; sie war so plötzlich hervorgeschnellt wie die lange Zunge eines Ameisenbären, und – der Edelstein war verschwunden. Im bleichen, verlöschenden Licht sah man nur noch die leere Steinplatte des Fenstersimses.

«Ich habe ihn», keuchte Tommy Hunter, «aber er will sich losreißen. Springt schnell über die Mauer – er muß ihn noch haben.»

Die anderen folgten seinem Ruf. Einige liefen den Gang entlang, andere sprangen über die niedrige Mauer, und schließlich umgab die kleine Schar, bestehend aus Hardcastle, Lord Mounteagle, Pater Brown und dem nicht abzuschüttelnden Phrenologen Phroso, den gefangenen ‚Meister vom Berge'. Grimmig hatte ihn Hunter mit einer Hand beim Kragen gepackt und schüttelte ihn in einer Weise hin und her, die mit der Würde eines so großen Propheten durchaus nicht zu vereinbaren war.

«Jedenfalls haben wir ihn», sagte Hunter, indem er tief Luft holte und seinen Gefangenen schließlich losließ. «Wir brauchen ihn nur zu durchsuchen. Der Stein muß da sein.»

Aber dreiviertel Stunden später standen sich Hunter und Hardcastle, deren Zylinderhüte, Krawatten, Handschuhe und Fußgamaschen durch ihre gerade beendete anstrengende Tätigkeit arg mitgenommen waren, Aug in Aug gegenüber und sahen sich ziemlich dumm an.

«Nun», fragte Hardcastle mit verhaltenem Ärger, «können Sie sich das erklären?»

«Eine verteufelte Geschichte», sagte Hunter. «Wir haben doch alle gesehen, wie er den Stein von der Platte wegnahm.»

«Das schon, aber wir haben nicht gesehen, wo er ihn vielleicht wieder weggeworfen oder versteckt hat. Die Frage ist: Wo kann der Stein sein, so daß wir ihn nicht finden können?»

«Irgendwo muß er schließlich sein», meinte Hunter. «Haben Sie den Brunnen durchsucht und das Fundament, auf dem dieser blöde Götzenkerl steht?»

«Ich habe überall gesucht, nur den kleinen Fischen habe ich noch nicht den Bauch aufgeschlitzt», entgegnete Hardcastle, indem er sein Monokel ins Auge schob und sein Gegenüber musterte. «Denken Sie etwa an den Ring des Polykrates?»
Aber anscheinend überzeugte ihn die Musterung des runden Gesichtes, daß seinem Begleiter solche Meditationen über die griechische Sagenwelt durchaus fernlagen.
«Zugegeben, wir konnten den Ring nicht bei ihm finden», sagte Hunter plötzlich. «Aber vielleicht hat er ihn verschluckt.»
«Sollen wir nun auch noch den Propheten aufschlitzen?» fragte der andere lächelnd. «Und was sagt Lord Mounteagle dazu?»
«Eine höchst betrübliche Sache», meinte der Lord, indem er mit nervöse zitternder Hand an seinem weißen Schnurrbart zupfte. «Schrecklich, einen Dieb im Hause zu haben, und noch schrecklicher der Gedanke, der Meister könnte der Dieb sein. Aber ich muß gestehen, daß ich aus seiner Art, wie er über den Diebstahl spricht, nicht recht klug werde. Kommen Sie doch bitte herein und sagen Sie mir, was Sie darüber denken.»
Hardcastle ging mit ihm hinein, während Hunter zurückblieb und mit Pater Brown ins Gespräch kam, der im Kreuzgang auf und ab wandelte.
«Sie müssen aber sehr stark sein», bemerkte der Priester in freundlichstem Ton. «Sie brachten es fertig, ihn mit einer Hand zu halten, während wir die größte Mühe hatten, ihn mit unseren acht Händen zu bändigen, als wir uns wie einer dieser indischen Götter achtarmig auf ihn stürzten.»
In angeregtem Gespräch gingen sie einige Male im Kreuzgang auf und ab, dann betraten auch sie den Saal, wo der ‚Meister vom Berge' als Gefangener auf einer Bank saß, jedoch mit einer Miene, so hoheitsvoll, wie sie kein König hätte aufsetzen können.
Lord Mounteagle hatte ganz recht gehabt, als er sagte, daß diese Miene und sein Tonfall nicht leicht zu verstehen seien. In den Worten des ‚Meisters' kam ein gelassen, wenn auch nicht offen ausgesprochenes Machtgefühl zum Ausdruck. Über die laut angestellten Vermutungen der Gesellschaft, wo der Edelstein wohl verborgen sein könne, machte er sich offenbar nur lustig, und er war jedenfalls durchaus nicht beleidigt, daß man ihn als Dieb verdächtigte. Für all die Bemühungen, den Gegenstand wieder ausfindig zu machen, den sie ihn doch alle hatten wegnehmen sehen, hatte er nur ein geheimnisvolles Lachen übrig.

«Sie lernen jetzt ein wenig», sagte er mit unverschämter Herablassung, «die Gesetze der Zeit und des Raumes kennen, in deren Erforschung Ihre ganze moderne Wissenschaft noch um tausend Jahre hinter unserer ältesten Religion zurückgeblieben ist. Sie wissen nicht einmal, was das eigentlich heißt, ein Ding verstecken. Ja, meine lieben armen Freunde, Sie wissen nicht einmal, was das heißt, einen Gegenstand sehen, sonst würden Sie ihn vielleicht genauso deutlich sehen, wie ich ihn sehe.»
«Wollen Sie damit etwa sagen, daß er hier ist?» fragte Hardcastle barsch.
«‚Hier' ist ein Wort, das viele Bedeutungen hat», antwortete der Magier. «Aber ich habe nicht gesagt, daß er hier ist. Ich habe nur gesagt, ich könne ihn sehen.»
Verwirrt schwiegen alle, und er fuhr wie schläfrig fort:
«Wenn Sie ganz und gar still wären, würden Sie vielleicht einen Ruf vom anderen Ende der Welt hören, den Ruf eines einsamen Andächtigen aus jenen Bergen, wo das Urbild steht, selbst einem Berge gleich. Man sagt, daß sogar Christen und Mohammedaner dieses Bild verehren könnten, weil es nicht von Menschenhand geschaffen ist. Öffnet eure Ohren! Hören Sie den Ruf, mit dem er sein Haupt hebt und in der Steinhöhle, die seit Anbeginn der Zeiten besteht, den Roten Mond, das Auge des Berges, sieht?»
«Wollen Sie wirklich behaupten», rief Lord Mounteagle, den die geheimnisvollen Worte des Inders ziemlich erschüttert hatten, «daß Sie den Stein von hier auf den Berg Meru magisch übertragen könnten? Ich habe schon immer geglaubt, daß Sie große geistige Kräfte besitzen, aber ...»
«Vielleicht besitze ich mehr», erwiderte der Meister, «als Sie je fassen können.»
Hardcastle erhob sich ungeduldig und begann, die Hände in den Taschen seines Rockes, ungeduldig auf und ab zu gehen.
«Ich habe zwar niemals in dem Maße an solche Sachen geglaubt wie Sie, aber ich gebe durchaus zu, daß gewisse Kräfte existieren ... Mein Gott!»
Seine kräftige, schneidende Stimme brach plötzlich ab, er blieb stehen und starrte zur Tür hinaus, das Monokel fiel ihm aus dem Auge. Alle Gesichter wandten sich nach derselben Richtung, und auf jedem Gesicht schien dieselbe verhaltene Erregung zu liegen.
Der Rote Mond von Meru lag genau da, wo sie ihn zuletzt gesehen hatten, auf der Mauer. Er sah aus wie ein verwehter

Funken, wie ein Rosenblatt, und er lag genau auf demselben Platz, wo Hardcastle ihn so unachtsam niedergelegt hatte.
Hardcastle versuchte gar nicht, den Stein wieder aufzunehmen, sein Verhalten war recht eigentümlich. Langsam drehte er sich herum und begann wieder den Saal zu durchschreiten, aber in seinen vorher so unruhigen Bewegungen lag jetzt etwas Beherrschtes. Schließlich blieb er vor dem ‚Meister' stehen und verbeugte sich mit einem etwas gezwungenen Lächeln.
«Meister», sagte er, «wir alle müssen Sie um Verzeihung bitten. Aber, was wichtiger ist, Sie haben uns eine Lektion erteilt. Glauben Sie mir, wir werden diese Lektion genauso zu würdigen wissen wie den kleinen Spaß, den Sie uns bereitet haben. Ich werde nie vergessen, welch bemerkenswerte Kräfte Sie in Wirklichkeit besitzen und welchen Gebrauch Sie davon machen. Lady Mounteagle», fuhr er fort, indem er sich ihr zuwandte, «Sie werden mir verzeihen, daß ich zuerst mit dem Meister gesprochen habe, aber Sie werden sich erinnern, daß ich die Ehre hatte, Ihnen diese Erklärung bereits vorher zu geben. Ich darf vielleicht sagen, daß ich den Vorgang erklärt habe, schon bevor er passiert war. Ich sagte Ihnen schon heute nachmittag, daß die meisten Vorgänge dieser Art durch eine hypnotische Beeinflussung erklärt werden könnten. Auch das bekannte indische Zauberkunststück mit dem Mangobaum und dem Knaben, der an einem in die Luft geworfenen Seil emporklettert, wird mit Massensuggestion erklärt. In Wirklichkeit geschieht nämlich gar nichts, aber die Zuschauer werden so hypnotisiert, daß sie den Vorgang in ihrer Phantasie sehen. So wurden auch wir hypnotisiert, daß wir uns alle einbildeten, der Diebstahl sei wirklich geschehen. Die braune Hand, die hinter dem Pfeiler hervorkam und den Edelstein wegnahm, war nur eine Sinnestäuschung, nicht mehr als ein Wachtraum. Und als wir uns nun einbildeten, der Stein sei verschwunden, kamen wir gar nicht mehr auf den Gedanken, ihn an seinem ursprünglichen Platz zu suchen. Wir durchsuchten den Teich und drehten jedes einzelne Blatt der Wasserrosen um, und es hätte nicht viel gefehlt, und wir hätten den Fischen Brechmittel verabreicht. Dabei hat der Rubin die ganze Zeit über auf dem Steinsims gelegen.»
Er blickte in die schillernden Augen und auf den lächelnden bärtigen Mund des ‚Meisters' und sah, daß das Lächeln ein ganz klein wenig breiter geworden war als vorher. Etwas in diesem

Lächeln bewirkte, daß alle, wie aus einem schlimmen Traum aufwachend, befreit aufatmeten. Man erhob sich.
«Ich freue mich, daß die Sache eine so befriedigende Aufklärung gefunden hat», sagte Lord Mounteagle mit einem verlegenen Lächeln. «Es ist zweifellos so, wie Sie sagen, Herr Hardcastle. Es war eine sehr peinliche Untersuchung, und ich weiß wirklich nicht, welche Entschuldigung ...»
«Ich bin Ihnen deshalb nicht böse», sagte der ‚Meister vom Berge', noch immer lächelnd. «An mich kommt das alles gar nicht heran.»
Während die übrigen mit Hardcastle, der der Held des Tages war, sich über den glücklichen Ausgang der Angelegenheit freuten, schlenderte der kleine Phrenologe zu seinem komischen Zelt zurück. Als er sich umblickte, sah er zu seiner Überraschung, daß Pater Brown ihm folgte.
«Soll ich Ihre Höcker fühlen?» fragte der gelehrte Mann in mild sarkastischem Ton.
«Ich glaube nicht, daß Sie dazu noch Lust haben», meinte der Priester gutgelaunt. «Sie sind Detektiv, nicht wahr?»
«Richtig geraten», erwiderte der andere. «Lady Mounteagle bat mich, ein wachsames Auge auf den ‚Meister' zu haben, denn bei all ihrer Schwärmerei ist sie doch keine Törin. Als nun der ‚Meister' sein Zelt verließ, konnte ich ihm nur folgen, indem ich mich wie ein Idiot und Verrückter benahm. Wenn wirklich jemand in mein Zelt gekommen wäre, hätte ich mich erst in einem Lexikon über meine Wissenschaft orientieren müssen.»
«Die Hauptsache ist, daß man gleich weiß, wo man nachzuschlagen hat», entgegnete Pater Brown gedankenverloren. «Sie paßten in diesen Wohltätigkeitsrummel ganz gut hinein.»
«Ein sonderbarer Fall, meinen Sie nicht auch?» fragte der falsche Phrenologe. «Merkwürdig, daß das Ding die ganze Zeit über dagelegen haben soll.»
«Sehr merkwürdig!» meinte der Priester.
In seiner Stimme lag etwas, das den Phrenologen erstaunt aufblicken ließ.
«Was haben Sie denn?» rief er. «Was schauen Sie so komisch drein? Glauben Sie denn etwa nicht, daß der Stein die ganze Zeit über dort lag?»
Pater Brown fuhr zusammen, als habe man ihm einen Stoß versetzt. Dann sagte er langsam und zögernd: «Allerdings nicht ...

Tatsache ist ... Ich kann es wirklich nicht glauben, daß er die ganze Zeit über dagelegen haben soll.»

«Wenn Sie das sagen, dann haben Sie Ihre Gründe», bemerkte der andere nachdenklich. «Und warum glauben Sie nicht, daß der Stein die ganze Zeit auf der Mauer gelegen hat?»

«Weil ich ihn selbst wieder hingelegt habe», erwiderte Pater Brown.

Der Detektiv blieb wie vom Donner gerührt stehen, und es fehlte nicht viel, so wären ihm die Haare zu Berge gestanden. Er öffnete den Mund, konnte aber kein Wort hervorbringen.

«Oder vielmehr», fuhr der Priester ruhig fort, «war es so: Ich habe den Dieb überredet, daß er mich den Stein wieder hinlegen ließ. Ich habe ihm erzählt, was ich beobachtet hatte, und ihm klargemacht, daß er noch Zeit habe, seine Tat zu bereuen. Da Sie ja sozusagen ein Kollege sind, kann ich Ihnen die Sache vertraulich mitteilen. Übrigens glaube ich nicht, daß die Mounteagles jetzt, da sie den Stein zurückbekommen haben, die Sache zur Anzeige bringen werden, besonders wenn man bedenkt, wer der Dieb war.»

«Meinen Sie den ‚Meister'?» fragte der gewesene Phroso.

«Aber nein», erwiderte Pater Brown, «der ‚Meister' hat ihn nicht gestohlen.»

«Das verstehe, wer will», entgegnete der andere. «Niemand stand doch hinter der Mauer außer ihm, und ich habe selbst gesehen, daß die Hand von außen kam.»

«Die Hand kam von außen, aber der Dieb von innen», sagte Pater Brown.

«Das klingt mir aber reichlich mysteriös. Schauen Sie, ich bin ein Mann des praktischen Lebens; mir müssen Sie die Sache schon etwas einfacher machen. Ich wollte nur wissen, ob die Geschichte mit dem Rubin stimmt ...»

«Ich wußte, daß sie nicht stimmt, noch bevor ich überhaupt von dem Rubin etwas wußte.»

Nach einer Pause fuhr er nachdenklich fort: «Schon als ich die Diskussion zwischen den Zelten hörte, wußte ich, daß etwas nicht stimmte. Da redet man so daher, daß Theorien nichts bedeuten und daß Logik und Philosophie keinen praktischen Wert haben. Glauben Sie das nicht. Den Verstand hat uns Gott gegeben, und wenn wir uns etwas nicht richtig erklären können, dann stimmt meist etwas nicht. Nun, diese theoretische Diskussion endete etwas komisch. Vielleicht erinnern Sie sich noch, was dabei gesagt wurde. Hardcastle gab sich recht überlegen und meinte, all diese Zauberkunststücke seien durchaus möglich, aber sie kämen wohl in den meisten Fällen durch Hypnose oder Hellsehen zustande – übrigens sogenannte wissenschaftliche Namen für Dinge, die man sich nicht erklären kann, die man aber für erklärt hält, wenn man einen Namen dafür hat. Hunter dagegen hielt alles für glatten Betrug und wollte ihn aufdecken. Nach Lady Mounteagles Zeugnis war es nicht nur eine Gewohnheit von ihm, Wahrsager und ähnliche Leute hereinzulegen, sondern er war eigens gekommen, um den ‚Meister' zu entlarven. Dabei kam er durchaus nicht oft her. Er vertrug sich mit Mounteagle nicht recht, den er als alter Schuldenmacher stets anzupumpen suchte; aber als er hörte, daß der ‚Meister' hier sein würde, kam er schleunigst. Soweit gut. Trotzdem war es Hardcastle, der den Zauberer konsultieren wollte, Hunter aber lehnte es ab, das Zelt zu betreten. Er sagte, er wolle an solch einen Unsinn keine Zeit verschwenden, obschon er doch einen guten Teil seines Lebens darauf verwendet hat zu beweisen, daß es Unsinn sei. Darin liegt doch offensichtlich ein Widerspruch. Er glaubte ursprünglich, es handle sich um Kristallseherei, aber im letzten Augenblick erfuhr er, daß der ‚Meister' Wahrsagerei aus der Hand betreibt.»

«Meinen Sie, daß er deshalb nicht mitging?» fragte sein Begleiter, dem noch immer kein Licht aufging.

«Das dachte ich auch zuerst», sagte Pater Brown, «aber jetzt weiß ich, daß er einen ganz bestimmten Grund hatte. Er war durch die Entdeckung, daß es um Handlesen gehe, wirklich betroffen, weil er ...»

«Nun?» fragte der Detektiv ungeduldig.

«Weil er den Handschuh nicht abziehen wollte», sagte der Pater.

«Seinen Handschuh nicht abziehen?» wiederholte der andere.

«Hätte er ihn nämlich abgezogen», fuhr Pater Brown bedächtig fort, «so hätten wir alle sehen können, daß seine Hand bereits mattbraun gefärbt war ... Jawohl, er kam eigens her, weil der ‚Meister' hier war. Er hatte sich gründlich vorbereitet.»

«Sie wollen also sagen», rief Phroso, «daß es Hunters braungefärbte Hand war, die hinter dem Pfeiler zum Vorschein kam? Aber er war doch die ganze Zeit bei uns!»

«Versuchen Sie es doch einmal an Ort und Stelle selbst, und Sie werden merken, daß es durchaus möglich ist. Hunter sprang mit einem Satz in den Wandelgang und lehnte sich über die Brüstung; im Nu konnte er seinen Handschuh ausziehen, den Ärmel hochkrempeln und mit der Hand um den Pfeiler herum nach dem Sims fassen, während er mit der anderen Hand den Inder packte und laut rief, er habe den Dieb erwischt. Es fiel mir gleich auf, daß er den Dieb nur mit einer Hand festhielt, wo doch ein vernünftiger Mensch seine beiden Hände gebraucht hätte. Aber mit der gefärbten Hand ließ er den Rubin in seine Hosentasche gleiten.»

Nachdenklich sah der Ex-Phrenologe vor sich hin. Nach einer langen Pause begann er zögernd: «Nun, das nenne ich einen tollen Streich. Aber die Sache will mir noch nicht recht einleuchten. Vor allem bleibt mir das sonderbare Verhalten des alten Zauberers unerklärlich. Wenn er doch völlig unschuldig war, warum, zum Henker, hat er dann seine Unschuld nicht beteuert? Warum war er nicht entrüstet, daß man ihn als Dieb bezeichnete und ihn durchsuchte? Warum saß er lächelnd da und deutete nur geheimnisvoll an, zu welch unerklärlichen und wunderbaren Dingen er fähig sei?»

«Ha!» rief Pater Brown scharf, «jetzt kommen Sie endlich auf den springenden Punkt! Jetzt kommen Sie endlich auf das zu sprechen, was all diese Leute nicht verstehen und nie verstehen werden. ‚Alle Religionen sind gleich', sagt Lady Mounteagle. O nein, nein, nein! Ich sage Ihnen, einige dieser Religionen sind so verschieden voneinander, daß der beste Mensch der einen dickfellig scheint, wo der schlechteste der anderen empfindlich sein wird. Ich habe heute schon einmal gesagt, daß mir der Begriff ‚geistige Macht' nicht gefällt, weil der Akzent auf der ‚Macht' liegt. Ich will durchaus nicht behaupten, daß der ‚Meister' fähig wäre, einen Rubin zu stehlen; höchstwahrscheinlich würde er das nie tun, sehr wahrscheinlich würde er ihn des Stehlens nicht für wert halten. Für ihn gibt es andere Versuchungen: So wird er versucht sein, sich Wundertaten zuschreiben zu lassen, auf die er ebensowenig Anspruch hat wie auf den Edelstein. Einer solchen Versuchung ist er heute erlegen; diesen Diebstahl hat er heute begangen. Es gefiel ihm, daß wir dachten, er besitze die wunderbaren geistigen Kräfte, einen Gegenstand durch den Raum fliegen lassen zu können; und so ließ er uns in dem Glauben, er habe den Diebstahl begangen, obwohl er völlig unschuldig war. Der Gedanke, daß es sich bei dem Edelstein um fremdes Gut handelt, ist ihm zumindest anfänglich überhaupt nicht gekommen. Er wurde nicht versucht durch die Frage: ‚Soll ich diesen Stein stehlen?', sondern durch die Frage: ‚Könnte ich diesen Stein weghexen und ihn auf einen fernen Berg zaubern?' Wessen Stein es war, war ihm dabei völlig gleichgültig. Diese unterschiedliche Geisteshaltung meine ich, wenn ich sage, die Religionen seien verschieden. Er ist sehr stolz auf seine sogenannten geistigen Kräfte. Aber was er geistig nennt, bedeutet nicht dasselbe wie das, was wir sittlich nennen. Er versteht darunter Gehirnkräfte, Herrschaft des Geistes über die Materie, Macht des Magiers über die Elemente. Aber wir Christen sind nicht so wie er, auch wenn wir als Menschen nicht besser, ja selbst wenn wir schlechter sind als er. Wir, deren Väter zumindest Christen waren, die wir unter diesen mittelalterlichen Bogengängen aufgewachsen sind, selbst wenn wir sie geschmacklos mit allen Dämonen Asiens bevölkern, wir sind in unserem Ehrgeiz und in unserem Schamgefühl genau entgegengesetzt ausgerichtet. Wir wären ängstlich darauf bedacht, daß ja niemand von uns annähme, wir hätten den Stein verschwinden lassen. Er aber gab sich alle Mühe, uns glauben zu machen, er habe ihn gestohlen – obwohl er an dem Diebstahl ganz unschuldig war. Er stahl sich das Renommee des Stehlens! Während wir den Tatverdacht von uns abzuschütteln suchen wie eine Viper, lockte er ihn an sich heran wie ein Schlangenbeschwörer. Aber Schlangen sind bei uns keine Haustiere. Bei einem solchen Anlaß kommen sofort die tiefverwurzelten Anschauungen des Christentums zum Vorschein. Sehen Sie sich zum Beispiel den alten Mounteagle an! Man kann noch so sehr für das Orientalische schwärmen und so geheimnisvoll tun, wie man will, man kann einen Turban und wallende Gewänder tragen und nach den Weisungen Mahatmas leben – wenn einem aber so ein Steinchen im Haus gestohlen wird und Freunde und Bekannte in Verdacht kommen, dann wird man sehr bald entdecken, daß man ein ganz gewöhnlicher Engländer ist, der das Zittern bekommt, sobald er nur das Wort Diebstahl hört. Der Mann, der den Diebstahl wirklich beging, möchte auf keinen Fall, daß wir ihn des Diebstahls verdächtigen, denn auch er ist ein echter Engländer. Er war sogar noch etwas Besseres, er war ein christlicher Dieb. Und ich hoffe und glaube, daß er auch ein reuiger Dieb ist.»

«Nach Ihrer Auffassung», meinte sein Begleiter lachend, «kamen sich der christliche Dieb und der heidnische Betrüger also von zwei verschiedenen Seiten entgegen. Dem einen tat es leid, daß er den Diebstahl begangen hat, dem anderen, daß er ihn nicht begangen hat.»

«Wir dürfen über keinen von beiden zu hart urteilen», sagte Pater Brown nachsichtig. «Andere Engländer haben schon vor diesem gestohlen, und Gesetz und Politik haben sie dabei noch geschützt. Auch der Westen hat seine eigene Methode, den Diebstahl durch spitzfindige Ausflüchte zu entschuldigen. Schließlich ist dieser Rubin nicht der einzige wertvolle Stein auf dieser Welt, der seinen Besitzer gewechselt hat. Auch andere kostbare Steine, geschnitten wie Kameen und vielfältig und bunt wie Blumen, sind gestohlen worden ...»

Der andere sah ihn fragend an, und der Priester deutete mit dem Finger auf die gotischen Umrisse der großen Abtei.

«Ein großer, herrlicher Stein», sagte er, «und auch er wurde gestohlen ...»

Ein greller Blitz tauchte die grauen Bäume in fahles Licht und ließ das dichte Blätterdach bis zum letzten gekräuselten Blättchen deutlich hervortreten. Die ganze Szene sah aus wie mit dem Silberstift gemalt, wie in Silber gestochen. Und als nun im Bruchteil einer Sekunde Millionen winziger Einzelheiten aus der Dämmerung auftauchten, konnte man auch die nächste Umgebung erkennen: die unter den weitästigen Bäumen herumliegenden Überreste eines Picknicks, eine fahle Sandstraße, die sich durch den Wald zog, und am Waldrand einen weißen Wagen, der verlassen dastand. Schon vorher hatte das graue Dämmerlicht des Abends in der Ferne undeutlich einen düster aussehenden Herrensitz erkennen lassen, schloßartig, mit vier Türmen; die grauen Wände wirkten wie eine am Horizont aufsteigende, zerfetzte Wolke. Als nun der Blitz aufzuckte, schien das Schloß plötzlich in die Nähe zu rücken; hoch ragte es auf mit seinem zinnenbewehrten Dach und den schwarzen, gespenstischen Fenstern. Auf die kleine Gruppe von Menschen, die unter den Bäumen standen, wirkte dies wie eine Enthüllung – es war, als habe der Blitz plötzlich den Schleier vor einem längst vergangenen Ereignis heruntergerissen: Wie ein verblichener Schemen war das Schloß, war die Vergangenheit wieder ins Leben getreten.

Das unwirklich silberhelle Licht des Blitzes enthüllte für einen kurzen Augenblick aber auch eine menschliche Gestalt. Unbeweglich stand sie da wie die Türme des Schlosses, hochgewachsen, auf einer kleinen Bodenerhebung etwas höher als die übrigen Mitglieder der Picknick-Gesellschaft; diese saßen im Gras oder suchten das Geschirr zusammen. Ein Mann war es. Er trug einen malerischen kurzen Mantel oder Umhang, der mit einer silbernen Schnalle und einer Kette zusammengehalten wurde. Im Schein des Blitzes funkelte die Schnalle wie ein Stern; die bewegungslose Gestalt schien aus Erz gegossen zu sein, während das dichtgelockte Haar mit seiner brennendgelben Farbe wie Gold leuchtete. Man hätte unter diesem Haar eigentlich ein jüngeres Gesicht erwartet. Dieses Gesicht – mit einer Adlernase und scharfgemeißelten Zügen – war zwar in seiner Art schön zu nennen, sah aber in dem grellen Licht etwas faltig, gleichsam verwittert aus. Wahrscheinlich hatte die Haut des Mannes unter dem vielen Schmin-

ken gelitten, denn Hugo Romaine war der größte Schauspieler seiner Zeit. Im Augenblick, da der Blitz aufzuckte, sah er mit seinem gelockten, goldenen Haar, dem elfenbeinernen Gesicht und der silbernen Schnalle an der Kette fast wie ein geharnischter Ritter aus; als aber die Landschaft wieder in Dunkel getaucht war, zeichnete sich seine Gestalt schwarz vor dem trüben Grau des gewitterschwülen Abendhimmels ab.
Mit seiner statuenhaften, steinernen Ruhe unterschied sich Romaine von den übrigen Personen der Gruppe. Als der Blitz so unerwartet aufzuckte, waren alle anderen unwillkürlich zusammengefahren. Die einzige anwesende Dame hatte sogar die Augen ganz geschlossen und einen leisen Schrei ausgestoßen. Sie war Amerikanerin, was deutlich daran zu erkennen war, daß sie ihr graues Haar mit außerordentlicher Anmut trug, fast als sei sie stolz darauf. Ihr Mann, der englische General Outram, ein alter, wackerer Angloinder mit kahlem Kopf, schwarzem Schnurrbart und altmodischem Backenbart, blickte nur kurz mit einer steifen Bewegung auf und fuhr dann ruhig mit Aufräumen fort. Ein ebenso schlanker wie schüchterner junger Mann namens Mallow, der die braunen, treuen Augen eines Hundes hatte, ließ einen Teller fallen und stammelte verlegen eine Entschuldigung. Ein dritter, sehr elegant gekleideter Mann, dem die glatt zurückgekämmten grauen Haare das Aussehen eines forschen Terriers gaben, war kein anderer als der große Zeitungskönig Sir John Cockspur; er fluchte munter drauflos, aber es klang nicht eben sehr englisch und durchaus nicht akzentfrei, denn er kam von Toronto. Einzig die hochgewachsene Gestalt in dem kurzen Umhang stand buchstäblich wie ein Standbild aufrecht in der Dämmerung. Das Adlergesicht hatte im Schein des Blitzes wie die Büste eines römischen Kaisers ausgesehen, und nicht einmal seine Augenlider hatten sich bewegt.
Als bald darauf der Donner die dunkle Himmelswölbung durchkrachte, kam Leben in den Schauspieler. Er wandte den Kopf rückwärts, seinen Gefährten zu, und sagte lässig:
«Zwischen Blitz und Donner liegen etwa anderthalb Minuten; ich glaube, das Gewitter kommt näher. Ein Baum soll zwar kein guter Schutz gegen den Blitz sein, aber wir werden ihn bald als Schirm gegen den Regen brauchen. Es wird wohl einen kleinen Wolkenbruch geben.»
Der junge Mann warf einen besorgten Blick auf die Dame und

fragte: «Könnten wir nicht irgendwo anders Schutz suchen? Dort drüben scheint doch ein Haus zu sein.»
«Sie haben ganz recht, Herr Mallow, ein Haus ist da», bemerkte der General ziemlich grimmig, «aber man kann es nicht gerade als ein gastliches Haus bezeichnen.»
«Sonderbar», seufzte seine Frau gedankenverloren, «daß wir in ein Gewitter geraten sind, und es gibt kein anderes Haus weit und breit als das alte Schloß.»
In ihrem Ton lag etwas, das den sehr taktvollen und feinfühligen jungen Mann veranlaßte, keine weiteren Fragen zu stellen. Der Mann aus Toronto war jedoch weniger rücksichtsvoll.
«Was ist denn mit dem Haus?» fragte er. «Sieht mir eher wie eine Ruine aus.»
«Dieses Schloß», bemerkte der General mit einem Anflug von Sarkasmus, «gehört dem Marquis von Marne.»
«Aha!» rief John Cockspur. «Von diesem komischen Vogel habe ich schon allerhand gehört. Im vergangenen Jahr habe ich ihm sogar im ‚Komet' eine ganze Fortsetzungsgeschichte gewidmet unter dem Titel ‚Der Edelmann, den niemand kennt'.»
«Ich habe auch schon von ihm gehört», warf der junge Mallow leise ein. «Es werden die unheimlichsten Geschichten erzählt, warum er so zurückgezogen lebt. Er soll eine Maske tragen, weil er den Aussatz hat. Ein Bekannter hat mir auch allen Ernstes erzählt, auf der Familie liege ein Fluch; man sprach von einem Kind, einer schrecklichen Mißgeburt, das in einem dunklen Zimmer verborgen gehalten wird.»
«Der Marquis von Marne hat drei Köpfe», sagte Romaine mit unbeweglichem Gesicht. «Alle dreihundert Jahre einmal wird der Familie ein dreiköpfiger Sohn geboren. Kein Mensch wagt sich dem fluchbeladenen Haus zu nähern außer einer schweigenden Prozession von Hutmachern, die eine ungeheuerliche Anzahl von Hüten heranschleppen. Aber ...», und seine Stimme vibrierte in jenem unheimlichen Ton, der bei seinen Auftritten auch dem letzten Theaterbesucher kalte Schauer über den Rücken jagte, «edle Freunde! Diese Hüte sind nicht für menschliche Häupter gemacht!»
Die Amerikanerin blickte stirnrunzelnd und etwas zweifelnd zu ihm hin, als ginge ihr dieser Stimmaufwand sehr gegen den Strich.
«Ich mag Ihre dämonischen Späße nicht», sagte sie. «Ich wäre Ihnen dankbar, wenn Sie darüber keine Späße machen würden.»

«Ich höre und gehorche», erwiderte der Schauspieler, «aber darf ich wie ein guter Soldat nicht einmal fragen, warum Sie dies wünschen?»

«Ich wünsche es», entgegnete sie, «weil der Marquis von Marne durchaus nicht – wie behauptet wird – ein Edelmann ist, den niemand kennt. Ich selbst kenne ihn oder wenigstens kannte ihn sehr gut vor etwa dreißig Jahren, als wir noch alle jung waren. Er war damals Attaché in Washington. Und damals trug er keine Maske, wenigstens nicht in meiner Gegenwart. Er war kein Aussätziger, obschon er vielleicht ebenso einsam war. Und er hatte nur einen Kopf und nur ein Herz, und das war gebrochen.»

«Eine unglückliche Liebesgeschichte natürlich», sagte Cockspur. «Das könnte ich eigentlich für den ‚Komet' recht gut brauchen.»

«Es soll sicherlich ein Kompliment für uns Frauen sein», erwiderte die Amerikanerin nachdenklich, «daß Sie immer annehmen, das Herz eines Mannes werde nur durch eine Frau gebrochen. Aber es gibt noch andere Arten der Liebe und des Kummers. Haben Sie niemals ‚In Memoriam' gelesen? Haben Sie niemals von David und Jonathan gehört? Der arme Marquis zerbrach am Tod seines Bruders. Das heißt, es war eigentlich nicht sein Bruder, sondern ein Vetter, aber er war mit ihm zusammen erzogen worden und stand ihm näher, als das selbst bei Brüdern der Fall ist. James Mair, wie der Marquis zur Zeit unserer Bekanntschaft hieß, war von beiden der ältere, aber er blickte immer wie anbetend zu Maurice Mair auf, wie zu einem Gott. Für ihn war sein Vetter Maurice ein Wunderkind; aus jedem Wort, das er über ihn sprach, konnte man das heraushören. James selbst war durchaus kein Dummkopf und ein sehr guter Politiker; wenn er aber über Maurice sprach, dann gab es für ihn nur eine Meinung: Maurice könne jeden Beruf aufs beste ausfüllen. Er sei ein glänzender Künstler, Schauspieler und Musiker, von allem anderen gar nicht zu reden. James selbst war ein sehr hübscher Mann, hochgewachsen, kraftvoll und energisch, obgleich die jungen Leute von heute ihn mit seinem geteilten Backenbart, wie er damals Mode war, sicherlich sehr komisch finden würden. Maurice hingegen trug keinen Bart, aber er war nach den Bildern, die ich gesehen habe, ebenfalls sehr schön, wenn er auch einem Tenor ähnlicher sah, als einem Gentleman eigentlich zusteht. Immer und immer wieder fragte mich James, ob sein Vetter nicht ein wahres Wunder sei, ob sich nicht jede Frau in ihn verlieben müsse und so weiter und so weiter, und es war schon gar nicht mehr auszuhalten mit seiner Fragerei, bis das alles dann eines Tages plötzlich so tragisch endete. James' ganzes Leben schien in diesem Vergöttern geradezu aufzugehen, bis eines Tages das Idol von seinem Sockel herunterstürzte und zerbrach wie ein Nippesfigürchen. Eine Erkältung, die sich Maurice an der See zugezogen hatte – und alles war vorüber.»

«Und dann», fragte der junge Mann, «hat sich der Marquis so ganz und gar von der Welt abgeschlossen?»

«Zuerst ging er auf Reisen», antwortete sie, «nach Asien, in die Südsee und weiß Gott wohin. Solche erschütternden Erlebnisse wirken ja auf jeden Menschen verschieden. Der Marquis jedenfalls mied von nun an jede menschliche Gesellschaft und suchte sogar der Erinnerung so weit als möglich zu entfliehen. Man durfte ihm gegenüber nicht einmal mehr die leiseste Andeutung über die alte Freundschaft machen, er konnte kein Bild des Toten mehr sehen, mochte nichts mehr von ihm hören und hielt alles von sich fern, was nur irgendwie mit ihm zusammenhing. Er konnte den Pomp eines großen öffentlichen Begräbnisses nicht ertragen. Er hatte nur einen Wunsch, die Gegend zu verlassen, in der sich das Schreckliche zugetragen hatte. Zehn Jahre blieb er seiner Heimat fern. Es ging das Gerücht, daß er gegen Ende seines freiwilligen Exils wieder etwas aufgelebt sei; aber als er wieder hier war, brach er völlig zusammen. Er verfiel in religiöse Melancholie und ist wohl dem Wahnsinn nahe.»

«Man sagt, die Pfaffen hätten sich seiner bemächtigt», brummte der alte General. «Ich weiß, er gab Riesensummen für die Gründung eines Klosters her und lebt sogar selbst fast wie ein Mönch oder jedenfalls wie ein Einsiedler. Ich verstehe nicht, wie man so etwas machen kann.»

«Dieser verfluchte Aberglaube!» schnarrte Cockspur. «Das sollte man wirklich an die große Glocke hängen. Machen sich also diese elenden Vampire an einen Mann heran, der dem Staat und der Welt zweifellos noch große Dienste hätte erweisen können, und saugen ihm das Blut aus den Adern. Ich wette, bei ihren unnatürlichen Ansichten über Welt und Leben haben sie ihn nicht einmal heiraten lassen.»

«Da haben Sie recht, verheiratet ist er nicht», sagte die Amerikanerin. «Er war zwar verlobt, als ich ihn kennenlernte, aber ich glaube nicht, daß diese Liebe für ihn so wichtig war, und sie wurde mit begraben, als alles andere zusammenstürzte. Wie es bei Hamlet und Ophelia war – die Liebe entglitt ihm, als ihm das Leben entglitt. Ich kannte seine Braut, ich kenne sie auch heute noch. Unter uns, es war Viola Grayson, die Tochter des alten Admirals. Auch sie hat übrigens nie geheiratet.»

«Das ist ja schändlich! Das ist eine Teufelei!» rief Sir John aufspringend. «Es ist nicht nur eine Tragödie, sondern ein Verbrechen! Ich habe der Öffentlichkeit gegenüber eine Pflicht zu erfüllen, und ich werde diesen empörenden Fall in allen meinen Zeitungen brandmarken. Es ist doch kaum zu glauben – so etwas im zwanzigsten Jahrhundert!»

Er erstickte fast an seiner Entrüstung. Der alte Krieger aber sagte nach einer Weile:

«Ich will nicht behaupten, daß ich viel von diesen Dingen verstehe, aber ich glaube, diese frommen Leute sollten sich an ein Bibelwort erinnern, das da heißt: ‚Lasset die Toten ihre Toten begraben.'»

«Nur daß unglücklicherweise die Mahnung dieses Textes gerade hier sehr genau befolgt zu werden scheint», bemerkte seine Frau seufzend. «Es klingt doch fast wie eine unheimliche Sage, in der ein Toter unablässig und für ewig einen anderen Toten begräbt.»

«Das Gewitter ist über uns hinweggezogen», sagte Romaine mit einem undefinierbaren Lächeln. «Sie werden also diesem ungastlichen Haus keinen Besuch abzustatten brauchen.»

Die Amerikanerin fuhr schaudernd zusammen.

«Oh, das werde ich sowieso nie wieder tun!» rief sie.

Mallow sah erstaunt zu ihr hin.

«Was heißt wieder? Haben Sie es denn schon einmal versucht?» fragte er.

«Ja, einmal habe ich den Versuch gemacht», sagte sie leichthin, nicht ohne einen Anflug von Stolz, «aber es ist besser, wir sprechen jetzt nicht davon. Übrigens, wenn es auch nicht regnet, so dürfte es doch ratsam sein, wenn wir zum Wagen zurückgehen.»

Einzeln und paarweise brachen sie auf. Mallow und der General bildeten den Abschluß der Gruppe, und plötzlich sagte der General mit leiser Stimme:

«Dieser Cockspur braucht es ja nicht zu hören, aber da Sie gefragt haben, ist es wohl besser, wenn Sie die Wahrheit erfahren. Diese Brüskierung meiner Frau ist das einzige, was ich dem Marquis niemals verzeihen werde; aber ich glaube, die Mönche haben ihn derartig zugerichtet, daß er nicht mehr anders kann. Meine Frau, die treueste Freundin, die er in Amerika je gehabt hat, besuchte ihn, als er gerade im Garten spazierenging. Er wandelte umher, die Augen niedergeschlagen wie ein Mönch, und dabei steckte er in einer schwarzen Kapuze, die wirklich aussah wie eine lächerliche Maskierung. Sie hatte ihm ihre Karte hineingeschickt und erwartete ihn nun im Garten auf dem Weg, den er dahergeschritten kam. Und was glauben Sie – ohne ein Wort oder auch nur einen Blick ging er an ihr vorbei, als sei sie nichts als ein Stein am Wegrand. Er war kein menschliches Wesen mehr, er war nur noch eine grauenhafte wandelnde Marionette. Meine Frau hat wirklich recht, wenn sie ihn als einen Toten bezeichnet.»

«Das ist doch alles recht seltsam», sagte der junge Mann gedankenverloren. «Es ist alles so ganz anders, als ... als ich eigentlich erwartet hätte.»

Als der junge Mallow von diesem ziemlich trübselig verlaufenen Picknick nach Hause kam, machte er sich auf die Suche nach einem Freund, mit dem er sich über das Erlebte aussprechen konnte. Er kannte zwar keine Mönche, aber er kannte einen Priester, dem er von diesen seltsamen Berichten, die er am Spätnachmittag gehört hatte, erzählen wollte. Gar zu gerne hätte er gewußt, was es mit den schrecklichen Geschichten über den Marquis auf sich hätte – Geschichten, die über dem geheimnisvollen Schloß hingen wie die dräuend schwarzen Gewitterwolken des Nachmittags.

Nachdem er lange Zeit vergeblich gesucht hatte, traf er Pater Brown schließlich im Hause eines katholischen Freundes, der eine sehr zahlreiche Familie hatte. Mallow fand Pater Brown auf dem Fußboden sitzend und sehr ernsthaft darum bemüht, einen grellbunten Puppenhut auf dem Kopf eines Teddybären zu befestigen.

Mallow fühlte, daß das, was er mitzuteilen hatte, gar nicht zu dieser Szene paßte; aber er war von den ihn bewegenden Fragen zu sehr erfüllt, um die Unterhaltung darüber mehr, als unbedingt nötig, hinauszuschieben. In seinem Unterbewußtsein hatte es schon die ganze Zeit über gearbeitet und rumort, und so erzählte er jetzt die Tragödie des Hauses Marne, wie er sie von der Frau des Generals gehört hatte, und vergaß auch nicht die Bemerkungen des Generals und des Zeitungskönigs. Als der Name Cockspur fiel, horchte Pater Brown plötzlich mit gespanntem Interesse auf.

Es kam Pater Brown weder zum Bewußtsein, noch hätte es ihn sonderlich gekümmert, daß seine Haltung recht komisch und nicht im mindesten salonfähig war. Er blieb weiterhin auf dem Boden sitzen, wo er mit seinem großen Kopf und den kurzen Beinen aussah wie ein spielendes Kind. Aber in seine großen, grauen Augen kam plötzlich ein Ausdruck, der in den vergangenen neunzehnhundert Jahren zu den verschiedensten Zeiten in den Augen vieler Männer aufgeglommen war – nur saßen diese Männer im allgemeinen nicht auf dem Boden, sondern an Konferenztischen oder auf den Thronsesseln von Äbten, Bischöfen und Kardinälen. Es war jener weitschauende, wachsame Späherblick, in dem zugleich die ganze Demut liegt, wie sie ein Amt verlangt, das für einen Menschen allzu schwer ist. Diesen wachsamen Blick in die Weite kann man in den Augen von Seeleuten ebenso beobachten wie bei jenen, die Sankt Peters Schiff durch so viele Stürme und Fährnisse zu steuern hatten und haben.

«Es ist sehr gut, daß Sie mir dies erzählen», sagte Pater Brown. «Ich bin Ihnen wirklich sehr dankbar, denn wir werden in dieser Angelegenheit vielleicht etwas unternehmen müssen. Wenn nur Leute wie Sie und der General dabeigewesen wären, könnte man die Sache eventuell als private Angelegenheit betrachten. Wenn aber Sir John Cockspur in seinen Blättern Lärm schlägt und irgendwelchen Unsinn verbreitet ... Er ist ja ein alter Katholikenfresser. Wir werden uns da kaum heraushalten können.»

«Aber was gedenken Sie denn zu tun? Was meinen Sie überhaupt zu der ganzen Geschichte?» fragte Mallow unsicher.

«Nun», entgegnete Pater Brown, «als erstes fällt mir auf, daß die Geschichte so, wie Sie sie mir erzählt haben, nicht sehr wahr klingt. Nehmen wir doch einmal theoretisch an, wir Geistlichen wären wirklich solche lebensfeindliche Vampire, die darauf aus sind, das Glück der Menschen zu zerstören. Nehmen Sie also einmal an, ich sei ein solcher Vampir.» Er rieb seine Nase mit dem Teddybären, aber als es ihm dunkel zum Bewußtsein kam, daß dies wenig zum Ernst der Sache passe, legte er ihn weg. «Nehmen wir an, wir Geistlichen wären darauf aus, alle Freundschafts- und Familienbande zu zerreißen. Warum sollten wir dann aber umgekehrt ein Interesse daran haben, jemandem solche Familienbande wieder aufzuzwingen, wenn er gerade dabei war, sich davon zu befreien? Es ist doch unsinnig, uns zu beschuldigen, wir zerstörten die Familienbindungen, und uns im selben Atem-

zug zur Last zu legen, wir drängten sie einem Menschen auf. Ich sehe auch nicht ein, warum ein mit religiösem Wahnsinn geschlagener Mensch einen solchen aberwitzigen Kultus der Vergangenheit betreiben sollte, schon gar nicht aber, wie die Religion diesen Wahnsinn fördern könnte. Wahrscheinlicher wäre es doch, daß echter Glauben ihm ein wenig Hoffnung schenken würde.»
Nach einer Pause setzte er nachdenklich hinzu: «Ich würde mich sehr gern einmal mit Ihrem General unterhalten.»
«Nicht er, sondern seine Frau hat mir das alles erzählt», sagte Mallow.
«Ich weiß», erwiderte der Priester. «Aber mich interessiert das, was er verschwieg, mehr als das, was seine Frau erzählt hat.»
«Sie meinen also, daß er mehr weiß als sie?»
«Ich glaube, er weiß mehr, als sie gesagt hat», antwortete Pater Brown. «Nach Ihrem Bericht hat er gesagt, diese Brüskierung könne er dem Marquis niemals verzeihen. Was hat er sonst noch zu verzeihen?»
Pater Brown erhob sich und ordnete sein weites Gewand. Dann sah er den jungen Mann mit zusammengekniffenen Augen und rätselhaftem Gesichtsausdruck an. Plötzlich wandte er sich um, nahm seinen unförmigen Regenschirm zur Hand, setzte seinen großen, schäbigen Hut auf und stapfte davon.
Er überquerte viele Straßen und Plätze, bis er im Westend an ein schönes, altes Haus kam. Den Diener, der ihm auf sein Läuten hin öffnete, fragte er, ob er den General sprechen könne, und nach einigem Hin und Her wurde er in ein weniger mit Büchern als mit Karten und Globen ausgestattetes Arbeitszimmer geführt, in dem der kahlköpfige, schwarzbärtige General am Tisch saß, eine lange, dünne, schwarze Zigarre rauchte und sich damit vergnügte, Stecknadeln in eine Karte zu bohren.
«Verzeihen Sie bitte die Störung», sagte der Priester, «besonders deshalb, weil es so aussehen wird, als wollte ich mich mit meinem Besuch in Ihre Privatangelegenheiten mischen. Ich möchte Sie in einer sehr persönlichen Sache sprechen, aber ich denke, daß alles, was wir sprechen werden, unter uns bleiben kann. Leider ist zu befürchten, daß andere die Sache an die Öffentlichkeit bringen wollen. Sir John Cockspur dürfte ja auch für Sie, Herr General, kein Unbekannter sein.»
Der dichte, schwarze Schnurrbart und der Backenbart bedeckten die untere Gesichtshälfte des alten Generals wie eine Maske, und

so konnte man nur schwer erkennen, ob er lächelte. Nur seine buschigen, dunklen Augenbrauen zwinkerten hin und wieder.
«Ich glaube, den kennt jeder», brummte er. «Ich selbst kenne ihn freilich nicht besonders gut.»
«Aber es dürfte Ihnen immerhin bekannt sein, daß jedermann erfahren wird, was er weiß», sagte Pater Brown lächelnd, «wenn er es für zweckmäßig hält, seine Kenntnisse in Druckerschwärze umzusetzen. Und wie mir mein Freund, Herr Mallow, den Sie ja wohl ebenfalls kennen, berichtet, beabsichtigt Sir John, einige flammende antiklerikale Artikel vom Stapel zu lassen, die er auf das sogenannte Geheimnis des Schlosses Marne aufbauen will. ‚Mönche treiben Marquis zum Wahnsinn' – so etwa!»
«Na und?» meinte der General. «Wenn Sir John das vorhat, dann verstehe ich nicht, warum Sie in dieser Sache zu mir kommen. Ich möchte Sie darauf aufmerksam machen, daß ich überzeugter Protestant bin.»
«Überzeugte Protestanten sind mir sehr sympathisch», erwiderte Pater Brown. «Ich habe Sie aufgesucht, weil ich sicher bin, daß Sie mir die Wahrheit sagen werden. Ich hoffe, es ist nicht ungerecht, wenn man in dieser Hinsicht bei Sir John Cockspur weniger überzeugt ist.»
Wieder zwinkerten die braunen Augen, aber der General sagte kein Wort.
«Herr General», fuhr Pater Brown fort, «stellen Sie sich einmal vor, Cockspur oder Leute seines Schlages würden in der ganzen Welt Greuelmärchen über Ihr Land oder Ihre Fahne verbreiten. Denken Sie sich, er würde die Behauptung aufstellen, Ihr Regiment sei in der Schlacht davongelaufen oder Ihr Stab stehe im Sold des Feindes. Würden Sie in diesem Fall nicht alles unternehmen, die Unrichtigkeit solcher Behauptungen vor aller Welt zu beweisen? Würden Sie sich durch irgend etwas an der Feststellung der Wahrheit hindern lassen? Nun, auch ich habe ein Regiment, auch ich gehöre einer Armee an. Sie wird verleumdet durch Berichte, die meiner Meinung nach frei erfunden sind; aber ich kann dies noch nicht beweisen, weil ich den wahren Hergang nicht kenne. Können Sie mir einen Vorwurf daraus machen, daß ich mich bemühe, ihn herauszufinden?»
Der General schwieg.
«Ich habe die Geschichte gehört, die man Mallow gestern erzählt hat. Danach soll sich Marne, gebrochen durch den Tod seines Vet-

ters, der ihm mehr bedeutete als ein Bruder, gänzlich von der Welt zurückgezogen haben. Aber ich bin davon überzeugt, daß hinter dieser Sache noch mehr steckt. Und ich bin hergekommen, um zu fragen, ob Sie mehr hierüber wissen.»

«Nein», sagte der General schroff, «mehr kann ich Ihnen auch nicht sagen.»

«Herr General», meinte Pater Brown mit einem breiten Lächeln, «mich würden Sie einen Jesuiten genannt haben, hätte ich mich so aus der Schlinge gezogen.»

Der General lachte rauh auf und brummte dann mit noch größerer Feindseligkeit:

«Gut denn, ich will Ihnen also nichts sagen. Was sagen Sie jetzt?»

«Na schön», antwortete der Priester sanft, «wenn Sie nicht wollen, dann muß eben ich Ihnen etwas erzählen.»

Die braunen Augen zwinkerten nicht mehr; groß und fest waren sie auf den Priester gerichtet.

Pater Brown fuhr fort: «Sie zwingen mich also dazu, Ihnen auseinanderzusetzen, und vielleicht in weniger sympathischer Weise, als es Ihnen selbst möglich gewesen wäre, warum ganz offensichtlich mehr hinter der Geschichte steckt, von der Ihre Frau berichtet hat. Ich bin fest davon überzeugt, daß der Marquis sich nicht nur deshalb in seine melancholische Einsamkeit zurückgezogen hat, weil er einen Freund verloren hat. Ich glaube kaum, daß irgendein Priester überhaupt etwas mit dieser Sache zu tun hat, ja, ich weiß nicht einmal, ob er ein Konvertit ist oder nur ein Mensch, der sein Gewissen durch Wohltätigkeiten zur Ruhe bringen will; aber einer Sache bin ich sicher: Die Trauer um einen verlorenen Freund ist bestimmt nicht der einzige Grund, warum sich der Marquis so seltsam benimmt. Da Sie es nicht anders wollen, werde ich Ihnen einige Punkte aufzählen, die mich zu dieser Überzeugung gebracht haben.

Erstens sagte Ihre Frau, James Mair sei verlobt gewesen und habe auch die Absicht gehabt, zu heiraten, nach dem Tod von Maurice Mair aber habe er die Verlobung gelöst. Es ist doch wahrlich nicht einzusehen, warum ein ehrenwerter Mann eine Verlobung lösen sollte, nur weil er über den Tod seines Freundes betrübt ist. Viel wahrscheinlicher wäre es doch, daß er sich, um Trost zu finden, noch fester an den einzigen Menschen anschließt, der ihm verblieben ist. Jedenfalls war der Tod des Freundes durchaus kein Grund, die Verlobung mir nichts, dir nichts aufzulösen und das Mädchen sitzenzulassen.»

Der General kaute auf seinem schwarzen Schnurrbart herum, und in seine Augen trat ein wachsamer, vielleicht sogar etwas besorgter Ausdruck; aber er antwortete nichts.

«Punkt zwei», sprach Pater Brown weiter, indem er finster auf die Tischplatte starrte. «James Mair fragte seine Freundin unablässig, ob sein Vetter Maurice nicht außergewöhnlich bezaubernd sei und ob nicht jede Frau ihn bewundern müsse. Ich weiß nicht, ob der Dame der Gedanke gekommen ist, daß diese Fragen auch einen anderen Sinn haben konnten.»

Der General hatte sich erhoben und ging mit schweren Schritten im Zimmer auf und ab.

«Ach, diese ganze verdammte Geschichte!» rief er, aber seine feindselige Stimmung schien geschwunden.

«Der dritte Punkt», fuhr Pater Brown unerbittlich fort, «ist James Mairs sonderbare Art zu trauern – er zerstört alle Andenken, verhüllt alle Bilder und so weiter. Ich gebe zu, so etwas kann vorkommen als Zeichen einer leidenschaftlichen Trauer. Aber es kann auch etwas anderes bedeuten.»

«Zum Henker nochmal!» rief der General. «Wieviel Punkte haben Sie noch auf Vorrat?»

«Der vierte und fünfte Punkt lassen an Beweiskraft nichts zu wünschen übrig, besonders wenn man sie zusammennimmt», fuhr der Priester ruhig fort. «Maurice Mair, der doch einer großen und bekannten Familie angehört, scheint gar nicht besonders feierlich begraben worden zu sein. Er wurde in aller Eile bestattet, vielleicht sogar heimlich. Und schließlich ist James Mair unmittelbar danach ins Ausland gegangen, oder besser gesagt, er ist bis ans Ende der Welt geflohen und war lange Jahre verschwunden. Wenn Sie also», fuhr er noch immer in demselben sanften Ton fort, «meine Religion anschwärzen wollen, um damit die angeblich so reine und vollkommene Liebe der beiden Vettern, wie die Geschichte sie darstellt, in ein helleres Licht heben ...»

«Halt!» rief Outram wie aus der Pistole geschossen dazwischen. «Ich muß Ihnen wohl doch mehr darüber berichten, sonst vermuten Sie am Ende noch irgend etwas Schlimmes. Lassen Sie mich gleich eines festhalten: Es war ein ehrlicher Kampf.»

«Aha», sagte Pater Brown und schien erleichtert aufzuatmen.

«Es war ein Duell», erklärte der General, «wahrscheinlich das letzte, das in England ausgetragen wurde, und seitdem ist eine lange Zeit verflossen.»

«Das hört sich schon besser an», meinte Pater Brown. «Gott sei Dank, das hört sich schon wesentlich besser an.»

«Besser als die scheußlichen Dinge, an die Sie wahrscheinlich gedacht haben, nicht wahr?» brummte der General. «Aber Sie mögen noch so sehr die reine und vollkommene Liebe anzweifeln, sie bestand trotzdem. James Mair war seinem Vetter, der wie ein jüngerer Bruder mit ihm erzogen worden war, von Herzen zugetan. Man findet es oft, daß sich ältere Brüder oder Schwestern in solcher Weise einem nachgeborenen Kind widmen, besonders wenn es so etwas wie ein Wunderkind ist. Aber James Mair gehörte zu jenen Menschen, in deren einfachem Gemüt selbst der Haß irgendwie selbstlos ist. Selbst wenn sich bei solchen Menschen zärtliche Zuneigung in Wut verwandelt, bleibt sie noch immer objektiv, das heißt auf ein Objekt gerichtet, während diese Menschen dabei an sich selbst gar nicht denken. Der arme Maurice Mair allerdings war gerade das Gegenteil von James. Er war viel umgänglicher und hatte eine Menge Freunde, aber seine Erfolge waren ihm so zugeflogen, daß er wie in einem Glashaus lebte. Stets war er der erste, im Sport und in allen Künsten; fast immer gewann er, ohne jedoch in seiner freundlichen Art allzu überheblich zu werden. Wenn er aber zufällig einmal verlor, so kam eine weniger schöne Seite seiner Natur zum Vorschein. Er war nämlich eifersüchtig. Es würde zu weit führen, wenn ich Ihnen ausführlich erzählen wollte, wie er auf seinen Vetter eifersüchtig war, als sich dieser verlobte, wie seine ruhelose Eitelkeit ihn dazu trieb, sich in die Herzensangelegenheiten des anderen einzumischen. Es genügt, wenn ich Ihnen sage, daß James Mair, der in den meisten Dingen hinter ihm zurückstand, ein besserer Schütze war als er; und damit endete die Tragödie.»

«Sie meinen, die Tragödie begann», erwiderte der Priester. «Die Tragödie des Überlebenden. Ich habe mir ja gleich gedacht, daß er keine mönchischen Vampire brauche, um unglücklich zu sein.»

«Ich bin der Meinung, daß er viel unglücklicher dran ist, als er es eigentlich verdient», sagte der General. «Es war zwar eine schreckliche Tragödie, aber, wie ich schon sagte, ein ehrlicher Kampf. Und James war herausgefordert worden.»

«Woher wissen Sie das denn so genau?» fragte der Priester.

«Ich weiß es, weil ich alles mit angesehen habe», antwortete Outram unbewegt. «Ich war James Mairs Sekundant, und mit eigenen Augen sah ich Maurice Mair tot vor mir im Sand liegen.»
«Ich wäre Ihnen sehr dankbar, wenn Sie mir das etwas ausführlicher erzählen würden», meinte Pater Brown nachdenklich. «Wer war Maurice Mairs Sekundant?»
«Er hatte sich einen bekannteren Namen ausgesucht», erwiderte der General grimmig. «Sein Sekundant war Hugo Romaine, der große Schauspieler. Maurice war aufs Theaterspielen versessen und hatte Romaine, der damals zwar schon im Aufstieg begriffen war, aber noch sehr zu kämpfen hatte, als Lehrer angenommen. Als Gegenleistung für diesen Unterricht finanzierte er den Schauspieler. Romaine, der jetzt reicher ist als irgendein Aristokrat, war damals praktisch völlig von ihm abhängig. Wenn er sich also als Sekundant zur Verfügung gestellt hat, so beweist das noch nicht, wie er über den ganzen Kampf selbst dachte. Jeder der Duellanten hatte nach englischer Sitte nur einen Sekundanten. Ich wollte wenigstens einen Arzt hinzuziehen, aber Maurice lehnte diesen Vorschlag entschieden ab: Je weniger Leute Kenntnis von diesem Duell hätten, desto besser sei es, sagte er, und notfalls könnten wir ja sofort Hilfe bekommen. ‚In dem Dorf, das keine halbe Meile entfernt ist, wohnt ein Arzt', sagte er. ‚Ich kenne ihn, und er besitzt eines der schnellsten Pferde in der ganzen Umgebung. Er könnte also in kürzester Zeit zur Stelle sein, aber er braucht erst geholt zu werden, wenn es wirklich nötig ist.' Nun, es war uns allen bekannt, daß Maurice als der schlechtere Schütze die größere Gefahr lief; als er daher die Hinzuziehung eines Arztes ausschlug, hatten wir keinen Anlaß, unsererseits weiter darauf zu bestehen. Das Duell wurde auf einer flachen Sandstrecke an der Ostküste von Schottland ausgetragen. Grasbewachsene Sanddünen schirmten den Platz gegen die landeinwärts gelegenen Dörfer und Weiler ab, so daß von dort aus niemand etwas hören oder sehen konnte. Durch einen tiefen Einschnitt in den Dünen gelangten wir an den Strand. Ich sehe ihn noch deutlich vor mir: zuerst ein breiter Streifen von fahlem Gelb und dahinter ein schmalerer Streifen von dunklem Rot, ein Rot, das bereits wie die Vorahnung einer Bluttat aussah.
Der Zweikampf selbst ging ziemlich rasch vor sich; es war, wie wenn plötzlich ein Wirbelwind über den Sand gefegt wäre. Schon beim ersten Schuß drehte sich Maurice wie ein Kreisel und fiel

vornüber aufs Gesicht. Und sonderbar, während ich mich bis zu diesem Augenblick um ihn gesorgt hatte, wandte sich nun, als er tot war, meine ganze Liebe dem Mann zu, der ihn getötet hatte. Ich wußte, daß jetzt, da Maurice tot war, das Pendel der lebenslangen Liebe meines Freundes gewaltig zurückschwingen würde und daß, mochten auch andere noch so viele Gründe finden, ihm zu verzeihen, er selbst sich diese Tat zeitlebens nicht würde vergeben können. Und so ist der Eindruck, der sich mir am tiefsten eingeprägt hat, das Bild, das mir unvergeßlich vor Augen steht, nicht die Katastrophe selbst, der Rauch, das Aufblitzen und die fallende Gestalt. Das schien alles schon längst vorüber zu sein wie ein Geräusch, das einen aufweckt. Was ich sah und was ich immer vor mir sehen werde, ist das Bild, wie der arme James auf den Zusammengesunkenen, der ihm Freund und Feind zugleich war, zulief. Sein brauner Bart sah nun gegen die geisterhafte Blässe seines Gesichtes schwarz aus, sein Profil hob sich scharf gegen das Meer ab. Mit verzweifelten Gebärden winkte er mir, zu dem hinter den Dünen liegenden Dorf zu laufen und den Wundarzt zu holen. Er hatte die Pistole im Laufen fallengelassen, in der anderen Hand hielt er einen Handschuh, dessen lose, flatternde Finger der verzweifelten Gebärde, mit der er mich antrieb, ärztliche Hilfe zu holen, einen flehentlichen Nachdruck zu verleihen schienen. Das ist das Bild, das mir immer vor Augen steht: die gelben und dunkelroten Streifen des Sandes, des Meeres und des Himmels, der tote Körper, der bewegungslos wie ein Stein dalag, und die dunkle Gestalt des Sekundanten, die sich starr und regungslos gegen den Horizont abhob.»

«Wie? Romaine stand regungslos da?» fragte der Priester erstaunt. «Ich hätte mir eher vorgestellt, daß er noch schneller auf den Toten zugelaufen wäre als James.»

«Möglich, daß er es tat, als ich fort war», erwiderte der General. «Im Bruchteil einer Sekunde nahm ich dieses unvergeßliche Bild in mich auf, und im nächsten Augenblick war ich auch schon zwischen den Dünen und hatte die anderen aus den Augen verloren. Der arme Maurice hatte, was den Arzt angeht, eine gute Wahl getroffen. Wenn der Arzt auch zu spät kam, so war er doch schneller am Schauplatz des Duells, als ich für möglich gehalten hätte. Dieser Dorfarzt war ein sehr merkwürdiger Mann, rothaarig und sehr reizbar, aber von außerordentlicher Schnelligkeit und Geistesgegenwart. Allerdings sah ich nicht viel von ihm, denn kaum hatte ich meinen Bericht hervorgestoßen, als er sich auch schon auf sein Pferd schwang und in gestrecktem Galopp an den Strand stürmte, während ich weit zurückblieb. Aber wenn ich auch nur wenige Worte mit ihm wechselte, so machte er doch einen großen Eindruck auf mich, und ich wünschte, wir hätten ihn hinzugezogen, ehe das Duell begonnen hatte, denn ich bin fest davon überzeugt, er hätte es verhindert. Jedenfalls beseitigte er die Spuren mit wunderbarer Schnelligkeit. Ich konnte ihm nur langsam folgen, denn ich war ja zu Fuß, und ehe ich wieder an den Strand gelangt war, hatte er umsichtig schon alles erledigt. Die Leiche war vorläufig in den Dünen beerdigt worden, und den unglücklichen Mörder hatte der Arzt überredet, das einzige zu tun, was ihm übrigblieb – nämlich zu fliehen. James eilte die Küste entlang, bis er einen Hafen erreichte, wo es ihm gelang, außer Landes zu kommen. Den weiteren Verlauf der Geschichte kennen Sie ja. Der arme James blieb viele Jahre im Ausland; später, als über die ganze Sache Gras gewachsen war, kehrte er in sein düsteres Schloß zurück und erbte ohne weiteres Titel und Vermögen. Ich habe ihn seitdem niemals wiedergesehen.»

«Wie ich gehört habe, hat man auch den Versuch gemacht, zu ihm vorzudringen», sagte Pater Brown.

«Meine Frau hat das schon zu wiederholten Malen versucht», entgegnete der General. «Sie will nicht zugeben, daß ein Mensch durch eine solche Tat für immer aus der menschlichen Gesellschaft ausgeschlossen sein sollte, und ich gestehe, daß ich derselben Ansicht bin. Noch vor achtzig Jahren hätte man sich über so etwas überhaupt nicht sonderlich aufgeregt; und James hat ja auch wirklich keinen Mord begangen, sondern einen Totschlag. Meine Frau ist mit der unglücklichen Dame, die die Ursache des Streites gewesen war, eng befreundet und meint, wenn James einwilligen würde, Viola Grayson noch einmal wiederzusehen, so würde er dadurch vielleicht wieder zur Vernunft kommen. Ich glaube sogar, daß meine Frau in dieser Angelegenheit für morgen eine Art Kriegsrat einberufen hat. Wenn sie sich nämlich einmal etwas in den Kopf gesetzt hat, dann betreibt sie das sehr energisch.»

Pater Brown spielte mit den Stecknadeln, die neben der Karte lagen; er schien mit seinen Gedanken weit fort zu sein und nur mit halbem Ohr zuzuhören. In seiner Phantasie sah er alles stets in Bildern; und das Bild, das sich sogar dem prosaischen Gemüt des alten, wahrlich nicht romantisch veranlagten Generals so tief eingeprägt hatte, nahm in der lebhaften Phantasie des Priesters noch buntere und zugleich unheimlichere Farben an. Er sah den verlassenen dunkelroten Strand, sah den Toten, der langgestreckt auf dem Gesicht lag, sah den Mörder, der vorwärtsstürzend auf ihn zurannte und dabei in verzweifelter Reue mit seinem Handschuh gestikulierte; aber immer kehrten seine Gedanken zu einer merkwürdigen Tatsache zurück, die er noch nicht in dieses Bild einfügen konnte: Der Sekundant des Erschossenen stand rätselhaft regungslos wie eine Statue am Ufer des Meeres. Für andere wäre dies nur eine merkwürdige Einzelheit im Rahmen einer merkwürdigen Geschichte gewesen – für Pater Brown war diese starre Gestalt ein großes, geheimnisvolles Fragezeichen.

Warum hatte sich Romaine nicht sofort in Bewegung gesetzt? Das war doch die selbstverständliche Pflicht eines Sekundanten, selbst wenn er mit dem Duellanten nicht befreundet gewesen wäre. Und selbst wenn irgend etwas anderes mitspielte, irgendein Doppelspiel oder eine noch nicht erkennbare Schurkerei, so hätte er doch zum mindesten irgend etwas unternehmen müssen, um den Schein zu wahren. Auf jeden Fall hätte er sich rühren müssen, nachdem sein Duellant umgesunken war, hätte sich rühren müssen, noch ehe der andere Sekundant zwischen den Dünen verschwunden war.

«Ist dieser Romaine sehr schwerfällig?» fragte Pater Brown.

«Sonderbar, daß Sie das fragen!» antwortete Outram und warf einen schnellen Blick auf den Pater. «Nein, wenn er sich bewegt, dann sind seine Bewegungen sehr schnell. Aber merkwürdigerweise mußte ich gerade eben daran denken, daß ich ihn heute, während des Gewitters am Nachmittag, genauso dastehen sah. In seinem durch eine silberne Schnalle zusammengehaltenen Umhang, eine Hand in die Hüfte gestemmt, stand er da wie damals auf dem Kampfplatz. Wir waren alle vom Blitz geblendet, aber er zuckte nicht einmal mit den Wimpern. Und als der Wald längst wieder dunkel war, stand er noch immer so da.»

«Aber er wird doch wohl jetzt nicht mehr dort herumstehen?» fragte Pater Brown. «Ich meine, er hat sich doch bald darauf wieder bewegt?»

«Aber sicher, er setzte sich sofort in Bewegung, als der Donner krachte», erwiderte der General. «Er schien darauf gewartet zu haben, denn er sagte uns genau die Zeit, die zwischen Blitz und Donner lag ... Was haben Sie denn?»

«Ach nichts, ich habe mich nur mit einer Ihrer Nadeln gestochen», sagte Pater Brown. «Ich hoffe, daß der Nadel nichts passiert ist.» Aber sein Mund hatte sich plötzlich krampfhaft geschlossen, während er die Augen weit aufgerissen hatte.
«Was haben Sie? Ist Ihnen nicht wohl?» fragte der General besorgt, ihn verdutzt ansehend.
«Mir fehlt nichts», antwortete der Priester, «ich bin nur nicht so stoisch wie Ihr Freund Romaine. Ich muß blinzeln, wenn ich Licht sehe.»
Er nahm Hut und Mantel und wandte sich zum Gehen, aber als er schon an der Tür war, schien ihm noch etwas einzufallen, und er kehrte ins Zimmer zurück. Sehr nahe trat er an Outram heran, seine Augen blickten den General hilflos mit dem Ausdruck eines sterbenden Fisches an, und mit der Hand machte er eine Bewegung, als wollte er den alten Offizier bei der Weste packen.
«Herr General», sagte er fast flüsternd, «halten Sie um Himmels willen Ihre Frau und jene andere Dame davon ab, zu Marne zu gehen. Schlafende Hunde soll man nicht wecken, sonst ist die Hölle los.»
Pater Brown verschwand und ließ den General ziemlich verwirrt allein zurück.
Noch größer war jedoch das Erstaunen, das die Frau des Generals befiel, als sie ihre so wohlgemeinte Verschwörung anzetteln wollte. Sie hatte eine kleine Gruppe Getreuer zusammengerufen, um das Schloß des Menschenfeindes zu stürmen. Die erste Überraschung, die ihr widerfuhr, war die Entdeckung, daß einer der Hauptbeteiligten an der Tragödie von damals ohne Entschuldigung ausgeblieben war. Als man, wie verabredet, in einem ruhigen Gasthof unweit des Schlosses zusammenkam, fehlte Hugo Romaine, und man konnte sich diese Tatsache nicht erklären, bis schließlich ein Telegramm eintraf mit der Nachricht, der große Schauspieler habe England ganz plötzlich verlassen.
Als die Generalin und ihre Getreuen dann den Sturm auf Schloß Marne damit begannen, daß sie den Marquis dringend um eine Unterredung ersuchen ließen, kam die zweite Überraschung in Gestalt eines sonderbaren Männchens, das ihnen aus dem düsteren Schloßtor entgegenkam, um die Deputation im Namen des Schloßherrn zu empfangen. Diese Gestalt paßte nicht im mindesten zu den feierlich dunklen Alleen und schien auch recht ungeeignet für eine solch hochherrschaftliche Veranstaltung wie den

Empfang einer Deputation. Es war weder ein galonierter Diener noch ein majestätischer Hausmeister, nicht einmal ein würdevoller Kammerdiener oder ein stattlicher Kutscher in Livree. Aus dem höhlenartigen Schloßtor trat nur die kleine, unansehnliche Gestalt von Pater Brown.

«Aber meine Damen und Herren», sagte er in seiner einfachen Art, indem er die Förmlichkeit durch einen aus leichtem Ärger und Langeweile gemischten Ton ersetzte, «ich ließ Ihnen doch sagen, Sie täten besser daran, den Besitzer dieses Hauses in Ruhe zu lassen. Er weiß genau, was er tut, und Ihr Besuch könnte nur Unheil anrichten.»

Lady Outram, die von einer hochgewachsenen, schlichtgekleideten und noch sehr hübschen Dame, Fräulein Grayson, begleitet war, sah mit kalter Verachtung auf den kleinen Priester herab.

«Das ist denn doch die Höhe, mein Herr!» sagte sie. «Wir sind in einer privaten Angelegenheit hier, und ich verstehe nicht, warum Sie sich da einmischen wollen.»

«Haben Sie jemals einen Pfaffen gesehen, der sich nicht in fremde Angelegenheiten privatester Art einmischt?» schnarrte Sir John Cockspur. «Wie die Ratten hausen sie hinter der Wand und wühlen sich in jedermanns Gemächer ein. Sehen Sie, nun hat er auch den armen Marne schon in seine Gewalt bekommen!» Sir John war ohnehin etwas verärgert, denn seine aristokratischen Freunde hatten ihn überredet, die Sache doch nicht an die große Glocke zu hängen. Als Ersatz hierfür durfte er nun aber bei der Aufdeckung eines Gesellschaftsskandals durch höchst persönliche Anwesenheit glänzen, und es fiel ihm nicht im geringsten ein, sich zu fragen, ob nicht auch er vielleicht eine solche lauernde Ratte hinter dem Wandputz sei.

«Machen Sie bitte keine Geschichten», sagte Pater Brown, und man merkte seinem ungeduldigen Ton an, daß sich eine gewisse Angst dahinter verbarg. «Ich habe mit dem Marquis gesprochen und auch den einzigen Priester zu Rate gezogen, mit dem er jemals zu tun gehabt hat. Übrigens sind seine kirchlichen Neigungen sehr übertrieben worden. Ich sage Ihnen, er weiß genau, was er tut und warum er nicht gestört werden will, und ich flehe Sie an, lassen Sie ihn in Ruhe!»

«Sie meinen also, wir sollen ihn wie einen lebendig Begrabenen seinem qualvollen Brüten und seinem Wahnsinn hier in diesem Gemäuer überlassen!» rief Lady Outram mit zitternder Stimme.

«Und das nur deshalb, weil er das Unglück hatte, vor mehr als einem Vierteljahrhundert einen Menschen im Duell zu erschießen? Nennen Sie das vielleicht christliches Erbarmen?»
«Allerdings», antwortete der Priester ruhig.
«So sieht also das ganze Erbarmen aus, zu dem diese Pfaffen fähig sind», knurrte Cockspur bissig. «So also verzeihen sie einem armen Kerl eine unbesonnene Tat: Sie mauern ihn bei lebendigem Leibe ein und quälen ihn mit Fasten, Buße und Ausmalen der Höllenqualen, die ihn erwarten, zu Tode. Und all das nur, weil sich einmal eine Kugel verirrt hat.»
«Sagen Sie, Pater Brown», fragte General Outram dazwischen, «glauben Sie wirklich, daß er solch eine schreckliche Strafe verdient? Ist das Ihr Christentum?»
«Das wahre Christentum ist sicherlich jenes», sagte seine Frau in sanfterem Ton, «das alles versteht und alles verzeiht; es ist die Liebe, die sich erinnern und – vergessen kann.»
«Pater Brown», fiel jetzt der junge Mallow mit großem Ernst ein, «ich stimme Ihnen meist bei, aber in diesem Fall kann ich Ihnen nicht folgen. Ein Schuß in einem Duell, der sofort so bitterlich bereut wird, kann doch kein solch furchtbares Verbrechen sein.»
«Ich muß gestehen», sagte Pater Brown dumpf, «daß ich sein Vergehen ernster beurteile.»
«Gott möge Ihr hartes Herz erweichen», sprach nun die Fremde, die zum erstenmal den Mund auftat. «Ich werde mich aber nicht abhalten lassen. Ich muß mit meinem alten Freund sprechen.»
Fast als hätte ihre Stimme einen Geist in dem großen, alten Haus aufgescheucht, hörte man Geräusche von innen, und eine Gestalt erschien in dem dunklen Torbogen am oberen Ende der steinernen Treppenflucht. Sie war in das Schwarz des Todes gekleidet, aber wild loderte das weiße Haar um das totenbleiche Gesicht. Viola Grayson begann ruhig die große Treppe emporzusteigen, und Outram murmelte in seinen dichten, schwarzen Bart: «Er wird sie wohl kaum ebenso ignorieren können wie meine Frau.»
Pater Brown, der resigniert in sich zusammengesunken war, sah plötzlich zu dem General auf.
«Der arme Marne hat genug auf dem Gewissen», sagte er. «Wir wollen ihn nicht noch mit Dingen belasten, die er nicht getan hat. Ihre Frau wenigstens hat er niemals übersehen.»
«Wie meinen Sie das?»
«Er hat sie überhaupt nie gekannt», sagte Pater Brown.

Während sie so sprachen, hatte die hochgewachsene Dame in stolzer Haltung die Treppen erstiegen und sah nun dem Marquis von Marne direkt ins Gesicht. Seine Lippen bewegten sich, aber noch ehe er ein Wort sagen konnte, ereignete sich etwas, das den Untenstehenden das Blut in den Adern erstarren ließ.
Ein Schrei gellte auf und hallte an den düsteren Wänden schauerlich wider. Dieser plötzliche Schrei war wie in Todesnot ausgestoßen worden, derartig wild verzerrt, daß nur ein unartikulierter Laut erklang. Und doch – es war ein Wort, ein Wort, das alle mit erschreckender Deutlichkeit verstanden:
«Maurice!»
«Um Himmels willen, was ist denn?» rief Lady Outram und stürmte die Treppe hinauf, denn die Frau oben schwankte und schien stürzen zu wollen. Aber sie fing sich, wandte sich langsam um und schickte sich an, zitternd und in sich zusammengesunken die Treppe herabzusteigen. «O Gott», stöhnte sie. «O Gott, es ist gar nicht James ... Es ist – Maurice!»
«Ich halte es für ratsam», sagte der Priester ernst zu Lady Outram, «daß Sie Ihre Freundin möglichst bald von hier fortbringen.»
Als sie sich nun abwandten, erscholl oben auf der steinernen Treppe eine Stimme, eine Stimme wie aus einem offenen Grab. Sie war rauh und heiser und unnatürlich wie die Stimme eines Menschen, der lange Zeit auf einer verlassenen Insel gelebt hat, nur von Vögeln und wilden Tieren umgeben, und das Sprechen schon fast völlig verlernt hat. Es war die Stimme des Marquis von Marne, und sie rief: «Halt!»
«Pater Brown», fuhr die Stimme fort, «ich ermächtige Sie, ehe Ihre Freunde auseinandergehen, ihnen alles zu sagen, was ich Ihnen gesagt habe. Welche Folgen auch für mich daraus entstehen mögen, ich will und werde es nicht länger für mich behalten.»
«Daran tun Sie gut», antwortete der Priester, «und es soll Ihnen hoch angerechnet werden.»

«Ja», sagte Pater Brown später zu der kleinen Gesellschaft, die ihn mit Fragen bestürmte, «er hat mir die Erlaubnis gegeben, zu sprechen. Ich will es aber nicht erzählen, wie er es mir mitgeteilt hat, sondern so, wie ich es selbst entdeckt habe. Ich wußte von Anfang an, daß diese Geschichte seiner Versklavung durch finstere Mönche purer Unsinn sein mußte. So etwas gibt es nur in

Schauerromanen. Unsere Leute mögen manchmal vielleicht einem Mann zureden, in ein Kloster einzutreten, aber sie werden niemandem raten, sich in einem mittelalterlichen Schloß zu vergraben. Auch wird es von uns durchaus nicht gern gesehen, daß sich jemand wie ein Mönch kleidet, wenn er keiner ist. Als ich deshalb hörte, daß sich der Marquis in eine Mönchskapuze zu verhüllen pflegt, kam mir der Gedanke, daß er vielleicht seine besonderen Gründe hierzu haben könnte. Ich hörte, daß er ein Leidtragender, dann, daß er ein Mörder sei; aber in mir war von Anfang an der Verdacht aufgestiegen, daß der Grund seiner Weltflucht nicht darin zu suchen sei, was er war, sondern wer er war. Dann hörte ich des Generals anschauliche Beschreibung des Duells, und am interessantesten war für mich dabei die Gestalt des Herrn Romaine im Hintergrund, am interessantesten deshalb, weil sie sich offenbar völlig unbeweglich im Hintergrund gehalten hatte. Unbeweglich stand er da, rührte und regte sich nicht, während der General davoneilte, um Hilfe zu holen. Dabei war doch Romaine der Freund des Mannes gewesen, der nun tot im Sand lag. Später hörte ich auch noch von Romaines merkwürdiger Gewohnheit, ganz still zu verharren, wenn er auf etwas wartet. So hat er ja auch im Wald auf den Donner gewartet. Diese scheinbar unbedeutende Einzelheit verriet mir alles. Hugo Romaine hat auch damals am Strand auf etwas gewartet.»

«Aber es war doch schon alles vorüber», sagte der General. «Worauf hätte er denn warten sollen?»

«Er hat auf das Duell gewartet.»

«Aber ich habe doch das Duell mit eigenen Augen gesehen!» rief der General verblüfft.

«Und ich sage Ihnen, Sie haben das Duell nicht gesehen», antwortete der Priester.

«Sind Sie toll?» fragte der andere aufgebracht. «Oder glauben Sie vielleicht, ich sei blind?»

«Sie waren mit Blindheit geschlagen – damit Sie nicht sehen sollten. Weil Sie ein guter Mensch sind und Gott Ihnen das Schreckliche ersparen wollte, hat er Ihre Augen von diesem unnatürlichen Kampf abgewandt. Er setzte eine Mauer von Sand und Stille zwischen Sie und das schreckliche Geschehen auf dem roten Sand, wo Judas und Kain miteinander im Streit lagen.»

«Erzählen Sie doch bitte den Hergang», drängte ungeduldig und mit weit aufgerissenen Augen die Frau des Generals.

«Ich werde es Ihnen so erzählen, wie ich es entdeckt habe», fuhr der Priester fort. «Als nächstes fand ich heraus, daß Maurice bei Hugo Romaine Schauspielunterricht hatte. Auch ich habe einmal einen Freund gehabt, der Schauspieler wurde, und er erzählte mir sehr amüsant, daß er in der ersten Woche nichts anderes hätte üben müssen als hinzufallen: Er mußte lernen, wie man der Länge nach hinfällt, als wäre man mausetot!»

«Gott, erbarme dich unser!» rief der General entsetzt und griff nach der Stuhllehne, als wolle er aufspringen.

«Amen!» sagte Pater Brown. «Sie, Herr General, haben mir berichtet, wie schnell scheinbar alles vor sich ging. In Wirklichkeit jedoch fiel Maurice schon, ehe noch der erste Schuß gekracht hatte, und dann lag er vollständig still und wartete. Und sein ruchloser Freund und Lehrer stand im Hintergrund und wartete ebenfalls.»

«Wir warten auch», sagte Cockspur drängend. «Ich platze schon fast vor Ungeduld, endlich die ganzen Hintergründe zu erfahren.»

«James Mair, den schon die Reue gepackt hatte, lief rasch zu dem Niedergestürzten hin und beugte sich über ihn, um ihn aufzuheben. Schaudernd hatte er unterwegs die Pistole von sich geschleudert. Maurice jedoch hatte seine Pistole, aus der noch kein Schuß abgefeuert worden war, unter der Hand verborgen. Als sich James nun über ihn beugte, stützte er sich auf den linken Arm und schoß James durch die Brust. Er wußte, daß er kein guter Schütze war, aber auf diese Entfernung konnte er das Herz seines Feindes nicht verfehlen.»

Die Gruppe hatte sich erhoben, und mit bleichen Gesichtern starrte alles den Erzähler an. «Sind Sie sicher, daß sich die Sache wirklich so abgespielt hat?» fragte schließlich Sir John beklommen.

«Ich weiß es genau», sagte Pater Brown. «Und nun überlasse ich Maurice Mair, den jetzigen Marquis von Marne, Ihrem christlichen Erbarmen. Sie haben mir ja heute bereits einen Vortrag über christliches Erbarmen gehalten. Ich war vorhin der Meinung, daß Ihre Ansichten über das Erbarmen vielleicht etwas zu weitherzig wären, aber welch ein Glück ist es doch für solch arme Sünder wie den Marquis, daß Sie hierin so großzügig sind und sich bereit erklären, alle Menschen brüderlich in die Arme zu schließen.»

«Zum Henker!» platzte der General heraus. «Sie glauben doch nicht etwa, daß ich mit solch einem schmutzigen Lumpen etwas zu tun haben will! Kein Wort würde ich für ihn einlegen, um ihn vor der Hölle zu bewahren. Ich würde ja nichts sagen, wenn es sich um ein regelrechtes, anständiges Duell gehandelt hätte. Aber solch ein Meuchelmörder ...»

«... sollte gelyncht werden!» fuhr Cockspur aufgeregt dazwischen. «Man sollte ihn bei lebendigem Leib verbrennen, wie man es früher bei uns in den Staaten mit den Niggern gemacht hat! Und wenn es tatsächlich so etwas gibt wie ewiges Höllenfeuer, dann wird dieser Bursche ...»

«Nicht einmal mit einer Feuerzange würde ich den Kerl anfassen», empörte sich der sonst so sanfte Mallow.

«Es gibt denn doch eine Grenze für menschliches Mitleid», sagte Lady Outram, am ganzen Körper zitternd.

«Gewiß», sagte Pater Brown trocken, «und das ist auch der eigentliche Unterschied zwischen menschlichem Mitleid und christlichem Erbarmen. Sie werden mir verzeihen, daß ich heute nicht erdrückt worden bin unter der Last der Verachtung, die Sie für meine angebliche Hartherzigkeit bezeugt haben, daß ich nicht ganz und gar vernichtet wurde durch Ihren Vortrag über Nächstenliebe, den Sie mir gehalten haben. Denn mir will scheinen, daß Sie nur solche Sünden zu vergeben bereit sind, die Sie gar nicht als Sünden betrachten. Sie sind gern bereit, Verbrechern Verzeihung zu gewähren, wenn die Verbrechen in Ihren Augen nicht als solche, sondern eher als Kavaliersdelikte erscheinen. So würden Sie sicherlich ohne weiteres ein Duell oder einen Ehebruch verzeihen, weil die Gesellschaft so etwas sanktioniert. Sie verzeihen nur dann, wenn nichts zu verzeihen ist.»

«Aber zum Henker!» rief Mallow. «Sie können doch nicht von uns erwarten, daß wir eine so gemeine Tat verzeihen können?»

«Das erwarte ich eigentlich auch gar nicht», sagte Pater Brown. «Aber wir Priester müssen sie verzeihen können.»

Er stand auf und blickte jeden im Kreis fest an.

«Wir Priester müssen solche Menschen aufsuchen», sagte er, «und müssen sie berühren, nicht mit einer Feuerzange, sondern mit unserem Segen. Wir haben das Wort zu sprechen, das sie vor der Hölle bewahrt. Wir sind noch die einzigen, die sie vor der Verzweiflung bewahren können, wenn euer menschliches Mitleid sie aufgegeben hat. Geht ihr nur ruhig euren bequemen Weg weiter, verzeiht euch gegenseitig all eure Lieblingslaster und übt Großmut gegenüber Verbrechen, welche die Gesellschaft allzu gerne verzeiht. Und überlassen Sie es uns Vampiren der Nacht, in der Dunkelheit jene zu trösten, die wirklich Trost brauchen, jenen zu helfen, die unentschuldbare Dinge tun, Taten, die weder die Welt noch sie selbst sich vergeben können, Taten, die nur ein Priester vergeben kann. Lassen Sie uns mit den Menschen allein, die wirklich gemeine und abstoßende Verbrechen begehen; Gemeinheiten, wie sie auch der heilige Petrus begangen hat, als der Hahn krähte. Und doch kam auch für ihn ein Morgen.»

«Ein Morgen?» wiederholte Mallow zweifelnd. «Glauben Sie, daß es für diesen da noch Hoffnung gibt?»

«Ich glaube es», erwiderte der Priester. «Darf ich Ihnen allen eine Frage stellen? Sie als Damen und Herren der Gesellschaft sind ja bis aufs Mark ehrenhaft und Ihrer völlig sicher. Sie sind fest davon überzeugt, daß Sie sich niemals zu einem so schmutzigen Verrat erniedrigen würden. Aber beantworten Sie mir bitte eines: Wenn tatsächlich jemand von Ihnen eine solche Tat begangen hätte, wer von Ihnen hätte sich durch sein Gewissen oder durch einen Beichtvater dazu bringen lassen, nach Jahren, wenn keine Gefahr der Entdeckung mehr bestand und Reichtum und Ansehen nicht gefährdet waren, ein solches Geständnis abzulegen? Sie sagen, Sie wären nicht imstande, ein so gemeines Verbrechen zu begehen. Aber wären Sie jemals imstande, ein solch gemeines Verbrechen zu gestehen?»

Einer nach dem anderen raffte seine Sachen zusammen und verließ schweigend das Zimmer. Auch Pater Brown erhob sich, und nachdenklich ging er zurück in das düstere Schloß des Marquis von Marne.

«... an all die Morde, in denen ich die Rolle des Mörders gespielt habe», sagte Pater Brown und setzte sein Weinglas nieder. Wie ein Film war vor den Augen Pater Browns die Reihe der blutfarbenen Bilder vergangener Tage vorbeigezogen.

«Allerdings», fuhr er nach kurzer Pause fort, «hatte in all diesen Fällen schon ein anderer vor mir die Rolle des Mörders gespielt und die Tat als solche damit vorweggenommen. Ich war eine Art Ersatzmann und hielt mich sozusagen ständig bereit, die Rolle des Mörders zu übernehmen. Zumindest machte ich es mir immer zur Aufgabe, meine Rolle, wenn sie mir zugespielt wurde, durch und durch zu beherrschen. Ich will damit folgendes sagen: Wenn ich mich in die geistige Verfassung eines Mörders hineinzuleben versuchte, so kam mir jedesmal zum Bewußtsein, daß ich nur in einer ganz bestimmten Geistesverfassung, und nur in dieser – es war nicht immer die, die man am ehesten hätte erwarten sollen –, die Tat selbst hätte begehen können. Und dann wußte ich natürlich auch, wer wirklich der Täter war, und auch da war es durchaus nicht immer die Person, von der man es am ehesten erwartet hätte.

Ein Beispiel: Es war doch naheliegend, den revolutionären Dichter als den Mörder des alten Richters, der mit den Umstürzlern auf Kriegsfuß stand, anzusehen. Aber solche Feindschaft ist für einen revolutionären Dichter durchaus noch kein hinreichender Grund, seinen Feind zu ermorden. Um das einzusehen, brauchen Sie sich nur einmal in die Seele eines solchen Menschen zu versetzen. Also gab ich mir alle Mühe, mit meinem ganzen Empfinden und Denken ein revolutionärer Dichter zu sein, einer jener pessimistischen Anarchisten, die eine Revolution anstreben, nicht um zu reformieren, sondern um zu zerstören. Ich bemühte mich also, alle Elemente gesunden und vernünftigen Denkens, die ich nach Anlage und Erziehung mein eigen nannte, aus meinem Geist zu verbannen. Ich verstopfte, ich verhängte alle Öffnungen, durch die das freundliche Licht des Himmels eindringen kann, und stellte mir einen Geist vor, der nur durch das rote Licht der Tiefe erhellt wird, durch ein Feuer, das Felsen spaltet und Abgründe aufreißt. Aber selbst als ich mich in die schlimmste Geistesverfassung hineingesteigert hatte, konnte ich nicht einsehen, warum solch ein Mensch seinem Leben und seiner Laufbahn durch den Zusammenstoß mit einem ganz gewöhnlichen Polizisten, durch die Ermordung eines reaktionären alten Trottels, wie er diese in Millionen von Exemplaren vertretene Spezies genannt haben würde, ein so ruhmloses Ende setzen sollte. So etwas würde ihm nicht im Traum einfallen, mochten seine Gedichte auch noch so revolutionär sein. Oder, besser gesagt: Er würde es nicht tun, eben weil er revolutionäre Lieder schrieb. Ein Mann, der seine Leidenschaften in revolutionären Rhythmen entladen kann, braucht sie nicht in einem Mord abzureagieren. Jedes Gedicht war für ihn ein Erlebnis, und es war anzunehmen, daß er noch mehr solcher Erlebnisse zu haben wünschte. So wurden meine Gedanken auf eine andere Art von Heiden hingelenkt – Heiden, die die Welt nicht zu zerstören trachten, sondern die ganz von der Welt abhängen, ihrer Ehre und ihrem Ruhm. Ich dachte daran, daß es Menschen gibt, die an kein Jenseits glauben, für die es nichts gibt als dieses Erdendasein mit seinem trügerischen Schein. Solche dem Irdischen verhaftete Menschen, die wirklich nur dieser Welt leben und an keine andere glauben, denen Erfolg und Vergnügen alles bedeuten, das einzige, was sie aus dem Nichts erhaschen können – das sind die Menschen, die tatsächlich zu allem fähig sind, wenn ihnen diese Welt zu entgleiten droht und sie in Gefahr sind, alles zu verlieren. Nicht der revolutionäre, sondern der konventionelle, der ach so ehrbare Mensch ist zu allem fähig, um – seine Stellung und seinen Ruf in der Gesellschaft zu retten. Bedenken Sie doch einmal, was es für einen Menschen wie den Rechtsanwalt bedeuten mußte, bloßgestellt zu werden, und dazu noch wegen eines Verbrechens, vor dem die Gesellschaft seiner Kreise größte Abscheu hat, dem Landesverrat. Wenn ich in seiner Lage gewesen wäre und nichts Besseres gehabt hätte als seine Philosophie, weiß der Himmel, wozu ich dann fähig gewesen wäre. Eben darum ist diese kleine religiöse Übung so heilsam.»

«Manche Menschen würden sie im Gegenteil für krankhaft halten», meinte Grandison Chace zweifelnd.

«Manche Menschen», sagte Pater Brown ernst, «halten zweifellos Mitleid und Demut für krankhaft. Unser Freund, der Dichter, denkt sicherlich so. Aber ich will jetzt auf diese Fragen nicht näher eingehen, ich versuche nur, Ihre Frage zu beantworten, wie ich im allgemeinen zu Werke gehe. Einige Ihrer Landsleute haben mir anscheinend die Ehre erwiesen, sich den Kopf darüber zu zerbrechen, wie ich ein paar Justizirrtümer habe verhindern können. Sie können also meinethalben diesen Leuten erzählen, ich brächte das durch ein krankhaftes Einfühlen zustande. Aber auf keinen Fall sollen sie etwa glauben, daß ich es mit Hilfe irgendwelcher Zauberkunststücke besorge.»

Chace blickte den Pater noch immer mit nachdenklich gefurchter Stirn an. Er war zu klug, den Grundgedanken Pater Browns nicht zu verstehen, doch wenn er es hätte in Worte fassen sollen, was in ihm vorging, dann hätte er gesagt, er sei zu vernünftig, um mit solcher Geisteshaltung sympathisieren zu können. Er hatte das Gefühl, als spreche er mit einem Menschen und doch mit hundert Mördern. Etwas Unheimliches ging von dieser kleinen Gestalt aus, die wie ein Kobold neben dem koboldhaften Ofen kauerte, und unheimlich war auch der Gedanke, daß dieser runde Kopf ein solches Universum zügellos wilder Phantasien beherbergte. Es war, als sei das grenzenlose Dunkel hinter ihm von einer wogenden Masse schwarzer Gigantengestalten bevölkert, den Geistern großer Verbrecher, die nur durch den magischen Lichtkreis des roten Feuerscheins aus dem kleinen Ofen im Zaum gehalten würden, aber ständig auf dem Sprung standen, ihren Herrn und Meister in Stücke zu reißen.

«Es tut mir leid, aber ich halte Ihr Vorgehen wirklich für krankhaft», gab Chace deshalb ganz offen zu. «Und ich bin mir nicht ganz darüber im klaren, ob es nicht doch auch etwas mit Zauberei zu tun hat. Aber was man auch darüber sagen mag – eines ist sicher: Es muß sehr interessant sein.» Und nach einigem Überlegen setzte er hinzu: «Ich weiß nicht, ob Sie wirklich einen guten Verbrecher abgeben würden; aber Sie wären sicherlich ein guter Romanschriftsteller.»

«Ich kümmere mich nur um wirkliche Geschehnisse», sagte Pater Brown. «Aber es ist manchmal schwerer, sich wirkliche Dinge vorzustellen, als unwirkliche.»

«Besonders, wenn es sich um aufsehenerregende, große Verbrechen handelt.»

«Nicht die großen Verbrechen, sondern die kleinen kann man sich am schwersten vorstellen», erwiderte Pater Brown.

«Ich verstehe nicht ganz, wie Sie das meinen», sagte der Amerikaner.

«Ich meine gewöhnliche Verbrechen wie Juwelendiebstähle», erklärte Pater Brown, «zum Beispiel die Sache mit dem Smaragdhalsband oder dem Rubin von Meru oder den künstlichen Goldfischen. Die Schwierigkeit besteht bei solchen Fällen darin, daß man seinen Geist ganz klein machen muß. Gewaltige Erzzauberer, die mit großen Ideen Gaunerei treiben, geben sich mit solchen Kleinigkeiten nicht ab. Es war mir von vornherein klar, daß weder der Prophet den Rubin noch der Graf die Goldfische gestohlen haben konnte. Einem Menschen wie Bankes war es jedoch zuzutrauen, daß er sich an dem Smaragdhalsband vergreifen würde. Für die anderen ist ein Edelstein nicht mehr als ein Stück Glas. Aber die geistig kleinen, prosaischen Alltagsmenschen schätzen einen Edelstein immer nach seinem Marktwert ein. Deshalb also muß man seinen Geist klein machen. Das ist freilich äußerst schwierig; es ist, als ob man die Linse einer hin und her schwankenden Kamera immer schärfer und genauer einstellen wollte. Aber einige Umstände kamen mir zu Hilfe und warfen dann Licht auf das Geheimnis. Ein Mensch beispielsweise, der sich rühmt, er habe Jahrmarktzauberer und arme Quacksalber ‚hereingelegt', hat immer einen kleinen Geist. Er pflegt solche Leute zu ‚durchschauen' und stellt ihnen ein Bein. Wenn man so etwas aus Pflichtbewußtsein tut, um seine Mitmenschen vor Betrug zu bewahren, so mag das noch angehen, und auch dann wäre es noch eine schmerzliche, unangenehme Pflicht. Wenn man es jedoch zu seinem Vergnügen betreibt, so ist das meines Erachtens ein ungewöhnlich gemeines Vergnügen. Nachdem ich jedenfalls erst einmal begriffen hatte, was ein kleiner Geist ist, wußte ich auch, wo ich ihn zu suchen hatte: bei dem Mann beispielsweise, der den Propheten hereinlegen wollte, und prompt war er's auch, der den Rubin stahl; oder bei dem Mann, der sich über die spiritistischen Phantastereien seiner Schwester lustig machte – genau er war der Dieb, der das Smaragdhalsband verschwinden ließ. Solche Menschen spähen immer nach Edelsteinen aus; nie können sie sich wie die Gauner großen Stils dazu erheben, Juwelen zu verachten. Verbrecher mit solch einem kleinen Geist sind immer konventionell. Vielleicht werden sie gerade deshalb zu Verbrechern, weil sie in den armseligen Grenzen ihres kleinen Lebens gefangen sind.

Es dauert natürlich eine ganze Weile, bis man sich in eine solch kleinliche, spießbürgerische Geisteshaltung versetzt hat; man muß seine Phantasie reichlich strapazieren, ehe man so konventionell ist wie sie, ehe man fähig ist, einen so kleinen, so herzlich unbedeutenden Gegenstand so heftig zu begehren, wie sie das tun. Aber man kann es fertigbringen ... Man kann sich stufenweise in diese Geisteshaltung einfühlen. Stellen Sie sich als erstes einmal vor, Sie seien ein auf Naschwerk erpichtes Kind, Sie gerieten in Versuchung, aus einem Laden ein Bonbon zu stehlen, und zwar ein ganz besonderes Bonbon, das schon lange Ihr Gelüste erweckt hat ... Dann müssen Sie die kindliche Phantasie abschalten, das Zauberlicht, in dem das Kind den Zuckerbäckerladen sieht, ausschließen. Stellen Sie sich vor, Sie glaubten tatsächlich, die Welt und den Marktwert von Bonbons zu kennen ..., stellen Sie Ihren Geist wie eine Kamera auf diesen einen Punkt ein ... Langsam bekommt die Sache Gestalt und immer schärfere Umrisse ..., und plötzlich haben Sie's!»

Er sprach, als habe er auf einmal eine überirdische Vision gehabt. Grandison Chace sah ihn noch immer mit gerunzelter Stirn an; er war verblüfft und interessiert zugleich. Einmal schoß sogar unter seinen zusammengezogenen Brauen ein Blick hervor, in dem sich eine gewisse Unruhe spiegelte – als ob das erste Entsetzen über das merkwürdige Geständnis, das der Priester zu Beginn ihrer Unterhaltung abgelegt hatte, noch schwach in ihm nachzittere wie das letzte Rollen eines Donners. Zwar sagte er sich, daß Pater Brown natürlich nicht solch ein Ungeheuer, solch ein Mörder sein konnte, wie er in jenem ersten Augenblick, da ihn das Geständnis völlig überrumpelt und verwirrt hatte, beinahe gefürchtet hatte. Aber etwas konnte doch mit diesem Menschen nicht stimmen, der sich so seelenruhig über Mörder ausließ, der sich selbst als möglichen Mörder bezeichnet hatte. War es denkbar, daß der Priester ein wenig übergeschnappt war?

«Glauben Sie nicht», sagte er plötzlich, «daß man etwas zu nachsichtig gegen die Verbrecher wird, wenn man wie Sie versucht, sich ganz in sie hineinzufühlen?»

Pater Brown setzte sich auf und antwortete mit Entschiedenheit: «Ich weiß, daß die Wirkung genau die entgegengesetzte ist. Dieses Sich-hinein-Fühlen löst das ganze Problem unserer sündigen Zeit. Es gibt jedem die Gewissensbisse im voraus.»

Alle schwiegen. Der Amerikaner sah zu dem hohen, steilen Dach auf, das den Hof zur Hälfte überragte. Der Gastgeber blickte regungslos ins Feuer. Dann nahm der Priester das Gespräch wieder auf. Seine Stimme klang ganz anders, als komme sie aus weiter Ferne.

«Es gibt zwei Gründe, warum Menschen dem Teufel entsagen, und der Unterschied, der diese beiden Beweggründe voneinander trennt, ist vielleicht das tiefste Geheimnis der Religion unserer Zeit: Die einen haben Schauder vor dem Teufel, weil er so weit weg ist, und die anderen, weil er so nahe ist. Und zwischen keiner Tugend und keinem Laster gibt es einen so tiefen Abgrund wie zwischen diesen beiden Tugenden.»

Niemand antwortete ihm, und er fuhr in demselben ernsten Ton fort. Seine Worte schienen niederzufallen wie geschmolzenes Blei.

«Man kann ein Verbrechen für verabscheuungswürdig halten, weil man selbst es niemals begehen könnte. Ich aber halte es für entsetzlich, gerade weil ich in der Lage wäre, es zu begehen. Sie denken an ein Verbrechen so, wie man an einen Ausbruch des Vesuvs denkt: schrecklich, aber doch weit weg. Schrecklich wäre es aber, wenn in diesem Haus plötzlich eine Feuersbrunst ausbräche. Wenn unerwartet ein Verbrecher unter uns erscheinen würde...»

«Wenn tatsächlich ein Verbrecher unter uns erscheinen würde», bemerkte Chace lächelnd, «würden Sie, glaube ich, zu nachsichtig gegen ihn sein. Sie würden ihm wahrscheinlich gleich sagen, daß Sie selbst ein Verbrecher sind, und ihm erklären, wie völlig natürlich es sei, daß er seinen Vater bestohlen oder seiner Mutter den Hals abgeschnitten habe. Offen gestanden, ich halte ein solches Vorgehen nicht für sonderlich zweckmäßig. Praktisch würde das doch wohl darauf hinauslaufen, daß sich kein Verbrecher jemals bessern würde. Es ist leicht, ins Blaue zu theoretisieren und hypothetische Fälle aufzustellen, wenn wir dabei alle wissen, daß es nur in die Luft geredet ist. Wir sitzen hier in Herrn Durocs nettem, behaglichem Haus zusammen und sind uns unserer Wohlanständigkeit und Ehrbarkeit bewußt, und es läuft uns angenehm kribbelnd über den Rücken, wenn wir so von Mördern und Dieben und den Geheimnissen ihrer Seelen reden. Aber Leute, die wirklich mit Dieben und Mördern zu tun haben, müssen ganz anders mit ihnen umgehen. Wir sitzen in Sicherheit gemütlich am Feuer und wissen, daß das Haus nicht in Flammen steht. Wir wissen, daß kein Verbrecher da ist.»

Herr Duroc, von dessen ehrbarem Heim der Amerikaner soeben gesprochen hatte, stand langsam neben dem Ofen auf. Es war, als decke sein riesiger Schatten alles zu, als ließe er selbst die Finsternis des dunklen Nachthimmels noch dunkler werden.

«Es ist ein Verbrecher hier», sagte er langsam. «Ich bin ein Verbrecher. Ich bin Flambeau, und die Polizei beider Hemisphären fahndet noch immer nach mir.»
Der Amerikaner starrte ihn mit weitaufgerissenen Augen an, mit Augen, die wie leblose Glasperlen wirkten. Er brachte keinen Ton hervor und saß wie versteinert da.
«Mein Bekenntnis ist ganz wörtlich zu nehmen», sagte Flambeau. «Mit diesen beiden Händen habe ich zwanzig Jahre lang gestohlen. Auf diesen beiden Füßen bin ich vor der Polizei geflohen. Sie werden also zugeben müssen, daß ich nicht nur theoretisiert, sondern mich praktisch betätigt habe. Sie werden auch zugeben müssen, daß meine Richter und Verfolger wirklich mit Verbrechen zu tun hatten. Glauben Sie etwa, ich kenne nicht die Methoden dieser Herren, mit denen sie sich diejenigen vornehmen, die mit den Gesetzen in Konflikt kamen? O ja: Ich habe die salbungsvollen Reden der ‚Gerechten' gehört, ich habe den kalten, hochmütigen Blick der ‚ehrbaren Bürger' auf mir lasten gefühlt! Hat man mich nicht mit erhabener Miene und in wohlgesetzten Worten gefragt, wie jemand nur so tief fallen könne? Hat man mir nicht gesagt, daß ein anständiger Mensch sich eine solche Verworfenheit auch nicht einmal vorstellen könne? Glauben Sie mir: Ich habe auf all dies stets keine andere Entgegnung gehabt als ein Lachen! Nur ein einziger Mensch, mein Freund hier, sagte mir, er wisse genau, warum ich stahl; und seitdem habe ich nie wieder gestohlen.»
Pater Brown machte eine Bewegung, als wolle er dieses Lob abwehren; und Chace, der in atemloser Spannung dagesessen hatte, stieß endlich die Luft aus, so daß es wie ein Pfeifen klang.
«Ich habe Ihnen die volle Wahrheit gesagt», sagte Flambeau, «und es steht Ihnen jetzt frei, mich der Polizei zu übergeben.»
Einen Augenblick rührte sich keiner der Männer. Sie waren ganz still. Wie aus der Ferne hörte man schwach, daß sich Flambeaus Kinder noch spät in ihren Bettchen herumtollten, man hörte, wie die großen grauen Schweine im Stall quietschten und grunzten. Doch plötzlich klang eine helle, vibrierende Stimme auf, eine Stimme, in der ein wenig Entrüstung mitzitterte, fast überraschend für Leute, die nicht wissen, wie feinfühlend ein Amerikaner sein kann und wie nahe seine Haltung trotz aller offensichtlichen Gegensätze manchmal der spanischen Ritterlichkeit zu kommen vermag:

«Monsieur Duroc», sagte Herr Chace ein wenig indigniert und feierlich zugleich, «ich darf doch annehmen, daß ich mich schon seit längerer Zeit als einen Ihrer Freunde bezeichnen darf. Es wäre mir sehr schmerzlich, wenn ich glauben müßte, Sie hielten mich für fähig, Ihnen einen solchen Streich zu spielen, während ich Ihre Gastfreundschaft genieße und in Ihrem Familienkreise weile, bloß weil Sie es für gut gehalten haben, mir aus freien Stücken etwas von Ihrer Lebensgeschichte zu erzählen. Und Sie haben das ja nur erzählt, um Ihren Freund zu verteidigen... Nein, Monsieur, ich kann mir nicht vorstellen, daß ein Mensch unter solchen Umständen einen Mitmenschen verraten könnte. Da wäre es ja beinahe noch besser, ein schmutziger Denunziant und Verräter zu sein und anderer Menschen Blut für Geld zu verkaufen. Aber in einem solchen Falle...! Könnten Sie sich vorstellen, daß jemand ein solcher Judas sein könnte?»
«Ich könnte es ja einmal versuchen», sagte Pater Brown.

Die Praxis von Dr. Orion Hood, dem berühmten Kriminologen und Spezialisten für die dunkleren Seiten der menschlichen Gesellschaft, lag mit ihrer Längsseite an der Strandpromenade von Scarborough und hatte hier eine Reihe sehr großer, bis an den Boden reichender Fenster, durch die die Nordsee hindurchschimmerte wie eine unendlich lange Umfassungsmauer aus blaugrünlichem Marmor. Von den Zimmern aus gesehen, wirkte das Meer monoton wie eine grünlichblaue Wandbespannung, und auch die Räume waren mit einer fast seelenlosen Regelmäßigkeit eingerichtet, die gut zu der unendlichen Gleichförmigkeit des Meeres paßte. Nicht etwa, daß die Räumlichkeiten des Dr. Hood keinen Luxus aufzuweisen hatten; es lag vielmehr sogar etwas poetisch Zauberhaftes über der ganzen Einrichtung. Alles war vorhanden, und alles war an seinem bestimmten Platz – aber das war es ja gerade: Man hatte das Gefühl, daß alles in dieser strengen Ordnung stehen müßte und nirgendwo anders. Der Luxus war durchaus spürbar: Auf einem eigens hierfür bestimmten Tischchen standen acht oder zehn Kistchen mit feinsten Zigarren; aber sie waren nach einem besonderen System angeordnet, so daß die stärksten der Wand zunächst standen und die leichtesten dem Fenster zugewandt. Auf demselben Ziertischchen fand sich stets auch ein Likörständer mit drei verschiedenen Flaschen; aber es hieß, daß die Whisky-, die Branntwein- und die Rumflasche immer gleich voll waren. Auch das poetische Element war vertreten: In der linken Zimmerecke stand eine ebenso vollständige Sammlung der englischen Klassiker, wie die rechte Ecke englische und ausländische Physiologen aufweisen konnte. Doch wenn man einmal einen Band Chaucer oder Shelley aus diesen Reihen herausnahm, so störte die entstandene Lücke ebenso wie ein fehlender Zahn im Gebiß eines Menschen. Es war nicht festzustellen, ob die Bücher jemals gelesen wurden; wahrscheinlich wurden sie gelesen, aber man hatte, wenn man sie so sah, die Vorstellung, als seien sie an ihren Platz angekettet wie früher die Bibeln in den Kirchen. Dr. Hood behandelte seine privaten Bücherregale, als wären sie eine öffentliche Bibliothek. Und wenn diese starre, gleichsam wissenschaftliche Unberührbarkeit schon für die mit Lyrik und Balladen gefüllten Regale und den mit Rauchwaren und Getränken besetzten Tisch galt, so braucht man nicht eigens betonen, daß dem Besitzer die Regale mit seinen Fachbüchern und die Tische, auf denen seine zerbrechlichen und fast zauberisch anmutenden Instrumente, die er für chemische und sonstige Untersuchungen brauchte, in strenger Ordnung aufgebaut waren, besonders geheiligt waren.

Dr. Orion Hood durchschritt die ganze Flucht seiner Räume, die im Osten praktisch durch die Nordsee, im Westen durch die dichtgedrängten Reihen seiner soziologischen und kriminologischen Literatur begrenzt war. Er trug eine leichte Samtjacke wie ein Künstler, aber keineswegs mit der Nachlässigkeit eines solchen; sein Haar war schon stark ergraut, aber dicht und gesund, sein Gesicht schmal, doch voller Temperament und mit gespanntem Ausdruck. Alles an ihm und in seinem Arbeitszimmer erweckte den Eindruck von Strenge und Ruhelosigkeit, ähnlich der unendlichen Nordsee, an der er – nicht aus romantischen Neigungen heraus, sondern nur, weil die Seeluft seiner Gesundheit zuträglich war – sein Haus gebaut hatte.

Die heitere Laune des Zufalls öffnete die Tür und führte in die langgestreckten, strengen Zimmer am Meer einen Mann herein, der wohl den erstaunlichsten Gegensatz zu ihnen und ihrem Besitzer darstellte. Nach einem zwar kurzen, aber höflichen Anklopfen öffnete sich die Tür nach innen, und herein stolperte eine kleine, unförmige Gestalt, die mit ihrem Hut und Schirm kaum fertig zu werden schien, als wäre dies eine nicht zu handhabende Menge Gepäcks. Der Schirm war ein schwarzes, prosaisches Bündel, an dessen traurigen Überresten längst nichts mehr zu flicken war, der Hut war breitkrempig und schwarz, wie ihn die Priester in England manchmal tragen; der Mann selbst wandelte herum wie die lebendige Verkörperung friedlicher Hilflosigkeit. Der Doktor sah den Ankömmling mit verhaltenem Erstaunen an, so etwa, wie er es gezeigt hätte, wenn ein riesiges, aber offensichtlich harmloses Seeungeheuer ins Zimmer gekrochen wäre. Der Ankömmling seinerseits blickte den Doktor mit einer strahlenden, etwas atemlosen Offenherzigkeit und Freundlichkeit an, wie sie etwa eine überdimensional dicke Putzfrau zeigt, wenn es ihr gelungen ist, sich im letzten Augenblick in einen überfüllten Omnibus zu zwängen. Es war, als gratuliere er sich trotz des Zustands einer fortgeschrittenen körperlichen Unordnung zu seiner Leistung. Der Hut des Besuchers fiel zu Boden, der schwere

Schirm glitt mit einem dumpfen Aufprall zwischen seine Knie; er griff nach dem einen und bückte sich nach dem anderen, aber zugleich hub er mit einem unvergleichlichen Lächeln auf dem runden Gesicht folgendermaßen zu sprechen an:
«Mein Name ist Brown. Entschuldigen Sie bitte mein Eindringen. Ich komme in Sachen dieser MacNabs. Wie ich gehört habe, haben Sie schon oft Leuten aus solchen Verlegenheiten geholfen. Entschuldigen Sie bitte, wenn ich mich irre.»
Inzwischen war es ihm mit Mühe gelungen, seines Hutes wieder habhaft zu werden, und den Hut in der Hand, machte er eine komische ruckartige kleine Verbeugung, als wäre damit alles wieder in Ordnung gebracht.
«Ich verstehe nicht recht, was Sie von mir wollen», erwiderte der Mann der Wissenschaft mit betonter Kühle in seinem Ausdruck. «Ich fürchte, Sie haben sich in der Tür geirrt. Ich bin Dr. Hood, und ich bin fast ausschließlich als Schriftsteller und Pädagoge tätig. Es stimmt zwar, daß ich in besonders schwierigen und wichtigen Fällen schon von den Polizeibehörden konsultiert worden bin, aber ...»
«Na also, es handelt sich hier ja auch um eine sehr wichtige Sache», unterbrach ihn der kleine Mann namens Brown. «Ihre Mutter will nämlich nicht erlauben, daß sie sich verloben.» Und strahlend über seine ihm selbst recht vernünftig erscheinenden Worte, lehnte er sich in seinem Stuhl zurück.
Dr. Hood hatte finster seine Brauen zusammengezogen, aber die Augen darunter schimmerten in einem seltsamen Licht, das Zorn oder auch Belustigung sein mochte. «Ja, aber», sagte er, «ich verstehe immer noch nicht, was Sie eigentlich wollen.»
«Sehen Sie, die beiden wollen gern heiraten», sagte der Mann mit dem Priesterhut. «Maggie MacNab und der junge Todhunter wollen wirklich heiraten. Nun, was kann es Wichtigeres geben?»
Seine wissenschaftlichen Erfolge hatten Dr. Orion Hood um mancherlei gebracht – einige sagen, um seine Gesundheit, andere wieder, um seinen Glauben; aber sie hatten ihm nicht gänzlich den Sinn für das Absurde geraubt. Beim letzten Satz des findigen Priesters platzte nun der Doktor laut heraus, und lachend warf er sich in einen Lehnstuhl mit der ironischen Miene eines konsultierten Arztes, dem ein altes Weibchen unter viel Geschrei ein winziges Wehwehchen klagt.

«Herr Brown», sagte er dann aber ernst, «es sind jetzt ganze vierzehn und einhalb Jahre her, seitdem man mich persönlich aufforderte, eine persönliche Sache zu untersuchen; damals handelte es sich darum, daß versucht worden war, den französischen Präsidenten während eines Banketts beim Londoner Oberbürgermeister zu vergiften. In Ihrem Fall nun handelt es sich, wenn ich Sie richtig verstehe, darum, ob eine Bekannte von Ihnen namens Maggie die richtige Frau für einen mit ihr bekannten Mann namens Todhunter ist. Nun, Herr Brown, ich will Ihnen den Spaß nicht verderben. Ich werde mich der Sache widmen. Ich werde der Familie MacNab so gut raten wie der französischen Republik und dem König von England – nein, besser: um vierzehn Jahre reicher Erfahrungen besser. Ich habe heute nachmittag sowieso nichts Besonderes vor. Erzählen Sie mir also Ihre Geschichte.»

Der kleine Geistliche namens Brown dankte ihm mit spürbarer Wärme, aber doch auch mit einer merkwürdigen Einfalt. Es klang eher, als danke er einem Fremden in einem Rauchsalon für die Gefälligkeit, ihm Streichhölzer gereicht zu haben, nicht aber so, als danke er praktisch – wie es doch vergleichsweise war – dem Direktor eines weltberühmten Botanischen Gartens dafür, daß er mit ihm aufs Feld hinausginge, um ein vierblättriges Kleeblatt zu suchen. Kaum ließ er auf seinen warmen Dank einen Beistrich folgen, als er auch schon mit seinem Bericht begann:

«Ich habe Ihnen bereits gesagt, daß ich Brown heiße. Das ist also mein Name, und ich bin Pfarrer an der kleinen katholischen Kirche, die Sie, wie ich annehmen darf, sicherlich schon einmal gesehen haben. Sie liegt noch jenseits jener einsamen Straßen, dort, wo die Stadt im Norden aufhört. In der letzten und einsamsten dieser Straßen, die wie eine Uferpromenade längs des Meeres verläuft, wohnt ein zwar recht ehrbares, aber auch reichlich temperamentvolles Mitglied meiner Gemeinde, eine Witwe namens MacNab. Sie hat eine Tochter, und sie vermietet Zimmer. Augenblicklich hat sie nur einen Mieter, den jungen Mann namens Todhunter; aber er macht ihr mehr zu schaffen als alle Mieter, die sie je zuvor gehabt hat, denn er will die junge Tochter des Hauses heiraten.»

«Und die junge Tochter des Hauses», fragte Dr. Hood, der alle Mühe hatte, seine gewaltige Belustigung nicht offen zu zeigen, «was will sie?»

«Ja nun, auch sie will ihn natürlich heiraten!» rief Pater Brown und richtete sich eifrig in seinem Stuhl empor. «Das macht ja die ganze Sache so schrecklich kompliziert!»

«Es ist wirklich eine verzwickte Geschichte», meinte Dr. Hood.

«Dieser James Todhunter», fuhr der Priester fort, «ist ein recht anständiger Kerl, soviel mir bekannt ist; aber es weiß niemand viel über ihn. Er ist ein vergnügter, braunhaariger junger Bursche, behend wie ein Affe, glattrasiert wie ein Schauspieler und zuvorkommend wie ein geborener Fremdenführer. Er scheint auch ganz schön Geld zu haben, aber niemand kennt seinen Beruf. Da Frau MacNab nun immer gleich das Schlimmste annimmt, ist sie felsenfest davon überzeugt, daß er sein Geld durch irgendwelche schrecklichen Tätigkeiten verdient, die ihrer Meinung nach wahrscheinlich etwas mit Dynamit zu tun haben. Dieses Dynamit müßte allerdings von einer völlig lautlosen, unsichtbaren Art sein, denn das einzige, was ich herausbekommen konnte, ist, daß sich der arme Kerl täglich einige Stunden einschließt und hinter versperrten Türen irgend etwas studiert. Er erklärt, seine Geheimniskrämerei sei nur vorübergehend und auch durchaus gerechtfertigt, und noch vor der Hochzeit wolle er alles aufklären. Das ist alles, was man mit Sicherheit weiß, aber Frau MacNab wird Ihnen noch eine Menge weiterer Geschichten erzählen, viel mehr, als ihr eigentlich bekannt sein kann. Sie wissen ja, wie in einem solchen Gemüt die unglaublichsten Geschichten emporschießen. So erzählt sie von zwei Stimmen, die sie aus jenem Zimmer gehört haben will; wenn man aber die Tür öffnet, findet man Todhunter immer allein. Dann erzählt sie von einem geheimnisvollen großen Mann mit einem Zylinderhut, der einmal aus dem Seenebel, wahrscheinlich aus dem Meer sogar, auftauchte, im Zwielicht leise über den Strand in den kleinen Hintergarten geschlichen kam und sich dann durch das offene Rückfenster mit ihrem Mieter unterhielt. Das Gespräch soll mit einem Streit geendet haben: Todhunter habe sein Fenster wütend zugeschmettert, und der Mann mit dem Zylinder verschwand wieder im Nebel. Diese Geschichte wird von der Familie mit den phantasievollsten Ausschmückungen berichtet, aber Frau MacNab kann noch mit einer anderen Fassung aufwarten: Der ‚Andere' – oder was immer es sein mag – soll nach ihrer Erzählung allabendlich aus der großen Kiste hervorkriechen, die tagsüber ständig verschlossengehalten wird. Sie sehen also: Diese verriegelte

Tür von Todhunters Zimmer wird tatsächlich schon als Eingang zu allen möglichen phantastischen Märchen aus Tausendundeiner Nacht angesehen. Und doch ist dieser kleine Kerl in seinem ehrenwerten schwarzen Rock so pünktlich und unschuldig wie eine Pendeluhr. Er bezahlt seine Miete auf den Tag; er ist praktisch Abstinenzler; er wird nie müde, sich freundlich mit den kleinen Kindern des Hauses abzugeben; und schließlich und hauptsächlich hat er sich bei der ältesten Tochter ebenso beliebt gemacht, so daß diese lieber heute als morgen mit ihm vor den Altar treten würde.»

Wenn jemand an irgendwelchen großen Theorien sehr hängt, so gerät er leicht in Versuchung, sie auf jede Kleinigkeit anzuwenden. Da sich der große Spezialist nun einmal zu der einfältigen Art des kleinen Priesters herabgelassen hatte, tat er es auch ganz. Er hatte sich bequem in seinem Lehnstuhl zurechtgesetzt und begann nun, im Tonfall eines leicht zerstreuten Professors zu sprechen: «Sogar bei unscheinbaren Dingen ist es zweckmäßig, immer die großen Tendenzen der Natur im Auge zu behalten. Es mag sein, daß eine einzelne Blume zu Anfang des Winters noch nicht gestorben ist – aber die Blumen allgemein gesehen sterben zu Wintersanfang. Wenn auch ein einzelner Kieselstein am Strand nicht von der Flut benetzt worden ist, so kann die Flut doch eingetreten sein. Für das Auge des Wissenschaftlers ist die Geschichte der Menschheit nur eine Reihe kollektiver Bewegungen, Zerstörungen oder Umwandlungen, wie etwa das Hinsterben der Fliegen im Winter oder die Rückkehr der Zugvögel im Frühjahr. Nun ist aber der Grundbegriff, den wir in allen historischen Entwicklungen sehen müssen, die Rasse. Die Rasse bringt eine bestimmte Religion hervor; die Rasse erzeugt alle politischen und ethischen Gegensätze. Und es gibt keine stärkere Rasse als jenen wilden, weltfremden, aussterbenden Stamm, den wir gemeinhin als Kelten bezeichnen und dem Ihre Freunde, die MacNabs, angehören. Klein, von dunkler Gesichtsfarbe, träumerisch und sehr beeinflußbar, finden sie leicht für jedes Ereignis eine abergläubische Erklärung, wie sie auch immer noch (Sie werden es mir nicht übelnehmen) die abergläubischen Erklärungen jener Geschehnisse annehmen, deren Repräsentanten Sie und Ihre Kirche sind. Es ist weiter nicht verwunderlich, daß solche Leute, mit dem Stöhnen der See hinter sich und – nehmen Sie mir bitte auch das nicht übel – dem Dröhnen der Kirche vor sich, die phantastischsten Erklärungen für Geschehnisse finden, die wahrscheinlich äußerst einfach sind. Sie mit Ihrer beschränkten Verantwortung für eine kleine Pfarrei sehen natürlich nur diese eine Frau MacNab, die von dieser einen Geschichte von den beiden Stimmen und einem großen, aus der See auftauchenden Mann erschreckt ist. Aber wer die wissenschaftlichen Zusammenhänge erfassen kann, sieht gleichsam den ganzen Klan der MacNabs über die ganze Welt verstreut, und sie ähneln sich so sehr wie die tausend Vögel in einem Schwarm. Der Wissenschaftler sieht Tausende von Frau MacNabs, in Tausenden kleiner Häuser, die mit ihrer krankhaften Phantasie das Leben ihrer Freunde und Bekannten verbittern; er sieht ...»

Aber noch ehe der Mann der Wissenschaft seinen Satz zu Ende führen konnte, hörte man ein zweites und diesmal ungeduldigeres Klopfen von außen; irgend jemand mit über den Boden fegenden Röcken wurde eiligst den Gang entlanggeleitet, und die Tür öffnete sich vor einem jungen Mädchen, dessen ehrbare Kleidung in der Eile durcheinandergeraten und dessen Gesicht vom Laufen gerötet war. Mit ihrem vom Seewind gebleichten Haar hätte man sie als eine vollkommene Schönheit bezeichnen können, wären nicht ihre Backenknochen – wie oft bei den Schotten – etwas hervorstehend gewesen und in der Farbe etwas auffällig erschienen. Sie entschuldigte sich, aber es klang so unvermittelt wie ein Befehl.

«Es tut mir leid, daß ich Sie unterbrechen muß, mein Herr», sagte sie, «aber ich mußte Pater Brown sofort nachkommen. Es geht um Leben und Tod!»

Pater Brown bemühte sich, wieder auf die Beine zu kommen. «Warum, was ist denn geschehen, Maggie?» fragte er.

«James ist ermordet worden, soviel ich herausbringen konnte», antwortete das Mädchen, noch ganz atemlos vom schnellen Laufen. «Dieser Mensch namens Glass ist wieder bei ihm gewesen, ich habe sie ganz deutlich durch die Türe miteinander sprechen hören. Es waren zwei verschiedene Stimmen: James spricht etwas tief und heiser, aber die andere Stimme war hoch und zitternd.»

«Ein Mann namens Glass?» wiederholte der Priester verblüfft.

«Ich weiß ganz sicher, daß er Glass heißt», antwortete das Mädchen, das allmählich ungeduldig wurde. «Ich habe es durch die Tür gehört. Sie haben miteinander gestritten – wegen Geldsachen, glaube ich –, denn ich hörte James immer und immer wieder sagen: ‚In Ordnung, Herr Glass', oder ‚Nein, Herr Glass', und dann ‚Zwei und drei, Herr Glass'. Aber wir vertrödeln hier unsere Zeit mit Schwätzen; Sie müssen sofort kommen, vielleicht ist es noch nicht zu spät.»

«Zu spät? Warum?» fragte Dr. Hood, der die junge Dame mit auffallendem Interesse beobachtet hatte. «Was ist denn an dieser Geschichte von einem Herrn Glass und seinen Geldschwierigkeiten daran, daß solche Eile nötig ist?»

«Ich habe versucht, die Tür mit Gewalt zu öffnen, aber es ist mir nicht gelungen», antwortete das Mädchen kurz. «Dann lief ich in den Hof hinaus und kletterte auf den Fenstersims, um in das Zimmer sehen zu können. Es war ganz dunkel und schien leer zu sein, aber ich schwöre, daß ich James in einem Winkel zusammengekauert sah, als wäre er betäubt oder gefesselt.»

«Das scheint mir ernst zu sein», sagte Pater Brown und stand auf. Seinen Hut, der ihm inzwischen schon wieder weggerollt war, hob er auf und nahm den Griff des Regenschirms fest in die Hand. «Ich habe diesem Herrn gerade Ihren Fall vorgelegt, und seine Ansicht...»

«...hat sich inzwischen vollkommen geändert», ergänzte der Wissenschaftler ernst. «Ich glaube doch nicht, daß die Dame so keltisch ist, wie ich ursprünglich angenommen hatte. Da ich für heute sowieso nichts anderes vorhabe, will ich meinen Hut aufsetzen und mit Ihnen in die Stadt gehen.»

Wenige Minuten später schritten die drei der trostlosen Straße zu, in der die MacNabs wohnten; das Mädchen mit den gleichmäßigen, weitausholenden Schritten der Bergbewohner, der Kriminologe mit nachlässiger Grazie, in der eine leopardenähnliche Gewandtheit steckte, der Priester in einem emsigen, energischen Trott, der jeder Besonderheit bar war. Der Anblick dieses Stadtteils rechtfertigte zum Teil die Andeutungen des Doktors über den Zusammenhang von trostloser Stimmung und öder Umgebung. Längs des Ufers lagen verstreut die Häuser, und je weiter man kam, desto größer wurde der Abstand zwischen den einzelnen Häusern. Der Nachmittag ging in eine frühe, fast gespenstische Dämmerung über; das Meer war purpurrot wie Tinte, und sein murmelnder Wellenschlag klang wie unheildrohendes Raunen. In dem kleinen Hintergarten der MacNabs, der zum Sandstrand hinunterging, ragten zwei schwarze, kahle Bäume empor wie Geisterarme, in wildem Erstaunen gegen den Himmel gestreckt. Und als nun Frau MacNab ihnen entgegengerannt kam, die mageren Hände in ähnlicher Haltung ausgestreckt, die wilden Gesichtszüge im Schatten, da glich sie selbst ein wenig einem Dämon. Der Doktor und der Priester gaben nur kurze Antworten, als ihnen die Mutter mit schriller Stimme die Geschichte ihrer Tochter wiederholte, die sie aber nun phantasievoll mit noch viel besorgniserregenderen Einzelheiten ausschmückte. Dahinein verflocht sie Racheschwüre gegen Herrn Glass, weil er Herrn Todhunter ermordet hatte, sowie gegen diesen, weil er sich hatte ermorden lassen, aber auch weil er es gewagt hatte, ihre Tochter heiraten zu wollen, und nicht lange genug gelebt hatte, um es auch tun zu können. Durch den schmalen Hauseingang kamen sie schließlich vor die Tür des Mieters, und dort warf sich Dr. Hood mit der Routine eines alten Detektivs gegen die Täfelung und drückte die Tür ein.

Das Zimmer bot ein Bild des Jammers. Schon auf den ersten Blick konnte man erkennen, daß sich hier ein aufregender Zusammenstoß zwischen zwei oder mehr Personen abgespielt hatte. Spielkarten waren über den Tisch verstreut oder lagen auf dem Boden umher, als ob ein Spiel plötzlich unterbrochen worden wäre. Zwei ungefüllte Weingläser standen auf einem Nebentischchen, aber die Splitter eines dritten, zerbrochenen Glases lagen auf dem Teppich. Einige Schritte davon entfernt lag etwas, das wie ein langes Messer oder ein kurzes Schwert aussah; es hatte eine gerade Klinge, aber einen verzierten Griff. Auf seine mattblinkende Schneide fiel gerade ein Lichtschimmer vom geschlossenen Zimmerfenster her, durch das man den trostlosen Anblick der schwarzen Bäume vor dem bleiernen Hintergrund des Meeres hatte. Ein Zylinderhut war in die andere Ecke des Zimmers gerollt, als habe man ihn gerade erst jemandem vom Kopf geschlagen; ja, dieser Eindruck war so stark, daß man unwillkürlich genauer hinsah, ob er nicht noch weiterrollte. Doch ganz in der Ecke, da lag wie ein hingeworfener Kartoffelsack, aber verschnürt wie ein Reisekorb, Herr James Todhunter, mit einem Knebel vor dem Mund und sechs oder sieben Stricken um Ellbogen und Handgelenke gefesselt. Seine braunen Augen waren offen und glitten lebhaft hin und her.

Dr. Orion Hood blieb einen Augenblick auf der Türschwelle stehen und trank die ganze Szene stummer Gewalttätigkeit mit aufmerksamen Augen in sich hinein. Dann schritt er schnell über den Teppich, hob den Zylinderhut auf und setzte ihn mit ernsthafter Miene dem noch immer gefesselten Todhunter auf den Kopf. Der Hut war aber so groß, daß er ihm fast bis auf die Schultern herabglitt.

«Aha!» sagte der Doktor. «Der Hut des Herrn Glass!» Und er zog eine Lupe aus seiner Tasche und betrachtete das Innere des Huts. «Wie soll man sich erklären, daß Herr Glass verschwunden, sein Hut aber da ist? Denn Herr Glass scheint auf seine Kleidung sehr großen Wert zu legen. Dieser Hut ist recht elegant und kunstgerecht gestriegelt und gebürstet, obwohl er nicht ganz neu ist. Ein alter Dandy, möchte ich annehmen.»

«Aber hören Sie mal!» unterbrach ihn Fräulein MacNab. «Wollen Sie nicht zuerst diesen Mann von seinen Stricken befreien?»

Dr. Hood hörte sie gar nicht. Er fuhr in seinen Erklärungen fort: «Ich sage mit Absicht ‚alt', obwohl ich es nicht mit hundertprozentiger Sicherheit sagen kann. Meine Gründe hierfür mögen Ihnen vielleicht etwas weit hergeholt erscheinen. Jeder Mensch verliert seine Haare verschieden schnell, aber es fallen ihm immer einige Haare aus, und mit meiner Lupe müßte ich solche winzigen Härchen in einem kürzlich getragenen Hut sehen können. Es sind aber keine Haare vorhanden, und so vermute ich, daß Herr Glass kahl ist. Wenn wir nun noch an die etwas kreischende, zornige Stimme denken, die uns Fräulein MacNab so anschaulich beschrieben hat (Geduld, meine werte Dame, nur Geduld!), wenn wir also den haarlosen Hut mit dem Tonfall, der senilem Zorn eigen ist, in Verbindung bringen, dann können wir meines Erachtens auf ein etwas vorgeschrittenes Alter schließen. Nichtsdestoweniger war er wohl kräftig, und es ist fast mit Sicherheit anzunehmen, daß er groß war. Dies geht ja schon aus der Geschichte seines früheren Erscheinens am Fenster hervor, denn er wurde als großer Mann mit einem Zylinder beschrieben, aber ich glaube, für meine Annahme verläßlichere Beweispunkte zu haben. Die Splitter dieses Weinglases liegen auf dem ganzen Teppich verstreut, aber einer der Scherben liegt auf dem oberen Sims des Kamins. Dorthin hätte kein Stückchen fallen können, wenn das Glas in der Hand eines verhältnismäßig kleinen Mannes, wie es Herr Todhunter ist, zerbrochen worden wäre.»

«Nebenbei gesagt», meinte Pater Brown, «wäre es nicht zweckmäßig, wenn wir Herrn Todhunter jetzt von seinen Stricken befreien würden?»

«Wir sind noch nicht fertig mit dem, was wir aus den Trinkgläsern hier entnehmen können», fuhr der Gelehrte unerschütterlich fort. «Ich möchte die Möglichkeit nicht übergehen, daß die Kahlheit und Nervosität des Herrn Glass ebensogut von einem ausschweifenden Leben herrühren kann wie vom Alter. Herr Todhunter ist, wie mir berichtet worden ist, ein stiller, sparsamer Mann und praktisch ein Abstinenzler. Diese Spielkarten und Weingläser gehören nicht zu seinen alltäglichen Gewohnheiten; Herr Todhunter hat sie wahrscheinlich für einen ganz bestimmten Menschen hergerichtet. Aber wir können nach Lage der Dinge sogar noch mehr schließen. Wenn nun auch Herr Todhunter der Besitzer dieses Weinservices sein mag, so bestehen doch keinerlei Anzeichen dafür, daß er Wein hat. Womit sollten aber dann diese Gläser gefüllt werden? Ich würde sofort annehmen, mit Schnaps oder Branntwein, vielleicht einer ganz besonderen Marke, und zwar Branntwein aus einem Taschenflakon des Herrn Glass. Wir können uns also auf diese Weise ein Bild des Mannes oder zumindest seines Typs machen: ein großer, älterer, eleganter Herr, die Kleidung vielleicht ein wenig abgetragen, sicherlich mit einer gewissen Vorliebe für Spiel und starke Getränke, ja vielleicht mit einer allzu großen Vorliebe für sie. Herr Glass ist der Typ eines Herrn, wie er in den Grenzbezirken der Gesellschaft nicht unbekannt ist.»

«Hören Sie endlich!» rief die junge Dame. «Wenn Sie mich jetzt nicht durchlassen, damit ich die Stricke aufbinden kann, so werde ich hinauslaufen und nach der Polizei schreien.»

«Ich würde Ihnen, Fräulein MacNab», sagte Dr. Hood ernst, «nicht raten, es mit der Polizei so eilig zu haben. Pater Brown, ich möchte Sie dringend bitten, die Mitglieder Ihrer Gemeinde zu beruhigen, um ihretwillen, nicht meinetwegen. Nun, wir haben jetzt ein ungefähres Bild über Aussehen und Charakter des Herrn Glass; was aber wissen wir von Herrn Todhunter? Drei wesentliche Dinge sind uns bekannt: Er ist sparsam, mehr oder weniger wohlhabend, und er hat ein Geheimnis. Nun ist es doch offensichtlich, daß dies die typischen Eigenschaften eines Mannes sind, von dem man etwas zu erpressen sucht. Und ebenso offensichtlich sind die verblichene Eleganz, die liederlichen Gewohnheiten und die kreischende Reizbarkeit des Herrn Glass unverkennbare Kennzeichen eines typischen Erpressers. So haben wir zwei charakteristische Gestalten einer Affäre, bei der es um Schweigegeld

geht: auf der einen Seite den ehrenwerten Mann mit einem Geheimnis, auf der anderen Seite die Gesellschaftshyäne mit einem Spürsinn für Geheimnisse. Diese beiden Männer haben sich heute hier getroffen, haben miteinander gestritten, sich geschlagen und sogar eine blanke Waffe gebraucht.»
«Werden Sie jetzt endlich die Stricke lösen?» fragte das Mädchen eigensinnig.
Dr. Hood setzte den Zylinderhut vorsichtig auf das Seitentischchen und trat zu dem Gefesselten. Er untersuchte ihn genau, er nahm ihn sogar an den Schultern und drehte ihn ein wenig seitwärts, aber er antwortete nur:
«Nein, ich denke, diese Stricke werden genügen, bis Ihre Freunde, die Polizisten, die Handschellen bringen.»
Pater Brown, der teilnahmslos auf den Teppich gestarrt hatte, hob nun sein rundes Gesicht und sagte: «Wie meinen Sie das?»
Der Kriminologe hatte das dolchartige Schwert vom Boden aufgehoben und betrachtete es genau, während er antwortete:
«Nur weil Sie Herrn Todhunter gefesselt angetroffen haben, sind Sie felsenfest davon überzeugt, daß Herr Glass ihn gefesselt hat und dann geflohen ist. Gegen diese Annahme gibt es aber vier Einwände. Erstens, warum sollte ein Herr, der so großen Wert auf seine Kleidung legt wie unser Freund Glass, seinen Hut zurücklassen, wenn er aus freiem Willen wieder aus diesem Raum gegangen ist? Zweitens», fuhr er, näher an das Fenster tretend, fort, «ist das Fenster hier die einzige Fluchtmöglichkeit, und es ist von innen verschlossen. Drittens hat die Klinge an der Spitze eine winzige Blutspur, aber an Herrn Todhunter ist keine Verwundung wahrzunehmen. Herr Glass hat diese Wunde mit sich fortgenommen, lebend oder tot. Und zum Schluß noch eine Überlegung, die wohl die wichtigste Rolle spielt: Es ist doch weit wahrscheinlicher, daß derjenige, der erpreßt wird, seinen Erpresser zu töten versucht, als daß der Erpresser die Gans zu töten sucht, die ihm goldene Eier legt. Ich glaube, der Fall ist ziemlich einwandfrei.»
«Aber die Stricke?» fragte der Priester, der seine Augen in einer etwas undurchsichtigen Verwunderung weit geöffnet hatte.
«Ach ja, die Stricke», sagte der Fachmann mit einer eigentümlichen Betonung. «Fräulein MacNab wollte so gerne wissen, warum ich Herrn Todhunter nicht von seinen Stricken befreit habe. Nun, ich will es ihr sagen Ich habe es deshalb nicht getan,

weil sich Herr Todhunter selbst davon befreien kann, sobald er nur will.»
«Wie?» riefen seine Zuhörer in allen Tönen der Verwunderung.
«Ich habe mir die Knoten des Herrn Todhunter genau angesehen», erklärte Dr. Hood ruhig. «Ich verstehe zufällig etwas von Knoten, sie sind ein ganz spezieller Zweig der wissenschaftlichen Kriminalistik. Jeden einzelnen dieser Knoten hat er selbst geknüpft und kann sich deshalb auch jederzeit wieder befreien; kein einziger ist von einem Feind gemacht worden, der die Absicht hatte, ihn wirklich zu fesseln. Diese ganze Geschichte mit den Stricken ist eine schlaue List, um uns glauben zu machen, daß er das Opfer der Auseinandersetzung sei und nicht der unglückliche Herr Glass, dessen Leiche wahrscheinlich im Garten vergraben oder im Kamin versteckt sein dürfte.»
Ziemlich niedergeschlagen und gedrückt schwiegen alle. Allmählich wurde es im Zimmer immer dunkler, die von der Seeluft zerfressenen kahlen Zweige der Bäume im Garten draußen sahen kahler und schwärzer aus als je, es war, als seien sie näher an das Fenster herangerückt.
Für eine aufgeregte Phantasie sahen sie aus wie Seeungeheuer, Kraken oder Tintenfische, sich windende Polypen, die vom Meer heraufgekrochen waren, um das Ende dieser Tragödie mitanzusehen; genauso wie er, Schurke und Opfer zugleich, der schreckliche Mann im Zylinderhut, einst vom Meer heraufgekrochen war. Der Gedanke an die Erpressung drückte alle nieder, denn die Erpressung ist die gemeinste aller menschlichen Untaten, weil es ein Verbrechen ist, das ein Verbrechen verbirgt – ein schwarzes Pflaster auf einer schwarzen Wunde.
Das Gesicht des kleinen Priesters, das gewöhnlich freundlich zufrieden und sogar ein wenig komisch dreinsah, zog sich plötzlich in nachdenklich-neugierige Falten. Es war allerdings nicht die Neugierde eines Kindes, sondern eher jene schöpferische Neugierde, die einen Menschen befällt, wenn ein Gedanke in ihm aufdämmert. «Wie war das gerade eben?» fragte er in ungekünsteltem Erstaunen. «Sie glauben also, daß Todhunter sich ganz allein binden und wieder befreien kann?»
«Ja, das meine ich», sagte der Doktor.
«Heiliges Jerusalem!» rief Pater Brown plötzlich, «jetzt bin ich doch neugierig zu erfahren, ob meine Vermutung stimmt.»
Wie ein Kaninchen sauste er durch das Zimmer und starrte mit

einem ganz neuen Interesse in das teilweise verdeckte Gesicht des Gefesselten. Dann wandte er der Gesellschaft sein eigenes, etwas einfältiges Gesicht zu. «Jawohl, ich hab's!» rief er aufgeregt. «Können Sie es denn auf dem Gesicht dieses Mannes nicht erkennen? Schauen Sie ihm doch mal in die Augen!»

Der Professor und das Mädchen folgten der Richtung seines Blicks. Und obwohl der breite schwarze Knebel die untere Hälfte von Todhunters Gesicht vollständig bedeckte, bemerkten sie etwas krampfartig Gespanntes in der oberen Gesichtshälfte.

«Seine Augen sehen tatsächlich merkwürdig aus», rief das Mädchen ganz erschüttert. «Ihr rohen Menschen! Ich glaube, er leidet Schmerzen.»

«Das glaube ich nicht», sagte Dr. Hood. «Die Augen haben einen ganz eigenartigen Ausdruck. Aber ich würde diese quergezogenen Fältchen eher für den Ausdruck jener etwas abnormalen, psychologischen ...»

«Ach, Unsinn!» unterbrach ihn Pater Brown. «Sehen Sie denn nicht, daß er lacht?»

«Lacht?» fragte der Doktor überrascht. «Worüber in aller Welt sollte er denn lachen?»

«Nun», erwiderte Hochwürden Pater Brown entschuldigend, «seien Sie mir nicht böse, aber ich glaube, er lacht über Sie. Und wirklich, jetzt, da ich die ganze Sache durchschaut habe, möchte ich am liebsten mich selbst ein wenig auslachen.»

«Was haben Sie durchschaut?» fragte Dr. Hood, der verzweifelt versuchte, Pater Browns Gedankensprüngen zu folgen.

«Nun, ich weiß jetzt, welchen Beruf Herr Todhunter ausübt.»

Er wandelte im Zimmer auf und ab und besah sich einen Gegenstand nach dem anderen mit einem scheinbar völlig ausdruckslosen Starren, um darauf jedesmal in ein anscheinend ebenso sinnloses Gelächter auszubrechen – ein Benehmen, das für die übrigen, die ihm verwundert zusahen, höchst irritierend war. Er lachte mächtig über den Hut und noch weit lauter über das zerbrochene Glas, und als er das Blut an der Schwertspitze sah, erstickte er beinahe an dem gewaltigen Lachkrampf, der ihn befiel. Dann wandte er sich dem aufgebrachten Spezialisten zu.

«Doktor Hood», rief er begeistert, «Sie sind doch ein großer Dichter! Sie haben es fertiggebracht, ein unerschaffenes Wesen aus dem Nichts hervorzurufen. Wieviel göttlicher ist dies, als wenn Sie nur die bloßen Tatsachen aufgespürt hätten! Wahrhaftig, die nackten Tatsachen sind im Vergleich dazu ziemlich alltäglich und fast lächerlich.»

«Ich habe keine Ahnung, wovon Sie überhaupt sprechen», sagte Dr. Hood reichlich hochnäsig. «Meine Tatsachen, die ich aufgespürt habe, sind alle unwiderleglich, wenn auch naturgemäß noch nicht vollständig. Vielleicht hat Intuition – oder, wie Sie es zu nennen belieben, Dichtkunst – ein wenig damit zu schaffen, aber nur, weil wir verschiedene Tatsachen noch nicht bestätigt finden konnten und deshalb auf Vermutungen angewiesen sind. Da Herr Glass vorläufig verschwunden ist...»

«Das ist es ja gerade», unterbrach ihn der kleine Priester und nickte ungemein eifrig, «das ist die erste Tatsache, die wir festhalten müssen: Herr Glass ist verschwunden. Er ist es sogar so sehr», fügte er nachdenklich hinzu, «daß noch niemals jemand so sehr durch Abwesenheit geglänzt hat wie dieser Herr Glass.»

«Meinen Sie, er befindet sich nicht in der Stadt?» fragte der Doktor.

«Weder in der Stadt noch anderswo», antwortete Pater Brown. «Er ist sozusagen abwesend von der ganzen sichtbaren Natur.»

«Meinen Sie im Ernst», fragte der Verbrecherspezialist lächelnd, «daß es einen Herrn Glass überhaupt nicht gibt?»

Der Priester machte eine zustimmende Bewegung: «Schade, nicht wahr?»

Orion Hood brach in ein verächtliches Lachen aus. «Nun», sagte er, «ehe wir zu den hundertundeinen anderen Beweisen übergehen, wollen wir doch einmal den ersten Beweis vornehmen, den wir gefunden haben, die erste Tatsache, über die wir gestolpert sind, als wir in dieses Zimmer traten. Wenn es keinen Herrn Glass gibt, wessen Hut ist denn das?»

«Er gehört Herrn Todhunter», erwiderte Pater Brown ungerührt.

«Aber er paßt ihm ja gar nicht», rief Hood ungeduldig aus. «Er könnte ihn gar nicht tragen!»

Pater Brown schüttelte mit unbeschreiblicher Nachsicht den Kopf. «Ich habe auch nie behauptet, daß er ihn tragen könnte», antwortete er. «Ich habe nur gesagt, daß der Hut ihm gehöre. Oder, wenn Sie es ganz genau haben wollen, daß der Hut sein Eigentum ist.»

«Was soll denn das für ein Unterschied sein?» fragte der Kriminologe leise grinsend.

«Na hören Sie mal», rief jetzt der nachsichtige kleine Mann, dessen Geduld allmählich auszugehen schien, «wenn Sie zum nächsten Hutgeschäft gehen, so können Sie mühelos sehen, daß man durchaus nicht alle Hüte tragen zu können braucht, die einem gehören. Ein Hutmacher ist Eigentümer vieler Hüte, aber er braucht sie doch deshalb nicht alle tragen zu können!»

«Das schon», wandte Dr. Hood ein, «aber ein Hutmacher kann doch schließlich aus seinem Lager von neuen Hüten Geld herausholen. Was sollte Todhunter aus seinem alten Hut herausholen können?»

«Kaninchen», erwiderte Pater Brown schlagfertig.

«Was?» rief Dr. Hood völlig verblüfft.

«Nun, Kaninchen, Bänder, Kuchen, Goldfische, ganze Rollen bunter Papierstreifen», sagte der hochwürdige Herr schnell. «Haben Sie das denn nicht gleich erkannt, als Sie auf den Trick mit den Stricken kamen? Mit dem Schwert ist es genau dasselbe. Herr Todhunter trägt keine Verwundung an sich, wie Sie ganz richtig bemerkt haben; aber er trägt eine Verletzung in sich, wenn Sie mich richtig verstehen.»

«Meinen Sie unter seinen Kleidern?» fragte Frau MacNab besorgt.

«Ich meine nicht unter seinen Kleidern», erklärte Pater Brown, «sondern innen drin, in Herrn Todhunter.»

«Aber um Himmels willen, wie ist das zu verstehen?»

«Herr Todhunter», erklärte Pater Brown friedlich, «übt sich in dem Beruf eines Zauberers, Jongleurs, Bauchredners und Entfesselungskünstlers. Als Zauberer brauchte er den Hut. Im Hut sind keine Spuren von Haaren zu finden, nicht etwa, weil er von einem frühzeitig kahl gewordenen Herrn Glass getragen wird, sondern weil er überhaupt noch niemals von jemandem getragen worden ist. Als Jongleur brauchte Herr Todhunter die drei Gläser; er übte sich darin, sie in die Luft zu werfen und wieder aufzufangen. Aber da er noch nicht sehr weit fortgeschritten ist, zerschlug er ein Glas an der Zimmerdecke. Daneben übte sich Herr Todhunter auch als Schwertschlucker und hielt es für seine berufsmäßige Pflicht und seinen Stolz, das große Messer zu verschlukken, das wir gefunden haben. Aber da er auch hierin noch nicht perfekt ist, ritzte er sich mit der Schneide an der Innenseite seines Halses. Darum trägt er die Wunde in sich, die übrigens – nach seinem Gesichtsausdruck zu schließen – sicherlich nicht ernsthafter Natur sein wird. Er übt sich auch in dem Trick, der von den Brüdern Davenport vorgeführt wird: sich von Stricken zu befreien, die ihn fest umschnüren. Damit war er eben beschäftigt, als wir alle in das Zimmer eindrangen. Die Karten braucht er natürlich zu Kartenkunststücken, und sie liegen deshalb so verstreut am Boden umher, weil er eben den Trick übte, sie durch die Luft fliegen zu lassen. Er machte nur deshalb aus seinem Beruf ein Geheimnis, weil er seine Tricks geheimhalten muß, wie jeder andere Zauberer auch. Aber die bloße Tatsache, daß einmal ein Vorbeigehender mit einem Zylinderhut zum Hinterfenster hineingesehen hat und von Todhunter empört weggewiesen worden ist, hat genügt, daß wir alle auf eine falsche, reichlich romantische Spur gelenkt wurden und uns einbildeten, sein ganzes Leben stehe unter dem Schatten des Herrn mit dem Zylinderhut, des Herrn Glass.»

«Aber wie erklären Sie sich dann die beiden Stimmen?» fragte Maggie mit weitaufgerissenen Augen.

«Haben Sie noch nie einen Bauchredner gehört?» fragte Pater Brown. «Wissen Sie nicht, daß Bauchredner zuerst in ihrer natürlichen Stimme sprechen und dann sich selbst in einer schrill-kreischenden, unnatürlichen Stimme antworten, so, wie Sie es gehört haben?»

Lange sagte niemand etwas. Dr. Hood betrachtete den kleinen Mann, der eben gesprochen hatte, mit einem rätselhaften, gespannten Lächeln. «Sie haben die Sache gewiß sehr genial gelöst», sagte er, «man hätte es in einem Buch nicht besser machen können. Aber etwas ist noch übriggeblieben von dem Herrn Glass, das Sie nicht haben wegerklären können: sein Name. Fräulein MacNab hat doch deutlich gehört, wie ihn Herr Todhunter so ansprach.»

Hochwürden Herr Pater Brown brach in ein beinahe kindisches Gekicher aus. «Ach, das», sagte er, «das ist das Dümmste an dieser ganzen dummen Geschichte. Die Erklärung ist ganz einfach. Als unser Freund hier, der Jongleur, seine drei Gläser der Reihe nach in die Luft warf, zählte er sie laut, wenn er sie wieder auffing. In Wirklichkeit sagte er: ‚Eins, zwei und drei – her ein Glas!'; oder, wenn es ihm nicht recht gelingen wollte, auch etwas ungeduldig: ‚Eins, zwei – her, Glas!' Und so weiter.»

Einen Augenblick lang war alles still im Zimmer, dann brachen alle gleichzeitig, wie auf ein Zeichen, in Lachen aus. Währenddem knüpfte die Gestalt in der Ecke vergnügt alle Stricke auf und warf sie in weitem Bogen von sich. Dann sprang er auf, trat mit einer Verbeugung mitten ins Zimmer und zog aus der Tasche ein großes, blau und rot bedrucktes Plakat hervor, das ankündigte, daß SALADIN, der größte Zauberer, Schlangenmensch und Bauchredner der Welt, am nächsten Montag, pünktlich acht Uhr abends, im Empire-Pavillon in Scarborough eine Vorstellung mit vollständig neuem Programm und bisher noch nie vorgeführten Kunststücken geben werde.

Zwei Herren erschienen gleichzeitig an den beiden gegenüberliegenden Enden eines Verbindungsganges, der längs des Apollo-Theaters in Adelphi entlangführte. Das Abendlicht auf den Straßen war weich und leuchtend, schillernd und doch eigenartig farblos. Der lange Durchgang hingegen war verhältnismäßig dunkel, so daß jeder der beiden den anderen am gegenüberliegenden Ende nur als Silhouette sehen konnte. Dennoch erkannten sie sich gegenseitig schon an diesem tintenschwarzen Umriß; denn beide waren Männer von auffallender Erscheinung, und beide haßten einander.
Die überdachte Passage führte mit dem einen ihrer Ausgänge in eine der steilen Straßen von Adelphi, mit dem anderen zu einer Terrasse, von der aus man auf die im Abendrot schimmernde Themse sah. Eine Wand der Passage bestand aus einer kahlen Mauer, die zu einem alten Theaterrestaurant gehörte, einem pleitegegangenen Unternehmen, das jetzt geschlossen war. In der anderen Seitenwand befanden sich zwei Türen, an jedem Ende eine. Es waren keine Bühnenausgänge im gewöhnlichen Sinn, sondern vielmehr so etwas wie private Zugänge, die nur ganz vereinzelt von den Hauptdarstellern benützt wurden – in diesem Fall von den Stars der heutigen Shakespeare-Aufführung. Berühmte Schauspieler lieben es ja oft, solch private Ein- und Ausgänge zu haben, um Freunde und Bekannte treffen oder ihnen ausweichen zu können.
Unsere beiden Herren waren zweifelsohne solche Freunde, denn sie kannten die Türen offenbar und rechneten damit, daß man sie ihnen öffnen würde. Beide näherten sich der Tür am oberen Ende mit der gleichen zielstrebigen Gelassenheit. Freilich nicht mit der gleichen Eile; der Mann, der im weiter entfernt gelegenen Ausgang der Passage aufgetaucht war, hatte seine Schritte beschleunigt, so daß beide fast gleichzeitig vor der Tür ankamen. Sie begrüßten einander mit ausgesuchter Höflichkeit und warteten einen Augenblick, bis schließlich der eine von ihnen, der schneller gegangen war, die Geduld verlor und an die Tür klopfte. Beide waren in ihrer ganzen Art so grundverschieden, daß man wirklich nicht hätte sagen können, einer sei dem anderen überlegen. Beide sahen recht gut aus, waren tüchtig und beliebt. Als

Leute, die im öffentlichen Leben standen, bekleideten beide hervorragende Stellen. Doch alles an ihnen, vom Ruf bis zum guten Aussehen, war durchaus anders als beim andern und einfach unvergleichbar. Sir Wilson Seymour gehörte zu jenen Männern, deren Bedeutung jedem, der sich in der Gesellschaft auskennt, geläufig ist. Je näher man dem innersten Kreis politischer und wirtschaftlicher Zirkel kam, desto häufiger stieß man auf den Namen Sir Wilson Seymour. In allen wichtigen Ausschüssen war er vertreten. Er war der einzige intelligente Mann auf zwanzig unintelligente Komiteemitglieder – und das auf jedem Gebiet, angefangen vom Reformausschuß der Royal Academy bis zu den Währungskonferenzen des Britischen Empire. Besonders in Kunstfragen galt er als geradezu allmächtig. Sir Wilson war so einzigartig, daß niemand ganz genau zu sagen vermochte, ob er nun ein großer Aristokrat war, der die Kunst als sein Spezialgebiet betrieb, oder ein großer Künstler, den die Aristokraten in ihre Kreise aufgenommen hatten. Und man konnte keine fünf Minuten mit ihm zusammen sein, ohne zu der Erkenntnis zu gelangen, daß man eigentlich schon sein ganzes Leben hindurch nach den Richtlinien dieses großen Mannes geleitet worden war.

Seine Erscheinung war im wahrsten Sinne des Wortes «distinguiert» zu nennen: konventionell-vornehm und doch zugleich ganz nach eigener Art. Sein Zylinderhut war makellos und nach der neuesten Mode – aber doch irgendwie anders als bei allen anderen Leuten, vielleicht ein bißchen höher, was die Schlankheit seines Trägers noch betonte. Seine hochgewachsene, elastische Gestalt war leicht vorgebeugt, sah aber alles andere als schwächlich aus. Das Haar war silbergrau, ohne daß der Mann etwa alt erschienen wäre; er trug das Haar etwas länger als üblich, und trotzdem war nichts Weibliches an ihm; es war gelockt, aber nicht von der Hand des Friseurs. Sein sorgfältig gestutzter Spitzbart ließ ihn männlich erscheinen und sogar ein wenig militärisch; er erinnerte etwas an jene alten Admiralsporträts von Velasquez, mit denen die Wände seines Hauses geschmückt waren. Seine grauen Handschuhe waren um eine Nuance bläulicher, sein Stock mit dem Silberknopf um eine Spur länger als Dutzende ähnlicher Handschuhe und Stöcke, die überall in den Theatern und Restaurants herumgetragen wurden.

Der andere war nicht so groß, aber man konnte ihn keineswegs als klein bezeichnen; er machte einen recht kräftigen Eindruck und sah sehr gut aus. Auch sein Haar war gelockt, aber blond und kurzgeschnitten, und umrahmte einen mächtigen Kopf – einen Kopf, mit dem man hätte Türen einrennen können. Der militärische Schnurrbart und die aufrechte Haltung ließen den Soldaten erkennen, aber seine eigenartig klaren und durchdringenden Augen waren die eines Seemanns. Sein Gesicht war, wie auch sein Kinn und seine Schultern, kräftig und eckig, ja sogar sein Rock ließ seine ganze Gestalt sozusagen eckig erscheinen. Max Beerbohm, einer der bedeutendsten der damals so beliebten Karikaturisten, hatte ihn sogar als die verkörperte Quintessenz des vierten Buches der Geometrie von Euklid dargestellt.

Denn auch er war jedem Kind bekannt, wenn auch seine Erfolge ganz anderer Natur waren als die von Sir Wilson Seymour. Man brauchte durchaus nicht in den höchsten Gesellschaftskreisen zu verkehren, um von Kapitän Cutler zu hören, von der Belagerung von Hongkong und dem berühmten Marsch durch China. Wo immer man sich auch befand, stets hörte man die Leute von ihm sprechen; sein Porträt war auf jeder zweiten Ansichtskarte zu sehen, die Karten und Berichte seiner Schlachten in jeder zweiten Illustrierten; Lieder zu seinem Ruhm hörte man in jedem zweiten Varieté und auf beinahe jeder Drehorgel. Sein Ruhm, so zeitgebunden er wahrscheinlich auch sein mochte, war dennoch zehnmal größer, verbreiteter und von mehr Begeisterung der breiten Massen getragen als der seines Gegenspielers. In Tausenden englischer Familien galt er als gewaltiger Held; er wurde mit Nelson auf eine Stufe gestellt. Der Einfluß allerdings, den er auszuüben vermochte, war unendlich viel geringer als der von Sir Wilson Seymour.

Ein alter Diener, anscheinend so etwas wie ein Kammerdiener, öffnete den beiden die Tür. Seine schlappe Haltung, seine müde Miene, sein schäbiger schwarzer Rock und seine alte, abgetragene Hose standen in seltsamem Widerspruch zu der glänzenden und glitzernden Inneneinrichtung der Garderobe unserer berühmten Schauspielerin. Überall an den Wänden standen und hingen Spiegel in allen möglichen Winkeln herum, so daß man fast den Eindruck hatte, sich in einem riesigen Diamanten mit hundert Facetten zu befinden. Von diesen Spiegeln wurde alles, was sich im Raum befand – ein paar Blumen, einige bunte Kissen, einige Kostümteile – hundertfach zurückgeworfen; es war, als sei man in ein Märchen aus Tausendundeiner Nacht geraten. Und wie

nun der alte Diener durch den Raum schlurfte und einen Spiegel herauszog, einen anderen zur Wand hin zurückschob, da tanzte alles und verschob sich in einem fast gespenstischen Wirrwarr.
Beide Herren sprachen den schäbigen Diener mit Namen an; sie nannten ihn Parkinson und fragten nach der Dame als Fräulein Aurora Rome. Parkinson sagte, sie sei im Nebenzimmer, er werde aber hineingehen und die Herren melden. Als sie dies hörten, überflog ein Schatten das Gesicht der beiden Besucher, denn das Nebenzimmer war das Privatzimmer des berühmten Schauspielers, mit dem Fräulein Aurora zusammen auftrat, und sie war eine jener Frauen, die man nicht nur bewundert, sondern die auch durchaus imstande war, die Eifersucht eines Mannes zu erregen. Eine halbe Minute später jedoch wurde die Verbindungstür geöffnet, und sie «trat auf», wie sie es immer, auch im Privatleben tat, so daß selbst die Stille ein donnerndes Beifallsgetöse zu sein schien. Sie war in ein eigenartiges Gewand aus pfauengrünem und pfauenblauem Satin gekleidet, der wie grünblaues Metall schimmerte, und das schwere, tiefbraune Haar umrahmte eines jener Märchengesichter, die den Männern immer gefährlich sind, besonders aber Knaben und Männern mit ergrauendem Haar. Zusammen mit ihrem Partner, dem berühmten amerikanischen Schauspieler Isidore Bruno, gestaltete sie die Aufführung des «Sommernachtstraums» zu einem einmalig zauberhaften Ereignis, bei dem das Schwergewicht auf Oberon und Titania gelegt war, das heißt, auf Bruno und sie selbst. Wenn sie sich in diesem schimmernden Kostüm, das an schillernde Libellenflügel erinnerte, inmitten traumhaft-phantastischer Dekorationen in einem schwebenden Tanz bewegte, hatte man den Eindruck, als sähe man eine Elfenkönigin aus einem Märchen. Stand ein Mann ihr jedoch im hellen Tageslicht gegenüber, so sah er nur noch ihr Gesicht, von dem eine starke Faszination ausging.
Sie begrüßte die beiden Herren mit jenem strahlenden, verwirrenden Lächeln, das so viele Männer in genau derselben gefahrvollen Distanz von ihr hielt. Sie nahm von Cutler ein paar Blumen entgegen, die ebenso exotisch und kostspielig waren wie seine berühmten Siege, und von Sir Wilson Seymour ein anderes Geschenk, das dieser ihr etwas später und in etwas nonchalanterer Weise überreichte. Denn es widerstrebte seiner ganzen Art und Erziehung, irgendwelche tieferen Gemütsbewegungen zur Schau zu tragen, und seiner konventionellen Konventionslosig-

keit lag es auch nicht, ein Geschenk zu machen, das jeder sehen konnte, wie es etwa die Blumen seines Gegenspielers waren. Ganz nebenbei erwähnte er, zufällig habe er eine Kleinigkeit aufgegabelt, für die sie vielleicht Interesse haben könnte; es sei ein griechischer Dolch der mykenischen Zeit, wie ihn wohl Theseus oder Hippolyta hätten tragen können. Wie alle Waffen aus jener Zeit bestehe der Dolch aus Bronze, aber merkwürdigerweise sei er so scharf, daß man ohne weiteres jemanden damit erstechen könne. Eigentlich habe er den Dolch wegen der regelmäßig blattförmigen Schneide gekauft, die dem Dolch etwas von der vollkommenen Harmonie einer griechischen Amphora gebe. Wenn Fräulein Rome daran Gefallen finden sollte oder das Ding bei ihrem Auftritt irgendwie verwenden könnte, würde sie vielleicht, wie er hoffe...

Plötzlich wurde die Tür zum Nebenzimmer aufgerissen, und auf der Schwelle erschien die hochgewachsene Gestalt eines Mannes, der zu Sir Seymour einen noch krasseren Gegensatz bildete als Kapitän Cutler. Beinahe einen Meter neunzig groß und mit Sehnen und Muskeln bepackt, wie man es bei einem Schauspieler nicht erwartet hätte, sah Isidore Bruno mit dem prächtigen Leopardenfell und den goldbraunen Gewändern Oberons aus wie eine heidnische Gottheit. Er stützte sich auf einen Jagdspeer, der im zauberischen Rampenlicht wie ein leichter Silberstab wirkte, in dem kleinen und verhältnismäßig engen Raum aber aussah wie eine spitze Eisenstange – ebenso schmucklos und ebenso gefährlich. Wütend rollte er seine lebhaften, schwarzen Augen, und von seinem bronzefarbenen Gesicht, so hübsch es sonst auch war, sah man in diesem Augenblick nur die hervorstehenden Backenknochen und die zusammengebissenen Zähne, ein Anblick, bei dem man unwillkürlich an gewisse Gerüchte denken mußte, die in Amerika kursierten und behaupteten, er stamme aus einer der Plantagen im Süden der Vereinigten Staaten.

«Aurora», begann er mit seiner tiefen, vor Leidenschaft bebenden Stimme, die schon so oft seine Zuhörer ergriffen hatte, «willst du...»

Unschlüssig hielt er inne, da unvermutet eine sechste Gestalt in der Türöffnung aufgetaucht war – eine Gestalt, die so wenig in diese Umgebung paßte, daß sie fast lächerlich wirkte. Es war ein auffallend kleiner Mann in der schwarzen Kleidung eines römisch-katholischen Weltgeistlichen, der besonders neben Bruno

und Aurora aussah wie ein hölzerner Noah aus einer Spielzeug-Arche. Dem Ankömmling selbst schien es jedoch gar nicht zum Bewußtsein zu kommen, wie komisch er in dieser Umgebung wirkte; er sagte ganz einfach höflich: «Ich glaube, Fräulein Rome hat nach mir geschickt.»
Ein scharfer Beobachter hätte feststellen können, daß bei dieser prosaisch-kühlen Unterbrechung die Spannung im Raum eher stieg. Die unbekümmerte Art dieses professionellen Junggesellen schien es den anderen Männern erst richtig zum Bewußtsein zu bringen, daß sie um die Frau herumstanden als eine Schar rivalisierender Liebhaber. Ähnlich ist es beispielsweise, wenn ein Fremder mit einem Mantel voll Schnee den Raum betritt: Erst dann wird man gewahr, daß es im Zimmer eigentlich heiß ist wie in einem Backofen. Die Gegenwart dieses einen Mannes, dem weltliche Leidenschaft durchaus fernlag, verstärkte in Fräulein Rome noch den Eindruck, daß alle anderen in Liebe zu ihr entbrannt waren, und zwar jeder auf eine Weise, die durchaus nicht ungefährlich war: der Schauspieler mit der ungezügelten Begierde eines Wilden oder eines verzogenen Kindes; der Kapitän mit dem ganzen primitiven Egoismus eines mehr willensstarken als geistigen Menschen; Sir Wilson mit jener täglich wachsenden Hartnäckigkeit und Verbissenheit, mit der alternde Lebemänner sich einer Liebhaberei widmen; und schließlich sogar Parkinson, der sie gekannt hatte, als sie noch eine unbedeutende Provinzschauspielerin gewesen war, und ihr nun mit der dumpfen Ergebung und Anhänglichkeit eines Hundes unauffällig durch den Raum folgte, ohne sie einen Augenblick aus den Augen zu lassen.
Ein guter Beobachter hätte aber etwas noch Merkwürdigeres feststellen können. Und der Mann, der einem schwarzen holzgeschnitzten Noah glich, aber durchaus scharf hinzuschauen und klug zu kombinieren wußte, bemerkte es ebenfalls mit großem, aber verhaltenem Vergnügen. Es war mit Händen zu greifen, daß die große Aurora, obwohl keineswegs gleichgültig gegen die Bewunderung durch das andere Geschlecht, in diesem Augenblick alle die Männer hier, die sie bewunderten, loswerden und nichts als allein sein wollte mit dem einen Mann, der ihr mehr oder weniger gleichgültig gegenüberstand – der sie zumindest nicht in dem Sinne bewunderte, wie es die anderen taten. Denn der kleine Priester bewunderte ein wenig amüsiert die Entschlossenheit und weibliche Diplomatie, mit der die große Schauspiele-

rin nun daranging, ihren Plan in die Wirklichkeit umzusetzen. Mit der Präzision eines Feldzugsplans verfolgte sie klug und entschlossen ihre Politik, alle wegzuschicken, ohne jedoch auch nur einen einzigen zu verletzen. Bruno, der berühmte Schauspieler, war so kindisch, daß es keiner besonderen Anstrengung bedurfte, ihn loszuwerden; schon beim ersten Anstoß verließ er wie ein schmollendes Kind das Zimmer und schlug wütend die Tür hinter sich zu. Cutler, der britische Offizier, mußte mit anderen Waffen angegangen werden. Mit zarten Winken war bei ihm nichts auszurichten, aber andererseits war er stets durchaus korrekt und pünktlich. Wenn ihm ein bestimmter Auftrag gegeben wurde, dann würde er eher sterben, als diesen Auftrag unerledigt zu lassen, und besonders wenn dieser von einer Dame gegeben wurde. Freund Seymour hingegen mußte mit Fingerspitzengefühl behandelt werden; ihn mußte man als letzten wegschicken. Man konnte ihn nur wegbringen, wenn man ihn vertrauensvoll als alten Freund behandelte und ihm ganz offen mitteilte, warum Fräulein Rome mit dem Priester allein zu sein wünschte. Der Priester bewunderte die Schauspielerin aufrichtig, wie sie es verstand, ihren Plan in einem einzigen wohldurchdachten Schachzug auszuführen.

Sie ging zu Kapitän Cutler hinüber und sagte in ihrer gewinnendsten Art: «Ich danke Ihnen herzlich für diese Blumen und freue mich sehr darüber, denn es sind bestimmt Ihre Lieblingsblumen. Aber dem Strauß fehlt doch noch etwas, wenn meine Lieblingsblumen nicht dabei sind. Bitte, seien Sie doch so nett und gehen Sie in das Blumengeschäft an der Ecke. Wenn Sie dort noch einige Maiglöckchen für mich besorgen, dann wird es ein besonders wunderschöner Strauß sein.»

Mit diesen Worten hatte sie nicht nur Cutler in Trab gesetzt, sondern zugleich auch den ersten der Rivalen, den wütenden Bruno, aus dem Zimmer gebracht. Er hatte gerade seinen Speer wie ein Zepter dem unscheinbaren Parkinson überreicht und war eben im Begriff, sich auf einem Polstersessel wie auf einem Thronsessel niederzulassen. Als aber sein Rivale nun so freundlich angesprochen wurde, blitzte in seinen schillernden Augäpfeln die ganze unbeherrschte Leidenschaft des Sklaven auf; er ballte seine braunen Fäuste und verharrte so einen Augenblick, dann stieß er die Tür auf und verschwand in seinen Gemächern. Doch inzwischen hatte Fräulein Romes Versuch, den alten Krieger auf die Beine zu bringen, nicht so gut geklappt, wie man eigentlich hätte erwarten sollen. Zwar hatte er sich sofort steif erhoben und war der Tür zugeschritten, als habe er von einem Vorgesetzten einen Befehl erhalten. Doch in der gegen einen Spiegel gelehnten schlanken Gestalt Seymours lag vielleicht eine allzu aufreizende Eleganz, so daß der Kapitän, kurz bevor er den Ausgang erreicht hatte, stehenblieb und wie eine gereizte Bulldogge den Kopf von einer Seite auf die andere wandte.

«Ich muß diesem Tropf doch zeigen, wohin er gehen soll», flüsterte Aurora schnell Seymour zu und eilte zur Tür, um den zögernden Kapitän aus dem Raum zu bringen.

Seymour, der immer noch in nachlässiger Eleganz gegen den Spiegel lehnte, schien aufmerksam zu lauschen. Erleichtert wollte er aufatmen, als er die Dame dem Kapitän noch einige letzte Weisungen zurufen hörte. Doch Fräulein Rome kehrte daraufhin nicht etwa in ihre Garderobe zurück; man konnte hören, wie sie sich plötzlich umwandte und lachend ans andere Ende der Passage lief. Seymours Gesicht verfinsterte sich wieder. Ein Mann in seiner Stellung hat viele Rivalen, und es fiel ihm ein, daß am anderen Ende der Passage eine Tür war ähnlich dem Eingang zu Fräulein Romes Garderobe – eine Tür, die zu Brunos Privatgemächern führte. Er verlor aber nicht seine Haltung, wechselte mit Pater Brown einige höflich belanglose Worte über die Westminster-Kathedrale, deren Bauelemente in vielem an die byzantinische Architektur erinnerten, und schlenderte dann ganz ungezwungen durch die Tür, hinauf zum anderen Ende des Durchgangs. Pater Brown und Parkinson waren nun allein geblieben, aber keiner der beiden Männer war zu einem Gespräch aufgelegt. Der Diener wanderte ziellos im Zimmer umher, zog die Spiegel aus ihren Versenkungen heraus und schob sie dann wieder zurück, und in der Hand hielt er immer noch den prunkvollen Speer König Oberons. Jedesmal, wenn er einen Spiegel herauszog, erschien darauf eine weitere schwarze Gestalt des Paters; in den unzähligen Spiegeln des merkwürdigen Raumes sah man überall Pater Browns: Die Spiegelbilder schwebten in der Luft wie Engel, schlugen Purzelbäume wie Akrobaten oder zeigten auf der anderen Seite des Raumes ihre breite Rückseite wie eine Versammlung außergewöhnlich ungezogener Leute.

Pater Brown schien die große Schar seiner Spiegelbilder überhaupt nicht zu bemerken, sondern folgte Parkinson mit nach-

denklich aufmerksamem Blick, bis jener sich schließlich mitsamt dem in seiner Hand lächerlich wirkenden Speer ins Nebenzimmer begab, in die Garderobe des Schauspielers Bruno. Dann gab sich der Priester abstrakten Meditationen hin, mit denen er sich stets zu unterhalten pflegte, wenn er allein war – er berechnete die Winkel der Spiegel, dann die Brechungswinkel, die Winkel, unter denen jeder Spiegel an der Wand befestigt sein mußte...
Seine Gedanken wurden jäh unterbrochen. Ein lauter, aber merkwürdig erstickt klingender Schrei drang von der Passage herein.
Pater Brown fuhr wie ein Blitz auf und stand ganz still. Er lauschte. Fast im selben Augenblick stürzte Sir Seymour, bleich wie der Tod, ins Zimmer. «Wer ist der Kerl in der Passage?» schrie er. «Wo ist der Dolch, den ich gebracht habe?»
Noch ehe Pater Brown sich in seinen schweren Stiefeln umdrehen konnte, hatte Seymour schon begonnen, das ganze Zimmer auf der Suche nach seinem Dolch zu durchwühlen. Aber Sekunden später hörte man von der Straße her eilende Schritte, die schwer auf dem Pflaster dröhnten, und das eckige Gesicht Cutlers tauchte in der Türöffnung auf. «Was soll denn das?» rief er. «Wer ist der Bursche in der Passage? Ist das irgendeiner Ihrer Tricks?»
«Was heißt hier meine Tricks?» zischte sein bleicher Rivale und machte einen Schritt auf ihn zu.
Während der kurzen Sekunden, da sich dies ereignete, war Pater Brown hinaus auf die Passage getreten, schaute rasch die Straße entlang und eilte sofort auf etwas zu, das er dort erblickte.
Als die beiden anderen dies sahen, ließen sie voneinander ab und stürzten ihm nach, während Cutler rief: «Was machen Sie? Wer sind Sie eigentlich?»
Der Priester antwortete nicht sofort. Er hatte sich niedergebeugt. Nachdem er sich wieder aufgerichtet hatte, sagte er traurig: «Ich heiße Brown. Fräulein Rome hatte nach mir geschickt, und ich bin gekommen, so schnell ich konnte. Aber ich kam zu spät.»
Die drei Männer sahen auf den Boden vor sich. Wie ein Goldstreifen lag der Abendschein quer über der Passage; mitten auf der Straße lag Aurora Rome, strahlend in ihrem goldgrün schimmernden Gewand, das tote Gesicht nach oben gewandt. Ihr Kleid war wie bei einem Kampf aufgerissen und ließ die rechte Schulter entblößt; aber die Wunde, der unaufhörlich Blut entquoll, war auf der anderen Seite. Einen knappen halben Meter entfernt lag der Bronzedolch auf dem Pflaster, flach und glitzernd.

Lange Zeit standen die Männer schweigend um die Leiche. Aus der Ferne hörte man das Lachen eines Blumenmädchens und das wütende Pfeifen, mit dem jemand eine Taxe herbeizurufen suchte. Dann packte der Kapitän mit einer so plötzlichen Bewegung, daß man nicht wußte, war es unvermittelt aufwallende Leidenschaft oder nur Theater, Sir Wilson Seymour an der Kehle.
Dieser jedoch hob keine Hand zur Gegenwehr. Unerschrocken stand er da und sah seinen Gegner durchdringend an. «Sie brauchen mich nicht umzubringen», sagte er mit eisiger Stimme, «das werde ich schon selbst besorgen.»
Der Kapitän zögerte; schließlich ließ er seine Hand sinken. Doch sein Gegenüber fuhr mit derselben tödlichen Ruhe fort: «Sollte ich nicht die Kraft haben, es mit diesem Dolch zu tun, dann werde ich es in einem Monat durch Trinken erreicht haben.»
«Damit kann ich mich nicht umbringen», erwiderte Cutler, «doch ehe ich sterbe, will ich meine blutige Rache haben. Nicht an Ihnen – aber ich glaube zu wissen, wessen Blut fließen wird.»
Und noch ehe die anderen seine Absicht erraten konnten, hatte er schon den Dolch ergriffen. Mit gewaltigen Sätzen eilte er auf die Tür am anderen Ende der Passage zu. Sie war verschlossen und verriegelt. Cutler jedoch drückte sie ein und stürzte auf Bruno los, der sich noch in seiner Garderobe befand.
In diesem Augenblick kam der alte Parkinson in seinem eigentümlichen Trott aus der Tür und erblickte die Leiche, die in der Passage lag. Zitternd näherte er sich, blickte müde mit zuckendem Gesicht auf den leblosen Körper, ging zitternd in die Garderobe zurück und ließ sich plötzlich in einen der reichverzierten Polstersessel fallen. Pater Brown lief ihm augenblicklich nach, ohne auf Cutler und den riesigen Schauspieler zu achten, obwohl das Zimmer bereits von ihren Schlägen widerhallte und sie anfingen, erbittert um den Dolch zu ringen. Seymour, der noch einen Rest von Vernunft bewahrt hatte, eilte zum Ausgang der Passage und pfiff eine Polizeistreife herbei.
Als die Polizei kam, hatten die kräftigen Beamten alle Mühe, die beiden Männer auseinanderzureißen, die sich wie Kletten umklammert hielten. Nach kurzer Untersuchung wurde Isidore Bruno auf die Beschuldigung des Mordes hin, die sein wütender Gegner vorbrachte, verhaftet. Die Tatsache, daß der gefeierte Nationalheld mit eigenen Händen einen Verbrecher gefangengenommen hatte, fiel bei der Polizei zweifellos schwer ins Ge-

wicht, denn auch die Polizei hat manchmal ein gutes Gespür für wirksame Schlagzeilen. Man behandelte Cutler mit einer gewissen feierlichen Hochachtung und machte ihn darauf aufmerksam, daß er eine kleine Wunde an der Hand habe. Es war, wie sich herausstellte, Bruno gelungen, dem ihm über umgeworfene Stühle und Tische hinweg nachsetzenden Cutler den Dolch zu entwinden und ihn unterhalb des Handgelenks zu verwunden. Die Verletzung war allerdings nur unbedeutend; man konnte jedoch dem wie ein Halbwilder rasenden Festgenommenen deutlich anmerken, daß ihm das fließende Blut eine Genugtuung war, denn er starrte mit gefletschten Zähnen auf das blutende Handgelenk, bis man ihn aus dem Zimmer wegbrachte.

«Der Kerl sieht doch beinahe wie ein Kannibale aus», sagte der Wachtmeister vertraulich zu Cutler.

Dieser gab keine Antwort, sondern sagte nur schroff: «Wir müssen uns um die ... Tote ... kümmern», und dann brach seine Stimme.

«Um die beiden Toten», kam da die Stimme des Priesters von der anderen Seite des Zimmers. «Dieser arme Kerl hier war schon tot, als ich zu ihm hingekommen bin.» Und er sah auf den alten Parkinson hinab, der zusammengekauert wie ein schwarzes Bündel auf einem der prächtigen Stühle saß. Auch er hatte offensichtlich der Toten seinen Tribut gezollt.

Cutler war der erste, der das Schweigen brach. Eine gewisse rauhe Zärtlichkeit schien ihn erfaßt zu haben. «Ich wollte, ich wäre an seiner Stelle», sagte er heiser. «Ich erinnere mich, mehr als ein anderer pflegte er mit seinen Blicken jedem ihrer Schritte zu folgen, wenn sie umherging. Sie war sein Leben, und da sie starb, ging auch sein Leben, mußte auch er sterben.»

«Wir sind alle irgendwie gestorben», sagte Seymour mit einer Stimme, die ganz fremd klang, und blickte die Straße hinab.

An der Straßenecke verabschiedeten sich Cutler und Seymour von Pater Brown und baten mit einigen belanglosen Worten um Entschuldigung, falls sie sich etwa eine Formlosigkeit hätten zuschulden kommen lassen. Auf den Gesichtern der beiden lag Trauer, aber noch etwas anderes – etwas undurchdringlich Geheimnisvolles.

Das Gehirn des kleinen Priesters war stets wie ein Kaninchengehege voller wilder Gedanken, die einander zu schnell jagten, als daß er sie hätte festhalten können. Doch blitzartig fuhr ihm der Gedanke durch den Kopf, daß er von der Niedergeschlagenheit und Trauer der beiden Männer überzeugt sei, nicht aber von ihrer Unschuld.

«Es ist wohl das beste, wir gehen jetzt alle heim», sagte Seymour schwermütig. «Wir haben getan, was wir konnten.»

«Verstehen Sie mich bitte richtig», entgegnete Pater Brown ruhig, «aber ich möchte eher sagen, Sie haben getan, was Sie konnten, um zu schaden.»

Wie schuldbewußt fuhren beide zurück, und Cutler fragte scharf: «Um wem zu schaden?»

«Um sich selbst zu schaden», entgegnete der Priester. «Denken Sie nicht, daß ich Ihren Kummer noch vermehren will, aber ich halte es für meine Menschenpflicht, Sie zu warnen. Sie haben beinahe alles getan, was Sie nur konnten, um sich an den Galgen zu bringen, wenn dieser Schauspieler freigesprochen werden sollte. Man wird mich sicherlich vorladen und als Zeugen vernehmen; ich werde also gezwungen sein auszusagen, daß, nachdem ich den Schrei gehört hatte, Sie beide im Zustand höchster Aufregung ins Zimmer gestürzt kamen und um jenen Dolch einen Streit anfingen. Nach den Aussagen, die ich unter Eid werde machen müssen, könnte jeder von Ihnen der Mörder sein. Damit haben Sie sich selbst geschadet, und überdies hat Kapitän Cutler sich unglückseligerweise auch noch an dem Dolch verwundet.»

«Mich verwundet!» rief der Kapitän verächtlich. «Ein dummer, kleiner Kratzer!»

«Aber immerhin ist Ihr Blut geflossen», erwiderte der Priester kopfnickend. «Wir wissen, daß jetzt auf der Klinge Blutspuren zu finden sind, und so werden wir niemals wissen, ob schon vorher Blut daran war.»

Keiner sagte etwas. Dann bemerkte Seymour mit einem Nachdruck, den man sonst bei ihm nicht kannte: «Aber ich habe doch einen Mann in der Passage gesehen!»

«Das weiß ich», antwortete der Priester mit unbeweglichem Gesicht. «Auch Kapitän Cutler hat einen Mann dort gesehen. Und gerade das kommt mir recht unwahrscheinlich vor.»

Der wichtigste und am sorgfältigsten geführte Teil der Zeitungen von heute ist der Teil, der sich mit Mord, Totschlag und Verbrechen beschäftigt. Wahrscheinlich hat es seinen guten Grund, daß im zwanzigsten Jahrhundert in den Zeitungen mehr Raum für Morde als für Politik bleibt – deshalb nämlich, weil Morde eine ernster zu nehmende Sache sind. Aber sogar das würde kaum erklären, warum in der Londoner Presse und in allen Provinzblättern der ‚Fall Bruno' oder ‚Das Geheimnis der Passage' überall und so ausführlich behandelt wurde. Die Aufregung war so groß, daß wochenlang die Presse sogar die Wahrheit schrieb; und die Berichte über die Verhöre und Kreuzverhöre waren, wenn auch endlos und fast unerträglich, doch zumindest zuverlässig. Der tiefste Grund, warum dieser Fall ein solches Aufsehen erregte, war natürlich die Tatsache, daß allbekannte Personen darin verwickelt waren. Das Opfer war eine berühmte Schauspielerin; der Angeklagte war ein berühmter Schauspieler, und er war auf frischer Tat von dem berühmtesten Krieger der Zeit festgenommen worden. Diese ungewöhnlichen Zustände hatten die Zeitungsredaktionen dermaßen in Aufregung versetzt, daß sie – wenigstens in dieser einen Sache – dazu übergingen, einmal die genaue Wahrheit zu schreiben; daher kann der Rest dieser etwas eigenartigen Geschichte tatsächlich den Berichten des Prozesses Bruno entnommen werden.

Die Verhandlung wurde geleitet von Richter Monkhouse, einem jener Richter, die das Volk als ‚witzig' bezeichnet, die aber meist ernster zu nehmen sind als die sogenannten ‚ernsten' Richter; denn ihre ungezwungene Prozeßführung ist nichts anders als Abneigung gegen alle starre, unnötige Feierlichkeit, während die ‚ernsten' Richter meist eine viel weniger ideale Berufsauffassung haben, denn ihr feierlicher Ernst ist oft nichts anderes als eine Maske, unter der sich ihre Eitelkeit verbirgt, eine Maske, mit der sie auf die Zuhörer Eindruck machen wollen. Da alle die Leute, um die es in diesem Prozeß ging, im ganzen Land bekannt waren, hatte man auch entsprechend bekannte Rechtsanwälte und Staatsanwälte hinzugezogen. Anklagevertreter war Sir Walter Cowdray, ein schwerfälliger, doch gewichtiger Beamter, der es verstand, ganz britisch und sehr vertrauenerweckend zu wirken, und zugleich den Eindruck machte, als gebrauche er nur ungern große Worte. Verteidiger des Angeklagten war Herr Patrick Butler, ein Mann, den viele Leute, die den irischen Charakter nicht kennen – und die noch nie von ihm einem Kreuzverhör unterzogen worden waren –, fälschlicherweise oft für einen ‚Flaneur' hielten. Die medizinischen Untersuchungen ergaben keine Widersprüche, da die Aussagen des Arztes, den Sir Seymour unmittelbar nach der Tat gerufen hatte, mit denen des hervorragenden Mediziners, der später die Leiche untersucht hatte, in allen Punkten übereinstimmten. Aurora Rome war mit einem scharfen Instrument, einem Messer oder Dolch, ermordet worden, einem Instrument mit kurzer Klinge. Die Wunde befand sich unmittelbar oberhalb des Herzens, und der Tod war augenblicklich eingetreten. Als der erste Arzt sie untersuchte, dürften knappe zwanzig Minuten seit ihrem Tod vergangen gewesen sein; dementsprechend mußte Pater Brown sie etwa drei Minuten nach ihrem Ableben gefunden haben.

Dann folgte ein offizieller Bericht der Kriminalpolizei, in dem hauptsächlich der Beweis oder vielmehr der fehlende Beweis für einen Kampf behandelt wurde: Der einzige Beweis, daß eventuell ein Kampf stattgefunden hatte, war die Tatsache, daß das Kleid an der Schulter zerrissen war; andererseits befand sich die Wunde auf der gegenüberliegenden Körperseite, und der Stich schien ebenfalls aus einer anderen Richtung geführt worden zu sein. Nachdem diese wenn auch noch unaufgeklärten Einzelheiten vorgebracht worden waren, wurde der erste Kronzeuge aufgerufen.

Sir Wilson Seymour machte seine Aussage so, wie er auch alles andere zu machen pflegte, nämlich nicht nur gut, sondern sogar ausgezeichnet. Er selbst war zwar der Öffentlichkeit weit mehr bekannt als der Richter, verstand es aber genau, seine Worte so abzuwägen, daß er um ein winziges gegenüber dem Vorsitzenden in den Hintergrund trat; und obgleich er ein Ansehen genoß wie etwa der Premierminister oder der Erzbischof von Canterbury, so wirkte er doch nicht anders als irgendein Privatmann von gutem Ruf. Seine Aussagen waren ebenso erfrischend klar und deutlich, wie es seine Vorträge in den vielen Komiteesitzungen stets waren. Er habe Fräulein Rome im Theater besucht, sei dort mit Kapitän Cutler zusammengetroffen; eine Zeitlang habe sich ihnen auch der Angeklagte zugesellt, sei dann jedoch in seine eigene Garderobe zurückgekehrt; dann sei auch noch ein katholischer Geistlicher hinzugekommen, der nach der Dame gefragt und sich unter dem Namen Brown vorgestellt habe. Später habe Fräulein Rome das Zimmer verlassen und sei mit Kapitän Cutler ans Ende der Passage gegangen, um ihm einen Blumenladen zu zeigen, in dem er ihr noch einige Blumen kaufen sollte. Er, Seymour, sei unterdessen im Zimmer geblieben

und habe mit dem Priester einige Worte gewechselt. Dann habe er deutlich gehört, wie die Verstorbene, nachdem sie dem Kapitän den Weg gezeigt hatte, sich lachend umdrehte und die Passage hinabgelaufen sei in Richtung der anderen Tür, die zur Garderobe des Angeklagten führte. In müßiger Neugierde habe er nachsehen wollen, warum Fräulein Rome es so eilig habe, sei selbst auf den Durchgang hinausgegangen und habe nach der Tür des Angeklagten hingesehen.
«Haben Sie etwas in der Passage gesehen?»
«Ja, ich habe etwas in der Passage gesehen.»
Sir Walter Cowdray ließ auf diese Antwort des Zeugen eine kleine Pause folgen, um geschickt die Spannung im Gerichtssaal zu erhöhen. Der Zeuge sah zu Boden, und obwohl er gefaßt erschien wie immer, war er doch ungewöhnlich blaß. Dann fragte der Staatsanwalt mit leiser Stimme, die teilnahmsvoll klang und doch etwas Schleichendes an sich hatte: «Haben Sie es auch deutlich gesehen?»
So erregt Sir Wilson Seymour auch sein mochte – seine Gedanken blieben doch vollkommen klar. «Die Konturen habe ich ganz deutlich gesehen, weniger deutlich oder, besser gesagt, überhaupt nicht habe ich jedoch gesehen, was innerhalb dieser Konturen war. Die Passage ist so lang, daß ein Mensch in der Mitte des Durchgangs sich gegen das Licht vom anderen Ende nur als schwarze Silhouette abhebt.» Es entstand ein kurzes Schweigen, und der Richter beugte sich vor, um etwas zu notieren.
«Nun», fragte Sir Walter geduldig weiter, «wie sahen die Konturen aus? Glichen sie beispielsweise der Gestalt der Ermordeten?»
«Nicht im geringsten», antwortete Sir Seymour bestimmt.
«Was glaubten Sie denn zu erkennen?»
«Ich glaubte darin einen hochgewachsenen Mann zu erkennen», entgegnete der Zeuge.
Jedermann im Saal bemühte sich, seine Blicke auf seine Feder, seinen Schirm, seine Schuhe oder ein Buch zu richten, oder auf was er gerade zufällig schauen konnte. Jeder im Gerichtssaal gab sich offenbar alle Mühe, seine Blicke von der Anklagebank wegzuwenden, aber jeder wußte, wie der Mann auf der Anklagebank aussah, jeder wußte, daß er von riesiger Statur war. Und man hatte das Gefühl, daß er nun, da jeder sich bemühte, von ihm wegzublicken, immer größer und größer emporwuchs.

Cowdray lehnte sich mit feierlichem Gesicht in seinen Stuhl zurück und fuhr sich über seine schwarzseidene Robe und seinen weißen, seidigen Backenbart. Sir Wilson wollte, nachdem er noch einige Einzelheiten angeführt hatte, die auch viele andere Leute bezeugen konnten, gerade den Zeugenstand verlassen, als der Verteidiger plötzlich aufsprang und ihn zurückhielt.

«Ich möchte Sie nur noch einen kurzen Augenblick aufhalten», sagte Herr Butler, ein etwas bäuerisch aussehender Mann mit roten Augenbrauen, der stets einen etwas verschlafenen Eindruck machte. «Wollen Sie bitte dem hohen Gericht sagen, woher Sie überhaupt wußten, daß es ein Mann war?»

Ein kaum sichtbares, vornehmes Lächeln glitt über Seymours Züge. «Nun, ich sah deutlich, daß die Gestalt Hosen trug», sagte er. «Als ich das helle Tageslicht zwischen den langen Beinen sah, war ich schließlich fest davon überzeugt, daß es sich um einen Mann handeln müsse.»

Butlers schläfrige Augen öffneten sich plötzlich, als sei er von einer Tarantel gestochen worden. «Sie waren *schließlich* davon überzeugt», wiederholte er mit langsamem Nachdruck. «Sie haben also anfangs geglaubt, es handle sich um eine Frau?»

Seymour war zum erstenmal so etwas wie Verwirrung anzumerken. «Ich kann es zwar nicht beschwören», sagte er, «aber wenn es der hohe Gerichtshof wünscht, werde ich gerne über meinen Eindruck berichten. An dieser Gestalt war etwas, das weder als typisch weiblich noch als männlich bezeichnet werden kann. Der Umriß der Gestalt sah irgendwie eigenartig aus. Überdies glaubte ich langes Haar erkennen zu können.»

«Ich danke Ihnen», sagte Herr Butler und ließ sich unvermittelt in seinen Stuhl zurückfallen.

Kapitän Cutler war zwar weit weniger klar und gefaßt als Sir Wilson, doch sein Bericht über die einleitenden Ereignisse stimmte in allen wesentlichen Punkten mit dem seines Vorgängers überein. Er beschrieb, wie Bruno in seine Garderobe zurückkehrte, wie er selbst fortgeschickt wurde, um einen Strauß Maiglöckchen zu kaufen, wie er zum oberen Ende der Passage zurückkam, was er in der Passage erblickte, wie er zuerst Seymour im Verdacht hatte und schließlich mit Bruno gekämpft und ihn überwältigt hatte. Was aber die schwarze Gestalt, die er und Seymour gesehen hatten, angehe, so könne er nur wenig hinzufügen. Nach ihren Umrissen befragt, äußerte er mit einem etwas zu offensichtlichen Grinsen zu Seymour hin, er sei leider kein Kunstkritiker wie sein Vorgänger. Er wisse nicht, ob es ein Mann oder eine Frau gewesen war, aber ihm wäre die Gestalt eher wie die eines Tieres vorgekommen. Da der Staatsanwalt sah, daß der Zeuge reichlich erschüttert und zutiefst erregt war, verzichtete er auf eine weitere ausführliche Behandlung dieser Frage, da ja die Tatsachen seiner Meinung nach ziemlich klar waren.

Auch der Verteidiger faßte sich in seinem Kreuzverhör kurz, obwohl er, seiner langsamen Art entsprechend, auch zu einem ‚kurzen' Kreuzverhör ziemlich lange brauchte. «Sie haben eben einen recht merkwürdigen Ausdruck verwendet», sagte er, während er Cutler schläfrig betrachtete. «Was meinen Sie damit, daß die Gestalt eher wie ein Tier als wie ein Mann oder eine Frau ausgesehen hat?»

Cutler schien ernstlich aufgebracht. «Vielleicht hätte ich mich anders fassen sollen, aber wenn dieses Vieh riesige, bucklige Schultern hat wie ein Schimpanse und Borsten, die ihm wie Schweinsborsten vom Kopf abstehen ...»

Herr Butler schnitt ihm mitten im Satz das Wort ab. Er schien für die aufgeregte Art des Zeugen nichts übrig zu haben. «Es spielt nicht die geringste Rolle, ob das Haar nun Schweinsborsten glich oder nicht. Sagen Sie mir eines: Glich es Frauenhaar?»

«Frauenhaar?» rief der Kapitän. «Auf gar keinen Fall!»

«Aber der vorige Zeuge hat dies behauptet», kommentierte der Verteidiger rasch mit etwas merkwürdigem Lächeln. «Und hatte die Gestalt etwa geschwungene oder irgendwie weibliche Umrisse, wie vorhin so beredt angedeutet worden ist? Nein? Keine weiblichen Linien? Die Gestalt war, wenn ich Sie richtig verstehe, eher schwerfällig und eckig?»

«Vielleicht hat sie sich gerade vorgebeugt», sagte Cutler mit einer heiseren Stimme, die man kaum noch verstehen konnte.

«Oder auch nicht», sagte Butler und ließ sich wieder unvermittelt in seinen Stuhl zurückfallen.

Der dritte Zeuge, der von Sir Walter Cowdray aufgerufen wurde, war der kleine katholische Geistliche. Er wirkte nach den anderen ungewöhnlich klein; sein Kopf schien kaum über den Rand des Zeugenstandes hinauszuragen, so daß man den Eindruck hatte, es werde ein Kind verhört. Unglücklicherweise aber hatte es sich Sir Walter, der der katholischen Kirche nicht gerade freundlich gegenüberstand, in den Kopf gesetzt, daß der Zeuge auf

seiten des Angeklagten stände, weil der Angeklagte ein böser Mensch, ein Ausländer und sogar teilweise ein Schwarzer war. Darum fuhr er Pater Brown scharf an, sobald dieser wackere Vertreter des Klerus versuchte, irgend etwas ausführlicher zu erklären. Er hieß ihn, nur mit ‚Ja' oder ‚Nein' zu antworten und lediglich die nackten Tatsachen ohne jegliche jesuitisch-rhetorische Verbrämungen vorzubringen. Als Pater Brown nun mit schlichten Worten zu erklären begann, wer seiner Meinung nach der Mann in der Passage gewesen sei, erklärte ihm der Staatsanwalt, daß er nur Fakten hören wolle und auf die theoretischen Deutungen des Zeugen gerne verzichten wolle.
«Eine schwarze Gestalt wurde in der Passage gesehen. Sie sagen, daß Sie diese Gestalt gesehen haben. Nun, wie sah sie aus?»
Pater Brown blinzelte, als habe er eben einen scharfen Verweis bekommen; aber als Priester hatte er schon lange gelernt, Gehorsam zu zeigen. «Die Gestalt», sagte er, «war klein und dick und hatte zwei vorstehende, aufgebogene Ausbuchtungen auf jeder Seite des Kopfes, die wie Hörner aussahen, und ...»
«Aha! Sicherlich Herr Satanas persönlich mit seinen Hörnern!» rief Cowdray triumphierend und lehnte sich mit sarkastischem Lächeln zurück. «Es war wohl der Teufel, der gekommen war, um die Protestanten aufzufressen.»
«Nein», sagte der Priester ruhig, «aber ich weiß, wer es war.»
Die Leute im Saal hatten durch die Spannung, die sich von Verhör zu Verhör steigerte, allmählich das Gefühl, es handle sich bei dem Unbekannten in der Passage um ein mit dem Verstand nicht zu fassendes und dennoch durchaus wirkliches Ungeheuer. Längst schon hatten sie den Mann auf der Anklagebank vergessen und dachten nur noch an die geheimnisvolle Gestalt in der Passage. Und diese Gestalt, die von drei tüchtigen und glaubwürdigen Männern nach dem eigenen Augenschein beschrieben wurde, war wie ein Nachtmahr, der ständig seine Gestalt wechselte: Der eine der Zeugen nannte ihn eine Frau, aber mit Hosen, der andere ein Tier und der dritte einen Teufel ...
Durch halbgeschlossene Augen sah der Richter Pater Brown mit durchdringendem Blick an. «Sie sind ein sehr merkwürdiger Zeuge», sagte er, «aber etwas an Ihnen sagt mir, daß Sie die Wahrheit sprechen. Nun, wer also war der Mann, den Sie in der Passage gesehen haben?»
«Ich selbst war es», sagte Pater Brown.

Totenstille herrschte im Saal. Da sprang Butler plötzlich auf und sagte ganz ruhig: «Gestatten Sie mir, hohes Gericht, ein kurzes Kreuzverhör», und ohne eine Antwort abzuwarten, warf er Pater Brown die anscheinend zusammenhanglose Frage hin: «Sie wissen Bescheid wegen des Dolches. Sie haben die Aussagen der Sachverständigen gehört, wonach das Verbrechen mit einer kurzen Klinge verübt worden sein soll?»

«Mit einer kurzen Klinge, gewiß», bestätigte Pater Brown und nickte feierlich wie eine Eule, «aber mit einem langen Griff.»

Bevor noch die Zuhörer sich ganz von der Vorstellung befreien konnten, daß der Priester sich selbst gesehen habe, wie er mit einer kurzen Klinge an einem langen Griff – was die Sache noch schrecklicher erscheinen ließ – einen Mord beging, beeilte sich Pater Brown, seine Aussage näher zu erklären.

«Ich wollte damit sagen, daß nicht nur Dolche kurze Klingen haben. Auch Speere haben kurze Klingen. Und auch Speere können wie Dolche verwendet werden, besonders diese Requisitenspeere, wie sie in Theatern Verwendung finden, die zwar seitlich stumpf, aber an der Spitze recht scharf sind. Und mit einem solchen Speer hat der alte Parkinson seine Frau getötet, eben als sie nach mir geschickt hatte, um einen Familienstreit in Ordnung zu bringen – Gott verzeihe mir, daß ich um ein weniges zu spät gekommen bin! Aber er ist in Reue gestorben, vielmehr, er ist aus Reue gestorben. Er konnte nicht ertragen, was er getan hatte.»

Die meisten Leute im Saal hatten das Gefühl, daß der Priester, der munter drauflos schwatzte, plötzlich im Zeugenstand verrückt geworden sei. Doch der Richter sah ihn noch immer mit scharfem Blick gespannt an, und der Verteidiger fuhr unbeirrt mit seinen Fragen fort.

«Wenn Parkinson seine Frau mit dem Theaterspeer ermordet hat, so muß er ihn aus einer Entfernung von etwa anderthalb Metern geschleudert haben. Wie erklären Sie sich aber dann die Anzeichen für den Kampf, das von der Schulter gerissene Kleid?»

Die Fragestellung verriet, daß er den Mann, der vor ihm stand, nicht mehr als Zeugen, sondern als Sachverständigen ansah; aber das bemerkte im Augenblick niemand.

«Das Kleid der armen Frau», erklärte Pater Brown, «war zerrissen, weil es sich in einem aus der Vertäfelung herausschiebbaren Rahmen verfangen hatte, der gerade hinter ihr herausgestoßen worden war. Sie bemühte sich, wieder loszukommen, und während sie damit zu tun hatte, kam Parkinson aus dem Zimmer des Angeklagten und warf den Speer.»

«Ein verschiebbarer Rahmen?» fragte der Verteidiger verwundert.

«Auf der anderen Seite war es ein Spiegel», erklärte Pater Brown. «Als ich in der Garderobe saß, bemerkte ich, daß einige der Spiegel in die Passage hinausgeschoben werden können.»

Wieder war es lange Zeit totenstill im Saal, und diesmal war es der Richter, der schließlich das Schweigen brach. «Sie meinen also wirklich, daß, als Sie in die Passage hineinsahen, Sie sich selbst gesehen haben – im Spiegel?»

«Ja, gerade das wollte ich Ihnen erklären, aber man hat mich unterbrochen und sich mehr dafür interessiert, welche Umrisse die Gestalt gehabt habe. Und da unsere Hüte Ränder haben, die leicht aufgebogen sind und wie Hörner aussehen, wollte ich...»

Der Richter beugte sich vor, seine alten Augen leuchteten noch mehr, und er sagte langsam und deutlich: «Wollen Sie also wirklich sagen, daß diese geheimnisvolle Gestalt in Männerhosen und mit weiblichen Linien und weiblichem Haar, die Sir Wilson Seymour gesehen hat, niemand anderer war als er selbst?»

«Jawohl», entgegnete Pater Brown.

«Und Sie glauben ferner, daß Kapitän Cutler, als er den buckligen Schimpansen mit Schweinsborsten auf dem Kopf erblickte, nur sich selbst gesehen hat?»

«Allerdings.»

Der Richter lehnte sich mit einem Behagen zurück, bei dem man nicht wußte, was Zynismus und was aufrichtige Bewunderung war. «Und können Sie uns auch sagen», fuhr er fort, «warum gerade Sie Ihr Ebenbild im Spiegel erkennen konnten, wenn zwei so erlauchte Männer nicht dazu imstande waren?»

Pater Brown blinzelte noch angestrengter als zuvor; dann stammelte er: «Wirklich, ich weiß es nicht... Vielleicht nur deshalb, weil ich mein Spiegelbild weniger oft zu betrachten pflege.»

Irgendwo in Brompton oder Kensington draußen gibt es eine unendlich lange Straße, auf deren Seiten sich je eine Reihe großer und stattlicher, aber meist unbewohnter Häuser hinzieht, Häuser, die aussehen wie alte Grabkammern. Sogar die Treppen, die zu den dunklen Eingangstüren hinaufführen, gleichen denen, wie man sie an Pyramiden findet; und wenn man schließlich vor einer der Türen steht, zögert man anzuklopfen, denn man hat das dunkle Gefühl, als müsse einem von einer Mumie geöffnet werden. Noch deprimierender an dieser Straße aber ist ihre unendliche Länge und das monotone Aufeinanderfolgen der grauen Fassaden. Wenn man die Straße so durchwandert, hat man den Eindruck, als komme nie eine Unterbrechung in der langen Reihe der Häuser, nie eine Ecke. Und doch – eine einzige Ausnahme gibt es, und der bedrückte Straßenwanderer begrüßt sie mit erleichtertem Aufatmen. Zwischen zweien dieser Häuser gibt es eine kleine Lücke; sie ist im Vergleich zur Länge der Straße nur ein Spalt wie eine Türritze, aber doch groß genug für ein winziges Gasthaus, das die Reichen dieser Straße ihren Stallburschen gerade noch genehmigen. Gewiß, sie ist schmutzig, diese Schenke, aber sie hat etwas Fröhliches an sich, und gerade in ihrer Unscheinbarkeit liegt zugleich etwas zauberhaft Unbekümmertes, das einem im Grau der eintönigen Häuser wirklich wohltut. Zu den Füßen der grauen Steinriesen sieht die Schenke wie ein hellerleuchtetes Zwergenhäuschen aus.

An einem schönen Herbstabend nun, der an sich schon etwas Märchenhaftes an sich hatte, wurde der kleine rote Fenstervorhang, der zusammen mit den weißen Buchstaben einer Reklame das Innere der Schenke gegen die Straße zu halb verbarg, von einer Hand beiseite geschoben, und hervor guckte ein Gesicht, das einem freundlichen Kobold hätte gehören können. Es war aber kein Kobold, sondern ein Mensch mit dem harmlosen Alltagsnamen Brown, früher Priester von Cobhole in Essex und jetzt in London tätig. Sein Freund Flambeau, ein Detektiv, der gelegentlich auch für die Polizei arbeitete, saß ihm gegenüber, damit beschäftigt, den abschließenden Bericht über einen Fall zu schreiben, den er in der Nachbarschaft aufgeklärt hatte. Die beiden saßen an einem kleinen Tischchen nahe dem Fenster, als der

Priester den Vorhang beiseite schob und hinausschaute. Ein Fremder ging gerade auf der Straße vorbei, und gleich darauf ließ Pater Brown den Vorhang wieder zurückfallen. Dann richtete er seine Kugelaugen auf die weiße Aufschrift des Fensters und anschließend zum Nebentisch hinüber, wo ein Matrose bei Bier und Käse saß und ein rothaariges Mädchen bei einem Glas Milch. Als er sah, daß sein Freund das Notizbuch einsteckte, sagte er leise:
«Wenn Sie noch zehn Minuten Zeit haben, möchte ich Sie bitten, dem Mann mit der falschen Nase nachzugehen, der eben an unserem Fenster vorübergegangen ist.»
Überrascht sah Flambeau auf, aber auch das rothaarige Mädchen sah auf, und auf ihrem Gesicht zeigte sich mehr als bloßes Erstaunen. Das Mädchen war einfach, ja sogar etwas nachlässig in ein braunes Leinenkostüm gekleidet; aber sie war doch eine Dame, und, wenn man sie näher betrachtete, sogar eine unnötig hochmütige Dame.
«Ein Mann mit einer falschen Nase?» fragte Flambeau. «Wer soll denn das sein?»
«Ich habe keine Ahnung», antwortete Pater Brown. «Das sollen Sie ja eben herausbekommen; ich bitte Sie darum. Er ist dort hinuntergegangen», und damit deutete der Priester ungezwungen über seine Schulter hin, «und er kann noch keine drei Laternenpfähle weit gekommen sein. Ich möchte nur gerne wissen, in welche Richtung er geht.»
Flambeau starrte seinen Freund eine Weile lang mit einem halb erstaunten, halb belustigten Gesichtsausdruck an; dann stand er vom Tisch auf, schob seine riesige Gestalt durch die kleine Tür der Zwergenherberge und verschwand im Dämmerlicht.
Pater Brown zog ein kleines Büchlein aus der Tasche und begann aufmerksam darin zu lesen; es war nicht im mindesten zu erkennen, ob er überhaupt gemerkt hatte, daß die rothaarige Dame ihren Tisch verlassen und sich ihm gegenüber hingesetzt hatte. Endlich beugte sie sich vor und fragte mit leiser, aber klarer Stimme: «Warum haben Sie das gesagt? Woher wissen Sie, daß die Nase falsch ist?»
Pater Brown schlug seine ziemlich dicken Augenlider auf und schien einigermaßen verlegen zu sein. Dann schweiften seine rätselhaften Augen wieder zu der weißen Aufschrift auf dem Fenster. Die Blicke des Mädchens folgten ihm, aber sie konnte dort nichts entdecken und sah ziemlich verständnislos drein.

«Nein», sagte Pater Brown, als ob er ihre Gedanken lesen könnte. «Es heißt nicht REIB, obwohl ich gestehen muß, daß ich es vorhin in meiner Zerstreuung auch erst so gelesen habe. Es heißt nichts anderes als BIER.»
«Ja und?» fragte die Dame, nachdenklich vor sich hinsehend. «Ist das eigentlich nicht gleichgültig?»
Seine umherirrenden Augen fielen auf die Manschetten ihrer Ärmel, die mit einer schmalen, kunstvollen Spitzenkante ihre Handgelenke umschlossen. Dies genügte, um ihm zu zeigen, daß es sich nicht um eine einfache Frau aus dem Volk handelte; eher sah das Gewand nach dem einer Kunstschülerin oder Künstlerin aus. Diese Beobachtung machte den Priester offenbar recht nachdenklich, und er antwortete nur sehr langsam und zögernd: «Ja, sehen Sie, Madame, von draußen sieht das Lokal doch ... Nun, es ist sicherlich ein durchaus anständiges Lokal ..., aber Damen wie Sie ... Damen wie Sie sind gewöhnlich anderer Meinung. Keine Dame geht freiwillig in ein solches Lokal, außer ...»
«Nun?» fragte sie.
«Außer einigen wenigen Unglücklichen, die allerdings nicht hineingehen, um Milch zu trinken.»
«Sie sind ein sehr merkwürdiger Mensch», sagte die junge Dame. «Worauf wollen Sie eigentlich hinaus?»
«Darüber brauchen Sie sich nicht den Kopf zu zerbrechen», erwiderte Pater Brown recht freundlich. «Ich möchte nur ein wenig vorbereitet sein, um Ihnen helfen zu können, falls Sie mich jemals von sich aus bitten sollten, Ihnen behilflich zu sein.»
«Aber warum sollte ich Ihrer Hilfe bedürfen?»
Pater Brown gab hierauf keine Antwort, sondern fuhr gedankenverloren in seinem Monolog fort. «Sie sind sicherlich nicht hereingekommen, um irgendwelche ‚Schützlinge' zu besuchen, arme Freunde aus niedrigen Gesellschaftsklassen; denn hätten Sie diese Absicht gehabt, wären Sie bestimmt ins Wohnzimmer der Wirtsleute gegangen ... Und Sie sind auch bestimmt nicht hereingekommen, weil Ihnen etwa nicht gut gewesen wäre, denn dann hätten Sie sich bestimmt an die Wirtin gewandt, die einen durchaus rechtschaffenen Eindruck macht ... Und außerdem sehen Sie gar nicht krank, sondern eher unglücklich aus ... Diese Straße ist eine einzige lange Straße ohne jede Nebengasse, und die Häuser zu beiden Seiten sind verschlossen ... Ich kann also nur annehmen, daß Sie jemanden haben kommen sehen, dem Sie nicht

begegnen wollten, und dieses Wirtshaus war der einzige Zufluchtsort in dieser Steinwüste... Ich glaube, daß es keine ungebührliche Neugierde war, wenn ich mir daraufhin den einzigen Fremden, der kurz nach Ihrem Eintritt vorbeikam, einmal etwas genauer angesehen habe... Und da ich den Eindruck hatte, daß er nicht gerade vertrauenerweckend aussah, während Sie ganz wie ein guter Mensch wirken, so war ich bereit, Ihnen zu helfen, falls er Sie belästigen sollte. Das ist die ganze Geschichte. Nun wird ja auch mein Freund bald wieder hier sein; er wird wohl nichts herausgefunden haben, während er die Straße entlangmarschierte... Aber das habe ich auch gar nicht erwartet.»

«Aber warum haben Sie ihn denn dann fortgeschickt?» fragte sie und beugte sich interessiert vor.

Zum erstenmal sah ihr Pater Brown ruhig und fest in die Augen und sagte: «Weil ich gehofft habe, daß Sie mich ansprechen würden, wenn er weg wäre.»

In ihrem erhitzten Gesicht stieg der Zorn wie ein rötlicher Schimmer auf, und sie sah den Priester eine ganze Zeitlang an. Aber schließlich konnte sie ein Lächeln aus Augen und Mundwinkeln nicht mehr zurückhalten, und sie antwortete beinahe spöttisch: «Nun, wenn Sie auf meine Unterhaltung so erpicht sind, haben Sie vielleicht auch die Freundlichkeit, endlich meine Frage zu beantworten.» Nach einer Pause fügte sie hinzu: «Falls Sie es vergessen haben sollten, ich hatte die Ehre, Sie zu fragen, warum Sie die Nase jenes Mannes für falsch halten?»

«Bei solchem Wetter wird Wachs immer ein wenig fleckig», antwortete Pater Brown einfach.

«Aber es ist doch eine so scheußlich krumme Nase», wandte das Mädchen ein.

Nun lächelte der Priester. «Ich habe nie behauptet, daß es eine Nase ist, wie man sie zu seinem Vergnügen herumträgt. Meines Erachtens trägt dieser Mann deshalb eine so krumme Nase, weil seine wirkliche Nase sehr viel schöner ist.»

«Aber warum denn?» fragte das Mädchen weiter.

«Wie geht doch das Kinderliedchen?» murmelte Pater Brown zerstreut vor sich hin. «‚Es war einmal ein krummer Mann, der ging einen krummen Weg...' Ich fürchte, unser Mann hat einen sehr krummen Weg eingeschlagen, indem er seiner krummen Nase nach ging.»

«Wieso? Was hat er getan?» fragte sie ein wenig unsicher.

«Ich habe nicht im mindesten die Absicht, mir Ihr Vertrauen zu erzwingen», sagte Pater Brown sehr ruhig, «aber ich habe den Eindruck, Sie könnten mir hierüber viel mehr erzählen als ich Ihnen.»

Das Mädchen sprang auf und stand einige Sekunden vollkommen still, aber mit geballten Fäusten da, als wolle sie im nächsten Augenblick aus dem Zimmer stürzen. Dann aber öffneten sich ihre zusammengepreßten Fäuste langsam, und sie setzte sich wieder hin. «Sie sind ein noch größeres Geheimnis als all die anderen», sagte sie verzweifelt; «aber ich habe das Gefühl, als stecke hinter Ihrem Geheimnis ein Herz.»

«Das Schrecklichste für den Menschen», sagte der Priester leise, «ist eine Gefahr, von der man nicht weiß, woher sie kommt.»

«Ich will Ihnen alles erzählen», sagte das rothaarige Mädchen entschlossen, «nur eines kann ich Ihnen nicht sagen, warum ich es Ihnen erzähle. Das weiß ich selbst nicht.»

Sie zupfte an dem fleckigen Tischtuch herum und fuhr dann fort: «Ich glaube, Sie können unterscheiden, was Snobismus ist und was nicht. Und wenn ich sage, daß ich aus einer angesehenen alten Familie stamme, so werden Sie wohl verstehen, daß dies ein wesentlicher Teil meiner Geschichte ist. Die größte Bedrohung liegt für mich in der hohen und unerschütterlichen Meinung, die mein Bruder von Grundsätzen wie ‚noblesse oblige' hat. Nun, ich heiße Christabel Carstairs, und von meinem Vater, dem Obersten Carstairs, haben Sie bestimmt schon gehört. Er hat die berühmte Sammlung altrömischer Münzen zusammengestellt, die Carstairs-Sammlung. Es ist für mich unmöglich, meinen Vater zu beschreiben; vielleicht kommt es der Sache am nächsten, wenn ich sage, daß er selbst einer römischen Münze glich. Er war ebenso schön und ursprünglich, ebenso liebenswert und hart und ebenso altmodisch und veraltet. Er war auf seine Sammlung stolzer als auf seine Uniform – und das sagt bei einem englischen Obersten doch alles. Am deutlichsten zeigt sich sein außergewöhnlicher Charakter in seinem Testament. Er hatte zwei Söhne und eine Tochter. Mit dem einen der Söhne, meinem Bruder Giles, hatte er sich verzankt und ihn mit einer kleinen monatlichen Geldzuwendung nach Australien geschickt. Dann machte er sein Testament und hinterließ die Carstairs-Sammlung meinem zweiten Bruder, Arthur, der allerdings nur ganz wenig Bargeld erbte. Arthur bekam die Sammlung als Belohnung und in Anerkennung seiner Ehrlichkeit und der Auszeichnungen, die er auf der Universität Cambridge für sein Studium der Mathematik und der Nationalökonomie errungen hatte. Der Besitz der Sammlung war die höchste Ehre, die mein Vater zu vergeben hatte. Mir hinterließ er sein ganzes Vermögen; ich bin fest davon überzeugt, daß er mir hiermit seine Verachtung zeigen wollte.

Vielleicht sind Sie der Auffassung, daß Arthur Grund gehabt hätte, sich über diese Verteilung des Erbes zu beklagen. Aber nein, Arthur ist ganz wie mein Vater. Obwohl er in früheren Jahren einige Meinungsverschiedenheiten mit ihm gehabt hatte, so wurde er doch, kaum daß er in den Besitz der Sammlung gekommen war, wie ein heidnischer Priester, der sich ganz dem Dienst in seinem Tempel weiht. Diese römischen Münzen waren für ihn ebenso wie für meinen Vater die Ehre und der Stolz der Familie. Er benahm sich ganz so, als müßte das römische Geld von allen römischen Tugenden bewacht werden. Er gönnte sich kein Vergnügen, gab nichts für sich selbst aus, er lebte nur noch für die Sammlung. Oft machte er sich sogar nicht einmal mehr die Mühe, sich für seine einfachen Mahlzeiten umzukleiden, ja, oft verzichtete er ganz auf die Mahlzeiten und kramte statt dessen unter den braunen, verschnürten Päckchen, die kein anderer auch nur berühren durfte, und wandelte im Haus herum in einem alten, braunen Schlafrock mit Kordel und Quaste, so daß er schließlich mit seinem blassen, schmalen, feingeschnittenen Gesicht wie ein alter, asketischer Mönch aussah. Nur von Zeit zu Zeit erschien er in modisch eleganten Kleidern, aber nur, wenn er nach London zu Auktionen und Antiquitätenhändlern ging, um für die Carstairs-Sammlung irgendwelche Neuerwerbungen zu machen.

Nun, wenn Sie jemals junge Menschen gekannt haben, wird es Sie hoffentlich nicht in Erstaunen setzen, wenn ich Ihnen sage, daß mich diese ganzen Verhältnisse ziemlich mitgenommen haben und ich in eine recht niedergedrückte Gemütsverfassung kam. Ich sagte mir schließlich, daß dieses Gerede über die Tugenden der alten Römer ja recht und gut wäre; aber ich bin nicht wie mein Bruder Arthur, ich habe ganz gern einmal ein wenig Abwechslung und Freude. Von meiner Mutter, von der ich auch mein rotes Haar habe, ist eine Menge Romantik und ähnliches Zeug auf mich gekommen. Auch der arme Giles war so veranlagt, und es ist für mich gar nicht erstaunlich, daß er schließlich aus der schrecklichen Atmosphäre, in der die Münzen alles bedeuteten, auszubrechen versuchte und über die Stränge schlug. Allerdings hat er wirklich etwas Ernsthaftes angestellt und wäre auch beinahe dafür ins Gefängnis gekommen. Und doch hat er nichts Schlimmeres getan als ich, wie Sie gleich hören sollen.

Jetzt komme ich nämlich zu dem für mich unangenehmen Teil der Geschichte. Ich glaube, ein so kluger Mann wie Sie kann wohl erraten, was für ein Ereignis das langweilige und monotone Leben eines Mädchens von siebzehn Jahren unterbrochen hat. Aber seither haben mich zahlreiche schreckliche Erlebnisse so durcheinandergebracht, daß ich meine eigenen Gefühle kaum mehr verstehe; und ich weiß nicht, soll ich die ganze Sache heute als einen Flirt verachten oder als das Leid eines gebrochenen Herzens ertragen. Wir wohnten damals in einem kleinen Badeort am Meer im südlichen Wales, und ein pensionierter Kapitän, der einige Häuser weit entfernt wohnte, hatte einen Sohn, der fünf Jahre älter war als ich. Er war mit meinem Bruder Giles befreundet gewesen, ehe dieser nach Australien ging. Sein Name tut eigentlich nichts zur Sache, aber da ich Ihnen nun schon einmal alles sagen will, können Sie auch wissen, daß er Philip Hawker hieß. Wir gingen gemeinsam zum Garnelenfang und sagten und glaubten, daß wir einander liebten; zumindest sagte er es immer wieder, und ich glaubte es auch. Wenn ich Ihnen nun noch erzähle, daß er bronzefarbenes, lockiges Haar und ein scharfgeschnittenes, bronzebraunes Gesicht hatte, so tue ich das, wie Sie mir glauben dürfen, nicht, um ihn in den Himmel zu heben, sondern nur um der Geschichte willen. Denn dieses sein Aussehen war die Ursache für ein merkwürdiges Ereignis.

Eines Nachmittags im Sommer, als ich Philip versprochen hatte, mit ihm zum Strand auf Garnelenfang zu gehen, wartete ich ein wenig ungeduldig im Wohnzimmer, das auf die Straße ging, auf eine Gelegenheit, unbemerkt das Haus verlassen zu können. Dabei sah ich Arthur zu, der mit einigen neuerworbenen Münzenpäckchen herumhantierte und sie dann feierlich, immer zwei oder auch nur eines, in sein dunkles Studierzimmer trug, das Münzenmuseum, das auf der Rückseite des Hauses lag. Sobald ich schließlich die schwere Tür hinter ihm ins Schloß fallen hörte, ergriff ich schnell mein Fischernetz und wollte eben zur Vordertür hinausschlüpfen, als ich sah, daß mein Bruder eine Münze vergessen hatte, die glitzernd auf der langen Fensterbank lag. Es war eine

Bronzemünze, und diese Farbe zusammen mit dem scharfgeschnittenen römischen Gesicht und der Haltung des langen, sehnigen Nackens bewirkte, daß der Kopf Cäsars, der auf der Münze abgebildet war, fast wie das Porträt von Philip Hawker aussah. Da fiel mir plötzlich ein, daß Giles einmal zu Philip etwas von einer Münze gesagt hatte, die ihm ähnlich sähe, und damals hatte Philip den brennenden Wunsch geäußert, diese Münze zu besitzen. Vielleicht können Sie sich vorstellen, welch wirre, törichte Gedanken mir zu Kopf stiegen; es kam mir vor, als sei die Münze ein Geschenk des Himmels. Ich glaubte, es müsse mir gelingen, mit der Münze davonzulaufen und sie Philip als eine Art Verlobungsring zu geben, damit ein ewiges Band zwischen ihm und mir geknüpft sei; diese und tausend andere solcher Vorstellungen schossen mir durch den Kopf. Dann aber fuhr ich wieder zurück wie vor einem Abgrund, und es kam mir zum Bewußtsein, was für eine abscheuliche Tat ich da vorhatte. Am unerträglichsten war die Vorstellung, wie wohl Arthur darüber denken würde; kalt und heiß lief es mir dabei den Rücken hinunter: Ein Carstairs ein Dieb, der noch dazu aus dem Carstairs-Schatz stahl! Ich war fest davon überzeugt, daß mein Bruder imstande wäre, mich für einen solchen Diebstahl verbrennen zu lassen wie eine Hexe. Aber gerade der Gedanke an diese fanatische Grausamkeit fachte meinen Haß gegen seine elende, heimliche Antiquitäten-Wichtigtuerei an und stärkte noch meine Sehnsucht nach Jugend und Freiheit, die das Meer mir zuzurufen schien. Draußen wehte der Wind, hell lachte die Sonne, und die gelben Blüten eines Stechginsterzweiges schlugen an die Fensterscheibe. Ich dachte an das lebendige Gold der Blüten, das mich in ferne Länder und Auen lockte – und daneben sah ich das tote, matte Gold, die Bronze und das Kupfer der Münzen meines Bruders, das im Verlauf der Jahre nur immer staubiger wurde und dessen Glanz immer mehr erlosch, wie das Leben meines Bruders zerrann. In mir tobte zum erstenmal ein Kampf zwischen der lebendigen Natur und der alten, festgefügten Tradition der Carstairs-Sammlung.

Der Kampf war schnell entschieden. Die Natur ist älter und stärker als die Carstairs-Sammlung. Als ich die Straße zum Meer hinunterlief, die Münze fest in der geballten Faust, hatte ich das Gefühl, als laste das ganze Römische Reich, als laste der ganze Stammbaum der Carstairs auf meinen Schultern. Nicht nur der alte Silberlöwe unseres Wappens schien mir ins Ohr zu brüllen, sondern es war auch, als verfolgten mich kreischend und flügelschlagend alle Adler Cäsars.

Und doch schlug mein Herz höher und höher, wie ein Papierdrache schwang sich mein Mut empor, bis ich die Dünen mit ihrem weichen, trockenen Sand hinter mir hatte und an den flachen, wellenbespülten Sandstrand gelangt war, wo Philip schon bis über die Knöchel im seichten, glitzernden Wasser einige dreißig Meter weiter draußen im Meer stand. Der ganze Himmel flammte im roten Schein der untergehenden Sonne, und das Wasser vor mir, das auch ein paar hundert Meter weiter draußen noch kaum fußtief war, glich einem See rubinroter Flammen. Ich riß meine Schuhe und Strümpfe herunter und watete zu Philip hinaus, der ziemlich weit vom trockenen Ufer entfernt stand; und erst dann wandte ich mich um und sah zurück. Wir waren ganz allein, nur Wasser und nasser Sand umgaben uns; und da gab ich ihm die Münze mit dem Kopf Cäsars.

Im selben Augenblick durchzuckte mich die Angstvorstellung, daß ein Mann, der weit weg am Ufer auf den Sandhügeln stand, angestrengt nach mir starre. Unmittelbar darauf war mir jedoch klar, daß diese Vorstellung nur auf die Anspannung meiner überreizten Nerven zurückzuführen sein mußte, denn der Mann war nur als ein kleines, dunkles Pünktchen in der Ferne zu erkennen, und es war kaum anzunehmen, daß er mich deutlicher sehen konnte. Er stand, den Kopf leicht zur Seite geneigt, ganz still und blickte in die Ferne. Es war überhaupt kein Grund zu der Annahme, daß er nach mir ausschaute; vielleicht betrachtete er ein Schiff oder den Sonnenuntergang oder auch andere Leute, denn am Strand befanden sich noch andere Menschen außer uns. Aber meine schreckhafte Ahnung war prophetisch; denn als ich nun zu dem Mann hinstarrte, fing er plötzlich an, sich in Bewegung zu setzen. Weit ausschreitend kam er in gerader Linie über den nassen Sand auf uns zu. Als er nun immer näher kam, konnte ich erkennen, daß er dunkelhaarig und bärtig war und eine dunkle Brille trug. Er war ärmlich, aber ordentlich ganz in Schwarz gekleidet, angefangen von dem schwarzen, alten Zylinderhut auf dem Kopf bis zu den derben, schwarzen Stiefeln an seinen Füßen. Obwohl er also Stiefel an hatte, ging er geradewegs und ohne einen Augenblick am Strand zu zögern in das Wasser hinein und kam unbeirrbar wie eine abgeschossene Kugel auf mich zu.

Ich kann Ihnen gar nicht erzählen, welche Empfindungen in mir aufstiegen, Entsetzen und Verwunderung, als er so gelassen vom Land ins Meer hinauskam. Ich hatte das Gefühl, als wäre er eben über eine Klippe hinausgeschritten, aber anstatt in der Tiefe zu zerschellen, schritt er immer noch mitten in der Luft weiter. Mir war nicht anders, als wäre ein Haus plötzlich zum Himmel emporgeflogen oder der Kopf eines Menschen ohne ersichtlichen Grund herabgefallen. In Wirklichkeit bestand das Außergewöhnliche der Situation darin, daß der Mann sich nicht scheute, seine Schuhe naß werden zu lassen; aber mir kam er vor wie ein Dämon, der den Naturgesetzen nicht unterworfen ist. Hätte er auch nur einen Augenblick am Rand des Wassers gezögert, dann wäre der Bann gebrochen, wäre das Ganze für mich bedeutungslos gewesen. Aber so hatte ich das Gefühl, als ob er immer nur auf mich starre und auf das Meer gar nicht achte. Philip stand einige Meter entfernt von mir, hatte mir den Rücken zugewandt und beugte sich gerade über sein Netz. Der Fremde kam immer näher auf mich zu. Nun stand er fast unmittelbar neben mir, das Wasser reichte ihm bis in halbe Kniehöhe. Dann sagte er mit klarer, doch etwas gezierter Stimme: ‚Würde es Ihnen etwas ausmachen, eine Münze neueren Datums anderweitig zu vergeben?'
Eigentlich sah der Mann gar nicht außergewöhnlich aus – mit einer einzigen Ausnahme. Die farbigen Brillengläser waren nicht ganz undurchsichtig, sondern aus ganz gewöhnlichem blauem Glas, auch die Augen dahinter waren nicht unruhig flackernd, wie ich es eigentlich erwartet hatte, sondern fest auf mich gerichtet. Sein dunkler Bart war weder besonders lang noch wild; er sah nur etwas ungewöhnlich aus, weil er hoch oben im Gesicht, knapp unter den Backenknochen begann. Seine Gesichtsfarbe war weder bleich noch fahl, sondern im Gegenteil eher frisch und jugendlich, und doch sah die Haut fast wie die einer Wachspuppe aus, und das vermehrte noch das Gefühl der Gefahr und des Grausens, das mich unerklärlicherweise beim Anblick dieses Mannes packte. Das einzige Außergewöhnliche, was mir auffiel, war die Nase, die – im übrigen gut geformt – an der Spitze ein wenig seitwärts gebogen war, als wäre sie gleich nach der Geburt mit einem Hämmerchen ein wenig zur Seite geklopft worden. Man konnte sie nicht gerade verunstaltet nennen, und doch kann ich Ihnen gar nicht sagen, wie diese Nase auf mich wirkte. Als der Mann so in dem von der untergehenden Sonne tiefrot ge-

färbten Wasser vor mir stand, hatte ich das Gefühl, als stehe ein höllisches Seeungeheuer vor mir, das eben brüllend aus einem Meer von Blut aufgetaucht war. Ich weiß nicht, warum mich die kleine Verunstaltung seiner Nase so in Aufregung gebracht hat. Wenn ich mich recht erinnere, so hatte ich die Vorstellung, als könne er seine Nase wie einen Finger bewegen und als habe er sie eben bewegt.

‚Eine kleine Zuwendung', fuhr er mit demselben merkwürdig affektierten Akzent fort, ‚die mich der Notwendigkeit enthebt, mich mit Ihrer Familie in Verbindung zu setzen.'

Da wurde mir plötzlich klar, daß der Fremde mich wegen der Entwendung der Bronzemünze erpressen wollte; alle meine abergläubischen Befürchtungen und Zweifel wurden mit einem Schlag hinweggefegt durch die eine Frage, die mich plötzlich anfiel: Wie konnte er das herausgebracht haben? Ich hatte die Münze, einem plötzlichen Impuls folgend, an mich genommen, und dabei war ich bestimmt allein gewesen; denn wie immer, wenn ich mit Philip zusammentreffen wollte, hatte ich mich vergewissert, daß niemand mein Hinausschlüpfen beobachten konnte. Ich hatte auch nicht bemerkt, daß mir auf der Straße jemand gefolgt war, und selbst dann hatte ich ja die Münze in der geschlossenen Faust, und einen Menschen mit Röntgenaugen gibt es doch nicht. Und als der Mann auf den Sandhügeln gestanden hatte, war es ihm bestimmt nicht möglich gewesen zu sehen, was ich Philip gab.

‚Philip', sagte ich hilflos, ‚frag doch bitte diesen Menschen hier, was er will.'

Philip hatte sich die ganze Zeit über damit beschäftigt, sein Netz zu flicken. Als er nun den Kopf hob, sah er ziemlich rot aus; aber vielleicht kam das nur vom Bücken oder vom Widerschein des roten Abendlichts. Wahrscheinlich litt ich immer noch unter den Einbildungen und Wahnvorstellungen, mit denen ich an jenem Tag besonders zu kämpfen hatte. Er ließ sich allerdings auf kein Gespräch mit dem Fremden ein, sondern fuhr ihn nur grob an: ‚Schauen Sie, daß Sie hier verschwinden!' Dann winkte er mir, ihm zu folgen, und wir wateten dem Ufer zu, ohne dem Mann noch weitere Beachtung zu schenken. Philip ging einen aus Steinen errichteten Wellenbrecher entlang, der bis zu den Dünen hinführte. Vielleicht glaubte er, auf diese Weise unseren Verfolger abschütteln zu können, denn die Steine waren von Seegras und Algen grün und schlüpfrig, und während wir mit unseren jungen

Beinen daran gewöhnt waren, hoffte Philip wahrscheinlich, daß der Fremde in seinen derben Schuhen ausgleiten und die Verfolgung aufgeben werde. Aber genauso wohlgesetzt, wie seine Worte gewesen waren, waren nun auch die Schritte des Unheimlichen, der vorsichtig, aber sicher von Stein zu Stein ging. Mit seiner weichen, widerwärtigen Stimme redete er von hinten auf mich ein, bis endlich, sobald wir bei den Dünen angelangt waren, Philips Geduld riß. Er wurde wütend, was bei ihm sonst recht selten ist, drehte sich plötzlich um und rief: ‚Verschwinden Sie! Ich habe keine Lust, mit Ihnen zu reden!‘ Als der Mann zögerte und den Mund zu einer Antwort öffnete, schlug ihm Philip so heftig ins Gesicht, daß er die Düne hinabkollerte. Ich sah, wie er unten ganz bedeckt mit Sand auf allen Vieren landete.
Dieser Schlag war für mich irgendwie eine Erleichterung, obwohl dadurch natürlich die Gefahr, in der ich schwebte, nur noch vergrößert wurde. Philip aber war auf diese seine Heldentat offensichtlich nicht besonders stolz, ganz im Gegensatz zu seiner sonstigen Art. Er war zwar zärtlich wie immer, kam mir aber doch recht niedergeschlagen vor, und noch ehe ich ihn bitten konnte, mir sein geheimnisvolles Benehmen näher zu erklären, verabschiedete er sich vor seiner eigenen Haustür von mir mit zwei Bemerkungen, die mir recht seltsam erschienen. Er sagte, daß ich eigentlich die Münze in die Sammlung zurücktun müsse, er sie aber ‚für den Augenblick‘ selbst behalten wolle. Und dann fügte er ganz unvermittelt und wie nebenbei hinzu: ‚Du weißt doch, daß Giles aus Australien zurück ist?‘ »

An diesem Punkt wurde der Bericht des Mädchens unterbrochen. Die Tür der Schenke öffnete sich, und Flambeaus riesiger Schatten fiel auf den Tisch. Pater Brown stellte ihn der Dame mit einigen knappen, freundlichen Worten vor und erwähnte auch die Geschicklichkeit und die Tatkraft, die sein Freund in ähnlichen Fällen schon gezeigt habe. Seine Worte bewirkten, daß das Mädchen beinahe unbewußt ihre ganze Geschichte nochmals vor den beiden wiederholte. Flambeau aber steckte, nachdem er sich vor der Dame verbeugt und dann niedergesetzt hatte, dem Priester unauffällig einen kleinen Zettel zu. Pater Brown nahm ihn ein wenig erstaunt in Empfang und las die Worte, die daraufgeschrieben waren: ‚Wagen nach Haus Wagga Wagga, 379 Mafeking Avenue, Putney.‘ Das Mädchen hatte nichts von alldem bemerkt und fuhr ruhig in ihrer Erzählung fort:

«Während ich die steile Straße zu unserem Haus hinaufging, drehte sich mir alles im Kopf. Meine Gedanken waren immer noch nicht klar, als ich an die Türschwelle kam; dort standen eine Milchkanne und – der Mann mit der krummen Nase. Aus der Tatsache, daß die Milchkanne vor der Tür stand, konnte ich ersehen, daß niemand von der Dienerschaft im Hause war. Zwar war sicherlich mein Bruder Arthur daheim, aber wahrscheinlich saß er in seinem braunen Schlafrock im Arbeitszimmer und beschäftigte sich mit den Münzen, und es war nicht zu erwarten, daß er auf mein Läuten hin öffnen würde, auch wenn er – was kaum anzunehmen war – das Läuten überhaupt hören sollte. So konnte ich von dieser Seite keine Hilfe erwarten. Denn selbst wenn es mir auch gelingen sollte, meinen Bruder herauszuklingeln, so wäre damit die Sache nur verschlimmert. Wie nämlich hätte ich ihm meine Lage erklären können, ohne den Diebstahl einzugestehen? In meiner Verzweiflung warf ich dem abscheulichen Kerl zwei Schilling zu und sagte ihm, er möge in einigen Tagen wiederkommen, wenn ich mir die Sache ein wenig durch den Kopf hätte gehen lassen. Er ging brummend davon, aber doch bereitwilliger, als ich erwartet hatte – vielleicht hatte er durch seinen Fall einen kleinen Schock bekommen –, und ich beobachtete mit einem schrecklich rachsüchtigen Vergnügen den sternförmigen Sandfleck auf dem Rücken seines Rockes, der allmählich kleiner wurde, als er sich die Straße hinabbewegte. Etwa sechs Häuser weiter verschwand er um eine Ecke.

Dann schloß ich die Tür auf, goß mir eine Tasse Tee auf und ver suchte, mir die Sache in Ruhe zu überlegen. Ich saß im Wohnzimmer am Fenster und sah in den Garten hinaus, der noch im letzten Schein der Abendsonne glühte. Doch ich war zu aufgeregt, als daß ich mir die Wiesen, die Blumenbeete und Blumentöpfe genauer angesehen hätte. Darum traf mich der Schock um so stärker, weil ich es erst so spät bemerkte.

Der unheimliche Mensch, den ich glaubte weggeschickt zu haben, stand ganz regungslos mitten im Garten. Ich weiß, wir haben alle schon eine Menge über bleichgesichtige Gespenster im Dunkel gelesen – aber diese Erscheinung war viel schrecklicher, weil der Unheimliche noch im letzten Licht der warmen Abendsonne stand und einen langen Schatten warf. Und sein Gesicht war nicht bleich, sondern trug die wachsfarbene Röte einer Friseurpuppe. Ganz regungslos stand er da, sein Gesicht mir zugewandt; und ich kann Ihnen gar nicht sagen, wie entsetzlich und grauenerregend er so aussah inmitten der Tulpen und all der prunkvoll leuchtenden Blumen, die im letzten Sonnenlicht aufflammten. Es sah fast so aus, als hätten wir an Stelle einer Gartenfigur eine Wachspuppe im Garten aufgestellt.

Doch sobald er sah, daß ich mich am Fenster bewegt hatte, drehte er sich um und rannte durch die hintere Tür aus dem Garten; durch diese Tür war er sicherlich auch hineingelangt. Ich war völlig überrascht über dieses zweite Zeichen seiner Feigheit, die so ganz anders war als die unverschämte Hartnäckigkeit, die er am Strand gezeigt hatte; und zugleich hatte ich ein unbestimmtes Gefühl der Erleichterung. Alle möglichen Gedanken schossen mir durch den Kopf. Vielleicht hatte er doch größere Angst davor, Arthur gegenüberzutreten, als ich wußte. Immerhin beruhigte ich mich schließlich wieder und setzte mich allein zum Abendessen nieder – denn man durfte Arthur nicht stören, wenn er in seinem Münzenmuseum beschäftigt war. Erleichtert dachte ich an Philip, und schließlich verlor ich mich in Träumereien. Gedankenverloren, aber durchaus wohlgemut, starrte ich in Richtung auf ein anderes Fenster. Kein Vorhang war vorgezogen, aber draußen war nichts zu sehen; die Nacht war hereingebrochen, und durch das Fenster sah nur die schwarze Dunkelheit herein. Plötzlich glaubte ich zu erkennen, daß eine Schnecke an der Außenseite des Fensters klebte. Als ich aber genauer hinsah, hatte ich allerdings eher den Eindruck, als ob jemand einen Finger gegen die Scheibe presse; was da war, sah verbogen aus wie ein angedrückter Daumen. Angst und Mut stiegen zugleich in mir auf, ich stürzte zum Fenster, aber dann fuhr ich mit einem unterdrückten Aufschrei wieder zurück, so laut, daß ihn sicherlich jeder im Haus mit Ausnahme meines Bruders gehört haben muß.

Denn es war weder ein Daumen noch eine Schnecke. Es war die Spitze einer krummen Nase, die gegen die Scheibe gepreßt wurde; die Nase war weiß vom Druck, und das dazugehörige Gesicht war zuerst gar nicht zu sehen; aber bei näherem Hinsehen tauchte es grau wie ein Gespenst aus dem Dunkel auf. Mehr tot als lebendig gelang es mir, den Rolladen herunterzulassen; ich stürzte in mein Zimmer hinauf, um mich einzuschließen. Aber als ich völlig verwirrt durch den Hausgang eilte, gewahrte ich ein zweites schwarzes Fenster, und ich hätte schwören können, daß darauf wieder ein Fleck wie eine emporkriechende Schnecke war.

Nun kam mir der Gedanke, daß es vielleicht doch das beste wäre, zu meinem Bruder zu gehen und ihm den Diebstahl zu gestehen. Wenn dieser unheimliche Mensch dauernd wie eine Katze um das Haus schlich, so war es durchaus möglich, daß er noch schlimmere Absichten hatte, als mich zu erpressen. Mein Bruder mochte mich hinauswerfen und für immer verfluchen; aber wenn mir unmittelbare Gefahr drohte, würde er mich sicherlich verteidigen. Ich überlegte hin und her, schließlich gab ich mir einen Ruck und ging hinunter: Aber was ich jetzt sehen mußte, war das schrecklichste an der ganzen Sache.
Der Stuhl meines Bruder war leer, und er selbst war offensichtlich fort. Auf einem anderen Stuhl aber saß der Unheimliche mit der krummen Nase; er hatte unverschämterweise noch immer den Hut auf dem Kopf und las unter der Lampe meines Bruders in den Büchern meines Bruders. Gelassen und ruhig saß er da und schien ganz in seine Lektüre vertieft, die Nasenspitze schien der einzige bewegliche Teil seines Gesichtes zu sein – man konnte fast glauben, er habe sie soeben wie einen Elefantenrüssel von links nach rechts bewegt. Der Mann war für mich schon entsetzlich genug gewesen, als er mich verfolgte und mir nachspionierte; wie er nun aber dasaß und gar nicht merkte, daß ich ins Zimmer getreten war – das war noch viel schlimmer.
Ich glaube, ich habe laut und lange geschrien; aber das tut nichts zur Sache. Aber dann tat ich etwas Folgenschweres: Ich gab ihm alles Geld, das ich hatte, und dazu noch eine Menge Wertpapiere, die ich – obwohl sie mir eigentlich gehörten – gar nicht anzurühren berechtigt war. Endlich ging der Mann fort, und in gewundenen Worten entschuldigte er sich ekelhaft taktvoll wegen der ‚Unannehmlichkeiten', die er mir habe machen müssen. Ich aber ließ mich mit dem Gefühl, im wahrsten Sinne des Wortes und in jeder Beziehung ruiniert zu sein, in einen Stuhl fallen. Und doch wurde ich noch in derselben Nacht durch einen sonderbaren Zufall gerettet. Arthur war plötzlich, wie er es öfters tat, in Geschäften nach London gereist und kehrte spät, doch strahlend zurück. Es war ihm nämlich gelungen, Verhandlungen wegen einer Neuerwerbung anzuknüpfen, einer Kostbarkeit, die sogar für die an sich sehr wertvolle Sammlung einen bedeutenden Zuwachs darstellte. Dieser Handel war beinahe abgeschlossen, und mein Bruder war so glücklich darüber, daß ich schon all meinen Mut zusammennahm, um ihm meinen Diebstahl des weniger

wertvollen Stückes zu beichten. Aber er redete andauernd von dem kostbaren Stück, das er erwerben wollte, so daß es unmöglich war, ein anderes Thema anzuschneiden. Da die Möglichkeit bestand, daß sich der Handel in letzter Minute zerschlagen konnte, wollte er unbedingt, daß ich die Koffer packte und mit ihm nach Fulham übersiedelte, wo er bereits Zimmer gemietet hatte, um dem betreffenden Antiquitätengeschäft nahe zu sein. So entfloh ich beinahe mitten in der Nacht ohne mein Zutun, ja fast gegen meinen Willen, meinem schrecklichen Feind – aber auch Philip ... Die Sache zog sich hinaus; ich belegte, um mich irgendwie zu beschäftigen, Vorlesungen an der Kunstakademie. Heute abend kam ich eben von dort zurück, als ich in der Ferne dieses schreckliche Scheusal die lange Straße herunterkommen sah. Den Rest haben Sie, Pater Brown, ja schon erraten.
Ich möchte nur noch eines sagen: Ich verdiene keine Hilfe, und ich klage nicht, wenn mich meine gerechte Strafe ereilt, denn einmal muß ich für mein Vergehen ja bezahlen. Aber immer noch zerbreche ich mir den Kopf darüber, wie all das geschehen konnte. Durch welchen unheimlichen Zauber hatte der Fremde meinen Diebstahl entdeckt? Es konnte doch niemand außer Philip und mir wissen, daß ich ihm fast mitten im Meer diese winzige Münze gegeben habe.»

«Das ist allerdings ein ungewöhnliches Problem», gab Flambeau zu.

«Nicht so ungewöhnlich wie die Lösung», bemerkte Pater Brown ziemlich düster. «Werden Sie zu Hause sein, Fräulein Carstairs, wenn wir Sie in etwa anderthalb Stunden in Ihrer Wohnung in Fulham aufsuchen?»

Das Mädchen sah ihn an; dann stand sie auf und streifte die Handschuhe über. «Ja», sagte sie, «ich werde dort sein.» Und mit diesen Worten verließ sie hastig das Lokal.

Der Detektiv und der Priester besprachen noch immer diesen sonderbaren Fall, als sie am selben Abend dem Haus in Fulham zuwanderten; dieses Haus war auffallend schäbig und armselig, und wenn sich die Geschwister Carstairs auch nur vorübergehend hier aufhielten, so war es doch eigenartig, daß sie eine solche schlechte Unterkunft gewählt hatten.

«Wenn man die Sache nur oberflächlich betrachtet», meinte Flambeau, «fällt einem als erstes der Bruder aus Australien ein, der ja früher schon einmal mit dem Gesetz in Konflikt geraten ist. Vielleicht ist er zurückgekehrt, ja, nach den Worten Philips ist dies sogar sehr wahrscheinlich. Und ihm wäre es sicherlich nicht unmöglich, für ein solch gemeines Geschäft Helfershelfer zu finden, denn er hat damals in reichlich schlechten Kreisen verkehrt. Aber wie ich die Sache auch betrachte, so kann ich doch nicht einsehen, wie er in die ganze Geschichte hineinpassen könnte, wenn nicht etwa ...»

«Nun?» fragte sein Begleiter ruhig.

Flambeau senkte die Stimme: «Wenn nicht auch der Freund dieses Mädchens in die Sache verwickelt ist, und dann wäre er der größte Schurke. Der Mann aus Australien wußte, daß Hawker die Münze gerne gehabt hätte. Aber er hätte unmöglich herausbekommen können, daß Hawker diese Münze auch tatsächlich erhalten hat, wenn nicht Hawker ihm oder seinem Komplizen am Strand ein Zeichen gegeben hätte.»

Der Priester nickte zustimmend. «Damit können Sie recht haben.»

«Ist Ihnen nicht noch etwas anderes aufgefallen?» fuhr Flambeau eifrig fort. «Dieser Hawker hört, wie seine Freundin belästigt wird, aber er schlägt erst zu, nachdem er zu den weichen Sanddünen gekommen ist, wo er in einem bloßen Scheinkampf Sieger bleiben kann, ohne dem anderen weh zu tun. Hätte er inmitten der Steine im Meer losgeschlagen, so hätte er seinen Verbündeten leicht verletzen können.»

«Auch das ist richtig», stimmte der Priester bei.

«Und nun wollen wir die Sache nochmals ganz von Anfang an durchgehen. Es kommen nur einige wenige Beteiligte in Betracht, mindestens aber drei. Zu einem Selbstmord braucht es nur einen einzigen Menschen, bei einem Mord sind mindestens zwei beteiligt, bei einer Erpressung wiederum mindestens drei.»

«Warum denn?» fragte der Priester ruhig.

«Nun, das ist doch ganz klar!» rief sein Freund. «Einer muß da sein, der bloßgestellt wird, einer, der die Bloßstellung androht, und schließlich zumindest ein dritter, der über die Bloßstellung entsetzt ist.»

Der Priester dachte kurz nach, dann sagte er: «Sie machen einen logischen Fehler. Theoretisch braucht man zwar drei Personen. Zur praktischen Ausführung genügen allerdings zwei.»

«Wie meinen Sie das?» fragte Flambeau verblüfft.

«Warum sollte es nicht möglich sein», fragte Pater Brown leise, «daß ein Erpresser seinem Opfer mit sich selbst droht? Nehmen Sie an, eine Frau wäre erbitterte Abstinenzlerin und würde ihren Mann so weit bringen, daß er aus Angst vor ihr nur noch ganz heimlich ins Wirtshaus schleicht; es wäre doch möglich, daß sie dann hingeht und ihm mit verstellter Schrift Drohbriefe schreibt, in denen sie ankündigt, sie werde seiner Frau die heimlichen Besuche verraten! Warum sollte das nicht gehen? Oder nehmen Sie an, ein Vater verbietet seinem Sohn zu spielen und folgt ihm dann gut verkleidet, um dem Jungen mit seiner eigenen väterlichen Strenge zu drohen! Oder nehmen Sie einmal an... Aber da sind wir auch schon am Ziel!»
«Du lieber Gott!» rief Flambeau entsetzt. «Sie wollen doch nicht etwa sagen...»
Ein lebhafter junger Mann kam die Stufen des Hauses herunter und wandte ihnen im Lichtschein der Laterne einen charakteristischen Kopf zu, der unverkennbar der römischen Münze glich.
«Fräulein Carstairs wollte das Haus erst betreten, wenn auch Sie hier wären», sagte er ohne weitere Förmlichkeit.
«Nun», bemerkte Pater Brown vertraulich, «das war auch das beste, was sie tun konnte, nämlich einfach draußen zu warten, da Sie ja auf sie aufgepaßt haben. Ich glaube, Sie haben schon erraten, was hinter dieser Sache steckt.»
«Allerdings», sagte der junge Mann leise, «ich habe es schon am Strand vermutet, und jetzt weiß ich es bestimmt; deshalb habe ich ihn absichtlich weich fallen lassen.»
Flambeau nahm einen Schlüssel aus der Hand des Mädchens und eine Münze aus der Hand Hawkers entgegen, öffnete die Tür und betrat mit seinem Freund das Haus. Sie durchschritten den Korridor und gelangten in das Wohnzimmer. Drinnen war nur ein einziger Mensch: der Mann, den Pater Brown an dem kleinen Wirtshaus hatte vorbeigehen sehen. Er stand, als wollte er sich zur Wehr setzen, gegen die Wand gelehnt; er hatte den schwarzen Mantel gegen einen braunen Schlafrock vertauscht, sonst war er unverändert.
«Wir sind gekommen», sagte Pater Brown höflich, «um diese Münze ihrem Eigentümer zurückzugeben.» Und er reichte sie dem Mann mit der krummen Nase hin.
In Flambeaus Augen blitzte es auf. «Ist dieser Mann ein Münzensammler?» fragte er.

«Dieser Mann ist Herr Arthur Carstairs», sagte der Priester fest, «und er ist ein Münzensammler von etwas seltsamer Art.»
Der Mann wurde so schrecklich bleich, daß nur die Nase wie ein gar nicht zu seinem Gesicht gehöriger Teil hervorstand; es fiel besonders auf, weil sie trotz seiner totenbleichen Gesichtsfarbe immer noch blaßrosa glänzte. Trotzdem sprach er mit einer gewissen verzweifelten Würde. «Und doch sollen Sie sehen», sagte er mit gespenstischer Stimme, «daß ich nicht alle Eigenschaften unserer Familie verloren habe.» Damit drehte er sich plötzlich um, eilte in ein Nebenzimmer und schlug die Tür hinter sich zu.
«Halten Sie ihn!» schrie Pater Brown entsetzt, stürzte vorwärts und fiel über einen Sessel, während Flambeau einen Anlauf nahm und die Tür mit zwei oder drei wuchtigen Schlägen eindrückte. Aber es war zu spät. Schweigend schritt Flambeau zum Telefon hinüber, um die Polizei und einen Arzt zu verständigen.
Eine leere Arzneiflasche lag auf dem Boden. Quer über den Tisch lag der Körper des Mannes im braunen Schlafrock, er lag inmitten seiner aufgeplatzten, mit braunem Packpapier umwickelten Päckchen, aus denen zwar keine römischen, aber ganz moderne englische Münzen hervorquollen.
Der Priester nahm die Bronzemünze mit dem Kopf Cäsars vom Boden auf, wohin sie aus der Hand des Toten geglitten war, und sagte langsam: «Das ist alles, was von der berühmten Carstairs-Sammlung übriggeblieben ist.»
Er schwieg. Nach einer Weile sprach er weiter, und in seiner Stimme lag eine Wehmut und Sanftheit, die ganz außergewöhnlich war. «Das Testament dieses bösen Vaters war eine Grausamkeit, und – wie Sie sehen – der Sohn nahm es nicht gut auf. Er haßte das römische Geld, das er besaß, und sein Verlangen nach wirklichem Geld, das ihm durch das Testament versagt war, wuchs immer mehr und mehr. Nicht nur, daß er die Sammlung Stück um Stück verkaufte, sondern er sank auch immer tiefer und tiefer, wandte immer gemeinere Mittel an, um zu Geld zu kommen – zuletzt versuchte er sogar seine eigene Schwester zu erpressen in der Verkleidung, wie wir ihn hier vor uns sehen. Er erpreßte übrigens auch seinen soeben aus Australien zurückgekehrten Bruder wegen des kleinen Vergehens, um dessentwillen jener nach Australien verbannt worden war. Dieser Verdacht ist mir gekommen, als er den Wagen nach Putney nahm, wo sein Bruder wohnt. Er erpreßte seine Schwester wegen des

Diebstahls, den nur er bemerkt haben konnte. Deshalb hatte sie auch ein so komisches Gefühl, als er oben auf der Sanddüne stand. Gestalt und Haltung können uns, selbst aus der Ferne gesehen, eher an eine bestimmte Person erinnern als ein geschickt zurechtgemachtes Gesicht, das wir ganz aus der Nähe sehen.»

Wieder sagte keiner der beiden ein Wort. Schließlich brummte der Detektiv: «So war also dieser große Münzensammler nichts anders als ein ganz gewöhnlicher Geizhals?»

«Besteht denn da ein so großer Unterschied?» fragte Pater Brown im gleichen, seltsam nachsichtigen Ton. «Hat ein Sammler nicht oft dieselben schlechten Eigenschaften wie ein gewöhnlicher Geizhals? Was ist Schlimmes daran, außer ... ‚Du sollst dir kein Bildnis machen dessen, was oben im Himmel oder unten auf der Erde ist; du sollst sie nicht anbeten und ihnen nicht dienen, denn ich, der Herr ...' Aber wir wollen jetzt doch mal hinausgehen und nachsehen, wie es den armen jungen Leuten geht.»

«Ich glaube», meinte Flambeau, «daß es ihnen trotz alledem recht gut geht.»

Der Salat des Obersten Cray

Pater Brown ging von der Messe heimwärts. Nebel hatte die Gegend in geisterhaftes Weiß getaucht; nur langsam stiegen die feuchtkalten Schwaden empor. Es war einer jener Morgen, da selbst das Licht wie etwas geheimnisvoll Neues erscheint. Allmählich hoben sich die Umrisse einzelner Bäume aus dem Weiß heraus, als wären sie mit grauer Kreide oder in Kohle auf eine weiße Leinwand gezeichnet. Etwas weiter zurückliegend von der Straße tauchten auch die Häuser der nur dünn besiedelten Vorstadt aus dem Nebel auf, und wie Pater Brown so dahinschritt, wurden ihre Umrisse immer klarer und klarer, bis der Priester schließlich die einzelnen Häuser unterscheiden konnte, deren Besitzer er zum Teil flüchtig kannte; größtenteils allerdings wußte er nur die Namen der Hauseigentümer. Doch alle Fenster und Türen waren fest verschlossen, denn die Leute, die in dieser Gegend wohnten, pflegten zu dieser Zeit noch nicht auf zu sein, geschweige denn um eines solchen Zweckes willen wie er. Als er aber an einer sehr ansehnlichen Villa mit Veranda und großem, gepflegtem Garten vorbeiging, hörte er plötzlich ein Geräusch, das ihn fast unwillkürlich haltmachen ließ. Ein Schuß durchpeitschte den frühen Morgen, ein Schuß aus einer Pistole oder einer ähnlichen Feuerwaffe. Doch war es eigentlich nicht dieser Schuß, was den Priester am meisten stutzig machte: Dem ersten Knall folgte in kurzer Reihenfolge eine Serie weiterer Explosionen, schwächer als die erste – ungefähr sechs. Erst dachte er, es sei nur das Echo, das von den angrenzenden Häusern zurückgeworfen würde, aber im selben Augenblick wurde er gewahr, daß dieses Echo dem ersten Knall nicht im mindesten glich. Er konnte sich nicht denken, was diese Geräusche hervorgebracht haben könnte; es klang ähnlich wie das Öffnen einer Sodawasserflasche, wie ein tierischer Laut oder auch wie das verhaltene Lachen eines Menschen. Aber es war kaum anzunehmen, daß eine dieser drei Möglichkeiten hier in Betracht kommen könnte. In Pater Brown hausten zwei Menschen: der Mann des praktischen Lebens, der, bescheiden wie ein Veilchen und pünktlich wie eine Uhr, den engen Kreis seiner Pflichten erfüllte und niemals davon träumte, etwas daran zu ändern; daneben aber der Mann der theoretischen Überlegung, der noch viel bescheidener, aber auch viel stärker war und sich nicht leicht aufhalten ließ, dessen Gedanken immer rege und ungebunden umherschweiften. Er konnte nicht umhin, sich, wenn auch unbewußt, alle Fragen zu stellen, die ihm nur irgendwie einfielen, und so viele davon zu beantworten, wie er eben konnte; und dies ging bei ihm mit der Selbstverständlichkeit des Atmens oder des Blutkreislaufs vor sich. Stets aber war er bemüht, den Kreis seiner Pflichten nicht vorbedacht durch seine impulsiven Handlungen zu verlassen. Dieser Fall hier war nun allerdings eine harte Prüfung für ihn. Schon hatte er sich entschlossen, seine Wanderung durch die Dämmerung fortzusetzen, da ihn die Sache eigentlich nichts angehe – und doch konnte er nicht umhin, ganz automatisch zwanzig verschiedene Theorien zu erwägen, was wohl dieses merkwürdige Geräusch gewesen sein könnte. Im selben Augenblick aber kam silberfarben das Tageslicht am Horizont empor, und Pater Brown erkannte, daß er vor dem Haus eines anglo-indischen Majors namens Putnam stand, dessen aus Malta stammender Koch seiner Pfarrei angehörte. Allmählich kam ihm auch zum Bewußtsein, daß Pistolenschüsse manchmal eine recht gefährliche Sache sein und böse Folgen nach sich ziehen können – Folgen, die legitimerweise in seinen Pflichtenbereich fallen könnten. Also lenkte er seine Schritte zurück zum Gartentor, trat ein und ging auf die Haustür zu.

An der Seitenmauer des Hauses, ungefähr in der Mitte, befand sich etwas, das wie ein sehr niedriger Schuppen aussah; es war, wie Pater Brown später herausfand, ein Kehrichtbehälter. Um dessen Ecke kam, zuerst nur als Schatten im Nebel wahrnehmbar, eine Gestalt, die sich anscheinend vorbeugte und suchend umherschaute. Als Pater Brown näherkam, verdichtete sich der Schatten zu einem Körper, einem ungewöhnlich kräftigen Körper. Major Putnam war ein kahlköpfiger, stiernackiger Mann, klein und sehr breitschultrig, und sein Gesicht wirkte ziemlich apoplektisch – das Ergebnis seines langjährigen Versuches, orientalisches Klima mit westlichem Wohlleben zu vereinigen. Aber das Gesicht war durchaus gutmütig, und sogar jetzt, da es einen offensichtlich bestürzten und beunruhigten Ausdruck zeigte, trug es noch ein gewisses friedliches Grinsen. Der Major hatte einen breitrandigen Hut aus Palmenblättern auf den Hinterkopf zurückgeschoben, der beinahe aussah wie ein Heiligenschein, obwohl ein solcher zu dem Gesicht nicht gerade paßte; seine ganze sonstige Bekleidung bestand aus einem grellfarbigen, rot und gelb gestreiften Morgenrock. Offenbar kam Major Putnam soeben in aller Eile aus dem Haus gestürzt, und so verwunderte es den Priester nicht im geringsten, als ihm der Major ohne weitere Umstände zurief: «Haben Sie das Geräusch eben gehört?»

«Allerdings», entgegnete Pater Brown. «Ich bin deshalb auch hereingekommen; ich wollte nachsehen, was hier los ist.»

Der Major blickte ihn ein wenig merkwürdig aus seinen gutmütigen Stachelbeeraugen an. «Was glauben Sie eigentlich, was das war?» fragte er.

«Es klang wie ein Gewehrschuß», meinte Pater Brown etwas zögernd; «aber das Echo, das darauf folgte, war einigermaßen komisch.»

Der Major sah ihn noch immer ruhig, aber mit einem seltsamen Augenausdruck an, als plötzlich die Haustür aufgerissen wurde und eine Flut von Gaslicht sich in den lichter werdenden Morgennebel ergoß. Eine zweite Gestalt im Pyjama sprang oder taumelte in den Garten hinaus. Dieser Mann war größer, schlanker und athletischer als Putnam; das Pyjama, obwohl ebenfalls in den Farben des Orients, war verhältnismäßig geschmackvoller, nämlich weiß mit zitronengelben Streifen. Der Fremde, dessen Gesichtszüge regelmäßiger waren, dessen Haut gebräunter war als die des Majors, sah verstört aus. Er hatte ein scharfgeschnittenes Profil und tiefliegende Augen; das lackschwarze Haar bildete einen seltsamen Kontrast zu dem viel helleren Schnurrbart. Dies alles betrachtete Pater Brown allerdings erst zu einem späteren Zeitpunkt, als er mehr Muße und Ruhe hatte. Im Augenblick sah er nur eines an dem Fremden: den Revolver, den dieser in der Hand trug.

«Cray!» rief der Major und starrte ihn an. «Hast du geschossen?»

«Natürlich», antwortete der schwarzhaarige Mann aufgeregt, «und du hättest an meiner Stelle dasselbe getan. Wenn man überall von Teufeln gehetzt wird und beinahe ...»

Hastig fiel ihm der Major ins Wort. «Dies hier ist mein Freund Pater Brown», stellte er vor, und zu diesem gewandt: «Kennen Sie Oberst Cray vom Königlichen Artillerieregiment?»

«Ich habe natürlich schon von ihm gehört», sagte Pater Brown mit undurchdringlicher Miene. «Haben Sie – etwas getroffen?»

«Ich glaube schon», sagte Cray ernsthaft.

«Ist er ...», fragte Major Putnam leise, «ist er hingefallen oder hat er geschrien oder etwas dergleichen?»
Oberst Cray sah seinen Gastgeber mit einem eigentümlich starren, festen Blick an. «Ich werde dir genau sagen, was er getan hat», erwiderte er. «Er hat – geniest.»
Pater Brown hob die Hand, als wolle er sich an den Kopf greifen – mit der Gebärde eines Menschen, der sich eines entfallenen Namens wieder entsinnt. Jetzt wußte er, was jenes Geräusch gewesen war, das geklungen hatte wie eine Sodawasserflasche oder ein schnarchender Hund.
«Erlaube mal», stieß der verblüffte Major hervor, «ich habe noch nie gehört, daß ein Revolver einen Menschen zum Niesen bringt.»
«Ich auch nicht», meinte Pater Brown verwirrt. «Da hat der Kerl aber Glück gehabt, daß Sie nicht mit Kanonen auf ihn geschossen haben; er hätte sich sonst leicht ganz bös erkälten können.» Nach einem etwas verlegenen Schweigen fragte er: «War es ein Einbrecher?»
Aber er erhielt keine Antwort. «Gehen wir doch hinein», sagte Major Putnam etwas scharf und führte die Gruppe in sein Haus.
Im Innern des Hauses war es erstaunlicherweise heller als draußen, selbst als der Major das Gaslicht abgedreht hatte; es ist dies eine Erscheinung, die man an solchen Morgen öfter bemerken kann. Verwundert stellte Pater Brown fest, daß der Tisch wie zu einem Mahl gedeckt war: Die Servietten steckten in Ringen, und neben jedem Teller standen Weingläser in etwa sechs verschiedenen Formen. Zu so früher Morgenstunde hätte man eher erwartet, die Überreste eines Banketts von der vergangenen Nacht vorzufinden; doch so zeitig in der Frühe alles für ein Festessen vorbereitet zu finden, war reichlich ungewöhnlich.
Während Pater Brown noch unschlüssig in der Halle stand, eilte Major Putnam an ihm vorüber und ließ prüfend seinen Blick über den Tisch gleiten. Plötzlich schien er zu erstarren: «Das ganze Silber ist fort!» stieß er hastig hervor. «Die Fischbestecke und alle Gabeln fehlen, und auch das Essig- und Ölgestell und sogar das alte silberne Sahnekännchen! Und jetzt kann ich auch Ihre Frage beantworten, ob hier ein Einbrecher gewesen ist.»
«Das ist doch nur eine Finte», sagte Oberst Cray eigensinnig. «Ich weiß besser als ihr, warum dieses Haus verfolgt wird; ich weiß besser, warum ...»

Der Oberst klopfte ihm nachsichtig auf die Schulter, als wolle er ein krankes Kind beruhigen. Dabei sagte er: «Es waren wirklich Einbrecher. Das ist doch ganz offensichtlich.»

«Und dazu ein Einbrecher, der einen tüchtigen Schnupfen hat», meinte Pater Brown. «Das wird Ihnen sicherlich eine Hilfe sein, wenn Sie seine Spur in der Nachbarschaft verfolgen.»

Aber der Major schüttelte nur mit trübseliger Miene den Kopf. «Ich fürchte, daß er sich schon längst aus dem Staub gemacht hat, so daß wir ihn nicht mehr finden werden.»

Als sich sein Freund unruhig mit dem Revolver in der Hand wieder dem Garten zuwandte, fügte der Major mit leiser Stimme vertraulich hinzu: «Ich weiß nicht, ob ich nach der Polizei schikken soll, denn ich fürchte, mein Freund ist etwas leichtsinnig mit seiner Pistole umgegangen, und dafür wird die Polizei nicht viel Verständnis haben. Aber er hat einen großen Teil seines Lebens in Gegenden zugebracht, in denen es manchmal recht wild zuging, und, um ganz offen zu sein, ich glaube, er hat manchmal gewisse Wahnvorstellungen.»

«Ach ja, ich erinnere mich», sagte Pater Brown. «Sie haben mir einmal erzählt, er bilde sich ein, von einem indischen Geheimbund verfolgt zu werden.»

Major Putnam nickte, zuckte aber gleichzeitig mit den Achseln. «Ich halte es für das beste, wir gehen ihm jetzt nach, denn ich möchte nicht, daß noch mehr – sagen wir, geniest wird.»

Sie traten in den Morgen hinaus, der jetzt schon von den ersten Sonnenstrahlen erhellt wurde, und sahen, wie sich die hohe Gestalt des Obersten weit vorbeugte. Er war anscheinend damit beschäftigt, Kiesweg und Rasen genau zu untersuchen. Während der Major auf ihn zuschlenderte, wandte sich der Priester wie von ungefähr einer anderen Richtung zu, und so kam er um die Ecke des Hauses in die Nähe jenes Kehrichtbehälters.

Über eine Minute stand er wie angewurzelt da und betrachtete das trübselige Ding angestrengt; dann trat er näher heran, öffnete den Deckel und steckte seinen Kopf hinein. Asche und anderer unerfreulicher Abfall wirbelten auf. Aber wenn Pater Brown auch sonst alles beachtete – auf sein eigenes Äußeres achtete er niemals. Wie in tiefstem Gebet versunken, so stand er eine ganze Weile mit dem Kopf im Kehrichtbehälter; schließlich tauchte er wieder empor, ein wenig Asche im Haar, und wandelte unbekümmert von hinnen.

Als er wieder zur Gartentür zurückkam, fand er dort eine kleine Menschenansammlung, die den gespenstisch unwirklichen Eindruck von vorhin gleichsam wegwischte, wie auch die Sonne in der Zwischenzeit den Nebel verscheucht hatte. Warum die Gruppe so wirkte, hätte Pater Brown nicht zu sagen vermocht; sie wirkte nur eigenartig grotesk, wie eine Schar von Figuren aus einer Geschichte von Dickens. Major Putnam hatte inzwischen Zeit gefunden, ins Haus zu schlüpfen und ein vernünftiges Hemd, eine Hose und ein kurzes, leichtes Jackett anzuziehen; und in dieser normalen Kleidung schien sein rotes, wohlgenährtes Gesicht vor Alltags-Herzlichkeit schier platzen zu wollen. Er redete viel und mit großer Lautstärke, aber nur deshalb, weil er mit seinem Koch sprach – einem dunkelhäutigen Sohn Maltas, dessen schmales, gelbliches und reichlich sorgenvoll aussehendes Gesicht gar nicht recht zu seiner schneeweißen Mütze und Schürze passen wollten. Der Koch hatte aber auch allen Grund, sorgenvoll und bekümmert auszusehen, denn die Kochkunst war des Majors Steckenpferd. Er war einer jener Amateure, die immer mehr verstehen wollen als die Professionellen. Nur einen einzigen Menschen gab es, dem er wenigstens das Recht zugestand, die Qualität eines Omeletts zu beurteilen, nämlich seinen Freund Cray – und bei diesem Gedanken sah sich Brown nach jenem zweiten Vertreter von Englands Waffenruhm um. Im Licht des jungen Morgens und in der Gegenwart ordentlich gekleideter und vernünftig redender Menschen wirkte sein Anblick reichlich schockierend. Cray, schlanker, aber auch eleganter als der Major, hatte noch immer seinen Schlafanzug an, und in diesem Aufzug kroch er mit zerzaustem Haar auf Händen und Knien im Garten umher und suchte unentwegt nach den Fußspuren des Einbrechers; und von Zeit zu Zeit schlug er wütend mit der Faust auf den Boden aus Ärger darüber, daß er noch immer nichts gefunden hatte. Als der Priester ihn so wie einen Vierfüßler im Gras umherschleichen sah, zog er bekümmert die Brauen in die Höhe, und zum ersten Mal kam ihm der Gedanke, daß die Worte des Majors, Cray bilde sich gewisse Dinge ein, vielleicht nur ein beschönigender Ausdruck gewesen sein mochten.

Aber dann wandte er sich wieder den anderen zu. Neben dem Koch und dem Epikureer stand eine dritte Person, eine ihm ebenfalls wohlbekannte Erscheinung. Es war Audrey Watson, des Majors Mündel und Wirtschafterin; in diesem Augenblick zeig-

ten ihre Schürze, die aufgerollten Ärmel und ihr entschlossenes Gesicht, daß sie als Wirtschafterin der Unterhaltung beiwohnte und nicht als Mündel.
«Das geschieht dir ganz recht», sagte sie. «Ich habe dir schon immer gesagt, du sollst das altmodische Essig- und Ölgestell nicht bei Tisch aufstellen.»
«Mir ist es aber das liebste von allen», entgegnete Putnam friedlich. «Ich selbst bin etwas altmodisch, und so paßt das zu mir.»
«Dem Dieb hat es anscheinend auch gepaßt», bemerkte sie. «Nun, wenn dir, wie's mir scheint, der Dieb so vollkommen gleichgültig ist, dann könnte es mir eigentlich auch gleichgültig sein, ob ihr heute etwas zu essen habt. Denn damit sieht es schlecht aus. Es ist heute Sonntag, und so können wir weder Essig noch sonst etwas kaufen; und dabei schmeckt euch Herren aus Indien kein Essen, wenn nicht eine Menge Gewürz dabei ist. Wenn ich doch nur nicht meinen Vetter Oliver gebeten hätte, mit mir in das Hochamt zu gehen! Aber ich habe mich fest verabredet. Und dabei ist der Gottesdienst erst um halb ein Uhr zu Ende. Um diese Zeit muß aber der Oberst auch schon gehen. Was soll ich nur tun? Ich glaube nicht, daß ihr Männer allein fertig werdet.»
«Aber sicher, ganz gewiß, meine Liebe», sagte der Major und sah sie freundlich an. «Marco hat ja eine ganze Reihe verschiedener Soßen, und der Oberst und ich haben uns früher auch schon in unwirtlichen Gegenden wohnlich einzurichten und mit dem zu behelfen verstanden, was da war. Das solltest du doch eigentlich wissen. Und schließlich hast du es wirklich verdient, daß du auch mal einen Vormittag ausspannst, liebe Audrey; es ist gar nicht nötig, daß du von morgens bis abends nur Wirtschafterin spielst, und ich weiß doch, wie musikliebend du bist.»
«Es geht mir nicht in erster Linie um die Musik, sondern ich möchte der Messe beiwohnen», sagte sie und warf ihm einen strengen Blick zu.
Audrey war eine jener schönen Frauen, deren Schönheit unvergänglich ist, weil sie nicht von der augenblicklichen Aufmachung, von einer bestimmten Beleuchtung, Haltung oder Gebärde abhängt, sondern aus der ebenmäßigen Form des Kopfes und aus den edel geschwungenen Linien des Gesichts kommt. Sie war offenbar noch jung, ihr kastanienbraunes Haar war voll und weich, und doch lag um ihren Mund und ihre Augen ein Zug, der den Eindruck erweckte, als nage ein Kummer an ihrer Seele

– so, wie der Wind mit der Zeit die Säulen und Pfeiler eines griechischen Tempels annagt. Dieser Zug in Audreys Gesicht hatte eigentlich gar keine Berechtigung, denn die kleine häusliche Schwierigkeit, der sie jetzt so große Bedeutung zuzumessen schien, war doch eher komisch als tragisch zu nehmen. Pater Brown jedenfalls entnahm aus der Unterhaltung, daß Cray, der andere Feinschmecker, schon vor der üblichen Essenszeit wieder abreisen mußte, daß aber Putnam als Gastgeber dem Busenfreund noch unbedingt ein Abschiedsmahl bereiten wollte und darum ein ganz besonderes ‚Déjeuner' geplant hatte, das im Laufe des Vormittags, während Audrey und andere ernsthaftere Personen dem Gottesdienst beiwohnten, serviert und verspeist werden sollte. Zur Begleitung hatte Audrey einen Verwandten und alten Freund gebeten, Dr. Oliver Oman, einen zwar etwas vertrockneten Wissenschaftler, der aber begeisterter Musikliebhaber war und – wenn es nicht anders ging – auch die Kirche besuchte, um ein Orgelkonzert zu hören. Aber nichts an diesen Tatsachen und Vorhaben hätte einen Grund für die Traurigkeit in Fräulein Watsons Gesicht abgeben können, und halb unbewußt sah Pater Brown wieder nach dem offenbar etwas verrückten Oberst hin, der noch immer im Gras herumkroch.

Als Pater Brown nun gar auf Cray zuging, wandte dieser plötzlich den zerzausten Kopf zu ihm empor, als wundere er sich, den Priester noch immer hier zu sehen. Und wirklich – Pater Brown wußte wohl, daß er aus Gründen, die freilich nur er kannte, länger geblieben war, als es die Höflichkeit verlangte, ja länger auch, als es nach den Regeln der Höflichkeit eigentlich zulässig gewesen wäre.

«Was wollen Sie eigentlich?» rief Cray und sah ihn zornig an. «Wahrscheinlich sind Sie derselben Meinung wie die anderen, die mich alle für verrückt halten?»

«Ich gebe zu, daß ich diese Möglichkeit erwogen habe», erwiderte der kleine Priester ruhig. «Aber ich glaube nicht, daß Sie verrückt sind.»

«Was wollen Sie damit sagen?» fuhr ihn Cray wütend an.

«Wenn jemand wirklich verrückt ist», erklärte Pater Brown, «so pflegt er in gewissem Sinn seine Verrücktheit; auf keinen Fall tut er etwas dagegen. Sie aber wollen die Spuren des Einbrechers finden, selbst wenn gar keine da sind. Sie tun also etwas dagegen. Sie wünschen etwas, das kein Verrückter wünscht.»

«Und was ist das?»
«Sie wünschen, eines Irrtums überführt zu werden», sagte der Priester.
Während der letzten Worte des Priesters war Cray aufgesprungen oder hatte sich, besser gesagt, taumelnd aufgerichtet und starrte nun den Priester aufgeregt an. «Zum Teufel, da können Sie recht haben!» rief er. «Alle wollen sie mir hier einreden, der Kerl sei nur auf das Silber ausgewesen – als wenn ich das nicht nur zu gerne selbst glauben möchte! Auch *sie* wollte es mir einreden», und er deutete mit seinem schwarzen, zerrauften Kopf nach Audrey hin, «und sie hat mir heute Vorwürfe gemacht, wie grausam es von mir sei, auf einen armen, harmlosen Einbrecher zu schießen, und daß ich mit meiner Abneigung gegen arme, harmlose Eingeborene den Teufel im Leib hätte. Ja, früher, da war ich auch ein gutmütiger Kerl, so gutmütig wie Putnam – aber jetzt...»
Nach einer Pause fuhr er fort: «Schauen Sie, ich habe Sie nie zuvor gesehen, aber ich will Ihnen die Geschichte erzählen, damit Sie sich ein Bild machen können. Der alte Putnam und ich waren Regimentskameraden, doch dann habe ich mich in einer Sache an der afghanischen Grenze ausgezeichnet und bekam früher als alle meine Kameraden ein eigenes Regiment. Dann wurden Putnam und ich für einige Zeit auf Krankenurlaub nach Hause geschickt. Draußen im Osten hatte ich mich mit Audrey verlobt, und anläßlich dieses Urlaubs reisten wir alle gemeinsam nach England. Aber unterwegs ereigneten sich seltsame Dinge. Daraufhin will nun Putnam die Verlobung rückgängig machen, und sogar Audrey weiß anscheinend nicht recht, was sie eigentlich will – ich glaube den Grund zu kennen, denn ich weiß, was sie von mir denken, wofür sie mich halten. Sie wissen es ja auch.
Aber ich will Ihnen die Tatsachen der Reihe nach berichten. Am Tag vor unserer Abreise waren wir in einer indischen Stadt, und ich fragte Putnam, ob er mir sagen könne, wo ich ein paar Zigarren einer bestimmten Marke kaufen könne. Er meinte, daß ich sie in einem kleinen Laden gegenüber seinem Haus bekommen könne. Später stellte es sich heraus, daß er recht hatte, aber ‚gegenüber' ist ein gefährliches Wort, wenn einem richtigen Haus sechs elende Hütten gegenüberstehen, und ich habe mich damals wahrscheinlich in der Tür geirrt. Es gelang mir nur mit Mühe, die Tür zu öffnen, und als ich dann eintrat, befand ich mich in

einem stockfinsteren Raum. Ich wollte mich umwenden, um dieses unheimliche Zimmer wieder schleunigst zu verlassen, aber inzwischen hatte sich die Tür schon wieder geschlossen mit einem Geräusch, als schnappten unzählige Riegel ein. So blieb mir nichts anderes übrig, als vorwärtszugehen. Ich kam durch einen ebenso stockfinsteren Gang in einen zweiten, einen dritten – ich weiß nicht, um wieviele Ecken ich so in der Dunkelheit gestolpert bin. Schließlich gelangte ich an eine Treppe und dann an eine geschlossene Tür. Tastend fand ich die Klinke und öffnete. Ich trat in ein gespenstisches Halbdunkel, das schwach durch eine Unmenge kleiner, aber ruhig brennender Lampen in grünen Gläsern erleuchtet war. Die Lampen standen auf der Erde und erhellten nur den Boden und den unteren Rand der Wände eines riesigen, leeren Raumes. Unmittelbar vor mir erhob sich etwas, das aussah wie ein Felsklotz. Ich muß gestehen, als ich erkannte, daß es ein Götzenbildnis war, wäre ich fast umgefallen. Aber schlimmer noch: Das Götzenbild wandte mir seinen Rücken zu!

Es handelte sich wohl kaum um eine menschenähnliche Gestalt, soviel ich nach dem kleinen, plattgedrückten Kopf und mehr noch nach dem Schwanz oder schwanzähnlichen Glied urteilen konnte, das, nach hinten hochstehend, wie ein unheimlicher Riesenfinger auf irgendwelche mystische Zeichen deutete, die in der Mitte des gewaltigen Steinrückens eingemeißelt waren. Ich hatte eben versuchen wollen, die Hieroglyphenschrift in der trüben Beleuchtung zu entziffern, und kaltes Grausen schauderte mir über den Rücken, als sich etwas noch Entsetzlicheres ereignete. Lautlos öffnete sich eine Tür in der Tempelmauer hinter mir, und ein Mann mit braunem Gesicht und schwarzem Rock trat heraus. Auf seinem Gesicht lag ein starres Lächeln, er hatte eine bronzefarbene Haut und elfenbeinfarbene Zähne; doch das Schrecklichste und Unheimlichste an ihm war wohl, daß er europäisch gekleidet war. Vermummte Priester oder nackte Fakire hätten mich nicht so erschrecken können. Aber als er mir so in europäischer Kleidung entgegentrat, schien er mir ein Sinnbild dafür zu sein, daß die Teufelei über die ganze Welt verbreitet ist. Und das habe ich später auch am eigenen Leib erfahren müssen.

‚Hättest du nur die Füße des Heiligen Affen gesehen', sagte er zu mir ohne jede Einleitung, starr lächelnd, ‚so wären wir sanft mit dir umgegangen – du wärst nur zu Tode gemartert worden. Hättest du das Antlitz des Heiligen Affen gesehen, wir wären

auch dann noch sehr mild und entgegenkommend gewesen – du wärst nur gemartert worden und hättest dann weitergelebt. Aber du hast den Schwanz des Heiligen Affen gesehen, und so müssen wir das schrecklichste Urteil verhängen: Zieh frei von hinnen!'
Als er diese Worte gesprochen hatte, hörte ich, wie sich die eiserne Klinke, mit der ich mich vorher abgemüht hatte, ganz von selbst öffnete, und gleich darauf auch, wie sich am Ende der dunklen Gänge, die ich durcheilt hatte, die Riegel der Türe automatisch zurückschoben.
‚Vergebens würdest du um Gnade bitten; du bist frei und mußt gehen', sagte der Unheimliche mit seinem starren Lächeln. ‚Von nun an soll dich ein Haar wie ein Schwert treffen, jeder Atemzug soll wie ein Schlangenbiß brennen, aus dem Nichts sollen Waffen auf dich losfahren, und tausend Tode sollst du sterben.'
Und mit diesen Worten verschwand er wieder in der Mauer; halb betäubt wankte ich auf die Straße hinaus.»
Cray schwieg, Pater Brown aber setzte sich ohne weitere Umstände ins Gras und begann Gänseblümchen zu pflücken.
Dann fuhr der Offizier fort: «Putnam machte sich natürlich mit der Heiterkeit seines gesunden Menschenverstandes über meine ganzen Befürchtungen lustig; aber seit jenem Tag zweifelt er an meinem normalen Geisteszustand. Doch ich will Ihnen einfach und mit möglichst wenigen Worten drei Ereignisse erzählen, die sich seither zugetragen haben, und dann mögen Sie selbst urteilen, wer von uns beiden recht hat.
Der erste Vorfall geschah in einem indischen Dorf am Rande des Dschungels, aber viele hundert Meilen von dem Tempel entfernt, wo der Fluch über mich ausgesprochen worden war. Mitten in der Nacht wachte ich auf und lag im Bett, ohne an etwas Bestimmtes zu denken. Da fühlte ich ein leichtes Kitzeln, als würde ein Faden oder Haar über meinen Hals gezogen. Unwillkürlich fuhr ich zurück, und plötzlich fielen mir die Worte ein, die der Unheimliche im Tempel gesagt hatte. Als ich aber aufstand, Licht machte und in den Spiegel blickte, sah ich, daß aus einem dünnen Kratzer quer über meinen Hals Blut tröpfelte.
Der zweite Vorfall ereignete sich einige Zeit später, in einem Hotel in Port Said, als wir auf der gemeinsamen Rückreise begriffen waren. Von Hotel kann man eigentlich nicht sprechen, es war vielmehr ein Zwischending zwischen einer Herberge und einem Raritätenladen, und obwohl dort nichts zu sehen war,

was auch nur im entferntesten an den Affenkult erinnerte, ist es doch möglich, daß sich Götzenbilder oder Talismane dieser Gottheit im Laden befanden. Auf jeden Fall war auch dort der Fluch wirksam. Wieder wachte ich in der Dunkelheit der Nacht auf mit einem ganz eigenartigen Gefühl. Ich kann es nur so beschreiben: Es war, als ob ein Atemhauch wie ein Schlangenbiß brenne. Todesangst durchzuckte mich, und wie im Todeskampf wand ich mich in Qualen. Taumelnd verließ ich das Bett, und ich stieß immer wieder gegen die Wand, bis ich schließlich das Fenster fand und in den darunterliegenden Garten mehr fiel als sprang. Putnam, der arme Kerl, der das andere einen zufälligen Kratzer genannt hatte, mußte nun wohl oder übel die Tatsache, der er mich am nächsten Morgen halb bewußtlos im Gras liegen fand, doch etwas ernster nehmen. Aber ich befürchte, er hat nur meinen Geisteszustand ernst genommen, nicht aber meine Geschichte.
Das dritte Ereignis trug sich auf Malta zu. Wir wohnten dort in einer Kasematte der Festung, und unsere Schlafkammern gingen zufällig aufs Meer hinaus, das beinahe bis zu unseren Fenstersimsen reichte; nur die flache, weiße Festungsmauer, kahl wie das Meer, lag dazwischen. Wieder erwachte ich, aber diesmal war es nicht dunkel. Der Vollmond leuchtete, als ich zum Fenster schritt; ich hätte einen Vogel auf der kahlen Mauer oder ein Segel am Horizont sehen können. Was ich jedoch sah, war eine Art von Stock oder Zweig, der in kreisförmiger Bahn frei in der Luft schwebte. Dann schoß das Ding plötzlich auf mein Fenster zu, in mein Zimmer und zertrümmerte die Lampe neben meinem Bett, das ich eben verlassen hatte. Es war eine jener seltsam geformten Keulen, wie sie von einigen Stämmen des Ostens als Waffe verwendet werden. Aber keine Menschenhand hatte sie geschleudert ...»
Pater Brown warf die Kette aus Gänseblümchen, die er geflochten hatte, weg und erhob sich mit nachdenklichem Ausdruck. «Besitzt Major Putnam», fragte er, «irgendwelche orientalische Sehenswürdigkeiten, Statuetten oder exotische Waffen, und könnte ich diese einmal kurz sehen?»
«Aber sicher, nur fürchte ich, daß Ihnen das nicht viel nützen wird», erwiderte Cray. «Auf jeden Fall können wir ja in sein Arbeitszimmer gehen, wo er die Sachen aufbewahrt.»
Als sie durch die Haustür gingen, begegneten sie Fräulein Watson, die eben ihre Handschuhe zuknöpfte, und aus der Küche

hörten sie Putnams Stimme, der noch immer den Koch über die Zubereitung eines bestimmten Gerichts belehrte. Im Arbeitszimmer des Majors stießen sie plötzlich auf einen weiteren Gast, der in Zylinder und Straßenanzug am Rauchtischchen saß und gespannt in einem Buch las – ein Buch, das er ein wenig schuldbewußt sofort fallen ließ, um sich den Eintretenden zuzuwenden. Cray stellte ihn höflich als Dr. Oman vor, aber trotz der höflichen Worte zeigte sich in seinem Gesicht eine so unverhohlene Abneigung, daß Pater Brown die beiden auf den ersten Blick als Rivalen erkannte – ob Audrey nun davon wußte oder nicht. Dr. Oman war auffallend gut gekleidet; er hatte angenehme Gesichtszüge, wenn auch seine Haut beinahe so dunkel war wie die eines Asiaten.

Cray schien das kleine Gebetbuch in Omans dunkel behandschuhter Hand besonders aufreizend zu finden.

«Ich wußte ja gar nicht, daß Ihnen so etwas liegt», sagte er reichlich unhöflich.

Oman lachte nachsichtig, doch lag nichts Beleidigendes darin. «Dieses Buch hier gehört mehr in mein Fach, ich weiß wohl», sagte er und legte seine Hand auf das Buch, das er beim Eintritt der beiden hatte fallen lassen; «es ist ein Handbuch über Arzneimittel und Gifte. Aber es ist doch ein wenig zu groß, als daß ich es in die Kirche mitnehmen könnte.» Damit schlug er das Buch wieder zu, und wieder war es, als sei er irgendwie verlegen oder unruhig.

«Ich nehme an», sagte Pater Brown, der bemüht war, das Gespräch in andere Bahnen zu lenken, «daß alle diese Speere und Gerätschaften hier aus Indien stammen?»

«O nein, die sind aus der ganzen Welt», antwortete der Doktor. «Putnam ist alter Soldat und war meines Wissens in Mexiko und Australien, auf den Kannibalen-Inseln und in verschiedenen anderen Gegenden.»

«Na, dann will ich nur hoffen, daß er seine Kochkenntnisse nicht bei den Kannibalen erworben hat», meinte Pater Brown. Und er ließ seine Blicke über die Bratpfanne und die anderen seltsamen Gegenstände schweifen, die an der Wand hingen.

In diesem Augenblick steckte der Hausherr wohlgelaunt sein lachendes, krebsrotes Gesicht zur Tür herein. «Komm, Cray!» rief er. «Das Essen ist fertig. Und für die, die in die Kirche gehen wollen, läuten auch schon die Glocken.»

Cray ging in den Gästeraum, um sich umzuziehen; Dr. Oman und Fräulein Watson begaben sich zur Straße, um sich dem Strom der Kirchgänger anzuschließen; aber Pater Brown, der ihnen nachsah, bemerkte, daß der Doktor sich zweimal umsah und, als er an die Straßenecke gekommen war, sogar noch einmal umkehrte und scharf prüfend zum Haus hinaufblickte.
Der Priester war ein wenig verwirrt. «*Er* kann doch nicht beim Kehrichtbehälter gewesen sein», brummte er leise vor sich hin. «Zumindest nicht in diesen Kleidern. Oder war er schon früher am Morgen hier?»
Normalerweise war Pater Brown, wenn er anderen Menschen gegenübertrat, empfindlich wie ein Barometer; doch heute hatte er offenbar die Empfindlichkeit eines Rhinozerosses. Auch bei weitherzigster Auslegung der Regeln der Höflichkeit durfte er jetzt eigentlich nicht länger bleiben, während die beiden Freunde miteinander speisten. Dennoch blieb er und ging sogar zu den beiden hinein, wobei er versuchte, seine Aufdringlichkeit unter einem Schwall zwar amüsanter, doch gänzlich zweckloser Konversation vergessenzumachen. Sein Bleiben war um so unverständlicher, als er nichts essen wollte. Es wurden nacheinander die besten und sorgfältigst zubereiteten Gerichte aufgetragen, jeweils vom entsprechenden Tischwein begleitet – Pater Brown jedoch wiederholte auf die höfliche, wenn auch etwas gezwungene Einladung des Majors immer nur, daß er heute Fasttag habe, und knabberte an einem Stückchen Brot. An einem Kännchen reinen Wassers nippte er, stellte es dann aber wieder auf den Tisch zurück. Doch in seinen Reden war er von übersprudelnder Laune.
«Hören Sie mal her!» rief er munter. «Jetzt werde ich Ihnen einmal etwas von meinen Kochkünsten zeigen. Ich werde einen Salat für Sie anmachen. Ich selbst darf zwar keinen Salat essen, aber ich werde ihn zubereiten, daß er ein Gedicht sein wird! Sie haben ja einen schönen Kopfsalat da, den werde ich mit Ihrer Erlaubnis hernehmen.»
«Leider ist dieser Salatkopf das einzige, was wir haben», antwortete der Major gutgelaunt. «Sie wissen doch, daß Senf, Essig, Öl und was noch dazugehört, zusammen mit dem Ständer und dem Einbrecher verschwunden sind.»
«Das weiß ich wohl», sagte der Priester mit undurchdringlichem Gesichtsausdruck. «Aber für einen solchen Fall habe ich schon

vorgesorgt und trage deshalb diese Sachen immer bei mir. Ich esse nämlich sehr gerne Salat.»
Und zum Erstaunen der beiden Männer nahm er eine Pfefferdose aus der Westentasche und stellte sie auf den Tisch.
«Ich möchte nur gerne wissen, warum der Einbrecher auch den Senf mitnahm», fuhr er fort und holte aus einer anderen Tasche einen Senftiegel hervor. «Vielleicht wollte er sich ein Senfpflaster machen. Und Essig», mit diesen Worten zog er ein Fläschchen mit Essig hervor, «hat mir nicht einmal jemand etwas über Essig und Packpapier erzählt? Und das Öl habe ich, wenn ich mich nicht irre, in die linke ...»
Plötzlich hielt er eine Sekunde in seinem Geschwätz inne, denn als er zufällig die Augen hob, sah er etwas, das keiner der beiden sehen konnte: die schwarze Gestalt des Dr. Oman, der im hellen Sonnenlicht auf dem Rasen stand und angestrengt ins Zimmer starrte. Noch ehe er sich von dieser Überraschung ganz erholt hatte, fiel ihm Cray ins Wort.
«Sie sind bei Gott ein recht merkwürdiger Kauz», sagte er, indem er den Priester halb amüsiert, halb verwundert ansah. «Wenn Ihre Predigten so unterhaltsam wie Ihr Benehmen sind, dann werde ich doch einmal in die Kirche kommen und Ihnen zuhören.» Bei den letzten Worten war in seine Stimme plötzlich ein eigenartiger Klang gekommen, und er lehnte sich in seinen Stuhl zurück.
«Oh, man kann auch über einen Gewürzständer predigen», meinte Pater Brown ernsthaft. «Haben Sie noch nie von dem Gleichnis vom Senfkorn gehört oder von dem Samariter, der die Wunden mit Öl wusch? Und was den Essig angeht, so sollten Sie als Soldat sich doch jenes Soldaten erinnern, der, als die Sonne sich verfinsterte ...»
Plötzlich beugte sich Oberst Cray ein wenig vor, seine Finger verkrampften sich im Tischtuch.
Pater Brown, der noch immer mit dem Salat beschäftigt war, tat schnell zwei Löffel Senf in ein Glas Wasser, das neben ihm stand, sprang auf und sagte mit lauter Stimme, die plötzlich einen harten Beiklang hatte: «Schnell, trinken Sie das!»
Im selben Augenblick kam der Doktor, der bisher regungslos im Garten gestanden hatte, angerannt und stieß von außen ein Fenster auf. «Brauchen Sie mich?» rief er. «Ist er vergiftet worden?»

«Beinahe», sagte Pater Brown mit einem ganz schwachen Lächeln, denn das Brechmittel hatte sofort gewirkt. Cray lag in einem Lehnstuhl, keuchend schnappte er nach Luft, aber er lebte.
Major Putnam war aufgesprungen; sein purpurrotes Gesicht war weiß gefleckt. «Ein Verbrechen!» schrie er heiser. «Ich werde die Polizei holen!»
Der Priester hörte, wie er seinen Hut vom Kleiderhaken riß und zur Tür hinausstürzte; dann wurde die Gartentür zugeschlagen. Aber er wandte sich gar nicht um, sondern stand ruhig da, sah auf Cray herab und sagte nach einer Pause leise:
«Ich werde jetzt nicht viel mit Ihnen reden; ich will Ihnen nur erklären, was Sie wissen wollen. Es liegt kein Fluch auf Ihnen. Der Tempel des Heiligen Affen war entweder ein Zufall, oder aber er gehörte bereits zu dem genau ausgeklügelten Plan, den ein Weißer zu Ihrem Verderben ausgedacht hat. Es gibt nur eine Waffe, die bei federleichter Berührung einen blutigen Streifen hervorbringen kann: eine Rasierklinge, von der Hand eines Weißen geführt. Es gibt nur eine Methode, einen ganz gewöhnlichen Raum mit unsichtbaren, betäubenden Giftdämpfen zu füllen: wenn man den Gashahn aufdreht, und auch das ist das Verbrechen eines Weißen. Und schließlich gibt es nur eine ganz bestimmte Art einer Keule, die, aus einem Fenster geschleudert, einen Bogen beschreibt und in das benachbarte Fenster fliegen kann: ein australischer Bumerang. Sie können einige dieser Waffen im Arbeitszimmer des Majors sehen.»
Damit verließ er den Raum und unterhielt sich kurz mit dem Doktor. Im nächsten Augenblick stürzte Audrey Watson ins Haus und sank neben Crays Stuhl in die Knie. Pater Brown konnte nicht hören, was die beiden miteinander sprachen, doch auf ihren Gesichtern zeigte sich keine Traurigkeit, nur ein großes Erstaunen. Der Doktor und der Priester gingen langsam miteinander auf die Gartentür zu.
«Ich nehme an, daß auch der Major sie geliebt hat», sagte Pater Brown seufzend, und als der andere nickte, fuhr er fort: «Sie haben sich sehr großmütig benommen, Doktor, das war schön von Ihnen. Aber sagen Sie, woraus haben Sie eigentlich Ihren Verdacht geschöpft?»
«Es war nur eine Kleinigkeit», sagte Oman, «aber ich konnte in der Kirche keine Ruhe finden, und es trieb mich wieder hierher

zurück, um nachzusehen, ob alles in Ordnung ist. Jenes Buch, das ich auf seinem Tisch gefunden habe, war ein Werk über Gifte. Es war an einer Stelle aufgeschlagen, wo ausgeführt ist, daß ein gewisses indisches Gift zwar tödlich wirkt und schwer nachzuweisen ist, seine Wirkung aber schon durch das einfachste Brechmittel ohne weiteres aufgehoben werden kann. Ich vermute, daß er das kurz vor seiner Tat noch gelesen hat ...»

«Und dabei fiel ihm dann ein, daß im Gewürzständer ja Brechmittel zur Verfügung ständen», ergänzte Pater Brown. «Ganz richtig. Um diese zu beseitigen, hat er noch schnell einen Einbruch vorgetäuscht und den Gewürzständer zusammen mit dem Tafelsilber in die Kehrichtkiste geworfen, wo ich alles fand. Wenn Sie sich mal die Pfefferdose genau ansehen, die ich auf den Tisch gestellt habe, so werden Sie ein kleines Loch darin finden. Dort hat Crays Kugel eingeschlagen, den Pfeffer in die Luft geblasen und bewirkt, daß der Verbrecher niesen mußte.»

Es entstand eine Pause. Dann sagte Dr. Oman mit bitterem Spott: «Der Major sucht aber lange nach der Polizei.»

«Oder die Polizei sucht ihn», entgegnete der Priester. «Nun, leben Sie wohl.»

Knaur-Taschenbücher
Vollständige
Textausgaben

204 · · ·	Dr. X	Tagebuch eines jungen Arztes
205 · ·	V. S. Pritchett	New York – Herz und Antlitz einer Stadt. *16 Kunstdrucktafeln*
206 · ·	Margaret Laurence	Die Stimmen von Adamo *10 Erzählungen*
207 ·	G. K. Chesterton	Der geheimnisvolle Klub *6 skurrile Geschichten*
208	Irving Stone	Michelangelo. *Roman.* DM 7,80
209 : :	Johannes M. Simmel	Lieb Vaterland magst ruhig sein *Roman*
210 · · ·	Jürgen Thorwald	Die Stunde der Detektive Bd. I: Blutiges Geheimnis *Mit 30 Abbildungen*
211 · · ·	Jürgen Thorwald	Die Stunde der Detektive Bd. II: Spuren im Staub *Mit 23 Abbildungen*
212 · · ·	Sir Francis Chichester	Held der Sieben Meere *Mit 28 Abbildungen*
214 : :	E. M. Nathanson	Das dreckige Dutzend. *Roman*
215 ·	Mary McCarthy	Hanoi 1968
216 · · ·	Westerman/Schumann	Knaurs Opernführer *Mit 290 Opernbeschreibungen und 300 Notenbeispielen*
218 · · ·	Mary McCarthy	Die Clique. *Roman*
219 · · ·	J. K. Galbraith	Die moderne Industriegesellschaft
221 · · ·	Robert Crichton	Das Geheimnis von Santa Vittoria *Roman*
223 · ·	Peter Bamm	Alexander oder Die Verwandlung der Welt
224 · ·	Desmond Morris	Der nackte Affe
225 · · ·	Mary McCarthy	Der Zauberkreis. *Roman*
226	Irving Stone	Das Leben gehört den Liebenden *Roman.* DM 7,80
227 : :	Rudolf Pörtner	Das Römerreich der Deutschen *Mit 72 Abbildungen*
230 ·	Tere Ríos	Der fünfzehnte Pelikan *Mit 13 Illustrationen*
232 · ·	Paul Frischauer	Moral und Unmoral der deutschen Frau *Mit 78 Abbildungen*

·	Einfachband	DM 2,80
· ·	Zweifachband	DM 3,80
· · ·	Dreifachband	DM 4,80
: :	Vierfachband	DM 5,80
:·:	Fünffachband	DM 6,80

Knaur-Taschenbücher
Vollständige
Textausgaben

233 :·:	Andreas Feininger	Die neue Foto-Lehre *Mit 26 Abbildungen, davon 8 farbig*
234 ··	Johannes M. Simmel	Gott schützt die Liebenden. *Roman*
235	James Clavell	Tai-Pan. Der Roman Hongkongs DM 7,80
237 : :	Peter F. Drucker	Die Praxis des Management
238 ···	Jacqueline Susann	Das Tal der Puppen. *Roman*
239 : :	John O'Hara	Die Lockwoods. Roman einer Familie
240 ···	Westerman/Schumann	Knaurs Konzertführer *Mit 370 Notenbeispielen*
241 : :	Ernst Samhaber	Knaurs Geschichte der Entdeckungsreisen. Die großen Fahrten ins Unbekannte. *Mit 172 Abbildungen*
242 ···	Gaby von Schönthan	Madame Casanova. *Roman*
243 : :	Edwin O'Connor	Es hatte ein Mann drei Söhne. *Roman*
244 ···	Jürgen Thorwald	Die Traum-Oase
245 ·	John K. Galbraith	Die McLandress-Dimension *Mit 32 Illustrationen*
246 ···	Morris L. West	Der Turm von Babel. *Roman*
247 ···	Jan de Hartog	Kapitän Harinx. *Roman*
248 ··	Peter F. Drucker	Die ideale Führungskraft
249 ···	Hans Wilh. Vahlefeld	100 Millionen Außenseiter *Mit 14 Abbildungen*
250 ·	C. Northcote Parkinson	Mrs. Parkinsons Gesetz
251 : :	Elia Kazan	Das Arrangement. *Roman*
252 ·	Gilbert K. Chesterton	Der Mann der Donnerstag war. *Roman*
253 ··	Erich von Däniken	Erinnerungen an die Zukunft *Mit 26 Abbildungen*
254 ··	Klaus Harpprecht	Willy Brandt. *Porträt u. Selbstporträt*
255	Walter R. Fuchs	Knaurs Buch der modernen Physik *Mit 300 meist farbigen Abb.* DM 7,80
256 ···	Frank Hercules	Ich will eine schwarze Puppe. *Roman*
257 ··	Gerhard Zwerenz	Erbarmen mit den Männern. *Roman*
258 ···	Helen MacInnes	Das Spiegelbild. *Roman*
259 ··	Henry Jaeger	Der Club. *Roman*
260 : :	Verner Arpe	Knaurs Schauspielführer
261 :·:	Masters/Houston	Psychedelische Kunst. *Mit 140 teils farbigen Abbildungen*
262 : :	Johannes Mario Simmel	Alle Menschen werden Brüder. *Roman*
263 ···	John O'Hara	Lunch am Samstag. *Novellen*

·	Einfachband	DM 2,80
··	Zweifachband	DM 3,80
···	Dreifachband	DM 4,80
: :	Vierfachband	DM 5,80
:·:	Fünffachband	DM 6,80